陶成章集

汤志钧 编

中华书局

图书在版编目(CIP)数据

陶成章集/汤志钧编.—北京:中华书局,1986.1
(2014.3 重印)
ISBN 978 - 7 - 101 - 09984 - 3

Ⅰ.陶… Ⅱ.汤… Ⅲ.陶成章(1878～1912) - 文集
Ⅳ.D693.0 - 53

中国版本图书馆 CIP 数据核字(2014)第 023574 号

书　　名	陶成章集
编　　者	汤志钧
丛 书 名	中国近代人物文集丛书
责任编辑	张玉亮
出版发行	中华书局
	(北京市丰台区太平桥西里 38 号　100073)
	http://www.zhbc.com.cn
	E-mail:zhbc@ zhbc.com.cn
印　　刷	北京瑞古冠中印刷厂
版　　次	1986 年 1 月北京第 1 版
	2014 年 3 月北京第 2 次印刷
规　　格	850 ×1168 毫米　1/32
	印张 16⅛　插页 8　字数 362 千字
印　　数	4101 - 6100 册
国际书号	ISBN 978 - 7 - 101 - 09984 - 3
定　　价	49.00 元

陶成章像

绍兴东湖陶社纪念堂，匾额为孙中山题

陶成章在日本时摄（前排左起第二人）

陶成章祖父陶功化所建陶堰陶宅老宅全貌

绍兴竹坝头陶氏义塾

陶成章诞生处——绍兴陶堰老宅
（中立者为陶成章之孙亚成）

绍兴东湖通艺学堂，陶成章曾在此任教

绍兴东湖陶社

陶成章"艺文手稿"

《中国民族权利消长史》手稿

《中国民族权利消长史》铅字排版本

一九一六年孙中山在绍兴陶社致祭时摄影

杭州南天竺陶成章墓址

第现移居金神父路广慈

医院□头等房间第六号。

此地僻静，晚间来看不

便，如来看视，可在上

午八九点钟后，而午四点

钟前，此上

小云吾姊鉴

在南徐家汇路相近

从弟焕卿生白 十一月十一日

陶成章在上海广慈医院绝笔

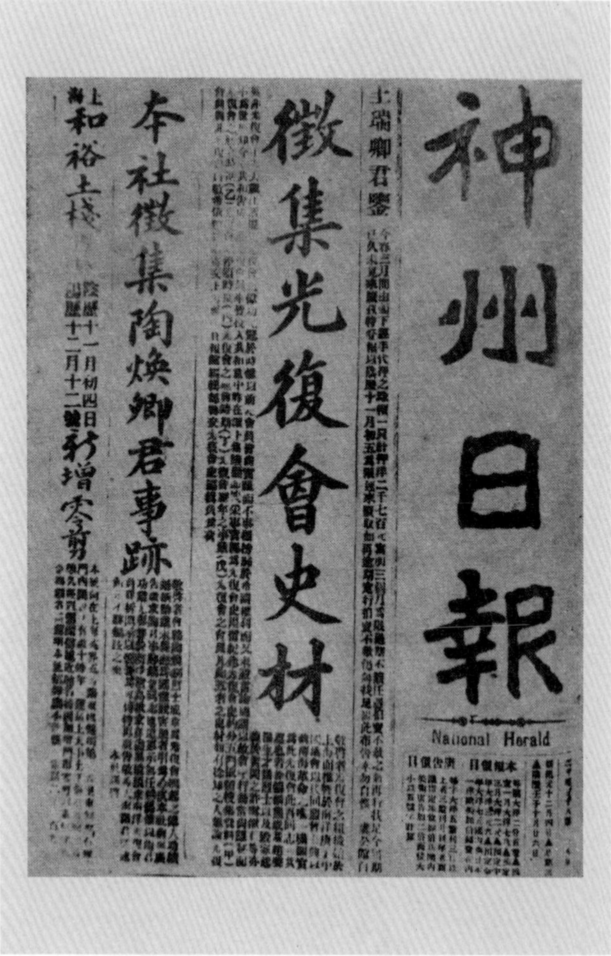

《神州日报》一九一二年十二月四日“广告”

前　言

陶成章是辛亥革命时期起过重要作用的人物。在他短暂的一生中,写有不少论著。这些论著,或者尚未公开,或者流传不广,一直没有专集问世。本书搜集陶成章年轻时写的课艺,以至二十世纪初的论文、函电、传记、序跋和专著,汇辑成集,为研究陶成章思想和中国近代历史提供一些参考资料。

一

陶成章(一八七八年——一九一二年),字焕卿,曾用名和笔名有起东、志革、汉思、巽言、匋耳山人、会稽先生等,浙江绍兴陶堰西上塘村人。父正(政),又名品三,漆工,兼营砖灰业,仅有田地三亩许,家境贫寒①。他六岁入本村陶氏义学,平时"呐呐不出口,偶与群儿戏,辄树各国旗为盟主,以扶强抑弱为目的"②。十五岁,担任塾师。陶品三因为社会地位低,渴望他通过科举,跻身仕途。在严父的督促下,陶成章也曾写过不少课艺,这些课艺,没有摆脱封建传统思想的束缚,但也有不少不守绳墨、不满现实之词:如《仕则慕君》,对"一旦身入仕途",就"模稜粉饰","诈伪献功",以邀升官加爵的"慕君"者流加以讽刺;《驱虎》,提出了"尽涤猛虎之苛政"的命题③。

十八岁时,中日战争爆发,清军屡战屡北,陶成章有了"从事军

————————————

① 据同治四年七月陶功化《分书户管》,分给三子陶品三的产业是:楼房上下一间,平屋半间,田地约三亩许,又加公田五亩二分,另属于公产仅可私用的肥池一个,家境贫寒。

② 章乃毅、鞠僧甫:《民国浙军参谋陶公焕卿传》,抄本,浙江图书馆藏。

③ 《仕则慕君》、《驱虎》,均见本书上编卷一。

事之心"①。次年,他到绍兴东湖义学教书,在维新思潮的影响下,接触到一些新学,不到三年,"政变"发生,康、梁出逃。接着,义和团反帝运动爆发,八国联军入侵,严重的民族危机,促使他决心离开书斋,投身社会。一九〇〇年和一九〇一年,曾两次北游,"欲手刃慈禧"②。后来"审察大势,知非由陆军着手不可"③。因于一九〇二年赴日本,入清华学校,继入成城学校,和参加军国民教育会的龚宝铨等相识,萦心时事,从事救亡。曾说:"我国病非一朝,其救亡亦岂可期旦夕之功,否则瓜分之祸立见,为波兰、菲律宾,朝晚间耳"④。

一九〇四年归国,先到上海,"与蔡元培熟商进取之法";又到杭州,同魏兰一起到仁和狱中看望浙江白布会首领濮振声,取得濮振声的介绍信和名片,到富阳、桐庐、建德、云和、温州等处,"历探各种秘密会之内状"⑤。"抱民族爱国主义,其热如火"⑥。对鸦片战后"强敌逼处,与我族争此土,要港削,路矿夺",势迫时穷、运厄境危的情况,"言之详而言之长";对中国的大好山河遭帝国主义蹂躏极为愤慨;对中国是"世界文明之一大祖国"着力宣传。尽管书中存在大汉族主义等错误观点,但他揭露帝国主义的侵略,表彰中国民族之可爱,无疑是有反帝爱国意义的。

经过陶成章和龚宝铨的奔走,联络各地会党参加革命的工作略有头绪。一九〇四年冬,光复会在上海成立,推蔡元培为会长,誓词是:"光复汉族,还我河山,以身许国,功成身退。"⑦ 未几,又赴

① 陶成章:《致陶汉超书》,见本书上编卷二。
② 魏兰:《陶焕卿先生行述》,见本书"附录"。
③ 陶成章:《浙案纪略》第三章第一节《六府之联合》,见本书下编卷五。
④ 同注①。
⑤ 同注③。
⑥ 蒋智由《中国民族权力消长史序》,见本书"附录"。
⑦ 陈魏:《光复会的活动片断》,《辛亥革命回忆录》第四集第一二七页,中华书局一九六二年版。

日本，"因中国人迷信最深，因约陈大齐在东京学习催眠术，以为立会联络之信用"①。一九〇五年夏，陶成章归国，在上海"教人催眠术以糊口"②。九月，和徐锡麟等为发展革命力量，在绍兴创办了大通师范学堂，召集金华、处州、绍兴三府所属各县会党首领到校进行军事训练，使之为培养骨干和秘密联络的场所。接着，和徐锡麟再到东京，提出"中央革命及袭取重镇二法"，又相约捐官学陆军。

　　一九〇六年六月，陶成章返国，住杭州，联络闽、皖各同志，被推为五省大都督，酝酿起义，被清政府官吏侦知，几被捕获，又赴日本。

　　一九〇七年一月四日，陶成章在日本东京参加中国同盟会，担任留日会员中浙江分会长。四月，与章太炎、张继等在日本发起亚洲和亲会，宗旨"在反对帝国主义，期使已失主权之民族各得独立"③。七月六日，徐锡麟率巡警学生数十人在安庆举义失败，秋瑾响应起义，在绍兴大通师范学堂被捕牺牲，清政府又下令通缉陶成章。

　　这时，清政府为了抵制革命，伪装立宪，蒋智由、梁启超等在东京设立政闻社表示拥护。陶成章在政闻社成立大会上"亦往视之"，进行反击④。一九〇八年春，担任同盟会机关报《民报》主编，主张"专以历史事实为根据，以发挥民族主义，期于激动感情，不入空漠"⑤。春、夏间，偕张恭回国，准备联合"江、浙、皖、赣、闽五省

---

① 魏兰：《陶焕卿先生行述》，见本书《附录》。
② 鲁迅：《华盖集续编》。
③ 章太炎：《亚洲和亲会约章》，见本书《附录》。
④ 章太炎：《政闻社员大会破坏状》，《民报》第十七号。
⑤ 《本社特别广告》二，《民报》第十九号。

各秘密党会熔铸而一之，定其名曰革命协会"①。宣称要收回"大明江山"，设想革命之后，"暂时设一总统，由大家公举，或五年一任，或八年一任"，还要求"土地公有"。

九月，陶成章赴南洋筹划经费，抵新加坡，寓中兴日报馆。当时保皇党人以《南洋总汇新报》为喉舌，鼓吹立宪，"屡诋革命志士为非大圣人、大英雄"。说什么"革命事业非大圣人、大英雄不能成功"。陶成章尖锐指出，革命"乃因不平等、不自由而起，发于国民心理之自然"；革命是"尽国民之天职"②。《南洋总汇新报》"日睎清政府以立宪"，说什么"暴动革命反足以亡国"，陶成章再申革命是"救世济民"，当前的革命，不同于汤、武革命；汤、武革命是贵族革命，是"由寡人政体而进于独裁政体"，如今的革命则是平民革命，是"由独裁政体而进于共和政体"③。"满人讲立宪，不过以骗汉人，欲开国会，亦将为敛财计"。康有为之流的讲立宪，也只是"乞怜虏廷，以求为赐环计，外则以眩惑华侨，内亦思以假借为利用"。"妄谈立宪，诋毁志士"，是"入主出奴"④。《南洋总汇新报》又倡"今日时势止可立宪，救国万无可革命之理"，"革命不可强"等谬论，陶成章据理驳斥，援古论今，以明"君主立宪决不能成立于今日之理由"⑤。针锋相对，词严意显。

陶成章在南洋筹款收效不大，和孙中山及同盟会南洋支部的矛盾日深。一九〇九年夏，到达东京后，带来与李燮和等所拟《七

---

① 陶成章：《浙案纪略》第二章第二节《诸会党原始》，见本书下编卷五。

② 陶成章：《规保皇党之欲为圣人英雄者》，《中兴日报》一九〇八年九月九日，见本书卷二。

③ 陶成章：《规平实》，《中兴日报》一九〇八年九月十二日，见本书卷二。

④ 陶成章：《再规平实》，《中兴日报》一九〇八年九月十四日，同上。

⑤ 陶成章：《规正平实之所谓时势观》，《中兴日报》一九〇八年九月十五、十六日，同上。

省同盟会员意见书》，攻击孙中山，并欲"开除孙文总理之名"。次年，和章太炎等在东京重组光复会，章太炎和他任正副会长，以《教育今语杂志》为机关报。在南洋扩展会务，和同盟会在南洋争夺权力，把秋瑾诗文和自撰《浙案纪略》刊布，表彰光复会。一度主张经商，"以教育为进取"之法，后又主张"中央革命"和采用暗杀手段。

一九一一年，广州起义失败，陶成章归国，与尹锐志、尹维峻等在上海会商再举，旋又"赴日养疴"。七月，尹氏姊妹电招成章返沪，组织锐进学社，"以为内部交通之所"。没有多久，再往南洋，赴各岛组织光复分会。十月，武昌起义爆发，陶成章"因长江事急，欲速返国"。先由李燮和在上海募敢死队，组光复军，在上海光复中起过作用，陶成章也被浙江举为总参谋，策划攻宁之役。

一九一二年一月一日，中华民国宣告成立，孙中山在南京就任中华民国临时大总统职。浙江都督汤寿潜调任临时政府交通部总长，众议推陶成章继任浙督，加剧了沪军都督陈其美对陶的嫉恨，陈派人去上海广慈医院暗杀，一月十四日凌晨，陶成章遇难。

二

陶成章所撰论著，除报刊上用各种笔名发表的文章外，生前刊布的，只有《中国民族权力消长史》、《催眠学讲义》和《浙案纪略》三种。

《中国民族权力消长史》，铅字排印本，一九〇四年东京并木活版所铅字排印本，署"会稽先生著述"、"独念和尚、悠悠我思编辑校对，榰木邦信印"。根据总目，应有三卷八章，但刊本只有"邃古时代"和"太古时代"两章。《催眠学讲义》撰于一九〇五年，商务印书馆排印本，曾印行多次。《浙案纪略》，初载仰光《光华日报》，一九一〇年增补汇订，在日本印出，一九一六年七月，魏兰校补重印。

其实，陶成章的论著，并不止于上述三种，经初步查访，佚文还存不少，大体为：

一、课艺　一八九四年在浙江绍兴陶氏义塾执教时所作，存«雍之言然»至«今交»四十八篇，又诗一首，中有陶成玉改笔，浙江绍兴文物保管委员会藏。另陶珍先生藏有«夫我乃行之»一篇，与浙江所藏，纸张、笔迹尽同。陶珍先生还藏«君子周而不比»等课艺五篇，则为早年塾中所作。

二、函电　书札有«致陶汉超书»二通，手迹，浙江绍兴文物管理委员会藏；«上心澐叔祖书»和«致韩静涵书»，手迹，浙江图书馆藏。一九〇九年至一九一〇年旅居南洋、日本期间，写给光复会同人李燮和等人信件三十八通，赵必振旧藏，今庋湖南社会科学院，曾汇为«陶成章信札»，并加注释，于一九八〇年一月，由湖南人民出版社出版。此外，在«民立报»上尚有«致浙省旧同事»、«致各报馆转浙江各界»二件。他在临终前，还有写给妻子孙晓云的便条一张。

三、论文　在«河南»第二期、第三期连载«春秋列国国际法与近世国际法异同论»，在«中兴日报»上发表的«规保皇党之欲为圣人英雄者»、«规平实»、«再规平实»、«规正平实之所谓时势观»，则为针对«南洋总汇新报»的鼓吹立宪、抵制革命而发。

四、其他　在«复报»、«民报»和«教育今语杂志»上还有一些传记、序跋等。

此外，还有参加议定的«龙华会章程»和攻击孙中山的“传单”。

由于陶成章逝世较早，一些课艺、函电迄未公开，散见报刊诸作又乏流传，因此，系统搜稽，重行辑集，就显得很有必要，特别是他辛亥革命时期的撰著，是陶成章一生中最大的业迹，应该辑录、校印。

三

还在五十年代,我就注意陶成章遗文的整理。一九五七年,认识了陶成章的幼子陶珍先生,蒙他出示魏兰《陶焕卿先生行述》油印原件及一些遗文和图片,当时曾加汇录,准备辑集。后经"十年动乱",事遂中辍。一九七九年,中华书局邀我在"原有资料的基础上加以扩充,编成一部比较完全的《陶成章集》"。从而雠校旧文,补辑佚稿。陶珍先生还通过新加坡友人,把《中兴日报》署名"巽言"的论文邮寄见示。这样,积累日多,规模初具。

在结集时,没有采取旧的"文章分类法",而是根据单篇和专著分为两编,一律按照时间先后为序,因为这样可以反映他思想发展的基本迹象,对读者检阅可能比较方便些。

此外,本书还把陶成章的传记、专著的序文,陶成章去世时的报道,以至和陶成章有关的资料,如《亚洲和亲会约章》、《教育今语杂志之缘起》等作为附录。我写的《陶成章年谱》初稿,也赘附卷末。

陶成章逝世不久,《神州日报》曾连续刊登《本社征集陶焕卿君事迹》广告多天①,征集资料,今已下落不明。据陶成章夫人孙晓云和陶珍先生面告,以往国民党"国史馆"曾以捐助资料、"可望抚恤"为名,取走大批书稿、函札,也不知能否遗存。本书对陶成章遗著的搜集,虽历有年所,但他寓居日本、南洋多年,在国内又南北奔走,秘密联系,一定还有佚文、遗札,如果读者能够提示线索,那就感激不尽了。

在编辑过程中,得到北京图书馆、上海图书馆、浙江图书馆、浙江省文物保管委员会、浙江绍兴文物保管委员会、湖南社会科学院,以及中华书局李侃同志、吴杰同志,中国社会科学院近代史研

---

① 见本书"附录"。

究所杨天石同志、河南师范大学荣铁生同志、杭州大学历史系徐和雍同志、上海社会科学院历史研究所章念驰同志等单位和个人的帮助,特别是陶珍先生及其哲嗣陶亚成同志不仅提供资料,还赠送了不少珍贵照片,谨在此表示衷心的感谢!

　　　　　　　　　　　　　　　　　　　　汤志钧

　　　　　　　　　　　　　　　　　一九八三年一月

编 辑 说 明

一、本书所辑，包括陶成章一八九五年前至一九一二年间的课艺、论文、函电、传记、序跋、专著、章程等，分上、下两编。上编以单篇论文、课艺、函电为主，主要结合陶成章思想活动，按照不同历史阶段，分三卷编次：一八九五年前为第一卷，一九〇三年至一九〇八年为第二卷，一九〇九年至一九一二年为第三卷。下编则为专著。

二、本书所辑，凡有手稿、手札的，按照原件录入；凡系报刊发表的，都按原刊录入。一律注明来源、发表刊期，手稿、手札、抄件也附志藏所。

三、本书所辑，一般采用最初发表时的标题；如原无标题的，如函电等，则由编者酌加。

四、本书所辑，均予标点分段，凡肯定是误植的，下加〔 〕号，凡肯定是脱字的，下加< >号；并将正字、脱字注于〔 〕、< >之中。凡缺字，用□号标出。

五、本书下编所辑专著，细目均载各书之前，不入总目。

六、本书每卷前加按语，并将和陶成章有关的重要资料辑为附录。书末附载《陶成章年谱》。

目　录

上　编

卷　一

（一八九五年前）

卷 三

下　编

卷　四

卷　五

附　录

上　编

编者按：本编搜辑陶成章一八九五年前至一九一二年间的论文、课艺、函札、启事、传记、序跋等，共一百十一篇。

陶成章少时学习制艺。甲午战后，在民族危亡的刺激下，走出书斋。一九〇二年，赴日本。旋即组织光复会，从事革命活动。曾主编《民报》，"专以历史事实为根据，以发挥民族主义"；又在《河南》等杂志刊布文章。一九〇八年，抵新加坡，在《中兴日报》上严词驳斥保皇党人。此后，和同盟会发生分歧，重组光复会。辛亥革命不久，在上海广慈医院遭暗杀。

陶成章这些文篇，很多从未公开，有的虽在当时报刊发表，也已流传很少。今特汇辑一起，以供参考。

卷 一

（一八九五年前）

本卷搜辑陶成章一八九五年前的"艺文"，凡五十三篇。

陶成章六岁入义学，"年十五，为塾师"，先在本村"陶氏义塾"执教三年，后到绍兴县东湖义学教书，直至二十二岁。据"艺文手稿"第一篇《雍之言然》的标题之下，有"此以下十八岁作"楷书小字，知"艺文"为他一八九四年任塾师时所作。

"艺文手稿"，陶氏家属旧藏，今归浙江绍兴文物管理委员会，一册，红格竹纸，每页八行，行二十字，正反两面，收《雍之言然》至《今交》，共四十七篇，另《赋得春草碧色》五言八韵诗一首，工整小楷，每篇均经修润，有的改动颇大，末后且有批语。查"手稿"封面有"成玉氏更正"数字，成玉，即陶成玉，陶成章堂兄，陶盖之子，塾师，旧学甚好，长成章七、八岁，先前教过成章，后又同在本村义学任教，《今夫麰麦》批语："文颇顺适，惜太犯实，兄他日有暇，当另作一篇以示之。""兄"，即"成玉"自道。

另在陶成章幼子陶珍先生处，获见"艺文"残稿，略有蠹蚀，有《夫我乃行之》一篇，纸张色泽、笔迹、批语，和绍兴文管会所藏全同，应为同时所作，知"艺文"不止一册，惜已残损。陶珍先生又藏《君子周而不比》等课艺五篇，凡五纸，每页八行，每行十二字，正反两面。中缝页码为廿七至卅一，系残本。从字体、内容看来，应比"艺文手稿"为早，或为十五岁前所作。

陶成章这时学习制艺，揣摩八股，尚未摆脱封建旧思想的束缚；但也或不守绳墨，间有不满现实之词，如《仕则慕君》篇，对"一身入仕途"，就由慕父母、少艾、妻子而"慕君"，以致"模稜粉饰"、"诈伪献功"，"借此思加爵之隆"者加以鞑伐，《驱虎》篇谓"在朝者多猛虎之政，变革固有所难宽"，赞赏武王伐纣的"尽涤猛虎之苛政"。沉浸史籍，关心时政，终于在甲午战后摒离书斋，从事政治活动。

今将这些"艺文"汇辑于此，除绍兴文管会所藏仅注"艺文手稿"，不另标明藏所外，其馀注明出处。又，"艺文"中多陶成玉改笔，有的几乎统篇改易。为了保持原貌，一律按陶成章原稿录出，只将文末批语略加说明。

君子周而不比

（一八九一年前）

得其公正者，可观其用情矣。夫犹是用情也，而周与比异焉。以观君子，但见其周耳，何尝有比乎？且天之爱物也，何物不爱，而亦何物见其爱也哉！于爱之中，而知至公者天之心，至正者天之道也。吾尝持此公与正者以观人，而不禁穆然于君子。君子知人之接于我前者，未可概为疏也，而思有以亲之，但犹是亲也，而其较公矣。君子知人之乐得有我者，未可漫为薄也，而思有以厚之；但均是厚也，而其厚较正矣。君子乎，殆周而不比乎？

【说明】本文手稿，陶珍先生藏，凡二页，中缝有"廿七"字样，知为残稿。字迹端正，但较稚嫩，似为十五岁前塾中所作。

放于利而行

（一八九一年前）

专于求利者，惟知有己而已。夫利亦安可专哉，乃求利者竟放
而行也，不且惟知有己也。且夫君子有精义之学，小人多谋利之
私。盖惟知有义者，视义犹利，而精之且至于神；仅知有利者，视利
犹义，而谋之且至于无厌耳。今天下何求利者之众哉？欲利者，人
之同心也，物情之营竞难平，谁得私之为己有，故与为其聚，毋宁
为散也；争利者，人之故智也，举世之纷纭莫定，孰得挟之以自私，
故与为其专，毋宁为共也。奈之何有放利而行者。

【说明】本文手稿，陶珍先生藏，凡二页，中缝有"廿八"字样，似为十五岁
前塾中所作。

无 所 取 材

（一八九一年前）

贤者无精义之学，圣人惜其徒勇焉。夫惟材于义，而后知世之
不可忘也。浮海而喜，子路其材否耶？且天下易遏者，一己之情；难
□者，众人之望。诚内度之身，外度之世，有世虽遗我，而我必不可
忘世者。苟任情一往，而莫之顾焉，毋乃考求之未密乎？由也好勇过
我，将浮海是从矣。我尚存辗转之思，由不作徘徊之虑，将平昔之

依依道左者，忽变更于末路也，亦大非行义之本心矣。我犹留悲悯之意，由即深慷慨之思，举天下之殷殷托命者，尽轻掷于膜外也，更大违利济之素怀矣。盖事以参酌而得宜，义以权衡而始见，吾望由材也久矣，而竟无所取材乎？

【说明】本文手稿，陶珍先生藏，凡二页，中缝有"廿九"字样，似为十五岁前塾中所作。

举　一　隅

（一八九一年前）

观圣人之所举，道之所见端也。夫可举者不尽于一隅，而教者固已举之，不已为道之见端乎？今夫天下之理，至不一者也。教者即多端以相示，夫岂有所不能，乃有时惟其少，不惟其多者，非故秘也，以为因端以示，则其途为已启，而其机为已开也。愤启悱发而外，不又有所举乎？世有默默焉无所举者。试思积学数年，而前言往行，茫乎不得其端。惟彼学者，其能静悟也否耶？世有谆谆然多所举者，试思勤修无几，而名物象数，一旦悉叩其蕴，惟彼学者，其能捷悟否耶？是不举固不得也，多举亦不必也，有如举隅乎？

【说明】本文手稿，陶珍先生藏，凡二页，中缝有"卅"字样，似为十五岁前塾中所作。

子行三军则谁与

（一八九一年前）

于行军而商所与，亦勇者之自负也。夫行三军，非用行中所有事乎？子路以谁与为问，亦其自负焉耳。且儒者匡居而谈，辄谓先王耀德不观兵也。乃至外衅方起之时，又或至于束手而无策。然后知儒生之不足为，而武功之诚足尚也。用舍行藏，惟回与子既有然矣。天下之时势何常，治则为礼乐，而乱则为攻伐，故司徒之设，不废司马。吾儒之经济何穷，文则有玉帛，而武则有兵戎，故樽俎之馀，继以折冲。设也，夫子而行三军乎，则谁与乎？

【说明】本文手稿，陶珍先生藏，中缝有"卅一"字样，凡二页，似为十五岁前塾中所作。

雍 之 言 然

（一八九四年）

言与圣心相合，圣人深许其然也。夫雍之辨简最明，诚与夫子之心相合也，子能不深许其然乎？今夫析疑问难者，师弟授受之常，谓至理之渊源，未易发明也。若夫雍之言绝不涉于疑难，则虽欲别以一辞相解，亦若析之无可析，辨之无可辨，有如雍之言是矣。如以居敬之行简为可，以居简行简为不可，非雍之言乎？夫脱略不可图功，而居简行简，不已脱略之甚乎？故雍之疑其大简，诚非慊然有

是言也。抑烦苛非所以驭物，而居简行简，不亦烦苛之至乎？故雍
之疑其大简，亦非贸然而有是言也。以云雍之言，不亦然乎？言苟
无关于立极，则为荒诞之浮辞，纵正襟而言，但觉持论之多疏。雍
之言居敬行简，是诚精一执中，无为而治之本源也。即其言而推之，
举凡安而不忘危，治而不忘乱，存而不忘亡者，皆其言之包括于其
中也。夫岂荒诞者之所得同欤？言苟无益于治道，则为无稽之浮
谈。纵侈口以陈，徒觉空言之无补。雍之言居简行简，是务为清
净，专意无为之末流也。即其言而思之，举凡天变不足畏，人言不
足恤，皆其言之含于其内也。夫岂能无稽者之言所堪匹哉？君子
学道则爱人，小人学道则易使，偃之言岂其不然，顾以数言括移风
易俗之全者，偃之言既然，而以数言得理烦治剧之旨者，雍之言亦
然也。则有伦者惟此言，有要者亦惟此言也。吾能不深叹其然哉。
亲身为不善，君子则不入，由之言岂云不然，顾为持躬涉世之戒者，
由之言固然，而为垂裳端拱之规者，雍之言亦然也。则可久者惟此
言，可大者亦惟此言也，吾能不深喜其然哉！雍之言然。

　　【说明】本文录自《艺文手稿》，凡四页。原稿标题下有"此以下系十八岁
作，"知为光绪二十年甲午时作。文末批语："罗罗清疏，去其语疵，自大有可
观矣。"

子路不对，子曰：女奚
不曰，其为人也

（一八九四年）

　　记贤者之不对，圣人因自念其为人也。夫子路之不对，盖以叶
公之不足与言夫子之为人也，而夫子能不自念其为人乎？今夫天下

应对之情,人所共有也,一问一对,岂有不以言语相告哉?乃默默自处,不以一词相释,而振振有言者,固觉有怀欲白。夫乃叹问者殷殷,而听者藐藐,圣人于此,已难自忘其为人也。如叶公问孔子于子路,盖欲知孔子之为人也,于是问者弥殷而子路必以明言以相告也,问者愈切而子路必以启口与言也,岂尚有括囊为怀而不出一语相宜也,而孰知其竟不对也何居!其或夫子之为人,圣由天纵,非庸人所能窥测,彼叶公知识浅陋,何足与论圣人之大道,则其不对也,实不欲妄泄夫子之道范。抑或夫子之为人,道德高深,虽贤者有未能尽悉,而子路识见未宏,不能深知夫子之底蕴,则其不对也,更不欲轻测夫子之品节。独是子路之不对,亦岂无意乎?子路于此竟不使叶公知夫子之为人矣。吾意叶公斯时也,必寂然无闻,不能知夫子之造诣也;惘然无知,不能识夫子之精微也。而且必郁然难安,漠然难释,终无以形夫子之范围,无以彰夫子之懿德也。是以至高视夫子,而夫子之真不著也;以至远求夫子,而夫子之实不现也。夫子于此,能不自拟其为人,自表其为人。好古敏求,可知其为人;疏食饮水,可见其为人。夫子之为人,亦大概可知矣,而夫子能不因子路之不对,而慷慨自言之。嘉回之箪瓢陋巷,其为人可知;责予之朽木粪土,其为人可见。夫子之为人,亦大率如是矣,而夫能不因子路之不对而从容以自白之。要之,当对而即对,夫子何必以为人自明;当对而不对,夫子固即以为人自白。进观发愤忘食,乐以忘忧,子路何不以此对叶公乎?

【说明】本文录自《艺文手稿》,凡四页。文末批语:"后股稍可节取,馀则无法律,无意思,无词料。宜急读清醒腴润"(下有十字,折叠不清)。

尔于茅宵

（一八九四年）

物有取于昼，因继昼而咏乎夜也。夫曰尔于茅，幽民固不缓于昼矣。《诗》更咏及于宵，不又有处此宵者乎？且人君苟泽及茅檐，则一时宵旰图治，因有寝不安者矣。及若管蒯甚众，往取者不止夙兴；而星月将升，及时者未遑夜寐。夫乃叹茅采于昼，既岁晚而未闲，亦日人而未息也。《诗》何以咏乎昼哉？诚以昼与宵相因，故卜其昼不卜其夜，永今朝亦永今夕。况冬之为昼甚短，不若宵之甚长。苟悠忽以处此，将缓于昼者已多矣。而幽民则尔于茅，岂可缓乎哉！茅之为物虽薄，而为用则甚厚，于以求之，陟巘降原之际，犹恐维日不足焉。形不类于沤麻，实似塞于蹊径，予取予求，亦若以拔茅者协汇征之吉。茅之为质虽轻，而为用则甚重，勤以取之，兼葭白露而后，方将日昃不遑焉。除非等于蔓草，采无殊于杞薇，是刈是获，更若以用茅者符无咎之占。《诗》咏尔于茅，不已见幽民之不缓于昼哉？独是茅必取于昼，而昼则转瞬变为宵矣。当夫取携未尽，必将惟日孜孜，不计流光之荏苒；搜□未周，亦将思日赞赞，不觉时序之迁流。且也芟夷未已，将见终日乾乾，不知夕阳之依稀，与暮色之苍翠。当日将西沉而鸡栖于墉矣，日将东升而鸟归于林矣。惟然而宵可咏矣。虽燕居安息之情，本属编氓所不废，而幽民之勤劳倍切，无忘夜以继日也。夫徬徨终宵，且思焚膏以继晷，敢谓昼尔于茅，既勤于宵，无妨少安乎？睹明星之有烂，觉高枕而难宵安。嗟我妇子，正不得以夜未向晨，漫曰与子同梦，虽独寐寤歌之念,本为闾里所同然,而豳民之况瘁不辞,且喜夜犹未艾也。夫纺绩长宵,犹惧愒日而玩时,敢谓昼尔于茅,既劳于宵而不少息乎。听漏声之正长,岂寸阴之虚掷。吾侪小人,何可以境值寥寂,而漫思息淹在床。要之采取适用,既见勤苦而力诸原,而时未向明,何尝安坐而息于家。进观索绹不见,更见豳民之殷切矣哉。

【说明】本文录自《艺文手稿》,共四页。

吾 亦 为 之

(一八九四年)

有为夫执鞭之士者,圣人亦所不辞焉。盖所为之事本多,若为而在执鞭,则固贱之至耳。然富苟可求,即圣人何尝力辞哉?若谓天下所为之事不一也,天下不当为之事,又即天下不必为之事也。夫以不当为不必为之事,而值此不当不为不必不为之时,则自问貌躬,降心以就,而向之不当为者为,亦无庸让矣。千仓万箱之境,非举世所易逢,正惟逢之非易,苟富而可求,虽极之执鞭为之者,而不察奔驰之况瘁矣;重茵列鼎之遭,本人生所难获,正惟获之甚□,苟富而可求,虽卑至执鞭为之者,而不计身名之鄙陋矣①。何也?盖吾亦为之矣。为之而陟厓逾险,本吾人乐意之端,降志辱身,自不必力为退诿也;为之而乘坚策肥,亦吾人快意之趣,殚精竭力,自不必过为辞让也。当其未为之先,尚未深识其所为之术,今以吾而为执鞭,品自我污,人愈尊而我愈贱。吾既为求富之计,而何辞其贱也。迨夫既为之后,必能熟审夫所为之方,兹以吾而为执鞭,身为

———————————
① 原稿如此,中有脱字。

人役,人自逸而我独劳。吾既为求富之术,而何惜其劳也。非不知吾人生天地之中,驰乎仁义之途,涉乎诗书之内,亦致足耳,岂肯俯首随人,而甘心受辱乎?然而向者论学,亦曾及于执御,苟厚实之可捐,即车攻马同不惮烦矣[①]。非不知吾人逢圣贤之后,以礼义为羁维,以中和为节奏,亦自可乐耳,岂有劬劳鞁掌而不顾廉耻乎?然而昔者问津,亦尝亲自执辔,苟货财之可聚,虽扶轮推毂不遑恤矣。其如富不可求何哉?

【说明】本文录自《艺文手稿》,共四页,文末批语:"提四比未能妥适,餘可"。

毁　瓦

(一八九四年)

于不可毁者而毁之,工之拙已见矣。夫至不可毁者,莫若瓦也,乃竟有毁之者,工之拙不已见乎?且人苟以能维日孜孜,而不至自堕其学业,亦何至有求全之毁哉!顾德之甚隆者,既无人毁之虑,而工之甚拙者,偏多自毁之伤,岂真屋瓦之自震乎?胡为举手之下竟不顾百甓之积用无成也。今且有人于此,其果为何人乎?将以为梓人与?而梓人必不能毁其宫也;将以为匠人与?而匠人亦不能毁其室也;将以为轮人与?将以为舆人与?而轮人必不能毁其盖,而舆人必不能毁其车也。若是乎百工者,固贵见其功之有成,不宜见其事之有毁也。而兹则何独有以毁闻者。且夫毁固为人所共恶也,而此更有异者,问其所毁,则为瓦也。独是于今日而言毁,亦正不

---

① 原文如此,塾师眉批"车攻马同,句不落当",改为"拥后导前"。

一矣。我思兼爱是尚,则仁因以毁;为我是倡,则义因以毁。且枉道自宗,机变自逞,则礼与智亦无不毁。又况黄钟毁弃,瓦釜雷鸣,一时之变井田、废学校,大之贻毁于世道,小之贻毁于人心,尤不可屈指数而瓦冥足论,即毁瓦亦冥足论。虽然;吾窃思之。古人之作宫室也,上栋下宇,原作之以避风雨,于瓦盖有制,而此则不闻其有盖,徒闻其有毁也何? 昔成于陶正,方幸中乎规,今用其拙工,又若错乎矩,而较之釜瓦,盖是制者,其成败大有悬殊也。不为瓦之盖,而为瓦之解,有任其风雨漂摇而已。今人之成宫室也,峻宇雕墙,原成之以壮观瞻,于是瓦缝有美,而兹则不闻其有美,惟闻其有毁也何? 人爱其庐,方欣盖藏之有备,而我乘其屋,竟若补葺之无谋,而较之瓦缝是美者,其巧拙又有别也,奚啻天壤也。虽不同于毁我室者,已若等于折我栋,非仅薪木之忧伤而已。嗟乎」 不见其功而但见其害,外人固共哂其无为。见其败而不见其成,在子谅亦恶其无礼,然而工之拙者不但此也,盖人有画墁云。

【说明】本文录自《艺文手稿》,共四页,文末批语:"大致颇顺,惟字句间须加磨砺之功。"

行 己 有 耻

(一八九四年)

行己有道,以耻而已。夫己者万事之本也,苟行之时而无耻也,本先拔矣,子故先以此诏子贡欤?且吾尝言士耻恶衣恶食,未足与议,是耻辱之心,固吾人所不当有也,顾不可漫耻者,日用之间而不可不耻,立身之际,知耻近勇之谓何? 夫何侈然自放,而进退之下,不尝存一羞恶之念也。子问士乎，夫士所恃以应事，所恃以接物者非己乎？夜寐夙兴之际，或言动，或视听，防闲不可不密，苟肆行非度，初无愧恶之情，则立品已乖，奚以免旁观之非笑；往来酬酢之时，或取予，或辞受，操守不可不严，苟率意妄行，初无羞惭之意，则持躬多悖，奚以免当世之讥评。然则耻也者，固行己之要务也明矣。虽然，岂易言哉？其委靡之流，谓一事之偶失，我何必深为之怀惭，谓一念之偶弛，我何必深为之含垢，悠悠自忽，竟置耻于不论，纵有前者挽之，后者推之，终莫生其羞恶之良也，而谁其有之；其在怠惰之辈，谓非义庸有何伤，我何必负疚于内念，谓非礼亦无所损，我何必怀惭于寸衷，昧昧自安，竟忘耻而不察，纵有前者挽之，后者推之，终莫启其愧耻之念也，而谁其有之。必也守正不阿，自受质成形而后，操持岂可不严，苟细行之不谨，其可耻为何如乎？有之哉！事不合义而疚心生，即事皆合义，而偶一事之不合义而疚心亦生，而耻念所呈，知衾影有难安之隐，亦寤寐有莫释之情。必也中立不倚。试思得天秉性以来，防闲岂可偶疏，苟或微行之不密，其可耻为奚若乎？有之哉！事不合理而愧心生，即事皆合理，而偶有一事之不合理而愧心亦生，而耻心所发，大廷固无以对人，屋漏亦无以对己。合之则不辱命，可谓士矣。

　　【说明】本文录自"艺文手稿"，共四页，文末批语："文从字顺，意到笔随，间有一二疵累，不足掩其大纯。"

忠恕而已矣

（一八九四年）

　　有不外乎忠恕者，圣人之道有然也。夫忠恕岂足以明忠恕之道哉,然求道又自忠恕始也,故曾子特为门人告之,尝思忠恕违道不远。是知道也者,固统万事而具于一心者也。盖心能无伪,则所以立身者,抚躬不至有亏,心能善推,则所以用情者,罔非不依于正。夫乃叹圣人之道大而能化,然要不外尽己推己之一心。如二三子疑夫子一贯之旨,存之而无不实,发之而靡有穷也。吾试言夫子之道,大莫载而小莫破,圣道固费而隐矣。试求费隐以言道,无论其难得也,即幸而得之,亦纷纭而莫统也。圣人日接天下事,其尽己而推己者,自觉体用之合宜。动则变而变则化,圣道又诚而明矣。试执诚明以学道,无论其易失,即幸而不失,亦精深而难几也。圣人日应天下事,其无妄而无乖者,自觉物我之悉泯。若是乎忠恕之道,亦即夫子之道乎?忠以为体,而道无体则不立,所以真实无伪,即天之为道也。夫子则体乎天之无私而实得其所以为心,吾心本无不诚,则藏诸用而息之深者,即小德之川流也。吾心本无或息,则显诸仁而达之豁者,即大德之敦化也。然后知以吾心之忠恕而为体为天之忠恕,夫子之道而何待他求也。恕以为用,而道无用则不行,所以曲折皆通,即性之为道也。夫子则复其性之至善而克纯夫所以为性也。其诚之在己者,喜怒哀乐,有发而悉当,则顺吾性分所固有也。其诚之在物者,礼乐刑政,有感而皆应,则尽吾性分所当为也。然后知以吾心之忠恕,合而为即率性之忠恕,夫子之道何必高视也。非不尽己推己之修,仅为不学所先务,然侈谈精诣,而不略揭其端倪,将旁观者推测无从,或且流为隐怪,约以忠恕,使知道之随在毕贯也,圣心于以隐合也。非不知中心如心之说,但为学者之初基,然高语精深而不实,征诸体用,将及门中从旁误会,或且讶为虚无,括以忠恕,使知道之尽人可会也,于圣学庶无误也。夫子之道,忠恕而已矣。

【说明】本文录自"艺文手稿",共四页,文末批语:"文从字顺,意到笔随,若能篇篇如此,可望入彀也。"

仕 则 慕 君

(一八九四年)

终观仕之所慕,则在于君也。夫未仕之先,其慕原不在君也;至
仕而慕之父母、少艾、妻子之心,悉移于君,抑何慕之无定乎?且人
当身未立朝之际,则天威遥隔,初未尝迫在咫尺之间也。安见心之向
往弥殷哉!乃委质策名,身既与君相接,斯夙兴夜寐,心常与君相
萦,念兹在兹,亦释兹在兹,而凡夙昔之所慕者,至此尽移于君,而
有所不遑慕矣。试由少及好色之后,而更论乎仕。想其未仕之先,
或慕父母,或慕少艾,或慕妻子,所慕虽不等,要不出此三者之中
也。若一身入仕途,则维辟当前,岂尚慕此三者乎?及其将仕之顷,
慕父母之时已有限,慕小〔少〕艾之时已有限,慕妻子之时已有限,
然慕虽有限,要尚在此三者之内也。若既名登仕版,则至尊在望,
岂犹以三者为慕乎?何也?其在君也,其在开创之君欤?其为守
成之君欤?君固不同也。然君虽不同,而仕者慕之,则未始不同也。
是固慕开创之君,则奔走御侮,奋勇求战争之功;慕守成之君,而腆
颜承顺,矫诬上封禅之书,无论开创与守成,而悦慕之情不肯稍易
也。则平日所慕之心,至此而悉忘之也,惟知有君而已。其在处常之
君欤?其在处变之君欤?君固不一也。然君虽不一,而仕者慕之,
则惟常不一也。是固慕处常之君,则曲意模棱,粉饰进升平之颂,慕
处变之君,而诈伪献功,借此思加爵之隆,无分处常与处变,而想慕
之情心不肯改易也。则凡昔日所慕之念,至此而情尽外之也,只知

有君而已。慕有诚亦有伪，然慕虽有诚伪之分，而慕在于君，则固诚而不伪也。好爵自縻，惟慕我君之厚德；大烹以养，惟慕我君之情深，然此心既有在君者，岂此心复慕在亲乎？是慕君之心，较之慕小〔少〕艾而尤切也。慕有深亦有浅，然慕虽有浅深之别，而慕在于君固深而不浅也。躬膺三事，惟慕君之待我特隆；位冠百僚，惟慕君之宠我独切，是此念既慕在君者，岂此念复慕及亲乎？是慕君之念，较之慕妻子之更深也。慕君如是，更慕及父母者谁哉！

【说明】本文录自"艺文手稿"，共五页，文后批语："前半平稳，入后亦有可采处"。

子之燕居

（一八九四年）

　　以燕居观圣人，有独见其异也。夫居何足志，即燕居亦何足志，而夫子若有异也，故志之。且夫子周流列国而席不暇暖，又安见燕居之时哉？然而逾疆越境，原绝无底止之时，而夜寐夙兴，要自有幽闲之候，则当此丹铅静寂，扰攘胥捐，视曩之应事而接物者，其劳逸固悬殊矣。往来而因应者，其劳逸固悬殊矣。既不获大烹以养，得置身于王廷，而惟是独居幽居之余，而托衰于凤，叹圣王之不作，抚心良可慨矣。然而夫子之燕居，不可忽也。复不能弹冠相庆，得托足于侯门，而索居闲居之际，而绝笔于麟，嗟吾道之莫宗，内度殊难安矣。然而夫子之居，亦大可思也。不有燕居，盍观子之燕居。燕居有与隐居异者，隐居则应对进退有言动之可挹，燕居则闲暇自息无动作之繁文，而夫子则立品甚端，虽燕居而防闲必密，则可欣者此燕居,而可慕者亦此燕居也。燕居有与群居殊者,群居则往来酬酢有往来之交际,燕居则静藏无为无应求之末节,而夫子则治己无遍,虽燕居而操守甚密,则可羡者此燕居,可贵者亦此燕居也。其为周流之时之燕居也,蜚鸿目视,空税驾于他邦;鸣迥心惊,遂回车于中道,则叹吾道之不行,子必有难安于居者,所以居陈则歌悲兕野,居卫则击磬写心,则子之燕居,亦大可悲矣。其在鲁时之燕居也,设教杏坛之上,而日存其诲人不倦之心;学修泗水之滨,而常矢其大道为公之怀,则喜故乡之可乐,子必有泰于其居者。所以居朝则尽鞠躬之度,居乡则照敬德之容,则子之燕居,亦大可想矣。进观申申如,夭夭如,子之容貌有如此者。

【说明】本文录自"艺文手稿",共四页,另一页为"破题"、"起讲"根据塾师所改,另纸缮抄者。录之如下:

"以燕居观圣人,非犹夫人之燕居也。夫居何足志,即燕居亦何足志,而夫子非犹乎人之燕居也,故志之。且退朝曰燕,退燕曰闲,《礼经》中《仲尼燕居》、《孔子闲居》,分为二篇,似燕居原与闲居异也。故解者曰:此是《乡党》脱简,当列在人公门复位节之下,不知退朝以后而清闲无事,究与平日之无事而家居者无甚异同,则谓闲居犹燕居可也,则谓燕居犹闲居亦可也"。又文末批语为:"亦有心思,惟措辞支离,未能惬人意耳。"

中庸不可能也

(一八九四年)

有不可以能者,中庸之道大也。盖中庸之为中庸,固贵乎能,而实道之至难能也。夫子断之曰不可,岂天下国家等得比哉?且吾尝言君子中庸,是天下之适合乎中庸,而卓然可许为能者,惟君子之徒耳。然而君子之徒，不恒有于天下，其次者虽明知中庸之道，可中庸之道，而欲其不背乎中、不戾乎庸也，盖难之矣。可均可辞可蹈，是皆可能也，至于中庸，岂有不可能乎？其在聪明之流，予智自用，而厌古喜新，则忽中庸而不屑为，以此为能，乌乎能？其在愚鲁之辈，暗昧不明，而惑深智浅，则欲中庸而不知为，以此为能，乌乎能？然则可为能乎，其不可为能乎？中为天下之正道，初无幽深旷渺之隐，不能探索其本源，然道出于中，若易以自尽也，而中求于庸，实难以企及也，则中道中行，果谁克自率其至正至常之素；庸为天下之定理，初无甚高难行之为，不能窥测其奥旨，乃理至于庸，若可以俯求，而庸本于<中>，又难以恰当也，则庸言庸德，又谁克守其不偏不倚之常。夫然而中庸不可能矣。中以绍精一之传，而非空谈夫元妙，庸以立言行之準，而非终尚夫神奇，故无论强为者不可得而能，即力索者亦不可为能也，则此至浅而至深者，谁能测其精粹之深哉！夫然而中庸不可能矣。中则立天下之大本，而精推之以平礼乐刑政，庸则由天下之常经，而精体之全天地民物，亦无逞才以为者不得而能，即气奋以为者，亦仍不得而能也。则此至卑而至高者，孰能知其精纯之微哉！中庸不可能也。

　　【说明】本文录自"艺文手稿"，文末批语："提比未妥，餘则夹翻互勘，命意措辞，绰有可观。"

民可使由之

（一八九四年）

　　即由以论民，此其可使者也。夫民之由，原非易言也。然仅即由之论，此犹民之可使者耳。当思德辅如毛，民鲜克举，非民之真不克举也，实上之不使其举耳。顾驱策未殷，民固恒流于匪僻，而引导既切，民自尽率乎纲常，虽曰编氓甚愚乎，而欲其夙兴夜寐，常循事物当然之理，此固事势之所可致者矣。今夫天命为性，率性为道，民亦同受天地之中以生，何尝无是性哉！何尝嫌是道哉！又何尝可自外于性、自绝于道，而不坦坦然以由之哉！然而民之不由是性道者，盖已久矣。念自圣王不作以来，世衰道微，俗尚之浇漓日甚，赋《同胞》而竞夸武事，咏《葛屦》而致慨褊心，历其地而采其风，几见有冠道履仁之盛。抑其周辙东迁而后，纲沦法斁，气俗之偷薄难堪，从两肩而揖谓我儇，遵大路而掺执子手，入其国而问其俗，几见有型仁讲让之休。然则民既不由，而为上者欲使之由也，似亦未易言矣。大造之生人也，不能有智而无愚，而民则愚甚矣。然民虽至愚，而为上者苟立之学校以定其向，董之司法以约其趋，将见茅檐蔀屋之民而会极归极，何至冥然罔学而不由于斯性矣。吾人之承天也，不能尽灵而无蠢，而民则蠢甚矣，然民虽至蠢，而在上者苟春夏教以礼乐，秋冬教以礼乐，将见篱落村墟之民而遵道遵路，何至懵然不明而不由于斯道矣。然则民固可使之由明矣。或谓顽民欤？或谓愚民欤？或谓庸民欤？此固不必论也。第概言乎民，觉统顽民、愚民、庸民，皆可使由于道德仁义之中也。或谓良民欤？或谓智民欤？或谓秀民欤？此又不必计也。第一言乎民，觉统良民、智民、秀民，皆可使由于父慈子孝之经也。噫！上行下效，而乘时宜猷，圣世本无愚民之术；上感下应，而因势利导，王者亦有善用之权。民可使由之，不可使知之，为民上者盍言诸！

【说明】本文录自"艺文手稿"，文末批语："中比以前，词意坚卓，惟后比未妥。"

道千乘之国

（一八九四年）

乘而千也，道之不庸缓矣。夫乘计民以定数也，国而至千乘
也，道之岂容缓乎？尝读《閟宫》之诗，而曰公车……① 典。富
强者有其人，夸诈者有其人，盘乐怠傲者又有其人，孰能持盈保泰，
无负天子之殊恩，则试作一千乘之国观。夫国而曰千乘，固非蕞尔
之比也。沃野千里，带甲十万，赫赫乎已足称一代之雄，则抚临斯
土，夫岂无久大之规模以谨而侯度。抑国而曰千乘，又非孱弱之邦
也。鸡犬达乎四境，庐舍遍乎国中，巍巍乎自足夸一时之盛，则莅
此疆圉，夫岂无百年之常制以经我国家，则不有千乘之国乎？虽
然，岂易言哉！许清洁者有十乘，友五人者有百乘，乘而名之曰千，
其地固已广大也。夫一邑一官，道之犹为不易，矧其明明为千乘
乎？夫既明明为千乘，则掌邦治<者>统其国，掌邦教者敷其国，掌
邦礼者治其国，故立极绥猷其道也，亦若较十乘、百乘而倍增郑重。
犯陈蔡七百乘，许鲁卫者八百乘，乘而名之曰千，其赋又已多矣。夫
方六七十，如五六十道之犹尚为难，矧其明明为千乘乎？夫既明明
为千乘，则掌邦教者隶其国，掌邦禁者诘其国，掌邦土者居其国，故
出治敷化其道也，又若较七百乘、八百乘而益深经营。保庶而思富
教，吾与冉子言之，道国之一道也。千乘之国，富教虽在所宜图，而
宜猷有本，不徒加富加教之时。为邦而商礼乐，吾与颜子言之，亦
道国之一道也。千乘之国，礼乐虽在所宜计，而化治有原，不仅在

_____
①　下六行一百二十字，缺失。

议礼议乐之盛。敬信节爱,使民道国之道立矣,千乘者其知之。

　　【说明】本文录自"艺文手稿",中有残损,末后批语:"通体顺适,惟提二未合。"

孝弟也者

(一八九四年)

　　深察乎孝弟之实,大贤为之重按也。夫孝也弟也,固人之所当务者也,然而孰知其当务也。孝弟也者,有子能不重按之乎?若曰吾今而知孝弟二者,固百行之源也,乃人尽有父而孝之名独以我推,人尽有兄而弟之名独以我称。夫思亦思何为孝弟之本,何为孝弟之实,终而不深察其孝弟之实耶?本立道生,是本固当务也。夫本也者,非孝与弟哉?胡然而称我得以孝称,胡然而我得以弟著,孝弟之名,固人人所乐居者也。然人所乐居者其名,而人所当思者其实也。忽也而称我以孝,忽也而许我以弟,孝弟之誉,又人人所乐闻者也。然人所乐闻者其誉,而人所当勉者其事也。孝苟非出夫真诚,纵奉养无亏,则其孝也亦伪,必也冬温夏清,在在皆矢其精心,视膳问安,在在胥将以实意,则尽孝道于寝门,庶几实践乎孝之道。弟苟非本于真性,虽逊顺备至,则其弟也亦浮,必也随行雁行,在在不敢参伪念,父事兄事,在在必出自真心,则尽弟道于乡里,庶几实践乎弟之道。夫然而孝弟之道不可不察矣。雅诗照有怀之诚,常著和乐之仪,非所以有孝弟之道乎?故笃于孝者,饮食必奉其甘旨,冬夏必用其温清;笃于弟者,一坐也而不敢上,一行也而不敢先。在当躬者以为如是可为孝,如是可为弟也,在旁观者亦以为如是可为<孝>也,如是可为弟也,而赞扬之餘,不妨弃平生之事业,而独言孝弟也者。夫然而孝弟事不可实践矣。《曲礼》详省问之典,封建广同姓之爱,非所以有孝弟之事乎?故能尽孝者,柔色以为温,潆洄以为滑;能尽乎弟者,豆觞必受恶,衽席必趋下。在当时者以为如是其孝也,如是其弟也。在后世者亦以为此真能孝,此真能弟也。而称述之下,何妨置平日之事功,而专言孝弟也者。孝弟也者,其为仁之本欤!

【说明】本文录自"艺文手稿",共四页,文末批语:"文通体平顺,但嫌其浮泛耳。"

嘑尔而与之,行道之人弗受,蹴尔而与之,乞人不屑也。万钟则不辨礼义而受之

(一八九四年)

辨礼义于嘑蹴者,独何于万钟则不辨也。夫嘑尔蹴尔,弗受不屑,是能辨礼义也,奈何以能处箪豆者而竟不能处万钟乎?且天下之物可以与,可以无与,与伤惠;可以取,可以无取,取伤廉。此中有礼义也,授受者不可辨矣。然天下志洁行清之辈,虽当穷途潦倒,竟不惜一死以留清白之名。乃有人也,始焉守其志,继焉堕其术。噫!同是人焉,节于始,不节于终,何刚肠不贬者既如彼,而媚天<?>成者竟若此也。如箪豆之得与不得,生死系焉。夫斯时也,虽素称动则思礼,行则思义之君子,而当此无可如何之会,亦期其有与之者而必受之者也,岂尚顾其礼义之与否哉!乃不意与竟出于嘑尔蹴尔者,而行人、乞人当何如也。天地之生人,不能有贵而无贱,行

人则贱焉者矣,道路彷徨,分杯羹其无自,设有以与之,而以非礼加之,行人虽贱其心,却有时而勿贱也,勿受也。人生之气运,岂能尽达而无穷,乞人则穷焉者矣,东奔西逐,餍酒肉于墙间,虽有以与之,而以非义待之,乞人虽穷其志,亦有时而不穷也,不屑也。嘑尔蹴尔,行道之人勿受,乞人之所不屑,夫何为而勿受不屑哉?盖亦因其嘑蹴之非礼,嘑蹴之非义耳。夫既嘑蹴之非礼非义,而苟受此嘑蹴,恐伤其固有之良,而为当世之贤者所窃笑也。若人能充此勿受不屑之量以处事,将见无一不以礼义为准则,虽有千驷之富,百牢之多,诚能以礼制心,以义制事,而非礼勿视,非义不受,有何难哉!虽然,盖有万钟不辨礼义而受者。物色当涂,足供玩好,然而是非不可不明也。夫是非之判,介在几微,苟受之无伤于礼义则受之,受之有害于礼义则何如辞之也。处此万钟,宜如何郑重哉!若不辨礼义而受之,视前之嘑尔勿受者,奚啻天渊哉!货利在望,必扰精神,然而得失不可不审也。夫得失之机,间不容发,苟受之不失乎礼义则受之,受之有损乎礼义则何如却之也。处此万钟,宜何如精详哉!若不辨礼义而受之,视前之蹴尔不屑者,迥判霄壤哉!不辨礼义而受,岂犹是嘑尔勿受蹴尔不屑之心所可类推哉!

【说明】本文录自"艺文手稿",共五页,文末批语:"瑕多于瑜,未能惬人之意,务须竭力琢磨,则瑕去而瑜留,庶可有入彀之望也。"

书执礼,皆雅言也

(一八九四年)

《书》、《礼》无异于《诗》,皆圣人所垂教焉。夫《书》也,《礼》之执也,足以与《诗》相发明者也。夫子以言立教,不皆举之而不废乎?且长于《书》者有漆雕,长于《礼》者有言偃,几疑夫子之偏于所授,未尝向及门而遍示之也。不知浑噩实等乎正葩,庇身者更有周旋之节,而群萃悉勤其涵育,启口者决无疏略之时,于此见教思之广焉。彼《诗》固子所雅言矣。夫《诗》以性情固切于日用之实,不可不详言之矣。苟不泽躬于二典三谟之中,吾恐政事失所措耳。苟不束身于威仪揖让之内,吾恐手足无所加耳。幸也子所雅言,更有《书》与《礼》在。夫使不言《书》,何以疏通而知远,不言《书》,何以辨事而道政,是与《诗》并重矣,则言之岂容已乎?夫使不言《礼》,何以有是非之别,不言《礼》,何以有可否之分,是《礼》与《诗》俱隆矣,则言之乌可缓乎?《书》与《礼》,不亦与《诗》并重哉」独是《书》陈《无逸》,无殊《诗》咏《豳风》也。礼教并敬,亦犹诗教温厚也。且古人官《书》有学而《诗》不及详,蒉浮土鼓,《礼》有乐而《诗》不及载,是《书》与《礼》有更深于《诗》者,不妨于函丈亲炙之馀,默默会而切指之曰,皆雅言也。言苟不关于身心性命,有言不如其无言,而《书》之于人,固与《诗》关乎身心性命也。子雅言之,岂有启迪之或遗。言苟不切于日用行习,多言不如其少言,而《礼》之与人,固与《诗》切于日用行习也。子雅言之,岂有训诲之或倦。然则子所雅言者,固不尽在于《书》、《礼》也,而实未足尽夫子所雅言也。合之以《诗》,不皆子所雅言乎?

【说明】本文录自"艺文手稿",共四页,文末批语:"一讲稳惬,馀则夹杂支离,无可采取。后二颇顺,然此题不可过于清淡,故易之。"

武

（一八九四年）

名以武著，《鲁论》在所必志也。夫武而播鼗，犹挚干等之各有其职也，故于挚干诸人外而更志之。且周家王业之成也，作书一篇，不尝名为《武成》哉！顾以武名书者，固见功业之盛，而以武为名者，亦见技艺之工。际此缅想其名之下，觉其名虽在，而其人已渺矣。今夫武之以武名也何哉？夫救夏民者，则有武汤矣，平殷乱者，则有武王矣，武岂身为其后而因以武名欤，然而武固姓氏不详者也。抑鲁邦之南则有武城矣，泰山之侧则有武水矣，武岂身居其地而遂以武名乎？然而武又里居莫载者八也。溯贵介于卫邦，则有叔武其人焉，顾彼则身撄君位，居在躬桓蒲谷之班，而此则手执鼓鼗，侪于眠瞭朦眏之列，名则同而贵贱不同也。稽豪宗于晋国，则有赵武其人焉，顾彼则身列于名卿，冠在栾、范、韩、魏之族，而此则职居典乐，亚于挚干缭缺之伦，名虽似而贵贱不似也。武有援以为姓者，如周室之有武氏、宋邦之有武族是也。顾彼以武为姓，而此以武为名也，则彼之武不得与此武并衡。武有取以为谥者，若卫国之有宁武子、鲁邦之有季武子是也。顾彼以武为谥，而此以武为名也，则彼之武不得与此武并称。赞安安之帝尧，尝有乃武之辞，武果能核实循名，将见觉世之能，何难与布昭圣武之流，革敝俗而有补于世。美穆穆之鲁侯，尝有允武之颂，武果能顾名思义，将见规世之过，何难与威武不屈之辈，光前人而式亢厥宗。夫武之黩则穷兵以播鼗者，而名武曰武，意德音洋溢，得觇修文偃武之隆风。

抑武之文则止戈以名武者，职掌播鼗，意必雅韵可钦。尝见石节金武之旧职。姑无论接武布武为堂上堂下之仪文，意者武当升歌合乐之时，谅不至有步武之或失。亦无论缙武属武为元冠居冠之分形，意者武侍端冕凝旒之侧，应不至忘委武之遗箴。噫！武也身为乐工，何必名之为武。顾或者为武之诞降，实有帝武敏歆之徵欤？武也栖身曹部，何故以武为名，顾或者武之遭逢，正当叔季用武之秋欤？追观其入于汉而鲁之衰不益见乎？

【说明】本文录自"艺文手稿"，共五页，文末批语："全靠刊文讨生活，不能自出机杼，故运一意，措一词，虽与刊文小异，要无不与刊文相大同，此乃文家大忌。何以自胜艺林，皆缘思路枯窘，平日于典题少究心故也。急取典赡风华时文数首揣摩之，庶可渐有进益乎？勉之勉之。"

蟫

（一八九四年）

有与李并生者，是天之所以困廉士也。夫蟫何物也？而乃与李生焉，非天之所以困仲子哉！且人苟不蜗居，自终则鸡鸣来朝，能不咏虫飞之薨薨哉！乃清操自励，独甘屈于人间，而蠢尔无知，忽生蠹物于树上，则虽与世无争乎，而硕果犹存，何竟麾之不去也。如井上有李，而井上岂更无他物乎？使井上而惟有李在也，则念嘉果之堪欣，象或类于楳之标，情非同于瓜之投，吾能不为仲子幸乎？使井上而仅有李存也，则望丘中之移植，荐非等桃，园用亦殊于隰栗，吾何必复为仲子虑乎？奈之何又有蟫也。而蟫不存尝在李上乎？蠋也而在于桑，蝇也而止于棘，而蟫何如乎？动则不离夫茂树，静则即栖于一枝，朝于斯亦夕于斯，夫岂如蠋之集桑，夫岂如蝇之止棘。蟫蛸则在于户，蟋蟀则在于堂，而蟊奚若乎？时而往乎叶底，时而遊于枝上，生于斯而长于斯，夫岂同蠨蛸在户？夫岂同蟋蟀在堂？间尝读《草虫》之篇，喓喓者托处在蕨薇矣，而蟊则何所托乎？特差同于情，且聊等于蚁，适从何来，乃亦集于井上也。是蟊之有于李，固仲子所不及斜〔料〕矣。抑尝闻《青蝇》之章，营营者止于榛矣，而蟊又何所止乎？非若伊威之室，更异蛰虫之感动，遽集于此，何竟不避李下也。是李之有此蟊，又仲子所不乐闻者矣。当其未见夫蟊，吾方为仲子幸，幸其既生李不生蟊也。迨至既见夫蟊，亦可为仲子喜，喜其虽有蟊犹有李也，何也？食实虽过半，不犹可充仲子之饥乎？

【说明】本文录自"艺文手稿"，共四页，文末批语："大致清楚，惟须再求典雅工夫，开广思路，庶可日起有功，角胜艺林，不负高堂培植一片苦心也。"

辛

（一八九四年）

人有以辛名者，名之所当志也。夫辛之为名，原不多觏也，而陈相之弟名之，所由志于《孟子》一书耳。且人果能辛勤自励，不辞人德之艰辛，将品重望高，何至没世而名不称哉？乃即其名以考其人，未必辛勤之自励，而摸其立名之始，早若不辞人德之艰辛，而欲为特起之英，垂芳名于天下后世者，如陈相之弟名辛是已。夫陈相之弟，何为而以辛名哉，谓兄弟本形体相联，而相之字从木，木在东，实居南与西北之先，则其弟亦应取乎东，而昭同类相从之义也，而弟之命名偏不取乎东而取乎西也。谓兄弟又次第相生，而相之字从木，木属春，实冠夏与秋冬之首，则其弟或转乎夏，以寓接踵而起之意也,而弟之制名亦不取乎夏而取乎秋也。爰稽其名,厥惟辛云。辛之义言乎新,日新者《大学》所详,名以辛而得所观摩,庶融会乎修齐治平之旨。辛之味类乎莘,茹莘者致齐所戒,名以辛而有所警觉,庶益专其居处笑语之思。辛曰从革,箕子曾衍神禹之畴,果其核实循名,何难革敝俗而有补于世。辛曰重光,《尔雅》尝记太岁之在,果其顾名见义,何难光前人而式亢厥宗。溯国于往古,则有高辛氏矣,顾彼以辛为国名而此以辛为人名也,则陈辛不得以有辛例视。缅帝号于往昔,则有高辛氏矣,顾彼以辛为帝号而此以辛为人名也,则陈辛亦不得以高辛概论之。古有尹辛、贾辛者,尝显名于春秋,已不闻与兄并称也。近有庄辛、剧辛者,亦著名于楚、赵,不闻与兄偕行也。有辅国而名为辛者,如南楚之有子辛是也。顾彼则躬居三事,此则兄弟相偕其事,原有异忠致。有学圣人而名以辛者,如孔氏之有颜辛是也。顾彼征俊秀之才,此见手足之情,其人有悬殊。观于末耜之负,不亦与兄并自宋之滕哉」

【**说明**】本文录自"艺文手稿",共四页,文末批语:"短比屑屑相生,有典有则,不蔓不支。"

準绳

(一八九四年)

準绳亦圣人之所继,可进规矩而类观之矣。夫準绳固制器之所必需,则有规矩,不可无準绳也。维彼圣人,不又以準绳继之乎?今使苟有心中之準绳,则亦何必手中之準绳哉?顾不必有者,準绳之悟于虚;而不可无者,準绳之形于实。际此审曲面势之下,以準

绳为权衡,而准绳之形于以昭著,而准绳之名亦以立矣。目力既竭
而后,圣人之所继者,岂惟规矩已哉?使第继之以规也,则规纵能
象天,而运斤之际,或不免失之于高,安知不至代斫而伤也。抑徒
继之以矩也,则矩纵能象地,而执柯之馀,或不免失之于曲,安在其
能指物而化也。爰有准绳,圣人则又继之矣。且夫准绳,有立乎规
矩前者,有见于规矩后者。其立乎规矩前者奈何,一画初开之际,
未有规,未有矩,圣人必先有一准存于目中,必先有一绳存于目中。
而后准以制规矩,规矩乃无失其为规矩;绳以制规矩,规矩乃无悖
其为规矩。借非准焉绳焉,规矩且有时而舛矣。此准绳所以立乎
规矩之前者也。其见于规矩后者奈何,万物成形之会,既有规,既
有矩,圣人又必有一准著于民间,又必有一绳著于民间。而后规矩
需乎准,得准而物之循规矩者不偏;规矩借乎绳,得绳而物之从规
矩者不倚。脱非准焉绳焉,规矩亦难言尽善矣。此准绳所以见于
规矩之后者也。虽大匠诲人不闻以准,似准亦在可废之列耳。不
知准同乎据,有准以立其据,而物之就裁于规矩者,乃无不就裁于
准也。圣人知准之不可一日无也,而率无形之准,以造有形之准,
而准遂以永垂于宇宙。虽梓匠与人不闻以绳,似绳亦属可无之端
耳。不知绳犹乎度,有绳以作之度,而器之受范于规矩者,自莫不
受范于绳也。圣人知绳之不可一时缺也,而因无象之绳,以立有象
之绳,而绳遂以利赖乎古今。此无他,有规而无准,规模只形其粗
陋;有矩而无准,矩矱亦未必精。缅周道而深审厥形,而所履所视,
有如此准矣。况乎规不可越绳,绳孰可以或弃;矩不能逾绳,绳乌
得以偶无?鉴正路而取为法,而不斜不横,有如此绳矣。由是而为
方圆平直,取之不禁者,亦用之不竭矣。而要非圣人继之于竭目
力后,亦乌能有此哉?

　　【说明】本文录自"艺文手稿",共五页,文末批语:"一片清机,再加修饰

之功,可望人毂。"

则 王 矣

(一八九四年)

王决于同乐,好乐者所当知也。夫王未易言也,乃决于与百姓同乐也。好乐者何不审诸。且人君居高驭下,而欲建臣一四海之勋,不诚夐戛乎难之哉？顾不为王者,人主惟有独乐之怀,而不难王者,人主能有同乐之意,际此风草相从之下,而改正朔,易服色,化齐之国为天下者,正不必窃窃也尚虑其欷矣。王今者能与百姓同乐,斯时也,王非敢谓九州之必归附也。王非敢谓四海之必景从也,然而斯时之象可思矣。想其赋哀鸿,歌硕鼠,民生之涂炭已极矣。王今者不私所乐,将管弦在御,推之即宇宙太和,琴瑟在廷,扩之即熏风解愠,临淄即墨之区,讵难奏天下一家之盛。抑其抒柚空,酒酱匮,苍生之困乏难堪矣。王今者能公其乐,将击壤歌衢,上普雍熙之化,吹豳饮蜡,下铭醉饱之歌,聊摄姑尤之地,讵难建四方正域之勋。则见其王犹反手,而与人乐乐之效,至此而成矣。则见其王莫能御,而与众乐乐之效,至此而集矣。则见其王不待大,迥异乎霸有大国,而钟鼓之声,管籥之音,王之好乐诚当矣。则见其大则以王,远胜乎小则以霸,而车马之声音,羽毛之美,王之田猎非悖矣。则见其共推天吏之名,未有不王,而民之感王有喜色者,非若向之疾首蹙頞矣。则见其高居明堂之上,于王何有,而民之愿无疾痛者,不类向之使我此极矣,则王矣。故鸣条而后来其苏,诛君吊民,聿肇王猷于商室,然进究其故,不外欲与民同乐之心所至耳。

王果与民同乐也，将见九有纵未截，能同乐而不患不贱，百禄纵未道，能同乐而不患不遒。汤之王既遵导先，王之王何难步后乎？臣能不为王深欣其王矣。陈牧野而我师罔敌，遂开王业于周家，然进考其原，无非欲与同乐之意耳。王果能与民同<乐>也，将见凤书虽未受，能同乐而其受可期，龙飞虽未符，能同乐而其符可望。武之王既非有过，王之王何虑不及乎？臣能不为王深幸其王矣，则王矣，王可不与民同乐乎？

【说明】本文录自"艺文手稿"，共五页，文末批语："有笔有书，卓然可观，中段据一篇之胜，尤足动目，喜之望之。"

驱　虎

（一八九四年）

虎为害人之兽，驱之不容缓矣。夫害人之兽，固不独虎也，而虎其最也，驱之岂容缓乎？且昔虎贲三千，陈商郊而夹振驷伐，非欲驱除无恶，尽涤猛虎之苛政哉？顾在朝者多猛虎之政，变革固有所难宽，而在围者聚猛虎之纵，屏逐更不宜稍缓，不必拂虎交之性，亦不必申馁虎之恩，而攘之剔之，所由难已于锄暴后也。如周公相武王以诛纣，所驱者既有飞廉矣，夫飞廉之为人助纣为虐，几等虎之猛矣。想其称干比戈之日，而大勋克捷，所驱役者，固深类桓桓之处士。抑其会朝清明之时，而殊业克正，所驱策者，固全类矫矫之虎臣。虽然，用虎韬以取胜，而凶人既驱，岂无凶兽之踪？驭虎皮以藏兵，而暴人既驱，岂无暴物之类？若是，虎固为害人之物也，而可不驱乎？虎之狂也出柙，人见之而心惊；虎之啸也从风，人闻之而心怵。虎固人之所共畏者也，正惟人之所共畏也，而驱之宜先矣。非同徒手之搏，亦与攘臂之攫，歼其魁而逐其类。凡民之行于广野者，至是而何有咥人之凶。虎之视也眈眈，其钩爪之可畏；虎之欲也逐逐，其锯牙之可惧。虎固人所共惮者也，正惟人所共惮也，而驱之难缓矣。岂同祖裼之暴，直比鹰鹯之逐，绝其类而除其患。凡民之入园囿者，至是而何有伤汝之戒。驱与射异，射则加以弓矢，敢与料头而须；驱则用以楯杖，欲使趣儦而行，俟除其患而不害其生，而猱猱狘狘，使得各畅其性。驱与刺殊，刺则加戈矛，入虎穴，戕虎子，驱则用鞭鞑以示威，摇虎尾，戢虎威，救患而不害其命，而儦儦俟俟，使各皆聚其类。进观豹与犀象，亦皆驱之，而天下之民有不大悦哉。

【说明】本文录自"艺文手稿"，共四页，文末批语："有笔有书，不蔓不支，惟提比及后比微有疵墨，不能尽惬人意。"

必自经界始

（一八九四年）

首观经界，仁政者之所必有此始也。夫经界者所治地也，仁政实始于此。将行仁政者，可不知先务之急乎？想其勉毕战曰：昔先王治天下之大经，固非经界之一，固非徒经界一端，为己尽仁政之要也。然规制甚宏，固当统举焉。以求其全而推行有次，尤当审量焉。以酌所先，盖时虽非而土田犹旧，则其一定而不可移者，正惟此初服之必严也。如子君使子问吾以仁，夫仁政之要果何如哉？和凯之泽，施之必有其实，履禹甸而知明德之远也。畇畇原隰，悉歌湛恩之沃壤，然而荒度无穷，而沟也尽力，洫也经心，知必有甚急于此者矣。慈惠之法，按之悉有可据，读官礼而推麟之意也。膴膴周原，咸属司徒之莫安，然而立国惟王，而位有必定，方有必辨，知必有缓于此者矣。何也？盖界必贵经也。仁政之要，必自此始。且夫界有为水道之界者，有为行道之界者。其为水道之界欤？经其水道则核《考工》近人之司，始于广尺之畎，以及方里为井，井有沟，十里为成，成有洫，百里为同，同有浍，所以备旱潦而通宣泄者，一井然，万井皆然，其经之者周也。夫仁政之始必日营心于阡陌封植。抑或行道之界欤？经其路道则按《地官》遂人之制，始于通人之径，以至涂列一轨，道列二轨，路列三轨，其所辨封植而利车徒者，一里然，万里皆然，其所以经之遍也。夫仁政之始，必自关心于疆域封土。且昔先王之于界经之固不敢稍缓也。试读《祭义》《月令》一篇，而修利堤防，道沟浍，是知盛王御世，必不敢忽于经界也。子之君而将行仁政也，尚其取《月令》以则效之哉。抑古先王之于经界之不稍怠，试稽《周礼》一册，而曰土反其宅，水归其壑，是知圣王驭下，必不敢轻于经界也。子之君而将行政也，尚其取《周礼》而遵行之哉，必自经界始。若夫经界既正，胜滕亦何患不治乎？子其勉之。

【说明】本文录自"艺文手稿"，共四页，文末批语："中心颇有可观，餘俱未惬。"

使民以时。子曰：弟子入则孝，出则弟

（一八九四年）

时使为道国之全，孝弟为人伦之重也。夫以时使民，道国之要全矣。彼弟子之孝弟,子能不于出入勉之乎﹖且昔文王之为灵台也,恐劳民力,既戒以勿亟,而民之趋事,不尝如事父事兄之诚哉﹖顾君民统以分,既有代劳代为之谊,而父兄洽以恩,亦有尽孝尽弟之职,于以知君上之使民,必贵酌乎其时也。又以知弟子之事父兄,必贵尽夫孝弟也。如国既道以敬信节用而及爱人矣。夫爱人,不啻如父之爱子,兄之爱弟也,而民之事上,应亦如以孝事父、以弟事长耳。然使民之道,要非以时不可。诵诗而师六月,本势所难堪,使不审其时,将简书并至,安望民之如以孝事亲能竭其力。修史而筑台三纪,固分所宜然,惟必酌其事,斯役车有期,将见民之如弟事长愿服其劳。以时使民,不已得出入之所哉﹗试思圣王之使民也,不尝凶年一日、中年二日、丰年三日哉﹗吾观《月令》之篇,而曰:毋作大事,以妨农事,劳农劝民,毋或失时,此古帝王使民以时之典也。吾读《小宛》之章,而曰:明发不寐,有怀二人",既有肥牲,以速诸父,此昔先王尽孝尽弟之法也。岂其童蒙之时可不教以定省之文,可不教以徐行之义乎﹖言念弟子,可不念及于入出时也。立身加民之事,岂敢骤为弟子期,然总角亦何可忽也,无曰无知,其识已开,无曰无能,其心特净,于此而教以入孝出弟之典,几哉小子其有造也。泽润生民之功,未必遽为弟子望,然婉娈亦何可玩忽也,虽只孩提,天性未漓,虽曰稍长,嗜欲将启,于此而教以入孝出弟之仪,庶几乎小子其有望也。然则教弟子以孝弟,亦犹使民之以时也。使弟子今日能孝弟于入出,即异日能以慈爱使下民矣。

【说明】本文录自"艺文手稿"共四页。此篇大部分为塾师改易,文末批语:"一弔颇可,餘则粗疏支离,不堪动目。"今仍就原稿录出。

今 夫 辫 麦

（一八九四年）

　　欲明人心之陷溺，因借观于辫麦也。夫辫麦何与于人心，然欲知陷溺之故，不可即辫麦以观乎？今以人心之多陷溺也，不啬苗之有莠，粟之有秕，则欲验人心之陷溺者，固可征之于物矣。虽然，观人心于物，则心固见，而观于切要之物而心更见，则有如辫麦是矣。且夫辫麦亦何与于人心哉！精之不若稻味之腴，而可为子弟之屦饫；粗之不若膏粱之美，而堪为子弟之醉饱。他若跻堂介寿，则取乎春酒矣。而辫麦未足为其资，夕膳晨餐，则需于稻粱矣。而辫麦未足专其供，虽麦秀兴歌中之讥刺，或可为创惩其逸志，究何足以惊多暴之子弟哉！虽然，事以取譬而得，理以借观而明，则何不验之于辫麦。盖尝读《月令》之篇，而知辫麦之始与众物异矣。夫金木水火，五行迭运以成物，乃黍有未登，而辫麦荐庙矣；稻犹方隆，而辫麦竟秋矣。迨至百谷用成，而辫麦复乘金以始兴，似众物为其迟，而彼独为其捷，然而辫麦固有自成其为辫麦也，吾愿与人共观乎辫麦。抑尝读《豳风》之载，而知辫麦之终又与众物殊矣。夫春夏秋冬，四时往来以滋物，乃繁已采矣，而辫麦如故也；桑且条矣，而辫麦依然也。迨至百卉繁昌，而辫麦始乘夏以报秋，似众物居夫先，而彼独居夫后，然而辫麦偏有独成其为辫麦也，吾愿与人显微乎辫麦。幸而大有兴歌，则取彼南亩，自可与黍稷重穋同登保介之书，是富岁之中，不有辫麦乎？不幸而以凶岁致嗟，而贻我来牟，自可与箪食豆羹共为朝夕之需，是凶岁之中，不有辫麦乎？言辫麦之始终,而天之降才非殊也,不亦有明徵也。

【说明】本文录自"艺文手稿",共四页,文末批语:"文颇顺适,惜太犯实。兄他日有暇,当另作一艺以示之。"

而 无 谄 富

（一八九四年）

有能无谄于贫者,而富可进观矣。夫谄,固贫之所不能无也,乃能无之,而富又可进按矣。且以谄风之日盛也,凡身当穷厄者,孰不求媚于富哉?乃操甚坚,要不移于困约之时。而境遇独隆,亦有处夫丰亨之日。夫乃叹卑屈不屑者,固罕觏也;而仓箱有馀者,亦恒有也。试先以贫论。夫贫者短褐不完,非如富之重裀叠褥也;贫者藜藿蔬食,非如富之膏粱醉饱也。人而处此,有不震惊于富,奔走于富者哉!噫!谄,盖贫者之不免也。果孰能无之哉。则见其身虽贫,而志则不贫。虽有富者在前,亦不过一富已耳。所以缊袍虽敝,衷怀悉泯忮求;蓬户自安,节操俨照廉洁。安贫之遇,初未尝稍有谄媚之心。则见其家虽贫,而心则不贫。虽有富者在侧,亦不过曰"是富而已"。所以一官聊寄,不愿贬节于权门;斗粟可辞,未屑折腰于长吏。守贫之分,初何尝稍生谄谀之意哉!无谄如是,不已能安其贫而不求其富哉?将见中怀淡定,则不慕丰亨之境矣;内力醇深,则不羡素封之荣矣。且也半粟不饱,一箪自娱,并不恋钟鸣鼎食之宠矣。虽然,境遇何尝遭逢靡定?盖既有处贫之士者,未必无处富之人也,曷不于无谄而进观之乎?俯仰无愧者惟富,仓箱有馀者亦惟富。富,人之所乐居也。将见人无谄于我,我之富固足重已。人有诣于我,我之富更足重人。是天下之堪夸炫于贫者,莫于此富矣。乘坚策肥者惟富,人给家足者亦惟富。富又人所乐有也。将见人无诣我,我固不肯以富与人。即有诣于我,我又安能以富分彼。是天下之至荣耀于贫者,莫若此富矣。进观富之无骄,亦犹贫之无诣也。夫子以为何如?

【说明】本文录自"艺文手稿",共四页,文末批语:"小讲及后二颐可,餘则词多芜杂,题界欠清。"

豚,伐冰之家不畜牛

(一八九四年)

豚亦所不察也,可进按夫牛之不畜矣。夫豚之不察,犹鸡之不察也。彼伐冰之家,不可进按牛之不畜乎?且当读《周易》一册而知坎之豕不尝与巽之为鸡、坤之为牛并详哉!顾初起登庸,固宜不争其微利;而高爵显荣,亦当不养其大武。夫周曰豜曰豕,既始仕者所当戒;而白脊黑唇,岂位高者所宜畜耶?鸡之不察,畜马乘者既有然矣,吾知献子之为是言也,试以仕版初登,举非同于牛口,公家佐理,才可试夫牛刀,又不得为于鸡而见其廉者,而于豚转示其贪也。以言乎豚而勿察之。稽《豳风》之所载,献貐献犯,通偕觥觥以称寿,而漫为察也,未免争微利于斯民。考《月令》之所详,尝黍尝麦,适偕彘物以同食,而苟为察也,何以表廉明于尔位。豚不察复如是,敢以冀爵秩之特隆,而有大夫以索牛之荣哉!独是豚之为用,亦正不一矣。或取貘豚以充君庖,或取豚以献公堂,是豚固为有用之物也,而要之非始仕家所宜察也。念自身居朝而后冰澜久懔,冰心常怀,安敢察豚而致贪污之名哉！允若是也。豚不察于畜马乘者,牛或可畜于伐冰之家也。虽然,即牛以论祀典,固与冰之伐而并重;而即牛以论官箴,宜为冰之伐者所当戒。其不畜也,盖不仅牛之不畜也,则且于牛而先念之。为广牡,为骍刚,牛之名亦不一矣,而要非所论于畜也。倘或视肥瘠于牲牷,不亦有愧于伐冰之家乎,胡忽于牛而为置之。天子以牺牛,诸侯以肥牛,牛之品亦甚众矣,而要非所论于畜也。惟不以蕃滋争硕大,庶亦无惭于伐冰之家也,正当于牛而先节之。是则牛之不当畜,不亦同于鸡豚之不当察哉,而况乎不徒一牛也。

【说明】本文录自"艺文手稿",共四页,文末批语:"弔下尚可,餘则生硬枯槁。"

我无能焉。仁者不忧,知者不惑,勇者不惧。子贡曰:夫子自道也。子贡方入,子曰:赐也贤乎哉,夫我

(一八九四年)

无能君子之所能者,因方人而转念夫我也。夫曰无能,子固不敢自居仁知勇之君子焉,则因子贡之方人,能不转念夫我哉？且人苟自谓无所不能,必无愧己之见存,亦必所无反己之见存也。无愧己之见存,或自负己之能而不逊。夫人无反己之见存,或不因人之贤而转按未已。大圣人卑己以尊人,并因人以审己,而己之逊谢不敏者见,而己之返躬自问者亦见矣。夫子何以有念于君子者三哉？想夫子之意由夫道,固非有私于君子,而特靳夫我者也。设我有君

子之道,将见德备夫我,我可方君子之贤矣;才全夫我,我可方君子之能乎?则重视夫我,我不难方夫子之仁;高视夫我,我不难方君子之知;尊崇夫我,我不难方君子之勇矣,尚何至抚其道而歉然愧恧,然愧而自谦曰:我无能焉。然而夫子之以不能自居者,盖夫子虽有三者之道而自谦曰:无能亦不自恃夫我之为我而已。意以方诸仁者,而仁者有爱人利物之心,子则曰,惟君子能之,而非所论夫我;以方诸知者,而知者有浚哲文明之称,子亦曰,惟君子能之,而非所论夫我;以己方诸勇者,而勇者有坚强不屈之概,子亦曰,惟君子能之,而非所论夫我。夫我既不能统忧惑惧而泯之,即不能合仁知勇而全之,使此子贡而体此夫子我无能之言也,将殚精竭力,不至泛骛其功;修朝乾夕惕,不至分驰其念,吾知由无能以至于能,由不贤而至于贤,而凡仁知勇之道,不难企及也。而抑知子贡但知夫子之自道,竟不知夫子之切于观我,并不知己之因当自修其学问,而徒诩诩焉逞其能于人乎,此夫子所以既贤之而复念夫我欤!且夫子之转念夫我者,岂以仁者不忧,赐则无能;知者不惑,赐则无能;勇者不惧,赐则无能,而特以我惕之乎,抑亦恐子贡之终以方人为能,终以方人为贤,而心驰于外,不知自修其德业,非特不能日日之见益,抑且不能日日之见招损矣。不然,则无道。夫子即听子贡以方人也可,即听子贡以方人为贤也亦可,而奚必曰夫我则不暇哉!

　　【说明】本文录自"艺文手稿",共五页,文末批语:"通体似是而非,宜求清真一路。"

而信节用

（一八九四年）

信未可忽，用贵乎节也。夫非临之信，则上下暌矣。告以信于敬事之后而用，不更贵乎节哉？且以驭下之宜诚也，而用财尤宜有制。知驭下之宜诚，故实政必济实心，真确昭斯，诈虞自泯。知用财之有制，故尚奢不如尚俭，淡泊著斯，奢靡自无。而于是肫挚之心可共白焉，而于是耗丧之弊可无忧焉。道国何以敬事哉，盖必用心是事，不敢舍是而纷用也。用意此事，不敢废此而泛用也。谓非独用其心于一节，专用其意于一节哉？然而御下之道，又不得不有其心矣。昔先王虑朝野之暌也，于是创一法必本实意，立一禁必本真心，可不谓信欤？顾吾见今之有国者矣，平时俯察舆情，亦思以悃忱相感，乃外为诚而内怀诈，抚字半杂乎权谋；阳饰公而阴行私，驾驭总凭于法术，而且有患诡谲之或彰，堂廉之掩饰益力，虑私智之或露，语诚之弥缝偏工，晚近君二三其德，信于何有乎？惟必即信而实行之，将见疑式悉除，而坦白可以告天地，机械尽释，而肫恳可以质神明。纵时世不无常变，持之以信，常原可以共白，变亦明其无他世之盛也。元后自剖其丹忱，感服已遍于赤子，而何必挟狡谲以欺世也哉！顾有不敢行诈行伪之心，政令所颁，关乎至道，既有以立万事之基，而有不可逐奢逐侈之习，用度之际亦觉充盈，自不至有匮乏之虑，尚其节哉。昔先王虞国用之艰也，于是泉府虽充，不敢过费；度支虽庶，不敢太奢，可不谓节欤？顾吾见今之有国者矣，凤知生财非易，亦有珍重之情，乃豪侈由于性生，藏极内外之库;挥霍成为习惯,耗尽宗祖之遗,而且有耀武而征遐荒,备具糇粮刍荄之属,遣使而通绝域,屡费金玉锦绣之端,叔季主奢侈成习,节于何有乎?然必有节以检制之,将见节俭足式,自不必开阡陌而漫欲丰财,朴质可风,何至辟草莱而思渔利。故府库虽不充盈,用之有节,充可备饥馑之需,盈可留赈贷之用,治之隆也。一人守俭素之风,四境无匮乏之患,而何可倾积储以勿惜也哉!要之,上下一体,当必感之以诚,需用多端,不可失之无度。试进言夫爱人与时使,而道国之要以全。

【说明】本文录自"艺文手稿",共五页,文末批语:"通体颇稳,再求矜炼,庶可角胜名场。"

或 乞 醯 焉

(一八九四年)

醯亦日用之物也,是可以观乞之者矣。夫醯何足异,即乞醯亦何足异,而或向高而乞焉,则此乞亦安可少哉!且木曰曲直,而曲直则为木,是按五行之数,醯固属木而主乎酸也。然而屡饫是供,有时亦在所不废;而盈虚无定,当局岂必其常充。则贸贸然来,殷殷然请,虽不过偶尔之事,正可以观公直之徒矣。试以醯论。醯之为物也甚微,然为物虽微,设或欲有鼎鼐之调,而相需甚殷者,惟此醯也。醯之为用也甚轻,然为用虽轻,苟或有入珍之用,而为用甚急者,惟此醯也。若是乎乞醯所有来也。其人惟何,则惟或是。王举其醯六十瓮,宾客其醯五十瓮,朝廷之典礼,岂能备物于庶人,醯而以乞闻,则所需无几可知矣。岂必三牲之和,聊为五鼎之需,而挈壶以往，无殊索之宫中，摄梏以前，不啻取之外府；虚而往者实而归，微物不嫌其告匮。重耳乞食于五鹿，申叔乞粮于公孙，困厄之扶持，难概施于平日，乞而以醯著，则相习为常可知矣。昏暮等水火之资，酒醨若市肆之取，突如其来，窃快取携之便；量而后入，几同睢勉之求，注于兹而挹于彼，有无何恤乎时通。乞以周己之无也，或而乞夫醯，其周己之无也欤哉？抑非周己之无也欤哉？抱瓮而前，不同车马之借；挈瓶而来，俨效笾豆之求。是乞虽贱，而乞醯则固非贱也，而能不于高而征行谊。乞又为人所有也，或而乞夫醯，其为人之有也欤哉？抑非为人之有也欤哉？和羹待佐，相需若为甚亲；重鼎借资，相遇若为甚急。是醯虽微，而乞醯则固非微也，而能不于高而觇芳微。由是而踵以请，岂有意外之虑；一户以求，岂有异味之比。意高而无醯，不与亦无伤也，奈何乞诸其邻以与之乎？此岂尚得为之直哉！

　　【说明】本文录自"艺文手稿"，共四页，文末批语："扬之高华，按之沈实，行文篇篇如是，已成入彀之技矣。"

可以为师矣。子曰：君子不器。 子贡问君子，子曰：先行其言

（一八九四年）

　　师有可为，而先行其言之君子可进念焉。夫师而曰可为，固非一材一艺也。彼先行其言之君子，不可进念乎？且天下师心自用，而好为人师者，安可轻易其言哉！抑知乐教育于英才，兼善必先独善；而论功修于硕彦，默喻岂可共喻，则在待后者既不愧为名师，

而为讷言者，亦不愧为圣贤矣。如温故知新，此时之功修当何如哉？吾想斯人也，阅历日深，识见日广，称为学不厌之君子可也，称为慎于言敏于行之君子亦可也，盖自强不息，成己即可以成人；日进无强，淑身亦可以淑世，以之为师，不亦可乎？师为传道之宗，孰不亲承其则效。然君子研穷有素，岂等言有餘而行不足之辈，而贻笑于后世乎？故始祇为一己切研求，继可为天下广教化。师为授业之主，谁不景仰其仪型。然君子功修有素，岂若言过而行不及之流而贻讥。晋国天下莫强焉乎，故前祇为一心精学问，后可为斯世大陶成。师有可为，非由温故知新乎？今夫师道立而善人多，师之名固甚贵，师之实乃难误。吾尝见斯世为师者矣，孤陋寡闻，既等斗筲之器；彼偏长薄技，既若褊浅之器，而此之师非若是也，言可法而行可观，岂欺世盗名者所可比哉！日者子贡问君子，夫子不尝对以先行其言之语乎？君子非留言以待行也，吾心欲言之事，莫非吾身当行之事，存一言以志体验，吾恐得之徐，常不及言之疾，所以纳纳而不出诸口。今之修诸己者，即后日之可以教诸人也。斯行之数以积而常充。君子非因言以励行也，吾心有可已之言，吾身必无可已之行，奉一言以懔步趋，吾恐言之易，终莫敌乎行之艰，所以默默而徒藏诸心。今之学之于己者，即异日之可以传于人也。斯行之力以导而益迅者。先行其言，而后从之，洵乎君子真万世之师也。

　　【说明】本文录自"艺文手稿"，共四页，末后批语："通体未能轻圆流利，急宜多做多读。"

斯可以嚣嚣矣

（一八九四年）

有未识嚣嚣之意者，因即举以为问也。夫嚣嚣固未易知也。句践乃举以为问，亦殷于解惑乎？且人处显荣之遭，则志气矜肆；处困厄之途，则心情抑郁，此皆庸庸碌碌之辈，安可与之言嚣嚣哉？然人非不知有坦荡荡之天，究不免有长戚戚之态，则当列国周游之顷，欲其逍遥自得，不为俗缘所累也，斯固非仓猝可致，亦即觌躬所急欲请质焉。夫子既云人知之亦嚣嚣，人不知亦嚣嚣，而嚣嚣固何如哉！抵掌而谈当世之务，声名早被于四海，则扬扬自得，不免骄奢淫<佚>之心；驱车而游列国之中，闻誉不称于国中，则郁郁久居，必生侧媚面谀之情，然则此岂可以为嚣嚣乎？吾不禁有所惑也，敢不举以为问乎？世固有朝秦暮楚称雄辩者，当其驰驱而至，必欲求黄金白璧之荣，苟意气相投，浸假而倨侮之心生矣，浸假而奢侈之态来矣，顾盼自雄，有不禁充则傲物者，固不足与论嚣嚣也。而有疑难释，安得不咨诹咨谋，望君子之详为启迪。世又有约纵连横奋其才力者，当其越疆而来，必欲求印累绶若之贵，设遭逢不偶，俄焉而感深涕出矣，俄焉志动神倾矣，素抱难伸，有不禁神明丧沮者，此又不足与论嚣嚣也。而有惑难解，安得不爰究爰度，冀吾子之急为指阵。且此嚣嚣者，非特我所不知也，即往昔佐霸主之管仲，能显君之晏婴，要亦不知此嚣嚣之意也，而况在于句践也。抑此嚣嚣者，非特吾所未知也，即晚近著书之荀卿，谈天之驺衍，要亦不知此嚣嚣之事也，而矧在于句践也何如斯可以嚣嚣矣，愿夫子明以告我。

【说明】本文录自"艺文手稿",共四页,文末批语:"提比与中比同意,故易之,餘则清顺充畅。"

是礼也。子曰：射不主皮

（一八九四年）

礼以敬为是,而射以德为主矣。夫礼主于敬,子之以问为礼者,亦惟在庙则然,彼不主皮之射,不可进念乎? 尝思六艺之中,礼与射并详,是重乎笾豆之事者,亦不废乎弧矢之威耳。顾礼行于庙,恒切谘询之念,而礼行于躬,幸隐揖让之风。夫而后告虔之礼明,比耦之礼亦著,此大圣人急为明辨而慨然有怀于观德之典也。或人以不知礼讥,夫子亦不知礼之所主者何在耳。尝考未祭之时,先习射于射宫,射而中多者,得与于祭,射而中少者,不得与于祭。祭之事不亦郑重哉! 夫子每事之问特辨其礼欤? 礼必主于敬,临诏祝妥尸之地,而偶蹈愆尤,敬之弛,礼之疏矣。问者敬之至也,以勤奔走,以勤趋跄,于此而谓之非礼,则不有也。礼必主于谨,随君醹即献之班,而贻羞陨越,谨之疏,礼之失矣。问者谨之至也,以奉粢盛,以献酒体,于此之非礼,则不能也。答以是礼,或人可无议我夫子矣。盖礼也者,精之见于享帝享亲之际,粗之亦寓于耦进耦退之餘,苟无礼以贯其中,将见张弓挟矢之顷,始也不能反求诸己之思矣,继也不免生怨胜尤人之意矣,[①]终也遂渐起嚣陵争竞之事矣。吾夫子目睹伤怀,能不曰射不主皮。夫射者所以观德也,举旌以宫,偃旌以商,射之事非不郑重,而主皮非所取也。抑射者所以观其心也,二算为纯,一算为奇,射之非不周详,而主皮非所论也。

---

　① 原稿如此。塾师批曰:"怨胜尤人四字,不通之至。"

要之射不主皮,亦曰礼在则然耳。进观力不同科,谓非古之道矣。

【说明】本文录自"艺文手稿",共四页,文末批语:"中渡乏味之至,餘亦少可节取,务宜勤学,以慰余怀。"

先生将何之

(一八九四年)

以何之为问者,欲知其所之也。夫宋牼固有所之也,孟子以何之为问,殆欲知其所之耳。今以隐逸之成风也,凡夫泌水乐饥之流,孰肯起而救世人之陷溺哉!顾逸士忘情,固置苍生于膜外,而先生有志,偏劳跋涉于风尘。际此邂逅相遇之下,而先生行路之皇皇,吾不得不为之一问矣。想先生之平生,绖诵鼓歌,惟自乐衡门栖迟之素,苟非弓玈旁求,而不能必先生之肯来。抑其先生之伏处,□□笑傲,固自安槃涧跣足之常,倘非造庐请谒,安能望先生之一出。然而先生志切救民者也,仆仆风尘,虽遇艰险而不辞;然而先生志深救世者也,栖栖道路,虽历艰辛而不惮。今驱车道则先生之有所之也明矣。盖先致君素念,应必之于有道之邦,然而邦国多矣,诸侯众矣,而驱车至此,正不知税驾于何方。抑先泽民本怀,谅必之于有道之国,然而天下大矣,六合广矣,而驱马来此,正不知驾往于何地。世岂无匿迹销声而闭户不出,置理乱于不闻,此其人无足论也,而先生岂类是乎?悲悯为怀,固欲救黎民于水火之外也,但由前途以遄征,而创大业、建大功,固在此一之也。吾安得不问先生之所之。世又音沈响灭而绝人逃世,弃君民而莫顾,此其人又不足道也,而先生岂若此乎?抚绥为念,固欲拯苍生于涂炭之中

也,但向中涂而驰驱,而建大勋、树伟绩,固在此一之也。使两间无
暧隔之阻,平昔造作无害,早力持于是非得失之辨,而无所屈,故毅
然独立,自能使六合皆气量之所运,其塞于天地之间者,不诚然哉!
天地有离而无合,而有气以充之,斯无离隔之迹矣。盖天本高也,
而气之所合,固不以高者而阻其形;地本厚也,而气之所运,亦不以
厚者而遏其量。其磅礴乎其中者,尤非寻常之勇所能故也。天地
有虚而无实,而有气以塞之,斯无空虚之象矣。盖天主于复,而有
气以充之,愈见复者之大;地主乎载,而有气以充之,愈见载者之
广。其勇力乎其间者,尤非一时果敢者所能为也。正气之妙化无
穷,故即天以求气,而气即寓于其上;即地以求气,而气即行于其
下,天地间无非至大之所存,正气之运行不息,故无天不包,而识
其造化之无极;地无不遍,而识其动静之无常。天地间莫非至刚之
所及。浩然之气如此,子又何疑哉! 容光之丕冒,顾容光虽丕冒,
而若日若月,不能弭往来之形者,究不足谓之塞也。若浩然之气,
弥纶磅礴,初无方体之可求,察其来不知何自而来,伺其往不知何
时而往,荡荡之模范,夫固天地之同流也,其塞为何如也。天地间
皆真机耳,彼如至伸为神,反归为鬼,具足验功用之恢宏,顾功用虽
恢宏,而若神若鬼,各留此至反之迹者,究不足谓之塞也。若浩然
之气,周浃旁皇,初无端倪之可指,至者自至,非必引而始至,归无
所归,非可强之使归,浩浩之情形,夫固天地之同体也,其塞为奚
若也。

　　【说明】本文录自"艺文手稿",共六页。

晋国天下莫强焉

（一八九四年）

国苟可以久强也，梁王必不忆夫强时焉。夫天下之强国，原不少也。然惠王以前，则若惟晋为强耳。故追忆之。且邘、晋、应、韩，为武之穆。而邘与应、韩早微，几疑系属武穆者，皆不能争强于畴昔矣。不知邘与应、韩虽微，而畴昔之晋，师武臣力，杰出一时，非特三国莫与齐驱，即凡宇内之列邦，亦莫俯首下心，从其时命者也。想其晋自献公始兴以来，虞、虢之灭，早以称强于邻封；抑其晋自文公创霸而后，城濮之战，又堪称强于大国。审是晋岂得谓之柔弱哉？吾观春秋之世，问谁是可以令诸侯者乎？曰：惟晋。问谁是可以倾人国者乎？曰：惟晋。问谁是可以为霸主，敌王忾，而称无敌于天下者乎？亦曰：惟晋。若然，则晋可谓强矣。强莫强于国土之广，而晋则攘地数圻矣。阳、樊围而疆启于南，焦、滑灭而疆启于北，耿、魏并而疆启于东，原伯迁而疆启于西。吞食鲸吞，盛名早闻于四海。强莫强于甲兵之多，而晋则遗守四千矣。曲沃城而军有其三，原轸将而军有其三，清元蒐而军有其五，战功赏而军有其六。修陈奋列，声势实足震流浴。世弃〔岂〕无内有强盛之实，而外有强盛之名者？晋岂其然乎？深沟高垒，臾骈有老敌之谋；收禽挟囚，张骼有搏人之勇。此其强为何如乎？夫岂若泓水之战，宋公不免于伤肱。世又有先有强大之貌，终无强大之势者。晋岂若是乎？韩赋七县，跨都城之十三，赵食晋阳，征卫贡之五百。此其强为奚若乎？夫岂同黄池之会，吴王终至于气墨。自有晋之强，而凡凤昔

之称强者,不得与之并驱也。固九合之威,安能敌三驾之师。自有
晋之强,而凡平日之称强者,不敢与之并驾也。故方城之固,未足
敌殽陵之险。吁」昔晋之强如此,而今何如哉」

【说明】本文录自"艺文手稿",共四页,文末批语:"有笔有书,去其语疵,
斯臻粹美,尚望及时加勉,慎无如五谷之不熟,反逊荑稗耳。"

此之谓自谦,故君子必慎其独也。
小人闲居为不善,无所不至,见君子

(一八九四年)

　　自谦者功在慎独,小人亦有时见君子焉。夫自谦异于自欺,君
子之所以贵慎独也。若为不善之小人,岂无见君子之时哉?且人果
能内省不疚也,则品超行卓,非特足愧俗子之诪张,抑亦足邀大雅
之赏鉴耳。中藏之快足,悉本砥砺之严,而从欲而遇大雅者也。经
言所谓诚其意者,无自欺者何也,盖君子早已知其善恶必见于诚意
之中,而使之无不善也。斯时也,所谓如恶恶臭,盖君子见小人而
恶之也;所谓如好好色者,君子见君子而好之也。如此而后可谓自
慊也。然则天地可以见其心,神息可以见其隐,而中怀坦白,方寸
自觉其无陂。然则人只见其内省,人只见其内讼,而幽微独喻,胸
襟自觉其快足,此之谓自慊,盖君子无自欺之功也,又岂见有独
居为不善哉?夫人当中藏独密之际,虽师友不能为我窥,而独居而
好善,自不知心中快乐在意中,虽出于不觉,而在人实知其所由来
也。而人当寝息家居之时,此真不欲为人所流露,苟闲居为不善,
自不知心中之自欺在己时,虽不知怀惭,而见人则不禁自悔也。夫

此为不善，无所不至之小人，此时之小人，且不见有己，又安见有人也。而何以不欲见者竟一旦见之也。夫君子之为人，心广体胖，即见之而亦何碍也。而兹之见君子者，出于自欺之小人也。突如其来，此时之瞻对，将曷以自安也。夫君子之持己，四肢畅遂，即见之而亦何妨也。而兹之为小人者，乃见夫慎独之君子也。不期而遇，此时之晋接，将奚以自信也。要之君子慎独，初无愧天地之间，小人自欺，总无立于人世之内，而厌然之态，有不堪人视者。

【说明】本文录自"艺文手稿"，共四页，文末批语："一讲颇稳，馀则无一可取，须读有意有法有词之文以药之。"

吾能言之，宋

（一八九四年）

能言在殷礼，圣人不能忘情于宋矣。夫子之能言殷礼，犹子之能言夏礼也。彼宋为殷后，子能不于宋有厚望乎？且昔吾之学殷礼也，不尝叹有宋存哉！顾溯胜国之典物，在吾固能尽悉而思先代之遗封，在吾更属难忘。夫固欲溯殷之礼者，不能忘宋之遗裔也。吾何以有夏礼而更思殷礼哉！盖殷之后为宋，而吾则宋人也，吾祖也，我知之，幸旧章之可率，岂数典而敢忘。以云殷礼吾能言之，溯贵富尚酱之经，叕地而法天，其礼岂不欲绵延于后嗣，然国祚已移，只赖儒生之想像，以吾也搜罗綦切，偏能溯祭肝尚醴之宏规。考先罚后赏之典，冠胄衣黼，其礼讵不思式叙于后昆，然社墟已久，仅供学士之追维，以吾也参订甚殷，犹能稽白马黑首之钜制。能言在殷礼，非以夫为殷人而长居宋哉！独是殷之能言者，亦正不一

矣。试思言性言仁,退稽商耉六族七族,犹志殷民,盖武王封殷之
后于宋,非欲以殷存殷祀者,并存殷礼乎?吾之能言殷礼,吾能不
于宋有厚望乎?宋之战泓败绩,终以不竞,然较之杞,而爵俨然上
公也,则以匹夫而谈殷国之源流,安得不凝神而思睢阳鹿上之君。
宋自晋楚交从,奔命不遑,然较之杞,而会问俨然在上也,则以隔世
而叙殷朝之礼物,岂昂首而玄鸟宾王之裔。盖殷之后有宋,吾之能
言殷礼,必征之于宋也,其如亦不足征何!

【说明】本文录自“艺文手稿”,共三页,文末批语:“瑕多瑜少,难以动目。”

斯焉取斯。子贡问曰:赐也何如

(一八九四年)

有所取者德乃成,贤者因以己之何如为问也。夫斯人之能有
斯德者,实赖鲁之有君子也,设鲁无君子,子贱安能取斯德。彼欲
进德之子贡,不尝以己之何如为问乎?且人所必欲取其成者德也,
所不能于问者品也,然德艺之成于己者半,成于人者亦半,而品诣
之自知者半,赖人知者亦半。夫乃叹善教者必原其至此之由,而善
学者必欲审夫己之境也。鲁无君子,子贱子品诣当何如哉?想当
时闭户潜修,不若子贡之结驷连骑,四国广交结之盛业。孤立寡偶,
非若子贡之事贤友仁,一堂侈结纳之欢也。其功修何以有如此其
盛也,其德业何以有如此其隆也。故曰鲁无君子者,焉取斯也乎,
斯非自成为君子也。然苟鲁无君子以裁成之,石在山而不可即,
玉有瑕而谁为攻乎?将何以修为有如此其深哉!斯非俨然自成为
君子也耶?然苟鲁无君子以熏陶之,隰有苓而不行有餘力,有兰而

谁领其香乎？将何以学问力而餘,有如其隆哉！斯焉取斯。子故反言嘉之矣。则同堂闻之,不当自奋哉！独是美子贱之取友,盖即以警门人也。无如及门之中,若子张好高务远,不能如子贱之优游涵泳也。子路好勇有过,不能如子贱之日就月将也。即如子贡之明敏,而说不若己,不能如子贱之取友辅仁也。喜于方人,不能如子贱缄默为高也。日者夫子美子贱,子贡闻之,所有由赐也何如之问也。文章悟性道之微,智既足以知师。夫既足以知师,岂尚不足以自知也？然己虽知之,究不若师言之确据也,则其问有难已耳。操闻乐知德之识,智又足以知人。夫己既足以<知>人,岂尚不足以自知耶？然己虽知之,终不若师言之非虚也,则其问有独切耳。问以何如？子贡诚切于自考为不得,夫子目之曰女器,斯人将何所取以成斯德哉。

【说明】本文录自"艺文手稿",共四页,统篇几为塾师改易,文末批语:"通体无一是处,急宜多读,精心结构。"(下略)

郁郁乎文哉,吾从周。子入大庙

(一八九四年)

圣人美周文之盛,可进观其入大庙也。夫文至周为最盛,然非监二代则不能也。夫子美其文而从之,其始任之时,不可进观其入太庙乎？且尝读《诗》而至《烈文》之篇,于以见我周文治之盛,说者谓是诗也,谓祭于宗庙而作。乃若炳蔚独隆,故则效维股,确守典章之盛;而身备百僚,故烝尝在际,敢辞跄济之勤。于以知昭代之文,既云从也,又以知大庙之人可先念已。周既监二代矣,想周自丁未告庙之后，岂第骏奔走，执豆笾，惟见邦甸侯卫之助祭已耶？盖亦以改旧政，布新猷，亦见因革损益之适宜焉耳。由今思之，郁郁乎其文哉，既不能身居庙堂之上，得粉米黼黻之休，而惟博采旁搜，周之文独酌其中，文在民则弊不入于蚩愚，文在国则法不遍于赏罚，此其文为何如乎？觉天地之英华，至此乃以大其观。复不能身立廊庙之间，得揩笏垂身之盛，而惟赞修删定，周之文独得其当，文缵禹则《豳风》首书《七月》，文光汤则《洪范》备列九畴，此其文为奚若乎？觉山川之秀气，至此乃以昭其盛。文盛如此，宜夫子之叹其美，而有舍周莫从之思也。独是周文之盛，虽则创自文武，实则成自周公。间尝读《周官》一册，未尝不叹《周官》之文，实赖公之制作也，宜成王追思前勋，赐鲁世世祀公以天子之礼乐，继自今季夏六月，禘周公于大庙，牲用白牡，尊用牺象，山罍郁尊用黄目①，此鲁大庙之所由来也。此时灌献者有人，告虔者有人，牵牲赞币者又有人，子今日者始仕助祭，可不进观其人乎？吐握之休风悬在心目，而笾豆承祭，类皆济济之群英，以吾尝陈俎豆之夫子，入而陪灌献之班，久为主人所尊崇，能不于入而秉笔书之。溯源之制作久恔怀来，而玉瓚降神，宛尔洋洋之在上，以吾今陈俎豆之夫子，入而与骏奔之列，早动国人之欣慕，能不于入而欣也志之。然则大庙子非有难于人，正不敢忽于其人。夫以子入大庙，凡大庙中文之广数，子固无弗知者，故礼明乐备，我周之所以远胜于前朝，而入庙告虔，圣人之所以致详于礼器，奈何或人以孰为邹人之子知礼相讥哉！

【说明】本文录自"艺文手稿"，共五页，文末批语："中渡稳恔，餘则瑕多于瑜，未能醒阅者之目耳。"

---

① 原文如此。

不知所以裁之，子曰伯夷

（一八九四年）

圣人以裁望门人，因进夫古贤也。夫苟知其所以裁，即可进于
古之贤人也。夫子叹以不知，而伯夷之人不可进思乎？且人苟无
裁就之功，将陷异端，又何必提清圣之伯夷而并及之哉？顾道有攸
归，自当裁成于中道，而人堪足志，能不追溯夫古人，于以知裁正之
功不可少也。又以知伯夷之圣，可先按之如吾党之小子狂简，又斐
然成章矣。其志之高也，不有如伯夷之兴歌黄、农者乎？其文之就
也，不有如伯夷达之聪明自处乎？我夫子既不获大道之行，又不肯
居逸民之列，固能欲弟子之归于中道耳，奈何小子不知所以裁之
乎？广化教于泗水，原以中庸之道为裁成，虽弟子之立志以来，能如
伯夷之清洁，而美锦未制，则亦难与古人并驾也。问异地而兴怀，
能切甄陶之意。宏学育于尼山，本以大道之规为裁度，则虽及门持
身有道，能如伯夷之忠义，而良材未绝，又难与古人齐驱也。念故
乡而增感，能不深造就之情。夫子于裁也，乌能已乎？将见德行文
学之科，裁之即为圭璋之器；成德达材之辈，裁之即为栋梁之资。
由是顽可以知廉，可与采薇之伯夷相掩映也；由是而懦夫皆以知
立，可与让国之伯夷相发明也。裁之精者，处之当何难，与扣马而
谏之伯夷，共称千古之完人也。惟然，夫子不尝言伯夷乎？不降其
志，不辱其身，伯夷之立品，固非不裁也。缅公子于墨胎姓氏，犹留
人齿颊，非君不事，非民不使，伯夷之行事，亦知所以裁也。考世胄
于孤竹，声名尚存人怀来。然则伯夷之有不知所以裁乎，合之叔齐

而旧恶不念,可知天下人而化裁尽矣。

【说明】本文录自"艺文手稿",共四页,文末批语:"通体绝少中肯处。"

不亦君子乎? 有子曰:其为人也孝弟

(一八九四年)

君子要学者之终,孝弟开为人之始也。夫君子固学之事终矣,然为人亦有始也。有子所示人以孝弟欤?且人徒有君子之名而无君子之实者,不亦有愧于入孝出弟之人哉!若乃人品素娴,庶无愧于成德之士,而人量至大,当无忘乎付畀之均。夫乃叹纯儒克实学,处士能敦伦,皆圣贤所必取也。不知既不愠矣。夫不知则宗族无人称其孝矣,乡党无人称其弟矣。将见抑郁莫释,疾没世而名不称;愤懑在怀,遁世而行不述,此亦人之常耳。然而君子不然也,有袭君子之迹而终不称为君子者,以其为人也心多诈伪。惟君子识见最高,高则视斯世,毁誉皆置之度外,但见课己甚勤,斯有志竟成,自克树贤者之望。有托君子之名而究不得成为君子者,以其人也志不专。惟君子涵养至定,定则觉人世之讪议,皆不动于心,惟见杜门自励,而黜华崇实,庶无惭英哲之称,不亦君子乎?学至是不凡成哉。且夫君子之为人,非能外乎人伦也,将见显亲扬名,君子固克践乎孝也,因心则友君子,又克敦乎弟也。而且守先王之道,待后人之学,亦不外入则孝出则弟也。吾知可为学问之纯士,亦可为天地之完人,可为庠序之名儒,不可为闾阎之肖子,所以有子特言其为人也孝弟欤。天地之性人为贵,则必有特立于天地者,以复其人之初,使其不孝,不亦贻讥于君子哉?所以一举足而不敢忘父母，一出言而不敢忘父母，而后不愧于为人。物之众，人最灵，则必有独超乎万物者，以重其人责，使其不弟，不亦贻笑于君子哉？所以孩提知爱，稍长知敬，而后无惭于为人。

【说明】本文录自"艺文手稿"，共四页，文末批语："后二颇可，餘则未惬，须求灵巧紧醒之功。"

文王以百里。以力服人者，非心服也，力不瞻也；以德服人者，中心悦而诚服也，如七十子之服孔子也。诗云：自西

（一八九四年）

百里可王，而《诗》之西可先证矣。盖文王以德服人，犹孔子之以德服人也。不然，岂能以力王天下也。彼《诗》自不可先证乎？且文王之为诸侯也，德化天下，莫不欲其将西归哉。乃文德诞敷，固共慕文王之仁政而天下化从。可先观西方之归来感通，其同揆乎，觉我周之肇基王迹。夫固显于西土矣，如汤之以七十里王天下，会以西伐有夏，而西邑之民望而归之，以德服人之效乃尔也。然不特汤之以德服人有然也。有以继汤之后而亦以德服人，不又有文王之百里乎？而更再征之于文王，想其后稷受封而后，世守侯封之地，至文王而六州归心，莫不知西伯之风声已广。想其公刘迁都以来，迹不过一同之土，至文王而天下化从，莫不知西土之德泽甚深，盖百里也。明乎百里可王，而又何疑乎七十里之王也。是则德可服人，而力不可服人也。德可服人＜心＞而力不可服人心也，有

百里而服人心者,固可徵之于文王诚服之效,然亦有不为诸侯不有
百里,而孔子之诚服机也。不然,使务力而不务德,百里之能千里
争也,百里之足以敌千里也。而务德而不务力,将见西方来归,岂
德有怀此好音?谁将西归之歌哉?吾乃先观之于西方。西邑之风已
广,西土之德泽已深,西旅其底〔厎〕贡矣,更何论美蜀庸絜之邦。
西方之蛮夷来归,西土之怙之如父,夫眷其西顾矣,更不必论魏
骀芮毕之地。要之文王之王,岂霸者之所能及,而西国之归心,岂
非诚服之效合之自东自南自北,不亦以归服人有然哉,以力服人,
曷足语此。

【说明】本文录自"艺文手稿",共四页。全稿几为塾师另写,文末无批语。

礼 之 用

(一八九四年)

礼以严为体,审其用而礼可念矣。夫体之至严者莫若礼也,即
其用而思之,礼不大可哉┃尝思千古之礼所特重者,过全安之礼,
固天秩天叙,傅不为之懔然哉┃然以其礼而论之,懔然于礼之中,
而不懔然于礼之外;懔然于礼之则,而不懔于礼之文。彼昧礼之徒,
亦曾即经曲之度数进,思夫礼之待用于人,人之受裁于礼也乎?今
夫天下之心,孰不言礼哉┃然而能明礼者果何及哉┃礼为身之所
履,仪文度数之烦,本不徒虚名为尚,晋接往来,而诞敷自宜以悬
想。礼为门之所由,规模矩矱之则,更不仅以空文为高,酬酢进退,
而措推施又当以致思。是则礼之为礼,而必有其用也明矣。吾可
不即其用而思之。其在朝廷之上,无端而拜于堂下,无端而趋于殿
陛,非有礼而上下莫定,儒徒循乎礼而不及其用而思。则礼虽著于
当时,而究未必能著于天下。是以登降也,而进退有其度;拜跪也,

而兴伏合其宜,有以寓于礼之中,即有所以寓于用之内,则礼之用见也矣。吾乌得而不维持乎?其家庭之内,无端而立于其旁,无端而待侍于其侧,非礼而尊卑莫分,第仅守乎礼而不即其用而念之。则礼虽照昭于当时,而究未必能昭于当时。是以饮食也,而一堂为之欢;亲爱也,而一室为之乐,有以为用之妙,即有所以为礼之遵,则礼之用悉也矣。吾奚可不为之眷顾乎?非不知礼无本则不立,然礼存于本,为之而礼发于外,非本为之也,则自庙堂以及闾巷,节文皆不可废也。故世而能熟审夫礼也,吾固即其用而显示之,世而不能熟审夫礼也,吾亦即用而明言之。非不知礼无物则莫享,然献之于人,物为之而奉之于己,非物为之也。则自君公以及庶氓,威仪皆不可忽也。故人而能明察夫礼也,吾固即其用以正告之。人而不能明察夫礼也,吾亦即此用而切指之。邦国之亲,邦国之同,惟礼有所分,而用无所分也,盍不推其用之故。民性之节,民志之定,惟礼有所别,而无用无所别也,盍不寻其用之端。进观于和用在是矣,得不释然于先王之道哉」

【说明】本文录自"艺文手稿",共五页,文末批语:"后二尚可节取,餘似是而非,宜多读清爽明亮灵动庄雅之文,庶可渐渐觉悟。"

谓 之 敬

(一八九四年)

继恭而言敬,不外使君至善之一心也。夫敬固未易言也。今能陈善闭邪也,不可谓之敬乎,且人竞言敬君矣,抑知何以谓敬,要必要君当道,使其君为尧、舜之君,防君于邪,致其君为汤武之君。

夫固靖共尔位,固无非乾惕之深矣。如责难于君,既谓之恭矣,而陈善闭邪则何如乎,负齐治均平之任,固非容欲为事者奏其效功,第嘉谟未进,即严其责备,何以见严恭寅畏之心。抱参赞位育之心,又非奉祀为工者所能副其任,第过失未匡,即矢以恭忠,奚由著夙夜惟寅之义。然则敬也者,非陈善闭邪之谓乎?窃权者不得为敬,怀禄者亦不得为敬,敬也者,不外陈善闭邪之一心耳。惟敷陈先王之道,而遏其邪僻之心,将善在<仁>政,陈之者期仁政之行,即以闭之者,恐仁政之不行,以是谓敬,敬莫敬于此也。素餐者不得谓敬,伴食者亦不得谓敬,敬也者,要在陈善闭邪之一念耳。惟闻陈先王之法,禁止其邪慝之心,将善在仁心,陈之者思仁心之发,即以闭之者,虑人心之不发,以是言敬,敬莫敬于是也。间尝观于大臣,而知敬之笃也。阿衡不惠,即上明诶之箴,伴奂尔游,特陈四方为纲之戒,诚以陈善闭邪,君德不至蒙蔽,而臣识始无缺陷也焉。夫岂窃权怀禄者所堪匹哉!又尝观于古贤臣,而知敬之诚也。炎夏非滥泗之时,断罟而历陈法禁,更宅嚚尘之陋,踊贵而婉道宽仁,诚以陈善闭邪,献赞不敢徇私,且明可告无罪也。夫岂素餐伴食者所得并哉!为臣其审诸。

【说明】本文录自"艺文手稿",共四页,全文几为塾师改易,今据原稿录出。文末批语:"看题未真,故说来句句隔膜,玩改本自知此等题目,文最难的,急须留心习学,应有出头之日也。"

吾弗能已矣

(一八九四年)

弗已于不当已之涂,可以见圣人之好学焉。夫不当已者,莫半途若也。夫子之已,则有所弗能焉,不可见其好学乎?且天下之当已而不已者,实心之昧于已而自误也。天下之不当已而已者,人心之甘于已而自弃。夫惟屏斥乎当已之事,而常以不当已者笃其修,为有定识,乃有定力,有定力,乃不负定识也。如君子遵道而行,已能择乎善矣,奈何不能实用其力而至半涂而废哉!吾也好古敏求,致知力行,未尝稍有倦心,夫岂以已至半涂,遂坠自强不息之功。吾也力学不厌,研求探索,未常少有厌念,夫岂以已至半涂,遂阻其勇往直前之概。是则吾岂能已于半涂乎?谓存一莫遏之念,以与道相随,初何尝以稍为已者,至有怠荒之讥。日斯迈而月斯征,拳拳弗释;朝为稽而夕为考,孳孳不休。行无尽,力亦无尽,而终身弗息,予怀固已大快也。谓吾悬一必至之程,而与道相往,何尝以忽然已者,稍有间断之时日为就而月为将,初终不解,凝其神而凝其志,夙夜弗遑。学无穷,功亦无穷,而毕世难按,予怀何能自释也。弗能已,此吾之所以为吾也。盖生平之学问,定力不乏定识,故吾非不可已,情之迫,自进于境之甘;吾非不欲已,嗜之深,尤觉其行之果,则勇往以赴,亦安能于晦休明动之馀,略有止息。而毕世之功修知足及而行必逮①,故吾非敢已,自能无怠而无荒,故弗欲已,何至或作而或辍,则纠绳独切,又何敢以夙兴夜寐之间,稍存厌倦。吾弗能已矣。

【说明】本文录自"艺文手稿",共四页,文末批语:"文气颇清,再加磨炼之功。"

---

① 原文如此,疑有脱误。

行有餘力

（一八九四年）

　　力而餘也，弟子宜无忽于行之后矣。夫行似无有餘力也。今既有也，岂可忽于行之后乎？今使小子有造也，而惟目不足，安见有餘力之时，我顾不得有餘力者。教者之属望甚殷，而能有餘力，小子之敦行偶息，际此宽舒偶闲之下，夫何可玩愒自甘，漫视为嬉游之常也。如弟子孝弟谨信，泛爱亲仁之外，岂复力之有餘哉？虽然，有犹说修之为无尽也，以成人而殚精竭立〔力〕犹恐无成，况属在眚年而驻足无期，岂尚有宽闲无事之时乎？要务之纷纭也，以成德而率由砥行犹尚难胜，况俨然童稚而思□□也，岂尚有燕居闲暇之候乎？虽然，莫为无餘力时也。凡人于明动晦休之间，苟月将日就，夙夜将恐其不遑，兹乃明明有餘力也，第韶华易迈，则可幸者此餘力，可惜者亦此餘力也，吾尝为弟子借箸而筹也。凡人于日迈月往之餘，苟夕惕朝乾，惟日且恐其不足，兹固明明有餘力也，第光阴易逝，则可成者此餘力，可败者亦此餘力也。吾盖为弟子庸望而期也。力非玩愒而见有餘也，使玩愒而见有餘，有餘不如其无餘，惟于孝弟谨信，泛爱亲仁，而一念之可以他及，是即职分之餘恩也。弟子乎？其可不惜此餘力，以无忽于此日。力亦非悠忽而见有餘也，使悠忽而见有餘，无餘亦为有餘，惟于孝弟谨信，泛爱亲仁，而一问之可以旁通，是即职事之餘功也。弟子乎？安得不乘此餘力，早图善于斯时。进观学文弟子，慎毋忽此餘力也。

　　【说明】本文录自"艺文手稿"，末后塾师加一段，略。批语谓："大致顺适，再求矜炼。"

足　恭

（一八九四年）

恭出于足，恭之伪甚矣。夫恭固不可出于足也，乃有出于足者，其恭岂尚出于真乎？且史臣之赞尧、舜也，一则曰允恭，再则曰温恭。若是乎恭也者，不亦为人所宜有者哉！顾稽恭于古之帝，恭尽出于至诚；而论恭于世之人，恭或出于虚伪，谦逊也而矜持出之，虽不若却子之倨傲，亦不同大人之执谦，则凡所为行己以恭者，夫固愈行其虚浮矣。如言之巧，色之令，言色既形其伪矣，而见于恭者则何如？笃实著辉光之度，言既不根诸笃实，斯发见莫必其辉光，岂尚谓吐诸口者既浮，而见诸身者尚实。威仪为定命之符，色既无可见之威仪，斯举止难必其定命，又岂谓见于面者既伪，而见诸身者能诚。不可由言与色而进验其恭哉！且夫恭亦何尝之有？接下思恭，恭而出之以思，固已必不失于亢；三命益恭，恭而加之以益，亦必不流于卑。缅往哲之持身，自无不恭出于安，立千秋之准则。赞中宗者曰严恭，恭而本于严，固必有威之可畏。称文王者曰懿恭，恭而羡其懿，亦必相接之可亲。想先王之处己，自莫不恭而有礼，为万世之楷模。而孰意世之好繁而不好简，务伪而不务诚者，竟有所为足恭也。慨自人情之好伪也，纵恭而疲于奔命，犹恐简亵之时形，故当周旋晋接之馀，不为气之扬，貌为和而不慑，必为神之敛体，尝伸而不伸。夫岂无恭由心发之人，劝其恭之不必繁者，彼则愿为其繁，无为其简也。此即与卑躬屈节者无异也，不已见其矜情饰

貌也哉」抑自人情之好伪也，虽恭而虚假相将，犹虑真诚之仁露，
故当动作往来之会，本身之踽踽表著焉，惟行其谦虚外貌之殷勤
静念焉，难征乎无妄。夫岂无恭由礼生之辈，告其躬恭之无容伪者，
彼则竟为其伪，不为其诚也。此即与谄笑胁肩者无殊也，不已知其
矜心作意哉」噫」虚以下人，固为持身之要道，而兹则假借谦光，
固已见笑于大雅。卑以自牧，亦为持己之要务，而兹则伪作谦逊，
早已不齿于儒林。是则恭而足也，亦与巧言令色等耳，不亦可耻之
甚哉」

【说明】本文录自"艺文手稿"，末后批语："通体颇觉清顺，其浮泛生硬处
亦复不少，须切琢之。"

今　交

（一八九四年）

论今而念及于己，若有自恃其己焉。夫以交而较诸汤、文，固
相去天壤也。交乃言汤、文，而更及于己，不有自恃为己之心哉」
曹交若曰：吾人评论人品，漫谓今人无不及古人者，未免矫矣。然
吾人评人品，遽谓今人必不及古人者，抑又诬矣。何则？古之人尝
禀天地之气以生，今之人亦禀天地之气以生，今与古无异，今与古
无殊。夫然而交不禁穷，窃有以自思矣。十尺若文王，九尺若汤，
文与汤，能为尧、舜也，复何疑乎？然或谓汤、文之体，有异于常人
也，而交则何如。使交之才智不异于汤、文，交之修为不异于汤、
文，而交不必先念夫汤、文也。然而不异于汤、文者，未必非交也。
使交之品诣无殊于汤、文，交之德行无殊于汤、文，而交不必预念夫

汤、文也。然而无殊于汤、文者,亦未必非交也。交不过生于汤、文之后,汤、文亦不过生于交之前。今之交未必不同于昔之汤、文也,昔之汤、文未必有异于今之交也。今之交犹是人也,昔之汤、文亦犹是人也,而何有异也耶?交于是不得不致审于交,交于是不得不反观于交。交不过异于汤、文之境,汤、文亦不过异于交之时,昔之汤、文未必有殊于今之交也,今之交未必不及于昔之汤、文也。古之汤、文均是人也,人之交亦均是人也,而安得有殊耶?交于是焉得不踌躇于交,交于是焉得不徘徊于交。故交自念夫交,觉交在今人之目中者,交亦不啻在古人之目中矣。故交可以自安其为交,交亦不能自掩其为交。而交自按夫交,觉今人之意中有交者,即古人之意中亦不能无交矣。故交不能自忘其为交,交亦不敢自诬其为交。虽世之人非无忌交者,而一系交于汤、文,即忌交而无如交,何也?交不自是而人既不敢非交,即汤、文谅亦不能非交。虽今之世非无慕交者,而一侪交于汤、文,即慕交而终去交远也。交不自高而人既不能非交,比于汤、文,即人亦不敢比于(下缺)

【**说明**】本文录自"艺文手稿",系原存手稿末叶,下残,本文亦缺。

夫我乃行之

(一八九四年)

　　齐王追忆往日之行,若有不能自谀也。夫以羊易牛之事,固宣王自行之也。宣王追忆之餘,岂尚能自谀乎?想其意曰:凡人之于事,是岂至遂忘所行哉?又岂敢自谀其行哉?乃我追忆前日之行,觉反自忘乎所行,不若他人能知我之行,而问诸觳觫,夫固难以自诿矣。如我闻夫子之言，不禁有感于《诗》言矣。然我不犹忆往日以羊易牛之事乎？我非犹是昔日之我哉！因我虽犹是昔日之我，念以羊易牛之事，非他人也，我也。我岂有异往日之我哉？因我虽无异往日之我，念以羊易牛之时，非夫子也，我也。我于是不得不念夫我矣，且不得不忆夫我之所行矣。独是我之所为，敢遽恃夫所行哉，又岂至遂忘其所行哉？假令当日者，谓形之生牛与羊俱为一体，谓胞与之量，牛与羊本属同群，死者安于死，牛岂谓我之不仁；仁者遂其生，羊岂谓我之爱物。况废不可废，舍无可舍，牛不蒙意外之哀矜，固牛之自遭其厄也。羊不至撄无端之祸患，羊亦羊之自安其常也。何恩何仇，无怨无德，即百姓又何至谓我之爱财哉！夫何以死者牛而易之者我也，夫何以当生之羊而易之者亦我也，夫何我乃行之。从来建非常之功者，利用创；而遵先王之法者，利用因。我为其因，则因不待创；我为其创，则创岂待因。以羊易牛，固创行者也。夫我乃有此创行之事。从来机事之宜密者，利用独；而庸行之无奇者，利用同。我从其同，则同固异独；我从其独，则独亦异同。以羊易牛，又独行者也。夫我乃有此独行之事也。反而求之，岂尚能得吾心乎哉！

　　【说明】本文录自"艺文手稿"，陶珍先生藏，纸张、格式、字体以至改笔均与绍兴文物保管会所藏同，应为同时所写。末后批语："作文先须审题，审题未真，故说来无一句全扣。此等题极其狭窄，能作此等题，则无题不可以作。嗣后务宜细心学步。"

赋得春草碧色（得色字，五言六韵）

（一八九四年）

遥望芊绵碧，芳郊草正春。粘天香不断，夹岸看无垠。欲与苍波混，偏宜丽日匀。窗纱横映砌，绝袖半遮茵。想得寻花径，应迷拾翠人。熙朝隆化育，四境尽醇民。

【说明】此诗录自"艺文手稿"，共一页，写于《而信节用》之后。

卷　二

（一九〇三——一九〇八年）

本卷搜辑陶成章在一九〇三年至一九〇八年间的论文、书札、传记、题跋、章程等，共十四篇。

陶成章于一九〇二年赴日本，入清华学校，继入成城学校，旋即投身革命活动。一九〇四年返国，组织光复会，联络秘密会党，酝酿皖浙起义。一九〇七年，徐锡麟、秋瑾不幸遇难，陶也遭名捕，又流亡日本。一九〇八年二月，接办《民报》，自二十号至第二十二号，共三期。旋抵新加坡。这时，保皇党在《南洋总汇新报》上鼓吹立宪，抵制革命，陶成章撰文驳斥，力言革命"乃因不平等不自由而起，发于国民心理之自然"，革命是"尽国民之天职"。保皇党只是"乞怜虏廷，以为赐环计"；清政府的伪立宪，也"不过以之愚汉人"而已。几年间，陶成章矢志反清，诋击立宪，为资产阶级革命活动作出重大贡献；留下的文篇，也是他一生中最重要的作品。

这些文篇，除手迹外，是从《复报》、《河南》、《民报》、《中兴日报》中辑出的。

一九〇三年至一九〇八年间，陶成章另有《中国民族权力消长史》等专著，已辑入本书下编，可以参看。

致陶汉超书一

（一九〇三年二月八日）

汉超青览：

别来念甚。去年足下在念夫子处读，甚好。旋闻念夫子往赴铜山，未识又于何处附读？今年又读书何地？皆明以告我。

前令尊大人云：再读书两三年，不成则游幕。而不知幕之一道，将来必有变，非久长之计，为国谋固不可，为身谋亦非计之得也。故愚以为不若专心学问。中学以史为主，西学以英文、算学为主。盖英文、算学乃最要紧之科学，愚以英文不通之故，吃亏不少，现拟决计不习，盖一则势难兼顾，一则志愿陆军，似可稍缓。足下不入学堂，进功终不易易。近闻上海设立爱国学校，功课甚为严整，若能设法进去，好极；不则或杭或绍，就近处检一学堂亦好。不然，则终归自误。千切千切。盖中国校虽科学不备，较之从师，则有千百倍功，况有学校，则身有定宿，中学亦易见功。足下商之令尊大人酌量行之。吾族后起无人，不得不于足下有厚望也。

愚进东以来，五月于兹。始蹙于遇，继困于病，终累于境，自问有愧，何暇劝人？然正惟自问有愧，愈不敢不劝人。日月易近，岁不我与，勿谓少年之足恃，勿谓见功之不易。愈年少则时愈可惜，见功愈不易，（现在东京者，多半廿岁内外之人，近卅者寥寥。）则用心愈益坚，如是则集事之不难矣。切勿轻视，躐等以求，循序渐进，存自不后人之心足矣。

愚从事军事之心，起自甲午，以迄今日，犹不遂志，心犹未挫，志犹未灰，然志愿不改，而目的屡变焉。此中程度，有不期然而然者。近日悲悯之心愈炽，而心愈和平，未始非一病之功。盖我国病非一朝，其救之亦岂可期旦夕之功。否则瓜分之祸立见，为波兰、菲律宾，朝晚间耳。足下今日当以就学为心，俟三年后若欲游学外洋，则愚犹在东洋，或可补助少许，亦未可知。愚之所习，约非六、七、八、九年不为功，回堰恐非易易。用是聊陈片言，祈垂鉴是幸。

专此布告。即请

近安

尊大人处代候

愚成章书　正月十一日

【说明】此书手迹，浙江绍兴文物保管委员会藏。末署"正月十一日"，无年份。汉超为陶堰东大房，系成章族曾孙，相隔五、六服。函云："进东以来，五月于兹"，又云："近闻上海设立爱国学校"，则应为一九〇三年二月八日（正月十一日）所书。

复陶汉超书二

（一九〇三年三月十日）

二月六日接来书，敬悉一切。杏南北来，如能见面，必为足下述之。然彼此回来东京，不能久留，见面恐非易易耳。

足下勤学，已约略向书常述之，可写信来，嘱某转交，内不必提他事，问候而已。彼近与汪不甚相合，无久留意，况亦仅足自存，不过为后日计，及杏南处先容计耳。（盖杏南至最重待者，惟书常一人。）某于日本去留亦未可知。盖某之目的在陆军，他非所愿，若事终不成,则当入南北洋陆军学校耳。

日本留学经费甚非易易,某用度于同辈中为至省,而每月尚须用日洋三十元左右,约中国二十六、七元左右。自前两月以来,亏负五十馀元矣。故非官费,决难久留,况来人愈多,流品愈杂,留学生之前途,将来恐不堪设想。足下既在家塾读书,既未学习他事,则算学必当学习,切不可荒功。近日当静心待时,徐图转机,切不可存躁进之心。足下空时,可常通信于某,以便彼此之信息。

东京留学,衣服必须改装,辫之去留,任听自便,然终不能拖之于后,必挽在头上,然尽挽在头上,又必不能。(盖帽戴不来云。)故必剪去大半,留其少者,挽于头,以帽盖之云云。此等事,在吾村必以为怪事,一至东京,人人如此,司空见惯矣。

清华学校,犹一客寓,今日来,明日去,无一定法律,故功课亦不甚严整,教习又不时至。盖此校乃吾国人设立,为初来者不熟情形计耳。今将其章程抄于下:

甲班: 物理、化学、代数、几何、英文、数学、几何、日文。

乙班: 日语、日文、英文、几何、数学。

丙班: 日语、日文、英文、数学。

以上均听自择,不必拘也,教习皆以中国之留学生充之,惟日语、日文,则日人教之耳。某于此校,无久留意,不过以其费用较省耳。此校名为两年卒业,其实无卒业者,而又无可卒业者,不过预备普通或日语而已。

家内久无来信,未识平安否?足下祈代探之。义塾之教读为何人,及入学者何人?皆为详细言之。篆生弟处致意不另。阅后付火。

即请

汉超足下学安

令尊处代候

成章书　十二日

日本一钱,当中国十钱,十钱当作一角用,前来信只贴一分,若被察出,被罚不浅云。今后不可如此。

【说明】此书手迹,浙江绍兴文物保管委员会藏。末署"十二日",无年月,查书中首称二月六日"接来书",似写于同月,当三月十日。

上心澐叔祖书

(一九〇五年)

心澐叔祖大人侍右:

敬启:侄孙昨日回大通师范学校,即于是晚与总教习钱葆孙先生、总监陈俶南先生商酌,尚属赞成,再向诸学生商议,均以为未便,只作罢论。侄孙无力挽回此次之事,自知负罪万千,惟祈叔祖大人网开一面,曲为原宥,至谢罪之书,已登诸《白话报》矣。至于畴昔栽培惠顾之恩,当俟日后学生稍有进步,再为效力。临楮不胜惶恐之至。

专此奉达。恭请

钧安　　　　　　　　　　　　　　侄孙成章上　初十日

附上《催眠术》一书,祈检收。

【说明】此书手迹,见《清末名人信稿》,浙江图书馆藏。书称"昨日回大通师范学校",查大通师范学堂于一九〇五年九月二十三日(八月二十五日)在绍兴创办,魏兰《陶焕卿先生行述》:"先生偕龚宝铨、徐锡麟至绍兴创办大通师范学堂。"书又云:"附上《催眠术》一书。"《催眠术讲义》序文撰于"乙巳六月",系陶成章一九〇五年"夏间归国,设讲习所于上海"所讲。是此书应写于一九○五年。

致韩静涵书

（一九○六年八月二十八日）

静涵先生大鉴：

敬启者：前晋谒几右，值崔公以敝友有事相商，匆匆告别；不能纵谈多聆教言，甚为抱歉。章等于本月七日到芜湖，现居赭山，嗣后若赐教言，请寄芜湖赭山皖江中学堂可也。餘后陈。

专此。敬请

撰安　　　　　　　　　晚陶成章、龚国元同上　七月九日

【说明】此书手迹，见《韩靖庵亲友信稿》，浙江图书馆藏。书云："章等于本月七日到芜湖"，据《浙案纪略》上编第三章第四节《捐官之计划》，陶成章于一九○六年"偕味荪（龚宝铨）入嘉兴，与嘉熊同赴芜湖"。是此书撰于一九○六年八月二十八日（七月九日）。

云间俞君小传

（一九○六年十月三十日）

汉思子坐吹箫说剑楼，沉沉以思，思造化之窈妙，谓天其斩人世以才耶？则颅一肢四，蠕蠕群动之中，何为而独卑之以智慧，宠之以才识？使奇伟磊落之士，复然自殊于社会，如芳兰馨蕙，怒长于黄茅白苇间也。谓天其不斩人世以才耶？又何以所谓奇伟磊落之

士者，往往一意孤行，不为世俗降其隆节，而风饕雪虐，磨折随之，一转瞬而如茶如火之壮心，颓然以尽，黄冠草履，孑身避世，老屋荒江，时闻歌泣。以命世之英，憔悴忧伤，至于后世，吾见亦多矣。其最不幸者，少年气盛，怀才抱奇，前途莽莽，方将竞捷足于骅骝，而昊天不吊，中以磨蝎，大命不延，奄然长逝，盖尤可悲也。述云间俞君事，不知吾涕之何从矣。

俞君字鲁蕃，松江之娄县人也。少受业乡党，寡言不好弄，卓然异于常人，稍长则肄业松江之公立学校。居有年，会外间喧传，校中诸生，多主张革命者，将起大狱，同学四散，君亦与焉。丙午春，入沪上之震旦学院，志勤矢学，究法文及算术尤力，成绩大著。顾以向学太过，体不能堪。阅二月，以疾归，又二月而瘳，再入校，勤学犹昔。暑休返松，疾复作，竟以七月七日逝，时年一十有八也。

汉思子曰：余与俞君无一面缘，独识俞君友悯东。俞君死，悯东哭之恸，且以传文相属。悯东好学能诗文，为少年中未易才，而甚称俞君，则俞君之为人可知矣。嗟嗟！神州陆沉，二百餘载，人才消乏，廉耻道丧，彼一物不知，一字不识，块然如木偶者，无论矣。浮嚣轻薄之子，小有才而未闻大道，故书雅记，百不窥一，民族精魂，瞠目未晓，闻立宪之伪诏，则感激涕零，奔走愿效死力，甘为驯奴，恬不知耻，若而人者，蔓延大地，生生不绝，而俞君乃独死，则餘复何言哉！

【说明】本文录自《复报》第七号"来稿"栏，中华开国纪元四千六百四年（一九〇六年）十月三十日出版。署名"汉思"。末后编者附语："明知不怪风吹奈，不怨东风却怨谁。"

桑海遗征序

（一九〇七年）

中原板荡，索虏入居，屠戮之馀，继以焚坑，公私涂炭，文献荡然。三百年来，非无爱国博雅之士，着手眼于闲冷之地，求诗书于灰烬之中者，顾流传未广，津逮无从。迩来欧化东行，求学之士，往往土苴其朔，后生小子，于故书雅记，乃至百不窥一，何怪其民族思想之销沉哉！不揣浅陋，以见闻所及，荟萃丛残，汇而录之，随得随存，不复诠次。大雅君子，庶无几欤？丁未仲冬六月①，汉思识。

【说明】本文录自《民报》第十八号，一九〇七年十二月二十五日发行，署名"汉思"。查《民报》第十九号《本社特别广告》一："本报编辑人张继君以要事已离东京，自二十期起，改请陶成章君当编辑之任"。陶成章自《民报》二十号起至二十二号，接办三期。

《民报》第十九号《本社特别广告》二："本社自二十期起，改定篇次，专以历史事实为根据，以发挥民族主义，期于激动感情，不入空漠。海内外志士如有谙于明末佚事及清代掌故者，务祈据实直陈，发为篇章，寄交本社。又，宋季、明季杂史遗集，下及诗歌、小说之属，亦望惠借原书，或将原书钞录，寄交本社，以资采辑，汉族幸甚。"查《民报》第十九号出书时，张继已离东京，而十八号所刊《桑海遗征》，即汇录明季遗文，则《特别广告》二征集宋季、明季遗文等，应与陶成章有关。

《桑海遗征》，自《民报》十八号起连载，共辑《钱谦益致瞿文忠公蜡丸书》、《陈鉴哭卧子陈公文》、《刘均杨娥传》（第十八号）；《陈卧子报夏文忠公书》（第十九号）；《陈卧子徐文靖公殉节书卷序》、《陈卧子袁烈妇传》、《陈卧子

---

① 原文如此，有误。

玄丝传《(第二十号)、《陈卧子皇明殉节光禄大夫太子太保吏部尚书 虞求 徐公行状》、(第二十一号);《夏存古大哀赋》并序(第二十三号)。今将陶成章所撰序文辑入,至"遗征"则非陶氏所撰,不录。

春秋列国国际法与近世国际法异同论

(一九〇八年二月一日、三月五日)

按春秋之世,列国错列,其国际间之交涉,盖亦常有一定之仪式。凡《春秋》三传所称谓礼者,即近世之所谓法也。是故春秋列国,虽未有国际公法之名目,而已实有其状况矣。今不揣鄙陋,特撷拾列国国际间交涉各节,用近世国际法学之例,分门类而条晰之,以供有志研究本国历史学者之考镜。然鄙人不明法律之学,其间当不免有谬误之处,还望阅者原宥也。

第一章　总论

第一节　春秋国际之成立

初,武王克商,承夏、殷遗制,封建诸侯,分爵五品,一曰公,二曰侯,三曰伯,四曰子,五曰男。其分土授田,亦分五等,一曰诸公之国,封疆方五百里;二曰诸侯之国,封疆方四百里;三曰诸伯之国,封疆方三百里;四曰诸子之国,封疆方二百里;五曰诸男之国,封疆方百里。凡是五者,皆直隶于天子,又分附庸,以属于五等之诸国。天子十二岁一巡天下,是曰巡狩。诸侯之远者,六岁一朝天子,是曰述职。当天子之巡狩焉,常考校诸侯之功罪,以定其赏罚。凡入其疆,土地辟,田野治,养老尊贤,俊杰在位,则有庆,庆以地。

凡入其疆，土地荒芜，遗老失贤，掊克在位，则有让。一不朝，则削其位；再不朝，则削其地；三不朝，则六师之审移。是当时之诸侯，无独立之自主权也明矣。

比及春秋，兼并盛行，天子之威令，不复行于天下，诸侯各得割据其封邑，不特对于内，保有领辖土地、管理人民之自主权；且对于外，亦得有宣战媾和、缔结条约之外交权。例如《春秋左氏传》隐元年："郑公叔之乱，公叔滑出奔卫，卫人为之伐郑，取廪延，于是郑以王师虢师伐卫南鄙以报之。"① 右所举，为春秋列国得自由宣战之一例。

又如同年《传》文："三月，公及邾仪父盟于蔑，邾子克也，未王命，故不书爵，曰仪父，贵之也。公摄位而欲求好于邾，故为蔑之盟。" 右所举，则又为春秋列国得自由缔结和平条约之一例。是时邾未受王命，犹为附庸，不在诸侯之列，而已有国际关系如是，则其他之大国，盖可推而知矣。

要之一言，春秋列国，于近世国际公法学上，所谓主体之资格者，盖已备具而无或缺限者也。

第二节　国家之种类

如前节所述，春秋列国，已备具国际公法学上所谓主体之资格。虽然，春秋之世，以国名见于经传者，凡百四十有餘国，此百四十有餘国之中，非尽具有国际法学上所谓主体之资格者也。是故有须注意者一事，何也？曰：国家之种类不同是矣。盖春秋时代，并兼盛行，因并兼之结果，国土遂因之有大小，而国势亦因之有强弱。强者弱者，不得居于同等之地位，是固理有固然，而又势所必至者也。考春秋国家之种类，大概可别为五种，举列分示如下：

---

① 本文所引《左传》、《公羊传》等，系据意引录，文字多有不同，不另一一校注。

第一类主盟国　即霸国。因其常长诸侯之会盟，故称之曰主盟国，如齐、宋、晋、楚、秦、吴、越等。然吴、越由蛮夷勃兴，虽长诸侯之会盟，为中原诸国所差称，且又后起，不久即灭，与列国之交际，亦复不甚久长，故当世或不侪之霸国之列。齐、宋、晋、楚、秦五国，迭为主盟，即春秋所艳称之五霸国是也。内中齐、宋主盟，为时不久，且其主盟之范围亦狭小，秦亦仅一霸西戎而不主夏盟。故五霸国中，其得长为主盟国者，惟有晋、楚之二国而已。主盟国在列国中占最优等之地位，故其于国际交涉间，得操有各种之高等特权，今举示分述如下：

（一）有受王命得专征讨之高等特权　即古代命方伯之礼。春秋之世，唯霸国得享有此。（按春秋列国均得自由宣战，王室不得而制之。然王室犹足以维系人心，故霸国犹以得受王命专征讨为荣者。）例如《左氏传》庄二十七年："王使召伯赐齐侯命，且请伐卫，以其立子带也。"又如僖二十八年："王命尹氏及王子虎、内史叔兴父策命晋侯为侯伯。王谓叔父，敬服王命，以绥四国，纠逖王慝"等是也。

（二）有判断王室争讼之高等特权　例如《左氏传》昭二十四年："晋侯使士景伯莅问周故，士伯立于乾祭而问于介众，晋人乃辞王子朝，不纳其使。"（以王族争立。）又如襄十年："王叔陈生与伯舆争政。晋侯使士匄平王室，王叔与伯舆讼焉。王叔之宰与伯舆之大夫瑕禽坐狱于王庭，士匄听之"（以上王臣争政。）等是也。

（三）有判断列国争讼之高等特权　例如《左氏传》鲁僖公四年："晋栾书侵郑，楚子反救郑，郑伯与许男讼焉。皇戌摄郑伯之辞，子反不能决也。曰：'君若辱在寡君，与其二三臣，共听两君之所欲，成其可知也'"等是也。

（四）有受盟国诸国贡献之高等特权　例如《左氏传》襄八年五

月:“晋会于邢丘,以命朝聘之数,使诸侯之大夫听命”等是也。

(五)有征召同盟诸国会盟及朝聘之高等特权。例如《左氏传》宣十七年:“晋侯使却克征会于齐。”又如襄二十二年:“晋人征朝于郑”等是也。

(六)有征召同盟诸国出师攻伐之高等特权 例如《左氏传》鲁成公八年:“晋士燮来聘,言伐郯也。”(以上令其助攻。)又如鲁宣公二年:“郑公子归生受命于楚伐宋”(以上令其独政。)等是也。

(七)有节制与战同盟国师旅进止之高等特权。例如《左氏传》襄十一年:“九月,诸侯伐郑,郑人行成。十二月,会于兰〔萧〕鱼。晋命诸侯,赦郑囚,纳斥候,禁侵掠。晋侯使叔盼〔肸〕告于诸侯,鲁使臧孙纥对曰:‘凡同盟,小国有罪,大国致讨,若有以借手,鲜不赦宥,寡君闻命矣’”等是也。

以上各种特权,均为霸国所专有。虽然,其所享之权利,既比诸国为特优,而其所当应尽义务,亦常比诸国为独劳。盖权利之与义务,相成亦足以相销也。今举示霸国所应尽各种义务如下:

(一)有保卫王室之义务 例如《左氏传》僖十二年:“齐侯使管夷吾平戎于王。”(以上外患。)又如昭二十四年:“郑伯如晋,子太叔相,见范献子曰:‘今王室实蠢蠢焉。吾小国惧矣。然大国之忧焉。’献子惧而与宣子图之,乃征会于诸侯,期以明年”等是也。(以上内乱。)

(二)有保卫与国之义务 例如《公羊氏》僖二年:“城楚丘,孰城?城卫也。曷为不言城卫?灭也。孰灭之?盖狄灭之。曷为不言狄灭?为桓公讳也。”(以上言齐桓公为主盟,狄灭卫,齐桓不能尽保卫之义务,故耻以为讳。)又如《左氏传》襄十四年:“卫献公出奔齐,晋侯问卫故于中行献子。对曰:‘君其定卫。’冬,会于戚,谋定卫也”(以上内乱。)等是也。

（三）有抑强扶弱之义务　例如《左氏传》襄十九年："春,晋与诸侯还自沂上,盟于督扬,曰：'大毋侵小'。执邾悼公,以其伐我故。遂次于泗上,疆我田,取邾田自漷水归之于我"等是也。

（四）有邮病讨式之义务　例如《左氏传》鲁襄公三十年："晋为宋灾故,诸侯之大夫会,以谋归宋财。"(以上邮病。)又如文公七年："晋却缺言于赵宣子,曰：'日卫不睦,故取其地,今已睦矣,可以归之。叛而不讨,何以示威;服而不柔,何以示怀;非威非怀,何以示德。无德,何以主盟"(以上讨伐。)等是也。

（五）有聘问列国之义务　霸国虽受同盟诸国之朝贡,然亦当施以相等之报施,故有命卿出聘列国之事。例如《左氏传》襄三十年："王正月,楚子使薳罢来聘,通嗣君也。"又如昭二年："晋侯使韩宣子来聘。(为公即位故。)且告以政而来见"等是也。

第二类会盟国　即列国。因其常列会盟,故称之曰会盟国。如齐、鲁、宋、卫、郑、陈、蔡、曹、许、秦、燕、吴、越等。齐、宋、秦三国曾为主盟国,然自晋、楚主会盟而后,齐、宋常从晋,为晋同盟国,其班次等于鲁、卫,故两列之。秦之从楚,亦犹齐、楚之从晋,吴、越在初兴之时,吴常为晋之同盟国,而越常为楚之同盟国,故亦并列之。会盟国虽非能如主盟国,占最优势之位置,然亦有优等国之资格者也。于国际交涉间,得操有各种之优等权,举示分述如下：

（一）有请命盟主禁止兵争之优等权　例如鲁成公十二年："宋华元克合晋、楚之成"。又如鲁襄公二十七年："宋向戍请于晋、楚,开弭兵会于宋"等是也。

（二）有号召平等国及诸小国会盟之优等权　例如《左氏传》桓十一年："齐、卫、郑、宋盟于恶曹。"(以平等国自相会盟。)又如昭十九年："邾人、郳人、徐人会宋公,乙亥同盟于虫"(以上诸小国求和于宋,而起此会盟,其例犹盟主之主盟列国。)等是也。

（三）有主和平等国及诸小国之优等权　例如隐八年："齐平宋、卫于郑，会于温，盟于瓦屋，以释东门之役。"（以上为平等国和解。）又如宣四年："公及齐侯平莒及郯，莒人不肯，公伐莒，取向"（以上为小国和解。）等是也。

（四）有征召平等国及诸小国出师助军之优等权　例如隐四年《左氏传》："卫州吁使告于宋曰：'君若伐郑，以除君害，君为主，敝邑以赋，以陈蔡从，则卫国之愿也'。"（以上为平等国出军助战。）又如定十年："齐、鲁盟于夹谷，齐人加于载书曰：'齐师出境，而不以甲车三百乘从我者，有如此盟'"（是时齐大鲁小，故可称为命小国出师助战之例。）等是也。

（五）有受王室及霸国聘问之优等权　例如《左氏传》僖三十年冬："天王使宰周公来聘。"《左氏传》昭十六年："二月，晋韩起聘于郑"等是也。

（六）有受诸小国朝聘贡献之优等权　例如隐十一年："滕侯、薛侯来朝。"又如宣十三年："齐师伐莒，莒恃晋，而不<事>齐故也"等是也。

（七）有请命主政国，以小国为己属国之优等权。例如《左氏传》襄四年："公如晋，听政。公请属鄫。晋侯许之。"又如襄二十七年："宋弭兵之会，齐人请邾，宋人请滕，皆不与盟"等是也。

以上各种权利，为会盟国之所例有。至其所当应尽之义务，盖唯有听盟主之命令，及保护己之从属国而已。保护从属国之例，如《左氏传》僖二十一年："邾人灭须句，须句子来奔。明年，公伐邾，取须句，反其君焉。礼也"等是也。

第三类半会盟国　即众小国。因其有时或列会盟而为独立国，或不列会盟而为他人之私属国，故称之为半会盟国，如莒、杞、邾、滕、薛、小邾、沈、胡、顿、滑等。以上诸国，有时虽为人之私属，然究比从属国为愈，尚克保有如下所列各种之自主权。

（一）保有国内领土之自主权　即主盟国使节过境，尚当假道，不得强忓，自擅过其国土，实为保有领土主权之证据。例如《左氏传》成八年："晋侯使申公巫臣如吴，假道于莒"者是也。

（二）保有国内之行政自主权　即主盟国，亦不得强行干涉其国政，实为保有国内行政主权之证据。例如《左氏传》文十四年："邾文公元妃齐姜生定公，二妃晋姬生捷菑。文公卒，邾人立定公，捷菑奔晋。""晋赵盾以诸侯之师八百乘纳捷菑于邾，邾人辞曰：'齐出貜且长。'宣子曰：'辟〔辞〕顺而弗从，不祥。'乃还"等是也。

（三）保有自由战争及自由和平之外交权　例如《左氏传》鲁僖二十一年："邾人以须句故出师。"为得自由宣战主权之例。又如文七年："徐伐莒，莒人来请盟，穆伯如莒莅盟。"为得自由和平主权之例等是也。

第四类从属国　既不得于列会盟，又不能通使命于各国，唯听命于附近之大国，为其私属，故称之曰从属国，如任、宿、须句、颛臾、厉、铸、禹、崇、随、唐等。以上诸国，盖全失自由意志者，其对于己所从属之大国，给贡赋如其县鄙。《论语》："季氏将伐颛臾，冉求、季路见于孔子曰：'季氏将有事于颛臾。'孔子曰：'求，毋乃尔是过欤？夫颛臾，昔者先王以为东蒙主，且在邦域之中矣，是社稷之臣也。何以伐为̣"观于此语，即可想见其全失自由意志之一班。

第五类蛮夷国　即野蛮无文化之国，如巴、蜀、鲜虞、淮夷、山戎、吴、越等。然是等国中，亦有渐次强大，亦复渐进文化，而竟有超位置至最优势之域，为主盟国者，如吴、越二国是也。

以上五等之国，蛮夷国及从属国，皆不成为国，不侪国际法学上主体之列。至第三种之半会盟国，犹近世之半主国。会盟国与主盟国，均得称为列国；半会盟国即小国，不得称为列国。例如《左氏传》〈襄〉二十七年："宋之盟，季武子使谓叔孙曰：'以公命，视邾、滕'。叔孙曰：'邾，滕人之私也，我列国也，何故视之'？"又如昭二十二〔三〕年："晋人使叔孙婼与邾大夫坐。叔孙曰：'列国之卿当小国之君，固周制也，邾又夷也。寡君之命介子服回在，请使当之，不敢废周制故也'"等是也。

由是观之，半会盟国与会盟国，不得居于同等之地位，可想见其一班矣。其于国际法学上主体之资格，亦不完备。故春秋之世，备具国际法学上主体之资格者，仅有主盟国及会盟国中之诸国而已。其间主盟国之对于同盟国（即会盟国），虽又有侵害其权限之处（如征朝聘及征师旅助军之类），然其相待，亦尚平等。（如报聘谢师等，皆有互相往来之礼，又不得无礼于诸侯等事。例如昭四年："楚子合诸侯于申椒言于楚子曰：'臣闻诸侯无归，礼以为归。今君始得诸侯，其慎礼矣。霸之济否，在此会也'。"其所谓礼者，犹近世之所谓法。盖言与诸侯交际，当合于法度，不当以非常之事强施之会盟诸国也。观于此言，可知主盟国与会盟国切居于同等之地位，不过一为会长，一为会员耳。）非真有悬绝之势也。故主盟国与同盟国，虽有大小强弱之不同，而其于国际法学上主体关系之成立，固无害也。

右前主盟国及会盟国中之晋、楚、齐、秦、鲁、宋、卫、郑、陈、蔡、曹、许（按太史公《十二诸侯年表》列燕而不列许。今按燕在春秋之世，不与中原诸国之会盟，而许则常列诸国之会盟，其序位班次，又常在曹上，复以太岳之后，为列国所推崇，故十二列国中当列许，而不当列燕。然燕为战国七雄之一，春秋之季，亦与齐、晋通聘使，故于会盟国中，亦并列之。）等之十二国，即春秋时代之所谓十二列国也，亦称之为十二诸侯。又如入后起之吴、越，是谓春秋时代之十四强国。凡春秋一代史事，均为此十四强国所构成，故于国际上之各种交涉条件,亦均范围于此十四强国之内,其餘所有诸国交涉条件,盖皆均仅见而非常有者也。

第三节　交涉法之一班

春秋列国国家之种类,虽已称述如前,然于国际间交涉之各规则,尚未有表明之者,今特分类条晰于如下:

第一项、关于人道问题之国际交涉　近今各国权利思想为特重,故其于国际间所规定者,不外保卫其本国之权利而已。至所谓文明礼让者,实不过纸上之空谈。(如近世<法>保护安南之独立,日保护朝鲜之独立,均系空言,实则攘取其国土而已。其间亦或真有保护者,不过为列国均势问题起见。若春秋列国之保护与国,乃真为兴亡继绝起见,如齐桓公封邢、卫,鲁僖公封须句,晋景公立黎侯等皆是也。)春秋列国则不然,其道德思想,实比权利思想为盛,故于列国国际交涉规定之条件,与近世有大异者。例如《孟子》:"五霸桓公为盛,葵丘之会诸侯,束牲载书而不歃血,初命曰:'诛不孝,无易树子,无以妾为妻。'再命曰:'尊贤育材,以彰有德。'三命曰:'敬老慈幼,无忘宾旅。'四命曰:'士无世官,官事无摄,无专杀大夫。'五命曰:'无曲防,无遏籴,无有封而不告'。曰:'凡我同盟之人,既盟之后,言归于好'"等是也。今就以上之约文观之,除第三条内之无忘宾旅,为保护外国人之权利。第五条之无曲防,为关于国际河流,其无遏籴,为关于通商贸易,是皆近今国际法学上所认定为合格之条件,其他各条件,无一非侵害同盟国之自主权。夫以外国人干涉内治之规定,而诸国犹甘缔结之者,是固非齐桓公之威力,足以胁制之,实由诸国之君主,均以此为关于人道问题,为道德上所当遵守,故遂承认之而无异辞也。

第二项、关于君主继承之国际交涉　近今国际法学上所规定，凡国内起有变故，其影响不及于国外，君主之继承更易从无有连及于国际上之问题。春秋列国则不然，凡国中有起内乱而篡立者，若不与诸侯一会，则列国均不承认其继续前政府之国际关系，故篡立者，常有纳赂诸侯以求会盟之事，例如《左氏传》文十八年："二月丁丑，公薨。""冬十月，仲杀恶及视而立宣公。"宣公元年："夏，季文子如齐，纳赂以请会。会于平州，以定公位。"又如《春秋》桓二年《经》："正月，宋督弑其君与夷，及其大夫孔父。三月，公会齐侯、陈侯、郑伯于稷，以成宋乱。"《左氏传》文释之曰："齐、陈、郑皆有赂，故遂相宋公"等是也。推原其故，实由以以君主即国家之思想而起，是故国内虽无篡立之事，当旧君已薨，新君初立之际，亦有常遣命卿聘问列国通嗣君之举也。

第三项、关于领土主权之国际交涉　近世国际法学上，凡确定邻接国间境界，以明国家主权之所及，为最切要之事件。春秋之世亦然。例如《左氏传》文元年："晋取卫戚田。"其田与鲁接境，故使公孙敖会之，以正其疆界"者是也。若或分疆不定，致有起国际争议者，例如《左氏传》成四年："郑公孙申帅师疆许田，许人败诸展须〔陂〕。郑伯复伐许，取钳任冷敦之田"者是也。

第四项、关于罪犯引渡之国际交涉　近今国际法学上所规定，凡国家由于对内主权之结果，有因国际间交涉还逃亡犯罪人之事，但其权限，仅限于盗窃等之私罪，若国事犯，则无引渡之例。春秋列国亦有罪犯引渡之例，然不分其为私罪公罪也。如近世庇护国事犯之例，似尚未有引渡私罪犯人之例，于春秋列国不之见，唯战国时代一见之。《战国策·卫篇〔策〕》："卫嗣君时，胥靡逃之魏。卫赎之百金，不与，乃请以左氏。群臣谏曰：'以百金之地，赎一胥靡，无乃不可乎？'君曰：'治无小，乱无大，教化喻于民，三百之城，足以为治，民无廉耻，虽有十左氏，将何用之'。"至国事犯，应与国请求而引渡之者甚多，例如庄十二年："宋万弑闵公于蒙泽。肖叔大心及戴、武、宣、穆、庄之族以曹师伐之。猛获奔卫，南宫万奔陈。宋人请猛获于卫，卫人欲勿与，石初〔祁〕子曰：'天下之恶，一也，恶于宋而保于我，保之何补？得一夫而失一国，与恶而弃好，非谋也'。卫人归之。亦请南宫万于陈以赂。陈人使妇人饮之酒，而以犀革裹之。比及宋，手足皆见，宋人皆醢之"等是也。虽然，应其请求之国，或亦有重犯事人之德行，而隐慝不与者。例如《左氏》襄《传》十年："郑尉止、司臣、侯晋、堵女父子帅师。仆赋攻执政于西宫之朝，杀子驷、子国、子耳，劫郑伯以如北宫。子蟜率国人以伐之，杀尉止子师仆。侯晋奔晋，堵女父司臣尉翩司需奔宋。"十五年："郑尉氏之乱，其馀盗在宋。郑人以子西、伯有、子产之故，纳赂于宋。公孙黑为质焉。司城子罕（宋执政）以堵女父、尉翩、司齐与之，良司臣而逸之，记〔托〕诸季武子（鲁执政），武子置诸卞"等是也。若或在仇敌之国，概未闻其有引渡者。

　　第五项、关于国际地役之国际交涉　近世国际法学上所规定，凡各国由于对外主权之结果，有国际地役之关系，如二国交战时，有乘轻气球探视敌人举动，是越他国之领土，国际上所不许也。即平时设置电线等，未经他国许可，亦不能越矩而行，必俟他国政府许可，始能安置等事。春秋之时亦然。凡《左氏传》所书假道者皆此例也。盖列国交通，不止四邻，然诸侯对于其领土，各有自主权，故若擅过其国土，不请命假道者，是蹂躏该国之主权也。若或有之，则该国定认为莫大之耻辱，至有起国际争议者。例如《左氏传》宣十四年："楚子使申周〔舟〕聘于齐，曰毋假道于宋。及宋，宋人止之。宋华元曰：'过我而不假道，鄙我也，鄙我，亡也，杀其使者必我伐，我亦亡也，亡一也'。乃杀之。"又如定六年："夏，公侵郑，取匡。往不假道于卫，及还，阳虎使季孟自南门入，出自北门，舍于屯〔豚〕泽，卫侯怒，使弥子瑕追之。"等是也。

　　第六项、关于国际犯罪之国际交涉　近世国际学上，有所谓国际上之犯罪者，即国家之犯罪是也，如甲国违反国际公法，则乙国所享之权利，必被甲国之侵害，是即谓之国家犯罪。国家犯罪行为，大概可别为行政机关对于外国之犯罪行为、及普通人民对于外国犯罪之行为二种。所谓行政机关对于外国犯罪之行为者何？盖行政机关即代表国家，如大统领或君主公使或领事，皆任国家之最重要机关者也。如或开罪于他国，即为国家之犯罪。又如海陆军为保护国家之权力，亦为国家机关之一部，若或对于他国有非法之行为，亦谓之国家之犯罪。所谓人民对于外国人之犯罪者何，盖谓人民即组织国家之一分子，国家应有管理人民之职，是故人民或对于外国人有不法行为，国家亦当任其咎，故亦谓之国家之犯罪，在国际法学上，有赔偿及谢罪等之裁判，春秋之世亦然。其代表人犯罪，认赔偿者例，如《谷梁传》定十年："夏，公会齐侯于颊谷。孔子相焉。两君就坛，两相相揖，齐人鼓躁而起，欲以执鲁君，孔子历阶而上，不尽一登〔等〕，而视归乎齐侯，曰：'两君合好，夷狄之民何来为？'命司马止之。齐侯逡巡而谢曰：'寡人之过也。'罢会。齐人使优施舞于鲁君之幕下。孔子曰：'笑君者，罪当死。'使司马行法焉。首足异门而出。齐人来归郓、谨、龟、阴之田，盖为此也"等是也。其人民对外国人犯罪而受责者，例如《左氏传》桓九年："楚子使道朔将巴客以聘于邓，邓南鄙鄾人攻而夺之币，杀道朔及巴行人，楚子使斗廉让于邓"等是也。

　　第七项、关于会盟班次之国际交涉　近世欧洲外交上，君主及公使之会合，凡关于条约署名之先后，其争议殆不绝迹。春秋列国亦然。夫当周室全盛时，列国班次，原有一定之位置。按《礼记·王制篇》曰："王者之制爵禄，公侯伯子男，凡五等。次国之上卿，当大国之中,中当其下,下当其上大夫。上国之上卿,当大国之下卿,中当其上大夫,下当其下大夫。"若同爵之中,则又以同姓诸国为先,异姓诸国为后,若同在异姓之国,其同爵位者,则又以先封者为先,后封者为后。列国爵位之高下,与其版图之大小为比例,及兼并之后,至春秋时代,爵位之高下,不足以知其国力之大小,列国会盟之班次,直以国力之强弱而定其先后。例如《左氏传》成三年冬十一月:"晋侯使荀庚来聘,且寻盟。卫侯使孙良夫来聘,亦且寻盟。公问于臧宣叔,曰:'中行伯之于晋会也,其位在三。孙子之于卫也,位为上卿,将谁先?'对曰:'次国之上卿,当大国之中,中当其上大夫,下当其下大夫①。小国之上卿,当大国之小〔下〕卿,中当其上大夫,下当其下大夫。卫在晋,不得为次国,而晋盟主也,其将先之。'丙午,盟晋。丁未,盟卫。礼也。"(卫、晋之爵位本同。)又襄二十七年:"宋弭兵之会,晋、楚争先。晋人曰:'晋固为诸侯主,未有先晋者也。'楚人曰:'子言晋、楚匹也,若晋常先,是楚弱也。且晋、楚狎主诸侯之盟也久矣。岂专在晋。'乃先楚人"等是也。(晋侯爵,楚子爵。)虽然,爵位之思想,尚未全归消灭,当朝聘会盟之间,亦有用周室旧例者。例如隐十一年:"春,滕侯、薛侯来朝,争长。薛侯曰:'我先封。'滕侯曰:'我,周之卜正也。薛,庶姓也,我不可以后之。'公使羽父请于薛侯曰:'周之宗盟,异姓为后。寡人若朝于薛,不敢与诸侯齿。君若辱贶寡人,则愿以滕君为请'。薛侯许之,乃长滕侯。"又文二年:"晋人以公不朝来讨。公如晋。夏四月己巳,晋使阳处父盟公以耻之。"(在礼,卿不会公侯,会伯子男可也,故阳处父盟父为耻辱之事。)三年,"晋人惧其无礼于公也,请改盟。公如晋,及晋侯盟"等是也。

---

① 原文为:"次国之上卿,当大国之中,中当其下,下当其上大夫"。

第二章　条约

第一节　条约之定义及形式

条约者,国与国所结之约束规则也,近世国际法学上,缔结条约之国,以独立国与独立国为原则,若被保护国,则不能结国际上之条约(商务条约则可缔结)。春秋之世,主盟国及会盟国,均得自由行意,有与他国缔结条约之权,外此若半会盟国,虽非有完全独立国之资格,然亦得自由意志,有与他国缔结条约之权。例如鲁隐元年:"邾及鲁结和亲条约"者是也。考春秋时代,条约缔结之迹,君主或使节相会于一处,作条约书,杀牲歃血,誓于神明,掘穴入牲,载书其上,并埋之,各作副本藏之,以供日后之征证。《周礼·秋官·司寇》第五郑注云:"盟以约辞告神,杀牲歃血,明其著信也。"《曲礼》曰:"莅牲曰盟。"又同上"司盟掌载盟之法"。郑《注》:"载盟辞也。盟者,书其辞于策,杀牲取血,掘其牲,加书于上而埋之,谓之载书。凡邦国有疑会同,则掌其盟约之载及礼义,北面诏神,既盟则式之。"其歃血而盟之举,实与欧洲昔时甜十字架而盟者同其趣味,所谓宗教上之担保也。近时则易为记名调印之例。春秋时代,当条约缔结时,凡强暴之行为,不得加于同盟国之代表,若有犯之者,是即谓国家之犯罪,至有起国际争议者。例如《左氏传》定八年:卫败于晋,缔结媾和条约,时晋大夫涉佗,代表晋而临盟,将歃血,"涉佗梭卫侯之手,及腕,卫侯怒其强暴,因叛盟反晋。晋之请改盟,卫侯不许,晋人遂杀涉佗以谢卫侯"者是也。

第二节　条约之要素及种类

近代国际公法学之通例,凡缔结条约,必两者之意思协合,方有效力,若迫胁而行,则为国际法学上所不承认,如拿破仑第一胁迫普鲁士割让土地之例是也。(按此私迫君主或代表者而言,若战后之和平条约,多由胁迫而出于国际法上亦认定为有效力。)其在春秋之世,迫胁勒定之条约,概谓之要盟,亦有否认之公例。例如《左氏传》襄九年:"十月,晋以诸侯之师伐郑。郑人恐,乃引成。十一月己亥,同盟于戏,郑服也。晋士庄子为载书曰:'自今日既盟之后,郑国而不唯晋命是听,而或有异志者,有如此盟。'公子騑趋进曰:'天祸郑国,使介居二大国之间,大国不加德音,而乱以要之。自今日既盟之后,郑国而不唯有礼与强而可以庇民者是从,而敢有异志者亦如之。'"晋师去后,楚又伐郑,"子驷将及楚平,子孔、子矫曰:'与大国盟,口血未干,而背之,可乎?'子驷、子展曰:'要盟无质,神弗临也。明神不蠲要盟,背之可也'"等,是其例也。

又春秋列国交涉之繁,无异近世。故其所定条约之多,亦无异近世。然史传所记载各条约,多仅录其末后宣誓之语,而不尽载约文中之款目,是不可谓非历史上之一恨事也。今遍索全书,录其稍加完备者二篇如下:

成十二:"宋华元克合晋、楚之成。夏五月,晋士燮会楚公子罢许偃。癸亥,盟于宋西门之外,曰:'凡晋、楚无相加戎,好恶同之,同恤灾危,备救凶患,若有害楚,则晋伐之。在晋,楚亦如之。交质往来,道路无壅,谋其不协而讨不庭,有渝此盟,明神殛之,俾坠其师,无克胙国'。"又襄公十一年:"四月,诸侯伐郑,郑人惧,乃行成。秋七月,同盟于亳,载书曰:'凡我同盟,毋蕴年,毋壅利,毋保奸,毋留慝,救盟患,恤祸乱,同好恶,奖王室。或间兹命,司慎司盟,名山名川,群神群祀,先王先公,七姓十二国之祖,明神殛之,俾失其民,队民亡氏,踣其国家'。"就上二约文而研究之,其于国际间所规定者,盖有左之六则也。

(一)攻守同盟 按春秋之世,因列国相互角逐,各欲扩张其版图,且欲维持从来之国力,于是时势乃不许诸侯之孤立,遂不得不要结与国,而订攻守同盟之条约。其例如前约文中所云:"凡晋、楚无相加戎,好恶同之。"又曰:"若其害楚,则晋伐之;在晋,楚亦如之"者是也。(僖二十五年:"鲁、卫盟于洮,修文公之好,盖亦为订攻守同盟之约,故于明年《传》文,遂有齐伐鲁,卫人伐齐,洮之盟故也"等语。)

(二)保卫王室　按夏、殷至周千数百年,君主世袭之制已成习惯。春秋之世,周室虽衰,犹足维持人心。故霸者常借尊王以要结与国之信用,由是列国国际间交涉法之规定,常以保卫周室为唯一之义务,其例如前约文中所云"谋其不协,而讨不庭"。又曰"奖王室"者是也。

(三)国运维持　按春秋之世,列国竞争甚烈,而列国之所最堪忧者,则莫若己国有内忧,而蒙他国之袭击是也。是故为思患预防之计,势不得不于平日之间缔结国势维持之条约,其例如前约文中所云"同恤灾危,备救凶患。"又曰:"救灾患,恤祸乱"等是也。

(四)国际刑法　按春秋之世,常有利用他国之国事犯而干涉内政,侵害其主权,故列国又不得不思预为防患之计,而订定国际刑法之规条,其例如前约文所云"毋保奸,毋留慝"等。又曰"同好恶"(同好恶之语,其意义包含甚广,不专指一事。)等是也。

(五)国际地役　按春秋之世,列国之交通甚繁,然其所通使命往来者,又不仅限于邻接国,常有越境而远交者,故列国国际间,又不得不有国际地役之规定。(但不得假道而擅过,其过土,其例见前节)例如前约文所云"交质往来,道路无壅"者是也。

(六)通商贸易　人类生存,常须贸迁有无,故春秋列国,亦有通商贸易条约之规定,其例如前约中所云"毋蕴年,毋蕴利"等是也。毋蕴年,其义与葵丘约文无遏籴同,盖为人生问题而起,当凶年饥馑之岁,不得遽发防谷之令而规定之也。

除右各项条约而外,列国国际间所规定者,尚有关于国际河流之条项,见于葵丘约文中,其他则尚有土地交换之约,如《左氏传》桓二〈元〉年:"郑以田易许鲁田,盟于越以结袆成。"然其约文不全见,仅载其末后宣誓之语,其于土地交易法之究竟如何,盖不可得而推测也。此外,尚有关于列国均势问题之规定,如督扬盟约中所载云"大无侵"者是。其约文已见前节,故不另具。

第三节　条约之履行及担保

近世条约结后,必待批准交换,乃生效力。春秋时代条约缔结后即生效力,无须批准也。然有甲国使者至乙国,与其君主盟后,乙国使者复至甲国,与其君主盟,两国使者相会盟时亦如之,是谓莅盟。例如隐七年:"陈及郑平。十二月,陈五父如郑莅盟。壬申,及郑伯盟。郑良佐如陈莅盟。"又哀十八年:"秋及齐平。九月,减宾如齐莅盟。齐闾丘明来莅盟。"又成十二年:"夏五月,晋士燮会楚公子罢许偃盟于宋西门之外。秋,晋却至如楚聘,且莅盟。冬,楚公子罢如晋,聘且莅盟。十二月,晋侯及楚公子罢于赤棘"等是。盖当时君主即国家也。君主自定条约,故无须批准,若使者之所缔结,难保无错误其间,故更有莅盟之举。莅盟者,履行条约之始也。至其履行条约之担保,常为誓于神前,以明不式,并载其言于盟誓之末。如桓元年,鲁、郑土地交换约之末曰:"渝盟无享国。"又如晋、楚同盟约末后所载"有渝此盟,明神殛之,俾队其师,无克胙国"等语皆是也。然此要亦不过所谓宗教上之担保而已。至其物质上之担保,盖有质子之一例。例如宣十二年:"春,楚人及郑平。楚大夫潘尪入盟,郑子良出质"等是也。

第四节　条约之消灭及效力之再见

条约失其效力，即条约之消灭也。近世国际法学上条约消灭之原因，盖有种种。春秋之世，则仅有解除。（解除乃一种自然的消灭，例如两方意见，订定条约，有一方不履行，即为消灭）及战争（战争则于不消灭之中，成一自然消灭之势）之方面，解除之例，如《春秋左氏传》桓十二年："公欲平宋、郑。秋，公及宋公盟于句渎之丘，宋成未可知也。故又会于虚。冬，又会于龟。宋公辞平"者是也。战争之例，则有同《传》宣十二年："晋原縠、宋华椒、卫孔达、曹人同盟于清丘。曰：恤病讨贰，卿不书，不实其言也。宋为盟，故伐陈，卫人救之"者是也。然春秋之世，有消灭既久后，又复履行者，例如《春秋左氏传》成十二年："晋、楚盟于宋西门之外，缔结攻守同盟之约曰：'凡晋、楚无相加戎，好恶同之。'"越三年《传》文，楚将北师。子襄曰："新与晋盟而背之，可乎？"子反曰："敌利则进，何盟之有？"于是前日攻守同盟之约全解，遂酿成鄢陵之战，其后再互数十年。至哀四年《传》文："楚灭蛮民，蛮子赤奔晋阴地。楚司马起丰、析，使谓阴地之命大夫士蔑曰：'晋、楚有盟，好恶同之。若将不废，寡君之愿也。'士蔑请诸赵孟，赵孟曰：'必速与之。'士蔑乃致九州之戎，诱蛮子而执之，与其五大夫以畀楚师于三户"者是其例也。

第三章　外交关系

第一节　朝聘

春秋时代，外交之术虽已发达，然未有完美如近世者。故列国间之交际，尚无有公使驻扎他国代表国家之事，有事则君主自往，或另简大夫使行，君主自往者曰朝，遣大夫行者曰聘，其朝聘之制，关于外交上之关系者，盖可分为甲乙两种也。

（甲）仪式的朝聘　春秋列国朝聘，有非因于国际交涉之问题，不过为修好睦邻，国际往来间礼制之一端者，今无以名之，姑名之曰仪式的朝聘。关于仪式的朝聘，则有左之各则也。

（一）君主新立　凡春秋列国君主即位之初，其同盟诸国，小国则朝觐之，大国则聘问之，为列国国际间交涉法之常规。例如《春秋左氏传》襄元年："九月，邾子来朝。冬，卫子叔、晋知武子来聘，礼焉。凡诸侯即位，小国朝之，大国聘焉，以继好结信，谋事补阙，礼之大者也。"其新即位之君主，亦朝聘于同盟诸国，但孰先孰后，不知其详。揣度之，大概当以道路之远近，或国力之大小，而定其先后。例如《左氏传》文十一年："秋，曹文公来朝，即位而来见也。"又同传文元年："穆伯如齐，始聘焉，礼也。凡君即位，卿出并聘，践修旧好，要结外援，好事邻国，以卫社稷，忠信卑让之道也。忠，德之正也；信，德之固也；卑让，德之基也"等是也。

（二）交际常规　春秋列国，国际间交涉法之规定，常有五年相朝之制。例如《春秋经》僖十年："春王正月，公如齐。"十五年春王正月："公如齐。"又《左氏传》文十年："秋，曹文公来朝。"十五年夏："曹伯来朝，礼也。诸侯五年再相朝以修王命，古之制也"等是也。其他同盟国之对于主盟国，朝聘往来之制，亦似有一定之度数。《左氏传》昭三年：子郑大夫大叔对晋梁<丙>、张趯，曰：昔"文襄之霸也，其务不烦诸侯，令诸侯三岁而聘，五岁而朝，有事而会，不协而盟。君薨，大夫吊，卿共葬事。夫人，士吊、大夫送葬"云云等语，可想见其一班矣。

（三）贺迁　例如《春秋左氏传》文成六年："夏四月，晋迁于新田。冬，季文子如晋，贺迁也"是也。

（四）问疾　例如《春秋左氏传》昭元年："晋侯有疾，郑伯使公孙侨如晋，聘，且问疾。"又同《传》昭廿年："齐侯疥，遂痁，期而不瘳，诸侯之宾问疾者多在"等是也。

（五）　吊丧　例如《春秋左氏传》文十四年："邾文公卒，公使吊也。"又同《传》昭十年："晋平公卒，郑伯如晋"等是也。

（六）会葬　例如《春秋左氏传》襄三十年："秋七月，叔弓如宋，葬共姬也。"又同《传》昭十年："叔孙婼、齐国弱、宋华定、卫北宫喜、郑罕虎、许人、曹人、莒人、邾人、滕人、薛人、杞人、小邾人如晋，葬平公也"等是也。

（七）吊灾　例如《春秋左氏传》庄十一年："秋，宋大水，公使吊焉。曰：'天作淫雨，害于粢盛，若之何不吊'"是也。

（八）吊寇　例如《春秋左氏传》僖三十三年："冬，公如齐朝，且吊，有狄师也。"又同《传》昭六年："冬，叔孙如楚，吊败也"等是也。

（九）　赴丧　例如《春秋左氏传》隐七年："春，滕侯卒，不书名，未同盟也。凡诸侯同盟，于是称名，故薨则赴以名，告终嗣也，以继好息民，谓之礼经。"又同《传》桓五年春："正月甲戌己丑，陈侯鲍卒，再赴也"等是也。

（十）赠赗　例如《春秋左氏传》文九年："秦人来归僖公成风之襚，礼焉。诸侯相吊贺也。孤〔虽〕不当事，苟有礼也，以无忘旧好"是也。

以上不过略举数例，其他类此者，盖不遑枚举也。

（乙）政要的朝聘　春秋列国，有关系于内政废举，或联络外交等事，因通使命往来者，如朝聘之制，类似仪式，然其因有连及于政治及外交之问题，非仅为仪式之关系而已。今无以名之，名之曰政要的朝聘。政要的朝聘，则有左之各则也。

（一）通告内乱　例如《春秋左氏传》僖五："晋侯使以杀太子申生之故来告。"又同《传》僖十一年："晋侯使以丕郑之乱来告"

等是也。

（二）通告亡臣 例如《春秋经》宣十年，《春秋经》"齐崔氏出奔卫"。《左氏传》文释之曰："凡诸侯之大夫违，告于诸侯曰：'某氏之守臣某失守宗庙，敢告。'所有玉帛之使者则告，不然则否"等是也。

（三）通告睦邻 例如《春秋左氏传》隐八年："春，齐侯将平宋、卫。夏，齐人卒平宋、卫。冬，齐侯使来告成三国。公使众仲对曰：'君释三国之图以鸠其民，君之惠也，寡君闻命焉。敢不承君之明德'"等是也。

（四）通告用师 例如《春〈秋〉左氏传》文十二年："秦伯使西乞术来聘，且言将伐晋。"又同《传》襄八年："晋范宣子来聘，且拜公之辱告，将用师于郑"是也。

（五）通告战争 例如《春秋左氏传》隐十一年："冬，十月，郑以虢师伐宋，大败宋师。宋不告命，故不书。凡诸侯有命，告则书，不然则否，师出臧否，亦如之。虽及灭国，灭不告败，胜不告克，不书于策。"由是观之，凡春秋列国战事，如或胜或败之见于《春秋》经文者，要皆有列国之通告者也。

（六）远使乞援 例如《春秋左氏传》僖二十六年："东门襄仲如楚乞师。"又同《传》成十三年："晋侯使却锜来乞师。"等是也。

（七）求请先容 即求中介也。例如《春秋左氏传》桓六年："冬，纪侯来朝，请以王命，以求成于齐，公告不能"等是也。

（九）谢施报恩 例如《春秋左氏传》宣十年："季文子初聘于齐，国武子来报聘。"又如同《传》襄十二年："夏，晋士鲂来聘，且拜师。（谢前年伐郑之师也。）冬，公如晋朝，且拜士鲂之辱焉。礼也"等是也。

（十）征召会盟 例如《春秋左氏传》二十六年："晋人为孙氏

故，召诸侯，将以讨卫也。夏，中行穆子来聘，召公也。"又同《传》定七年："秋，齐侯、郑伯盟于咸，征会于卫"等是也。

（以上亦不过略齐数例，其他类此者，盖不胜书也。）

凡使节之聘于他国也，有上介及中介副之以行，至受聘国之国境，通名刺于关人，士出问来意，道之入境，卿出劳之近郊，且致之馆，而后行朝见之式。朝见之时，使者奉其所赍之聘物，且传使命，于是乎有享礼，宾主各赋诗言志以为常，聘礼乃终。其后宾介各以个人入见。退朝，卿大夫劳宾介于馆。其去也，又有赠贿之礼，遇他国之君主来朝亦如之。其详细仪节，备见《仪礼·聘礼篇》，兹不具录。凡以上之礼节，皆周初王室之所规定者也。春秋之世，亦多行此旧仪式，然其间有因乎外交政略之关系，而损益于其间者。盖春秋之世，列国竞争甚烈，各欲保护如国家之优势，用是不得不严重凛视于国际间之交涉，于是小国汲汲焉窥大国之鼻息，务得其欢心，大国亦营营焉谋小国之附从，求固其信用，以故政略上之礼经，遂多所改革。例如《春秋左氏传》昭二十一年："晋士鞅来聘，叔孙为政，季孙欲恶诸晋，使有司以齐鲍国归费之礼为士鞅。士鞅怒，曰：'鲍国之位下，其国小，而使鞅从其牢礼，是卑敝邑也，将复诸寡君。'鲁人恐，加四牢焉，为十一牢"（《周礼》上公飨饩九牢，侯伯七牢，子男五牢，以诸侯牢礼，其各以命数卿大夫来者，亦当牢礼，如其命数。鲍国齐卿，不过三命，于法当三牢，而鲁人以齐大国之故为之七牢，今更为晋卿之十一牢，则与以十二牢之礼天子者，仅差一牢耳。）又同《传》昭六年："夏，季孙宿如晋，拜莒田也。晋侯享之，有加笾。武子退，使行人告曰：'小国之事大国也，苟免于讨，不敢求贶。得贶，不过三献。（《周礼》大夫三献。）今豆有加，下臣弗堪，无乃戾也。'韩宣子曰：'寡君以为骥也。'对曰：'寡君犹未敢，况下臣，君之隶也，敢闻加贶，因请彻加而后卒事。晋人以为知礼,重其好货"等是也。

至如列国越国朝聘,如君主或使节,假道过邻接国境界时,其邻接国,则致饩飨之,或上堂飨之,或又远使劳之,而使士导尽其国境,使节与其士别时,相为盟誓,誓不使其屈下,侵犯其国境,是国际间之礼仪也。《仪礼·聘礼篇》曰:"若过邦,至于境,使次介假道,束帛将命于朝,曰:请帅奠币。下大夫取以入告,出许,遂受币,饩之以其礼,上宾大牢,积唯刍禾,介皆有饩,士帅没其境,誓于其境,宾南面,上介西面,众介北面东上,史读书,司马执策立于后。"《春秋左氏传》襄二十八年:"蔡侯归自晋,入于郑,郑伯享之。"又同《传》昭六年:"楚公子弃疾如晋聘。过郑,郑罕虎、公孙侨、游吉从郑伯,以劳诸相,辞不敢见,固请见之,见如见王,以乘马八匹私面,见子皮如上卿,以马六匹,见子产以马四匹,见子太叔以马二匹,禁牧采樵,不入田,不樵树,不采艺,不抽屋,不强匄,誓曰:'有犯命者君子废,小人降'"等是也。

若夫使节朝聘之事实,盖亦常有一定之权限,其于权限外之行动,受使之国,得以拒绝之。例如《春秋左氏传》昭十年:"诸侯之大夫如晋,葬平公也。既葬,诸侯之大夫欲因见新君。叔孙昭子曰:'非礼也。'弗听。叔向辞之,曰:'大夫之事毕矣,而又命孤,孤斩焉在衰绖之中,其以嘉服见,则丧礼未毕,其以丧服见,是重受吊也。大夫将若之何'"等是也。

至于行朝聘之人,既在外国,务当慎其言行,不致破邻国之亲交,是君主及使节,对于驻扎国当然之义务也。《春秋左氏传》庄二十三年:"夏,公如齐观社,曹刿谏,曰:'非礼也。'"盖是时齐因祭社而蒐军实,庄公往观之,有窥探其国势之嫌,故曹刿谏其不法。其他使节失礼之甚,起国际争议者甚多。例如《左氏传》文十年:"邾文公之卒也,公使吊也,不敬,邾人来讨"者是也。

第二节　会　合

会合者,国际法上一种之机关。二国以上之君主,或使节,会于一处,议事缔约之谓也。春秋时代,此种机关,甚为发达。今特举其当时会合之礼制,分为甲乙二式如下:

(甲)和平的会合　春秋之世,和平会议最占多数,约可分为左之各则:

(一)寻盟　春秋列国,互相角逐,其结果乃至有朝为与国,而夕成仇敌者,故虽一旦缔结条约,誓相亲好。逮岁月既久,难保不失条约之效力,故有随时会合,相责以实行条约者,所谓寻盟是也。寻盟之例,如《春秋左氏传》隐三年:"齐、郑盟于石门,寻卢之盟也。"又如同《传》成七〔九〕年: "为汶阳之田,故,诸侯贰于晋,晋人惧,会于蒲,以寻马陵之盟"等是也。

(二)修好　春秋之世,列国民观念大,大概多含君主即国家之思想,故其所订条约,常带人的性质,故虽两国结盟订约后,或君主有疾病死亡者,其条约效力,或亦随之而消灭,于是又有随时会合,以修旧好之举。例如《春秋左氏传》桓二年:"公及成盟于唐,修好也"(修隐二年之盟好)是也。

(三)求成　兵戎之后,再敦和好,是谓求成。求成之例,如《春秋左氏传》隐元年:"惠公之季年,败宋师于黄。公立而求成也。九月,及宋人盟于宿,(林注: 小国凡盟以国地者,国主亦与盟,即所谓参盟也。)始通也"是也。

(四)恤灾　邻国有天灾,则其同盟诸国,有各相会议,以谋救济之举,是谓恤灾。恤灾之例,如《春秋左氏传》襄三十年:"为宋灾故,诸侯之大夫会,以谋归宋财"是也。

(五)主和　邻国与邻国兵争不已,有中介国,出而为之会以排解之者。例如《春秋左氏传》隐九〔八〕年："齐平宋、卫于郑。秋,会于温,盟于瓦屋,以释东役〔门〕之役,礼也。"又《春秋经》桓十有二年："夏六月,壬寅,公会杞侯、莒子盟于曲池。"《左氏传》文释之曰:"夏,盟于曲池,平杞、莒也"等是也。

(七)靖难 邻有内难,或有寇事,如国家之位置不安,于是如交好不国,有为之会以谋安集之者,例如《春秋经》桓十五年:"许叔入于许,公会齐侯于艾。"《左氏》传文释之曰:"公会齐侯于艾,谋定许也"是也。

以上所列者,不过略举如数例,以示如和平会和者之一班而已。如他之种种,盖有不遑枚举者也

(乙)外交的会合 春秋列国除和平会合之外,常有因国际交涉之问题而起会合者,无以名之,曰外交的会合。约有左之各则:

(一)干涉外国内治会议出兵事 例如《春秋左氏传》桓二年:"公会齐侯、郑伯于稷,以成宋乱。" 又如同《传》庄十三年:"会于北杏,以平宋乱。"又如同《传》昭二十七年。"秋,会诸侯于扈,令城周,且谋纳公也"等是也。

(二)抵御外寇会议攻守同盟事 例如《春秋传》桓二年:"蔡侯、郑伯会于邓,始惧楚也。"又《春秋谷梁传》宣十有七年:"六月己未,公会晋侯、卫侯、曹伯、邾子同盟于断道。同者,有同也,同外楚也。"等是也。

(三)责问邻国背盟会议征讨事 例如《春秋左氏传》文二年:"六月,穆伯会诸侯及晋士縠盟于垂陇,晋讨卫故也。"又如同《传》文十一年:"夏,叔仲惠伯会晋却缺于承筐,谋诸侯之从于楚者"等是也。

(四)会议勘定领土主权事 例如《春秋左氏传》文元年:"秋,晋侯疆卫戚田,故使公孙敖会之"是也。

（五）会议土地交换事　例如《春秋左氏传》桓元年："春，公即位，修好于郑，郑人请复祀周公，卒易祊田。""夏四月，公及郑伯盟于越，结祊成也。盟曰：'渝盟无享国'"是也。

（六）会议出兵救同盟国事　例如《春秋左氏传》昭十一年："楚子在申，召蔡灵侯。飨之于申，醉而杀之。刑其士七十人。楚公子弃疾帅师围蔡。会诸侯于夹〔厥〕慭，谋救蔡也"是也。

以上亦不过略举数例，其详盖不及备载也。

凡会合之举，不外评议一定之问题解释之机关。而会合时，有盟者，有不盟者，不一定也。当会盟时，主盟者预通知会期及会所，以求别国之来会，与现今国际间列国之会议无异。《春秋左氏传》襄二十六年："晋人为孙氏故，召诸侯，将以讨卫。夏，中行穆子来聘，召公也。"又如同《传》隐八年："齐侯将平宋、卫，有会期"等是也。然会盟之通知，似不必限于其同盟国，如《左氏传》定七年："秋，齐侯、郑伯盟于咸，征会于卫。卫侯欲叛晋，诸大夫不可"者是也。

若夫被征召之国，无故者盖不得推辞，若不会者，即可以敌国视之。例如《春秋左氏传》桓八年："楚子合诸侯于沈鹿，黄、随不会，使蒍章淮〔让〕黄。楚子伐随，军于汉淮之间。"又如同《传》庄十三年："春，齐人会诸侯于北杏，以平宋乱。遂人不至。夏，齐人灭遂而戍之"等是。然亦有抱鼠首两端，托他事件以诡避辞会者，如昭四年："夏，诸侯如楚，鲁、卫、曹、邾不会。曹、邾辞以难，公辞以时祭，卫侯辞以疾"者是。

至于会合地之君主致饩享，来会者以为礼。《春秋经》桓公十有四年："春王正月，公会郑伯于曹。"《左氏传》有曰："曹人致饩礼焉"者是。

若论其资格，凡主盟国、会盟国及半会国之三类国家，皆有入会之资格,蛮夷国亦间有列入于会盟之中者,然不得与诸国等视。从属国则无入会之资格。诸侯之大夫,凡列国(指主盟及会盟国而言)命卿则仅可会伯子男而不得会公侯,盖公侯位尊故也。然至春秋中叶以后,则此礼废矣。盖因主盟国之权日渐加重也。(卿可会伯子男,不得会公侯之例,已见前章。)

第四章　国际纷议

第一节　国际纷议之起因及战争始期

近世各国国家,因权利利益有相侵害时,两下若各不相让,则国际间之争议必起。争议一起,外交即有决裂之现象,于是不得不求其所以解决之方法,而解决之方法,则有如下所列之二种:

(甲) 以战争胜负为解决

(乙) 以和平手段为解决

以和平手段为解决之中,又有种种之方法,而著要者则莫若调停及自助之两方。所谓调停者,谓第三国居间出为和解也;所谓自助者,谓不藉第三国之调停力,但以自国手段处理其纷议也。春秋时代,国际之纷议,非必如近世因法律上所谓权利主张而起,往往因伸张权力之手段或口舌而起,其解决之方法,亦有战争及和平之二种。和平解决法中,第三国出为居间调停者,例如春秋中期,晋、楚二国因争霸权之故,纷扰不已,由第三国之宋出为居间和解,盟于宋西门之外,以定晋、楚之从,交相定约,平分霸权,而息争议者是。至于不藉第三国之调停力,而以自国处理其纷争者,如《春秋左氏传》哀十二年:"宋、郑之间,有隙地焉。曰弥作、顷丘、玉畅、喦、戈、锡。子产与宋人为成,曰:勿有是"者是。虽然,春秋列国国际争议之解决,出于和平调停手段者甚稀,而其诉于最后手段之

战争者实多，以故春秋列国交战之事，千态万状，不遑枚举。若夫
外交既决裂以后，战事未开始以前，各有宣战之举。例如《春秋左
氏传》成十三年："晋侯使召相绝秦"者是。至两军既相遇时，则一
军出军，使请战以为例。如《春秋左氏传》僖二十八年："子玉使鬭
勃请战，曰：'请与君之士戏，君凭轼而观之，得臣与寓目焉。'晋侯
使栾枝对曰：'寡君闻命矣'。"又如同《传》成二年："六月壬申，师至
于靡笄之下，齐侯使请战，曰：'子以君师、辱于敝邑，不腆〈敝〉赋，
诘朝请见。'对曰：'晋与鲁、卫，兄弟也，来告曰：'大国朝夕释恨于
敝邑之地，寡君不忍，使群臣请于大国，无令舆师淹于君地，能进不
能退，君无所辱命。'齐侯曰：'大夫之许，寡人之愿也。若其不许，
亦将见也。'"等是其例也。

又，敌军始至其境时，被侵伐之国，亦有遣使劳之者，谓之犒师
之举。然此亦不过偶一为之，非常例也。其中盖含有或请和、或求
战之两意义，在仪式上固无所区别，其区别此意义者，乃在使人口
中宣言之以犒师，含求和之意。例如《春秋左氏传》僖二十六年：
"夏，齐孝公伐我北鄙。公使展喜犒师。齐侯未入境，展喜从之，
曰：'寡君闻君亲举玉趾，将辱于敝邑，使下臣犒执事。'齐侯曰：'鲁
人恐乎？'对曰：'小人恐矣。君子则否。'齐侯曰：'何恃而不恐？'对
曰：'恃先王之命。'齐侯乃还"者是其例也。以犒师含请战之意之
例，如《春秋左氏传》昭五年："冬十月，楚子以诸侯及东夷伐吴。吴
子使其弟蹶由犒师。楚人执之，将以衅鼓。王使问之曰：'汝卜来
吉乎？'对曰：'吉。寡君闻君将治兵于敝邑，卜之以守龟，曰：余亟
使人犒师，请行以观王怒之疾徐而为之备，尚克知之。龟兆告吉，
曰：克可知也，'乃弗杀。是行也，吴早设备，楚无功而还"者是其
例也。

第二节　关于战地人民及敌国财产之法则

战者,国家与国家兵力之争斗,即国家间公事之争也。故兵力之可及于敌国军队之上,对于敌国之普通人民,则不得妨害,此种原则,均为近来各国所认定,以故战时国际法中,遂所谓有战斗员国区别矣。春秋列国,亦已备具是种之思想。按《司马法》(本书为战国初齐威王命其大夫所编定者,本古代有之,盖即周之政典也。齐威王命大夫考订之,而附齐先代名将穰苴兵法于其中,遂因号曰《司马穰苴兵法》)有曰:"见其老幼奉归勿伤,虽遇壮者,不校勿敌"是也。

又战争之目的,在于灭弱敌国军队之力而已。是故若已失其战斗力,而或病或伤或死者,生者即不能加害之,死者亦不得无礼践藉之,且又当尽其保护之职。此种原则,亦为近来各国所认定。以故战时国际法中,有收入敌国病者或伤者于病院中之举。春秋列国亦已备具有是种之思想。按《司马法》有曰:"敌若伤之,医药归之"者是也。至其敌国俘虏待遇之法,其详不可得而考,而交战国间交换俘虏及赔偿,并和议后返还之事,则皆有之。其交换俘虏之事,例如:《春秋左氏传》成三年:"晋人归楚公子穀臣与连尹襄老之尸于楚,以求知罃,于是荀首(罃父)佐中军矣。故楚人许之"者是。其赔偿之事,例如同《传》宣二年:"郑公子归生受命于楚伐宋。宋华元、乐吕御之。二月壬子,战于大棘,宋师败绩,囚华元,获乐吕。""宋人以兵车百乘、文马百驷以赎华元于郑"者是。其和议成后交还之事,则有如襄十一年:"九月,诸侯悉师以复伐郑,郑人使王子伯骈行成。十二月,会于萧鱼,赦郑囚,礼而归之"者是也。

近今战时国际公法上所规定,凡在战地敌国之财产,非不得已及必要之时,不得收没或破坏之。至届于敌国,美术建筑学业等,不但不得破坏，且须保护之。至私有财产，更不待言矣。春秋时代亦已备具是种之思想。例如《礼记·檀弓》："吴大宰嚭曰：'古之侵者不斩祀。'"又按《司马法》曰："冢宰与百官布令于军曰：'人罪人之地，无暴神祇，无行田猎，无毁土功，无燔墙屋，无伐林木，无取六畜、禾黍器械'"等者是。但近今战时国际法学中，关于敌国财产之事，有例外者，亦有收没为己有之举，然必须含有以下二种之原则：

（甲）敌国财产可以供自己军队之用者，可以收没。

（乙）敌国财产敌人得之，可以增长势力者，可以收没或破坏。

盖此两种关于战斗上之必要，其势不得不出于收没破坏也，春秋间亦有其例。国有财产之收没为己有者，例如《春秋左氏传》城濮之战，晋师三日谷。鄢陵之战，晋师三日谷。艾陵之战，吴护齐车八百乘。大棘之战，郑护宋车四百六十乘等皆是也。私有财产，可据为战利品之例，盖未之见，然其征发课役之事，似亦有之。例如《孔子家语》所载"楚伐陈，使陈人修其城垒，孔子过之不式"者是也。

第三节　关于战斗之方法及手段之法则

近今战时国际法学上所规定之原则，以减少敌国战斗力为目的，不得以充分之痛苦加于战斗员，故有无益痛苦及杀伤投降等种种之禁止。春秋之世，盖亦持此主义者。故吴王夫差因越王句践事，对于伍员有杀降诛服，祸及三世之言，而其尤堪佳叹者，则莫若画君主与人民为两方面观看之一事。以故君主虽或开罪邻国，受邻国之责言，而其邻国之对于其国民，亦复无异于平时。例如鲁僖公十三年："冬，晋荐饥，使乞籴于秦。秦伯曰：'其君是恶，其民何罪。'秦于是乎输粟于晋，自雍及绛相继。"然至其翌年冬，秦饥，乞籴于晋,晋侯不与,秦伯益怒晋侯。翌年,遂肇韩原之战。及获晋侯,秦又赦之归。是岁之冬,晋又饥,秦伯又输之粟,曰:"吾怨其君而矜其民"等是也。，

近世战时国际法中战争之际,凡有助敌作战之行为者,概可加以刑罚。其中最重要者,莫如间谍,故其被获之后,即可加以死刑,春秋之世亦然。例如《春秋左氏传》宣八年:"春,白狄及晋平。夏,会晋伐秦,晋人获谍,杀诸绛"者是也。至如奉交战国一方之军队之命令,赴他方军队开谈判,而传达两国军队之意思命令者,近世谓之军使,春秋称曰行人。军使有特权,敌国不得妄加无礼,春秋之世亦然。例如《春秋左氏传》成九年:"晋栾书伐郑。郑人使伯蠲行成,晋人杀之,非礼也。兵交,使在其间可也"(盖春秋列国国际交涉间所规定行人当受特别之待遇,不得妄加无礼。今晋人恃强,擅杀郑使,故左氏讥之。)者是也。其他若敌国有大丧或内乱等事则均有停止战事之举。例如《春秋左氏传》襄十九年:"晋士匄侵齐,闻丧而还,礼也。"又昭二十七年,吴楚战争,吴有内乱,"楚人闻吴乱而还"等是也。若或乘机攻击之者,均目为不道德之行为,为国际交涉间所不许,或不免于邻国之责让。例如《春秋左氏传》襄十三年:"吴侵楚,时楚共王新卒。楚人大败吴<师>。"明年,"吴告败于晋,晋人数其不得[德]而退之"者是其一例也。

第四节　关于战争结局之法则及结局后之行为

当战争进行之际,交战国两方收战斗状态,再回复为和平状态者,是即战争之结局也。考近今国际法学上,其战争结局之原因,盖有左之三则:

(甲)交战国一方之战斗力,为他方所压迫,不能为继续之战

争,于是由第三国出为居间,或由两方中之一方直接出而议和时。

(乙)交战国两方之一方战斗力有不继续,于是由第三国出为居间,或由战败国直接遣使议和时。

(丙)因种种原因,不能为继续战争,亦有第三国出为调停,或两方中之一方直接遣使议和时。

其在春秋,盖与此例微有不同,约略举之,盖有左之四则:

(甲)交战国之两方,有一方为他方所征服,收没其全部土地时,成一种自然之结局,即灭国也。春秋时代,此例甚多。

(乙)交战国之两方之一方战斗力不继续,战败之国直接遣使求和于战胜之国,缔结和平条约时。例如《春秋左氏传》襄十一年:“四月,诸侯伐郑(中略)。围郑,观兵于南门,郑人惧,乃行成。秋七月,同盟于亳”者是也。(托第三国出为调停者,亦间有之。例如文元年:“晋伐卫,卫人使告于陈”者是也)。

(丙)交战国两方之一方战斗力有不继续,战胜之国不欲为已甚之行为,直接遣使求和于战败国时。例如《春秋左氏传》哀八年:“吴为邾故伐我。吴师克东阳而进,舍于五梧。明日,舍于蚕室公宾庚、公甲叔子与战于夷,获叔子与析朱鉏,献于王吴人行成。吴人盟而还”者是也。

(丁)交战国两方之一方,其战胜者,或在小国不敢为继续行为,直接遣使求和于战败国时。例如《春秋左氏传》文九年:“秋,楚公子朱自东夷伐陈,陈人败之,获公子茷,陈惧,乃及楚平”者是也。

虽然,春秋列国,殆皆在战争中,故会盟之事,由广义言之,皆谓之媾和条约之缔结者可也。当缔约时,若在败者之城,败者当深以为耻,以故战败之国,多不肯为城下之盟。例如《春秋左氏传》宣十四年:“秋九月,楚子围宋。”十五年;“宋人惧,使华元夜入楚师。

登子反之床，起之曰：'寡君使元以疾告，曰：敝邑易子而食，析骸以爨。虽然，城下之盟，犹以国毙，不能从也。去我三十里，惟命是听'。"又如同《传》哀八年：吴伐鲁，鲁战败，鲁大夫服景伯曰："楚人围宋，易子而食，析骸而爨，犹无城下之盟。我未及亏，而有城下之盟，是弃国也"等语，可以想见其一班矣。

春秋列国以战争进行停止之后，当缔结和平条约时，在战败之国亦有割让领土及偿金等事。如割让领土之例，则有如《春秋左氏传》成十四年："八月，郑子罕伐许，败焉。戊戌，郑伯复伐许。庚子，入其郛，许以平以叔申之封"者是也。其偿金之例，则有如同《传》襄二十五年："晋侯济自泮，会于夷仪，伐齐，以报朝歌之役。齐人以庄公说，使隰锄请成，庆封如师，男女以班，赂晋侯以宗器乐器，自六正、五吏、三十帅、三军之大夫、百官之正、长师旅及处守者皆有赂"者是也。在战胜国之一方面，当缔结和平条约时，则亦有交赂战时所占领土及俘虏交还等事。其交还战时所占领土之例，则有如《春秋左氏传》襄二十五年："六月，郑子展、子产率车七百乘伐陈，宵突陈城，遂入之。陈侯使司马桓子赂以宗器，子展执絷而见，再拜稽首，承饮而进献。子美入，数俘而出。祝祓社，司徒致民，司马致节，司空致地，乃还"者是也。其交换俘虏之例，则有如同《传》襄十一年："晋及郑平，后命诸侯释郑囚，礼而归之者"是也。

若夫和平条约缔结以后之行为，在战败之国，则常有遣使之战胜国拜成之举。例如《春秋左氏传》文十八年："齐侯伐我北鄙，襄仲请盟。六月，盟于谷。冬，襄仲如齐，拜谷之盟。"若或有第三国出为居间者，则战败国又有遣使至第三国谢其调停之劳之举。例如同《传》文元年："晋先且居、胥臣伐卫。五月辛丑〔酉〕朔，晋师围戚。六月戊戌取之，获孙昭子。卫人使告于陈。"二年，陈侯为卫请成于晋。三年，"卫侯如陈，拜晋成也"者是也。

　　至在战胜国一方面,于战胜结局以后之行为,常有献俘于本国宗庙之举。例如《春秋左氏传》昭十八年:"九月丁卯,晋荀吴帅师涉自棘津。庚午,遂灭陆浑,献俘于文宫"者是也。其他则又有献俘列国之举,然非国际之规常,故或受当世之讥评,或来对手国之拒绝。例如《春秋》经庄三十一年:"六月,齐侯来献戎捷。"左氏释之曰:"非礼也。凡诸侯有四夷之功,则献于王,王以警夷,中国则否,列国不相遗俘。"① 又成二年《左氏传》:"晋侯使巩朔献齐捷于周,王弗见,使单襄公辞焉。曰:'蛮夷戎狄,不式王命,淫湎毁常,王命伐之,则有献捷,王亲受而劳之,所以惩不敬、劝有功也。兄弟甥舅,侵败王略,王命伐之,告事而已,不献其功,所以敬亲昵、禁淫慝也。'"等是也。

　　又在春秋,列国虽各自谋,其为本国势力之扩张,屡起战争。然道德思想,比较权利思想,尚有优胜之处,故战胜国当时虽有割据战败国领土之事,若和平既久之后,则常有交还之者。例如《春秋左氏传》文八〔七〕年:"晋郤缺言于赵宣子曰:'日卫不睦,故取其地,今已睦矣,可以归之。'"其明年春,"晋郤使解扬归匡戚之田于卫,且复致公婿池之封,自申至于虎牢之境"是其一例也。

第五章　结论

　　以上各章之所叙列,或不免有附会处。然春秋列国交际间,固常有以礼及非礼为口舌,而因之以互相钳制,不敢为强暴之行动者。由是以观,春秋列国虽无国际法订定之明文,而交际之道,固已有其常规已。现今国际法学上所有一班之思想,已早支配于春秋时代之人心矣。呜呼! 是固不可谓非我国上古列史上之一文明盛范也。且又有说近世欧洲列国国势伸张之原因,非仅恃乎其兵

---

① 《左传》原作"诸侯不相遗俘"。

备之严整也,而尤赖乎其外交术之妙巧。春秋列国亦然。故使节之选择,在当时实极为严重。例如《春秋左氏传》文十二年,鲁大夫赞秦使西乞术曰:"不有君子,其能国乎?国无陋矣"等之语,可想见其一班。若夫其在对手国一方面,亦当选择接待来使之人,务使慎重其国际,庶不致破国际间之亲交。例如《春秋左氏传》〈襄〉二十六年"春,秦伯之弟铖如晋修成,叔向命召行人子员。行人子朱曰:'朱也当御。'三云,叔向不应。子朱怒,曰:'班爵同,何以黜朱于朝。'抚剑从之。叔向曰:'秦晋不和久矣。今日之事,幸而集,晋国赖之,不集,三军暴骨。子员道二国之言,无私,子常易之,奸以事君者,吾所能御也。"是也。至于在受命出使之人,亦常有自任为国家藩篱及国家干城之气概。例如《春秋》经:"叔孙豹会晋赵武、楚公子围、齐国弱、宋向戌、卫石恶、陈公子招、蔡公孙归生、郑罕虎、许人、鲁〔曹〕人于虢。三月,取郓。"《左氏传》叙其事曰:"遂会于虢,寻宋之盟也。季武子伐莒,取郓。莒人告于会。楚人告于晋曰:'寻盟未退,而鲁伐莒,渎齐盟,请戮其使。'乐桓子相赵文子,欲求货于叔孙而为之请,弗与。染〔梁〕其经〔跰〕曰:'货〈以〉藩身,子何爱也。'叔〈孙〉曰:'诸侯之会,为〔卫〕社稷〈也〉,我以货免,鲁必受师,是祸之也,何卫之为。人之有墙,以蔽恶也。墙之隙坏,谁之咎也,卫而恶之,吾又甚焉,虽怨季孙,鲁国何罪。叔出季处,有自来矣,吾又谁怨'"等是其例也。嗟嗟!若与近日清政府所派遣驻扎或聘问列国之使臣,畏首畏尾,巽懦苟安,伤失国体,出卖利权者流,提絜比较之,其相去固何啻霄壤也哉!

　　【说明】本文录自《河南》第二期、第三期"论著"栏,署名"起东",一九〇八年二月一日、三月五日出版,河南师范大学图书馆藏。

来　　函

（一九○八年四月二十五日）

　　下走芜才末学，腹笥罄如，操笔构思，难于登天。差幸寒家稍有旧藏，前拟网罗遗佚为《桑海遗征》之辑，卧子文章可供采取者尚有数四，餘若左萝石、侯忠烈、黄陶菴、夏存古、瞿文忠、路文贞、王晓闇、徐竢斋诸集，亦当茸其精华，以次写奉。自愧袜线微长，不敢高谈撰述，聊自厕于钞胥之列而已。此外倘有一得，即当奉正。能力所及，鞠躬尽瘁，不敢辞也。（下略）

　　【说明】此书录自《民报》第二十号，一九○八年四月二十五日发行，附于《桑海遗征》之后，原题《附录汉思君来函》。

规保皇党之欲为圣人英雄者

（一九○八年九月九日）

　　《总汇报》记者平实，屡诋革命志士为非大圣人大英雄，又谓革命事业非大圣人大英雄不能成功，其识见之浅陋，已属可哂；而其心术之不正，又实可诛矣。

　　夫革命事业，乃因不平等不自由而起，发于国民心理之自然，运动革命事业者，聊以尽国民之天职耳。本报撰述员精卫亦尝言之详而言之长，谆谆焉告戒之矣。乃无知如平实，见精卫议论，不思自反厥心，乃犹哓哓焉以革命党非大圣人大英雄相讥诮，是真以小人之居心，度君子之行为矣。

吾闻之，保皇党首领康有为，自号长素，比拟孔子，俨以圣人自居；副首领梁启超，著《意大利建国三杰传》，以玛志黎自彷，亦以英雄自命。其徒遂相率效尤，形成倾轧之风。吾不远证，且据近日满清政府所最注意、赫赫有名之政闻社，而略论其内情。当去岁春间，该社开办创始，梁启超、杨度、蒋智由三人，聚议于日本东京某旅馆，杨主议设一总理以总其成，蒋反对之。盖杨之意，仅欲握实权，而以虚名归之梁；蒋之意，欲自为著名首领，亦并不欲以虚名归之梁。争论多时，不欢而散。杨遂作书与梁，诋蒋之居心；蒋亦寄函与梁，訾杨之所为。梁则本领较大，得二书后，不加可否，仅以蒋之原函寄杨，亦即以杨之原函寄蒋，杨遂退会，别立一帜。蒋不知其故，以为梁之厚己也，仍与梁合，杨、梁从此水火。其后梁又欲取蒋之权，并取其名，乃开会日本东京锦辉馆，自出演说，为主持民族主义者所殴击，狼狈逃逸，遂不成会而散。蒋又发议，以梁不便出名，乃迎天主教徒马良为总理。良年逾七十，蒋之举马，实利其老而昏也。梁、蒋亦日交恶，政闻社日形溃败。及杨赖张之洞之奥援，得授四品卿衔，遂以修怨为事，搏击政闻社不留余地。有识之士咸谓此次政闻社党员之查拿。实杨反噬之力也。由此观之，保皇党皆因欲以圣人英雄自居，乃有互相倾轧，而来此内溃不堪之举。今平实乃以之诬欲尽国民天职之革命党，且复以之重诬古人，轻视西士，岂不谬哉﹗

若云立宪者非保皇党，斯语也，其谁欺，欺天乎？吾又窃有疑也。意者平实亦欲为圣人为英雄，知本党党魁康、梁二人见恶于政府，见弃于国民，思欲乘时推倒康、梁，自为之乎？不然者，何以指黜保皇党，诋毁康南海，以本党人毁本党名，以本党员议本党魁，果何为者？（平实自言若主张立宪者皆指之为保皇党，则吾所不解也。又曰："康南海漂流海外，何以神通广大"云云等语。）不然者，保皇会之改为帝国宪政会，康为总长，梁为副长，固已传发谕单，遍告海外华侨矣。虽然，平实之操术，亦浅已哉┃以新到之闲散党员，遽欲推倒十年以来海外之魔王，不亦颠哉。呜呼┃祈速缄尔口，慎无见怒康、梁，屏足下于党外，而使十馀年来奔走国事之志士，有漂泊失所之讥也。（平实自称奔走国事十馀年。）

至平实所言，又谓"吾则以谓主权虽亡，而土地人民未尽亡，果我人民能伸民权以保土地，何主权之不可复"等语，尤属荒谬绝伦。夫所谓国者，为其有主权也，若果如平实所言，"主权虽亡，而土地人民未尽亡"为非亡国之证据，试问波兰、犹太，非土地人民犹在者乎？又该报前者亦承认罗马为亡国，而罗马之土地人民，亦非犹在乎？且罗马教皇仍在罗马故都，然则平实汝能以波兰、犹太、罗马之土地人民犹在，谓非亡国之证据者，请有以语我来。

又谓中国之真正能排满者，仅有徐锡麟。斯语也，何为卑视我国民资格之甚也。夫徐锡麟之前，非有史坚如乎？王汉乎？吴樾乎？杨卓林乎？徐锡麟之同时，又非有陈伯平乎？马子贻乎？若因徐刺死了恩铭，乃成为真正排满；史不能炸德寿，王不能杀铁良，吴不能死五大臣，杨不能诛端方，为非能真正排满者，是非以成败论事者乎？且是数君子者，要皆不能自认为保皇，为立宪。夫固自认为排满革命，为国民尽天职而流血者也。且徐锡麟不尝云乎，"满人非真能立宪者，不过以之骗汉人。"又曰："立宪愈立得速，则革命愈革得快。"斯语也，何其痛快乃尔也。而保皇党者，乃借徐案日聒满清政府以立宪。当志士肝脑涂地之秋，而因之以为昏暮乞怜之举，天理何在┃良心何在┃

夫革命党以爱国之故，不惜其一己之生命，以与满清旦夕相争,乃以比之石敬瑭。夫石敬瑭亦胡种,固不惜以汉人之土地赠契丹,正与近日之满清可与比例。若以邻国为不当以友谊相待,试问平实,其赞成义和拳之扶清灭洋,而贻以无穷之害乎?且该报又尝言革命事业非有外国扶助不能成立。常举美国独立,以由法国扶助为譬喻,而今又借此以訾议革命党,其前后持论之矛盾,又有如此者。

若云"南关之役,不能为三日之守;河口之守,不能半月之战"。因以诋毁革命党势力薄弱之证据,但革命党以尽国民之天职自居,非敢以圣人英雄自命,无自赞之理。请平实且据虏官之奏章,为革命党按日计之,其果仅三日半月否耶?慎勿以诬人者因而自诬也。

【说明】本文录自《中兴日报》戊申年八月十四日(一九〇八年九月九日)"论说"栏,署名"巽言"。

规 平 实

(一九〇八年九月十二日)

读本月十六日《总汇报》记者平实论说,内多奇妙不可思议之言,读者驳之不胜驳,亦复訾之不胜訾。今姑举其最荒谬绝伦者数处,而一为厘正之:

平实之言曰:"汤武、华盛顿,岂尝日日以革命自期哉!"异哉斯言也。噫!何其卑视汤武、华盛顿之甚也。夫平实既盛推汤武、华盛顿,为不可多得之人物,岂有以如此人物,而谓其平日忍于逸乐,坐视斯民于水深火热之中,不思一为援手者,有是理乎?吾闻之，孟子有言曰："伊尹耕于有莘之野，汤三使往聘之。伊尹曰：'天之生斯民也，使先知觉后知，使先觉觉后觉。予天民之先觉者也，予将以斯道觉斯民也，非予觉之而谁也。'"考汤聘伊尹之时，夏桀之虐政，犹未著也。试问平实，于此时也，汤何以欲聘伊尹，伊尹何故答汤以是言，岂非以汤之平日深以救世济民为己天职者证据之一乎？

又平实曰："君既以革命等于饥食渴饮，又何用尔为于众人不为之时以唤起多数之同情，岂四万万人不知饥渴，不知饮食，独尔一党知之乎？"然则平实，我试问汝，伊尹先知先觉之言，果何为乎来哉！平实平实，汝盖未尝学问，连中国蒙童所读之《四书》，尚未读过，安得妄为此论。且吾问平实，彼伏羲氏何不于人民未识文字之前，不必再画此八卦，而顾妄以书契代结绳之治耶？彼神农氏何不于人民未知粒食之前，不必树艺此五谷，而顾妄以耕稼代游牧之俗耶？更推而上之，彼有巢氏何故教民以巢居？彼燧人氏何故教民以火食耶？平实平实，请为下一解语以启予惑。

又平实之言曰："吾举汤武、华盛顿，应时势而革命，不以国为私而尊崇之，而以为心术不正，则尊崇豪杰，欲乘时势以逞野心。以国家为私利者，独心术正乎？"呜呼平实，汝何荒谬之甚也。吾所谓心术不正者，盖见足下屡称圣人英雄，而因之而疑及足下亦有为圣人英雄之心，故误以国家为圣人英雄之个体，而不以国家为国民所公有。又误以革命之事业，属之所谓圣人英雄之个人，而不以属之国民之全体，于是遂强加汤武、华盛顿以圣人英雄之名号。不知足下之所以尊之，适所以抑之也。吾闻之曰，汤有言曰："万方有罪，在予一人；予一人有罪，无以尔万方。"又《商书》有曰："成汤放桀于南巢，惟有惭德。曰：'予恐来世，以台为口实。'"今试观乎"万方有罪，在予一人"之言，则可想见汤之所以起革命军者，实欲以尽国民之天职耳。然则汤固不敢以圣人英雄自私自豪，而尤不肯以圣人英雄自居自命者也。再观乎"予恐后世，以台为口实"之言，则又可想见汤之居心。盖惟恐后世有以圣人英雄推己，而因援之以为例而借口者，而乃不幸言中。彼世之以兵力强夺人国家者，莫不自名为征讨有罪，而以汤武自比，亦只因后世之人欲以自比汤武，于是不得不尊崇汤武，而因加圣人之名号，乃并以之自彷，正如庄子所谓并其仁义而盗之者是也。以吾观乎平实，想亦欲窃此尊号以自娱者也，而惜乎今非其时也。若夫尽国民之天职为己任者流，吾固知其决无是等之谬想矣。

以上所论者，仅有汤之事，武与汤相类，不必再称引之。若华盛顿之时势地位，迥不同于汤武，吾固不能如平实君牵强附合而比类举之也。虽然，汤武时代之革命，与近代之所谓革命又不同，何则？时势异也。汤武之革命，贵族革命也；近代之革命，平民革命也。汤武时代之革命，由寡人政体而进于独裁政体之动机也；近时代之革命，由独裁政体而进于共和政体之动机也。本不可以强合。只过平实如是言，予固以如是答耳。吾又有疑于平实，何疑尔？疑其为八股之老先生，故其议论间尝不脱八股之习气，而其思想亦复如之。平实自思，其信然乎？

平实又言："自甲午后，日日访豪杰，结壮士，奔走两湖、三江以谋暴动。"又谓："三年来，走云贵两广以赴东瀛，内观国民之程度，兼观尔等之行为，始知暴动革命反足以亡国"等语。呜呼平实！尔之所谓访豪杰，结壮士者，果何为哉！可知尔前日之所以运动革命者，不过思欲为大圣人、大英雄，而以国家为自私自利之一物，聊欲以驰骋其野心，故认革命以仅为英雄之事业，而不知有所谓平民革命者，故遂有若此之谬想，然则如予前日之疑君心术不正，及疑君之为大圣人、大英雄之言，固不谬矣。惜乎时势不与，遂至奔走十餘年而一事无成，今乃翻然变计。其变计之原因，夫亦以今日不能兴英雄革命之业，使君不得成为大圣人、大英雄，于是降格以求，来至南洋，附丽于《总汇报》，庶几或者上可以乞怜于政府而得做大官，下亦可以联结豪商，以求谋为大富翁乎？虽然，吾知近日清政府云，欲招抚革命党，不惜重爵厚禄以饵之，君既为十餘年之老革命党，何政府之置若罔闻耶？且君自谓奔走两湖、三江、两广、云贵，历有年所。其他吾不知，若夫三江，则吾乃三江人也，何三江革命志士，未闻有提及君名者。即秘密党中，亦未闻有称述君之行为者。然则君之所谓奔走运动，不过无名小卒耳，宜政府诸公之淡然相忘于足下也。

君又言审我等之行为。夫亦以我等所志在于平民革命，与君前日所志英雄革命有异，乃为是言乎？不然者，夫固何所指而言，夫亦何所见而言耶？君又言反观乎自己之能力。然则君之能力何以又脆弱若是耶？若以予所见，所谓临难不惧，百折不磨之志士多矣。又君谓真能排满者惟徐锡麟。徐锡麟为君所钦佩，然则君岂知徐锡麟乎？请试有以彼等之内情语我来。若徐为君所钦佩之人，而犹不知其内情，则其他不快意于君者之内情，更亦无从而知无从而悉矣。既无从而知，无从而悉，又何敢为是等之妄言，请三思之!

【说明】本文录自《中兴日报》戊申年八月十七日（一九〇八年九月十二日）"论说"栏，署名"巽言"。

再 规 平 实

（一九〇八年九月十四日）

阅《总汇报》平实十七日驳余论说一篇，竟为无理取闹之言，而经革命志士以圣人英雄自居。夫余既规谏尔等之欲为圣人英雄者,且讽以时势非所宜。又以革命事业当属之国民全体,不当属之英雄个人。然余知汝非真头脑不清者,强为是言,正遁辞知其所穷耳。呜呼! 余尝观汝所自陈之履历,及所发议论中,有承认革命公理及革命通义之言,知尚非丧尽天良者。虽然,汝既前日自承为革命运动,以遍走两湖、三江诩诩然自豪,何以足下所谓能忍以成事者徐锡麟一派人物中,竟不知有君名。可知君虽有志,而行事粗疏,遂不免为其门外汉。今者,汝又以革命事业为不可强为,因而改弦更辙,迷入立宪之一途。然以余意度之,知保皇党中,其重大切要条件,谅君亦有所未悉。然则终亦不免其为门外汉。呜呼平实! 汝以奔走国事十馀年自许,何为革命,何为立宪,内容尚未悉,而贸贸焉以从事,汝真盲从之尤者矣。居! 吾语汝:

汝昨日所著驳余论说中,谓"徐在日本,尔党所鄙夷为奴隶者也"。汝何所见而云然。又曰:"其前则非尔党,尔党不过引以自豪。"又何所见而云然。若然,则子将谓徐锡麟非革命党而保皇党乎?夫徐锡麟不仅与他革命志士有往来,其派中党员及徐之自身,亦且与所谓保皇党者有交涉条件,而保皇党因之以受莫大之挫折者,汝岂知之! 汝岂知之! 余今且有以语汝,使汝不至再为门外汉。夫徐锡麟第一次到东京在癸卯五月,是时正义勇队改名为军国民教育会之时,其入内地者,又名复古会,亦曰光复会。徐者,光复会之会员也;吴樾亦同为光复会之会员,但吴樾殉义时,尚称军国民教育会。然徐、吴虽同为会员,而其面则未识何?则凡革命者,均以尽国民之天职为己任,固非欲立党以自豪,而又以之互相为标榜者也。徐锡麟之第二次到东京,乃在乙巳十二月,何为再到东京,为欲学习陆军;何为而欲捐官,以自费生学习陆军者已行停止,捐官以愚官场之耳目,且欲借之以为阶梯。要须知捐官为学陆军而起,非因学陆军不成乃始捐官，然何以世人又群谓学陆军不成而后捐官到皖？曰：误会也。何以为误会？捐纳在先，得照在后也。又何必定捐官而欲学习陆军？学习陆军者，因其明目张胆，可以召募死士；捐官者，因使官场不疑，召集死士。然则其为暴动乎？则又非也。为欲行团体暗杀于京师，计一举而覆满洲之巢穴也。然则何为又不捐京官而捐道员？召募死士，非在外不可。夫以做官人而召募死士，不滋人疑窦乎？又曰有他人在。且捐官亦非仅一人也。以如此大计画，仅杀恩铭一人者何也？实为不幸中之大不幸，诚有如足下所谓革命大事也难事也之言之恨。其不幸何在？在体格不合而被验出，非真体格不合。（徐眼近视不合格，馀人均合格而被验出。）有拘之者。自此之后，风声渐露，事已不可为矣。虽然，上之一方面虽渐败，而下之一方面尚得安然无恙也。徐锡麟又何为而杀恩铭，不得已而走下下策也。杀恩铭何以必于五月二十六日，赴浙人之约；浙人改约，徐不及知也。伤哉此事，不忍言矣！当须知此事之原动者，另为一人。（亦此案中人。）徐则在助动之列。若绍兴之秋瑾，则此案中之主动。以"黄祸源流浙江潮，为我中原汉族豪，不使满胡留片甲，轩辕依旧是天骄"四句诗为口号。恩铭一杀，助动者变为主动，主动者反成被动，何以故？秋瑾一女子也，暴动之事，本不可以责之女子，秋瑾有何能力而能暴动，以某某某某某为根据地，此根据地亦非徐一人所造。然秋则由徐荐人之，此案一发，何至缇骑遍于江、浙、皖、赣之四省，而党祸乃蔓于全浙，可知其非一朝一夕之故，而革命党中之大有人在也。且亦可知人心之所趋向，咸思革命之一大公理。君自称为奔走三江，何彼党人之一无所遇见。呜呼平实！知者为知之，不知为不知，嗣后慎勿讥排满革命者之无能为也。若余者，虽不敢自命为能尽国民之天职者，亦不过略有是心，乃蒙彼党之不弃，遂得略识其二三。今因其已破败之计画，聊约略陈之。虽然，请平实君切勿以成败论之也。

平实平实，汝亦当知徐锡麟之杀恩铭，乃非暗杀而暴动也。不然者，何由而欲占军械局，而革命告示更何自来？然穷源竟委，皖江案情之起发，不在于丁未五月廿六日徐锡麟之枪杀恩铭，而在丙午九月初六日之浙江杭城查拿党人（内有粤人）。党人盖自皖还浙，被官吏所觉察，遂有闭城收捕之举。是时主议收捕者，藩司宝芬也，杭府三多也；反对者，巡抚张正扬也，将军寿山也。寿则因前署巡抚时，仍受革命党赂三千金，批准某革命学堂之成立；张则因徇俞廉三之请，将私费改冒领官费，保荐革命党员多人留学日本陆军，皆恐因事发而累及之也，故反对之，卒不捕。官吏者，夫非欲以敷衍了事，然实亦不知革命党之真有重大隐谋。又当须知全浙之祸，不在于五月廿一日金华武装之杀戮革命志士刘耀勋等诸人，及六月初三日兵围大通学堂之时，（大通被累内，亦有一粤人，现尚被囚；又一河南人已死，足知其交通之广。）而又在于甲辰、乙巳年，因经费浅缺，使某某某某某不得成立，而消息因之阻隔，党祸遂至逐渐发现也。夫当丙午之冬、丁未之春，正革命党与官吏相持相搏之秋，以犬牙相制之故，官吏终不敢首难，可知革命党之计画深矣，

平实平实，汝知事变之后，元恶大憝，如铁良、庆王，何由以之胆落？须知丙午之夏，革命党皆在京师曾与之有周旋，（本欲杀铁良，有碍不果。）何以能与周旋？则有庆王婿寿山之介绍函，且力为保举，老奸巨猾，如张之洞、袁世凯，何以亦为之心惊？因丙午之春，亦与之有重要之交涉条件，（与所谓保皇立宪党者亦有关系。）其他若端方，虽无交际，然因其已有风声，致电恩铭，令其收拿党人，恩铭不察，反以嘱之仇雠，而因以之自毙。盖端方者，仅知有革命党多人混入官场，而不知其有即在目前之所最信任者，以故亦由

之心惊。平实汝当知铁、袁、端、张诸人，非少不更事者比，岂真能以一枪使之怪骇，失其常度耶？逮事变之后，俞廉三何由入京师（作自己斡旋地步），张正扬何由而去浙？贵福何由而去越？要皆有促之使不得不去者。嵩寿（金华府）、肖某（处州府）何由而悚惧流涕，送其家族出越？山阴李令何由而缢死？陈道何由以收捕党人而吃鸦片自尽？要皆有通之者也。盖事未发之前，仅有其模糊之影响；事既发之后，官吏乃知皆入革命党之术中，而又苦不能言，且不敢言。以若此之革命党，谓尚有盲从虚伪之人者，则吾不信也。

至愤恨二字，则革命志士之运动革命，要皆因愤激而起，所谓物不得其平则鸣者是也。岂有麻木不仁，不能起发爱国之心者，而可与之言爱国者哉！若曰野心二字，则凡以尽国民之天职自任者，均莫不踊跃争先，正有如孔子所谓当仁不让于师之言，是故语其迹则近似，按其实则全非矣。若不然者，如徐锡麟之对满吏，自称革命党大首领者，岂亦得讥之谓野心勃发乎？

平实所言"海外风潮，惊天动地，只此一枪，聊可吐气。"吾知徐锡麟在九泉，正当以此事恨极汝辈也。夫彼一党之人，既立定宗旨在于排满，岂容以鼠窃辈借此利用，而邀求立宪者乎？当风潮紧急时，有捕戮家族之说，该同事中人曾有以一人做事一人当，不当累及家族，语立宪党徒以稍持公论者。不期立宪者（指一卓卓之有名人）之言曰："家属之连累不连累，无益于中国之前途，若某某者（即出资革命志士多人捐官之人），汝曷不速以电促之来，暂避东京乎？"某君因之大恨，嗣后凡立宪党有举动，遂无一不反对之，而所谓政闻社者，受非常之阻碍，盖由此也。（盖江浙间革命党本甚和平，不欲反对他人，有自取其祸者。）又余知凡立宪派皆欲利用革命党之暗杀及暴动，内以恐吓政府，外以激动华侨，其居心实属可恨。余闻某志士言其乡人主议立宪者（有名之人），尝谓某君曰：

天下造时势的人，仅有两种：一为愚者，一为智者。愚者冒险任其事，智者在后整理之而收其效，盖即隐然以智者自居，而即策某君以愚事自任（指暗杀暴动）。在癸卯年，梁启超亦有此意，为之介绍于罗孝通，转达于黄和顺，后以事败不果。今观该报以祖护乱党，辱骂志士，不知立宪保皇者之有以导其流而启其源，汝岂知之！又如庚子之富有票，亦因唐才中以流入浙地，若革命党者，因已自树一帜，以与满清宣布表战意，岂有如此之阴阳两面者。呜呼平实，观于余言，即可以知主张革命立宪二派人品之轩轾矣。嗣后请勿再为妄言，以厚诬志士。

以上所说，只因平实自称奔走两湖、三江，而以徐锡麟为其所最钦佩之人，而又妄行私议，谓非与他革命党有往来，（平实汝当知光复会即为同盟会之原乎？）故聊以此答之，今为略陈立宪保皇党内之重大事件：

康有为自北京事失败，逃至海外，到戊戌年，乃有富有票一事。其时浙东会党有某某者，在杭城紫阳书院读书，而唐才常之弟唐才中亦来杭运动，寓紫阳书院，与之相结而去，于是浙东亦有富有票发现，后知事败，收回改给，而杭城于辛丑遂以截辫论而起革命风潮，党祸亦由是起。保皇党自富有票事失败后，乃又有京师之运动，（余虽不甚知其详，亦复略知其一二。今姑为隐之。）至乙巳冬，渐有告成之势，五大臣因调查宪法来日本，寓于箱根之万翠楼，而梁启超亦先寓于该馆。政闻社者，其原始起发人蒋智由当五大臣来日本时，蒋亦曾经上书，得满官之青目，蒋乃始有设会立社之意。然尚未与梁合。平实平实，汝思袁世凯者，本反对立宪者也。其后何以忽自行提倡立宪，又何以忽入京师捕戮党人（非革命党而保皇党），祸及于小太监，又何因提倡立宪之故，而来载泽等之反对，由是而失其权势，保皇党在京运动奸谋，既又为袁世凯所破，梁知蒋亦有所运动，乃因谋求合。盖失之东隅，而欲收之桑榆之意也。（袁世凯捕戮党人在丙午之春，政闻社设立在丁未之春。）因梁手段颇高于蒋，蒋遂为梁所掩。今足下以为政闻社发起人之原动力，归之梁启超，误矣误矣。盖徒知其表，不知其里也。平实平实，袁世凯又奚因徐锡麟之一枪，而复振其权势，要当知其先有所运动，因此机会而跃起，非真得一枪之力也。

鸣呼平实！汝今日已讲立宪，汝须知满人讲立宪，不过以之骗汉人，欲开国会，亦将为敛财计。汝又须知袁世凯之讲立宪，又不过以之抵制康、梁。不然者，胡以提捕政闻社社员，竟如此其严密，而又奚必如此其急急耶？汝诋革命党为利用。由是观之，凡讲立宪者，皆以利用为目的者也，岂有真欲立宪者。是故满洲诸立宪，不过以之愚汉人，是以愚弄反□，欲为其利用；袁世凯讲立宪，不过以之先人一着，不使康、梁再留馀地，以假借为利用；康有为、梁启超之讲立宪，与保皇之宗旨同，乞怜虏连，以求为赐环计，外则以之炫惑华侨，内亦思以假借为利用，而又兼以欺骗为利用者也。而今已矣！而今已矣！若蒋若杨等，皆欲利用他人，以求做官发财，要皆为人操纵而反为其所利用。若其他之谈立宪者，问以何故而欲立宪，则曰他人有讲立宪者，官场有讲立宪者，是以吾亦不得不趋时以讲此立宪，其他则吾不知。若此者，真所谓盲从，可笑亦复可怜！鸣呼平实！尔以英雄自命，恐亦不免列入于盲从派者之列矣！

又平实自称："吾自甲午后，日日访豪杰，结壮士，欲以排外而救国。至义和拳事后，始知野蛮排外，为不足以救国，反足以亡国，身之不死者幸矣！"观乎此言，盖以义和拳自居，然余不汝訾也。又曰："自此之后，恨政府之无道，悲义士之冤死，而海外革命风潮，输入内地，乃尽毁家资，日日访豪杰，结壮士，奔走两湖、三江以谋暴动，乃天下事不如意者十尝八九，身几死者亦数矣。"观于此言，由排外而输为排满，思想不可谓不进步，然余要不能无讥于尔。盖足下之所谓奔走，恐亦仅在于通商口岸，所运动，亦在于普通学界表面。不然，奚至一无所遇耶！至曰"观察尔等之行为"，恐以汝之粗心，谅亦无从得而观察。乃竟迷入邪途，妄谈立宪，诋毁志士，强分五派，入主出奴，其足下之谓矣！又足下谓"充吾党倒行逆施之心，即用洋灭清，亦所甘愿"。平实请又慎勿妄言。若我辈者，素无此等议论，然政闻社中，卓卓有名之蒋智由，在《浙江潮》杂志中所著《四政客论》一篇，曾有是等之言，今则又反其道而行之，乃欲保满以灭汉者，何哉？今余不惜作此苦口之言，庶几汝之有所觉悟，不至再作人之利用而盲从。呜呼！平实，曷归乎来！

【说明】本文录自《中兴日报》戊申年八月十九日（一九〇八年九月十四日）"论说"栏，署名"巽言"。

规正平实之所谓时势观

（一九〇八年九月十五、十六日）

《总汇报》记者平实《论今日时局止可立宪救国万无可革命之理》及《革命不可强为主张》两篇，诩诩然自命为得时势观察之真相，篇中又盛引汤武革命，及秦汉以下群雄角逐之故事，妄以之比拟于今日，复诩诩然自命为得历史上时势沿革观察之真相。呜呼平实！汝盖未尝学问，以故屡言时势，实不知所谓时势，屡证引历史上之故事，比类近今，实又不知历史上所谓时势观察之方法，遂至论说中所称引者，无一不荒谬达于极点，其思想既愈趋愈下，其议论亦愈说愈差，竟有如俗语所谓钻入牛角之势。

余不获已，特聊为述历史上陈迹，及现在国民之趋向，其所以为时势，并其所以酿成此时势之理由，为汝平实批其巧而导其穴，庶几其或者能振聩而觉聋。今先陈其条目，使汝先知其概要。平实平实，还祈汝之稍安无躁，而俟余之有以诏汝也。

第　一　节（目从略，下仿此）

《易》曰："有天地而后有万物，有万物而后有男女，有男女而后有夫妇，有夫妇而后有父子（即族制之本源），有父子而后有君臣（即国家之本源），有君臣而后有上下（即不平等之起源），有上下而后礼义有所错，（中国古代之所谓礼义，即广义之法律，盖因阶级之制成，然后乃有法律，可知法律之规定，本属于不平等。由是观之，即可知不平等之原因，即在于国家二字。以故现今东西洋之主持社会无政府主义者，无不以破坏一切法律及一切国界为唯一之目的,故有无政府党之名。夫无政府主义,在今日虽不能通于我国,然目为邪说,则固不可也。平实之言曰:地球之上,岂有无政府而可以为国家者乎?吾试问平实,岂有无国家而尚有政府者乎?其不尽有如此者。平实汝且取托尔斯泰及巴枯宁等学说一观之,然后再诋訾主持无政府者,未为晚也。)斯言也,实对近世所倡社会进化说者,无之或异。其所云君臣上下者等语,即谓君主专制政体而言。是因前代有人,固不能逆料今日之有所谓共和政体者也。考现今欧美人类学家及社会学家所研究,人类政体进化之第一阶级,为族制时代。虽然,该时代文化未洽,历史之组织不兴,以故该时代之事实,仅属于社会学家之研究,而非属于历史学者之范围也。自族制时代,沿郡县时代,以至国家原始成立时代,其进化成分要素,虽有种种,一言赅之曰,要不外乎生存兢争之结果而已。夷考我族(汉族自称)先祖,自西徂东,迁宅中原之处,揆度之,当在族制系统已发展之时代。既入中原,各族均散居大河之南北,其谓分有几多之部落,遂成一部落之治,于是各君其君,各子其民,不相统属。以生长于熙熙皞皞之天,故庄子有言曰:"昔者容成氏、大庭氏、柏皇氏、中央氏、栗陆氏、骊畜氏、轩辕氏(必非黄帝之轩辕)、赫胥氏、尊庐氏、祝融氏、伏羲氏、神农氏,当是时也,民结绳而用之。甘其食,美其服,乐其俗,安其居,邻国相望,鸡犬之声相闻,民至老死不相往来。"盖古之所谓氏者,即其一国之称号,庄子此言,实足以表示我族古代各族散居之状态。积岁既久,户口日繁,而土地亦因之日辟。诸族之地,犬牙相错,而他族亦或有俑处其间者,以谋生存之结果,不能不从事于干戈,故古史传所称述,有所谓共工、女娲氏之战者,有所谓共工、祝融氏之战者,有所谓神农、凤沙氏之战者,有所谓黄帝、炎帝之战者,有所谓黄帝、蚩尤之战者,皆足以证明其战争日剧之一班,因战争之结果,遂生强弱之关系,因强弱之关系,而武力之中央统驭权，遂渐次发现矣。其谓中央政府渐次成立证据之最著明者，莫如伏羲、神农之二代，伏羲立九相六佐，神农设五官，均为督制系开展之明证，督制系既开展，则供给系之开展，不待言矣。神农氏日中为市，则又为分配系之起源。夫督制、供给、分配之三系者，实为中央政府成立之要素也。虽然，中央政府之成立，虽赖武力之戡定，若非无亲族之团结力，则其成立，必不能永久，故当时我国诸侯，均盛行婚媾之礼，以期亲族之团结，例如炎帝之父为少典氏，母为有蛴氏，黄帝之父亦为少典氏，母亦为有蛴氏。而黄帝则又娶于西陵氏、方雷氏、彤鱼氏，昌意则娶于蜀山氏，高辛则娶于有邰氏、陈锋氏、有娀氏、娵訾氏等，因婚媾而来姓之发生。姓者所以正婚姻而助其团结力者也。礼有之曰：娶妻不娶同姓，盖同姓其一祖，原有天然之团结力，不类再赖婚姻耳。

　　太古之世，凡同部落之人，则要皆为同姓，何以故？盖部落之治，本乎族制之沿革，故凡在部落之世，其酋长姓某氏者，其部落亦多称某氏。虽然，此非特太古之世为然也，即近世未开化之人种，亦尚犹有此例之存在者，其后因乎道德思想之发达，乃始有以娶同姓为渎伦之事，又其后因乎医学之发明，乃又始知亲族结婚之不利，故《左传》始有男女同姓，其生不蕃之说，若推论其原始，固不关系乎伦理生理之事实也。（第一节未完）

　　【说明】本文录自《中兴日报》戊申年八月二十日、二十一日（一九○八年九月十五日、十六日），署名"巽言"。据目录，原定十节，第一节即未见续完。

龙华会章程

（一九○八年）

第一　檄文

怎样叫做革命，革命就是造反。有人问我革命就是造反，这句话如今是通行的了，但这革命两字，古人有得说过么，我得应道有的。《易经》上面，"汤、武革命，应乎天而顺乎人"，就是这两字的出典。又有人问我，革命既是顺人应天，为这〔什〕么中国古老话儿，又把造反叫做大逆不道呢？我答应道：列位，这"大逆不道"四个字，并不是我古时苍颉圣人造字的时候，就把来作"造反"二字注脚用的。要晓得这是后代做了皇帝的人，自己一屁股坐了金交椅，恐怕别个学他的样，就同着开国军师、文武百官，造出四个字来，硬派做造反的罪名，又用着粟米芝麻大的官职，又冷又臭，将要腐烂快的猪羊肉，骗骗那些不识羞耻，认强盗作祖宗，略识几个字的人。他说道：'咄！你们听着，把"大逆不道"四个字，做了那造反的注脚，说我做皇帝的是天上所传受，别个不容妄想的，我便生前把个官你做，你死了，我便写一尺二寸长、四五寸阔，猪血苏木汁染金的一块小小木头，上写着"先儒"两个字的封号，送你到孔夫子庙里去，摆在东西二廊，春秋二祭，杀猪宰羊的祭祀，那些不爱脸的，听了这句话，便巴结到死，同狗舔屁股一样的趋奉若〔着〕他。他这独夫位，便可传子传孙，安稳不过了。有人要想造反，就便帮着他吠。

列位，要晓得孔夫子庙里正中供的，不是孔夫子同孟夫子么？孔夫子、孟夫子的说话，诸位兄弟们，想必多愿意听的。他两位老先生说的说话，载在《四书》上面，明明白白，何尝说皇帝是不许百姓做的，造反是大逆不道的。孔夫子因为春秋时代，百姓苦极了，故而教着七十二个贤人、三千徒弟子，天天商议办法。其中他第一个徒弟，叫做颜渊的来问为邦，孔夫子就说着唐虞三代的制度，说我们做了皇帝，是要用这样制度的。还有个徒弟叫仲弓，夫子就说他可使南面。请看一个使字，孔夫子岂不比皇帝还大么？至于异种乱入中国，他老先生更恨到万分，所以说到齐国的管仲，他不过帮着桓公，伐过山戎，便把他不死子纠一节大事，轻轻放过了。还再三说管仲是个仁者，又恐怕后世的人，解不出这个仁字，便道"微管仲，吾其披发左衽矣。"他老先生如今坐在大成殿上，看看这些戴红缨帽，穿马蹄袖，拖猪尾巴的，三跪九叩首的来拜他，两廊还立着许多元朝、清朝的死去的走狗，不知这〔怎〕样伤心呢？至于孟夫子，说话更多了，这〔什〕么"民为贵，社稷次之，君为轻"。又说到武王、汤王，便说道："汤放桀，武王伐纣，闻诛一夫纣矣，未闻弑君者也。"这种说话，在下一时没有功夫细说，好在《四书》并不是什么世间少有的书本，列位可以自己去看，但不要相信那宋朝那个混张〔账〕东西不过姓朱的《四书集注》好便了。又有一个说汤王、武王本是个诸侯，所以有力量革命，我们强煞是个百姓，那有这种力量，所以孔夫子、孟夫子，也只好嘴里说说，倒底做不成皇帝。咳！这又是不懂时势的话头了。

春秋战国，是个封建时代，所以平民做不成皇帝，到了秦汉以来，那局面就变了。列位请看看那秦始老皇，吞灭了六国，统一天下，说起他的兵力，真比着后代皇帝强得多了。他恐怕人家造反，便收聚着天下的兵器，都拿来一把火销毁掉了。这种心思，狠不狠呢？那晓得他还没有死，韩国有个张良，拿着一个千金重的铁锥，在博浪沙中等他出来的时候要打死他，虽然打他不着，到处搜了十日，连影儿也搜不着半个。后来百姓晓得皇帝的本领不过如此。陈涉一把锄头，刘邦的三尺宝剑，便都等不得始皇的肉冷就都起来了。那陈涉虽然没有做到皇帝，然中国平民头一个造反的就是他。而且一个种田帮工的人，生前做到楚王，打破了封建的全局，也就可以心满意足了。那汉高祖刘邦的出身，不是一个亭长么？这秦时的亭长，就是我们现在的地保，你道他的力量，岂不比秦始皇还大么？三国时的刘备，他虽自己说是中山靖王的后代，其实这种说法，不过拿来摆摆场面。我们大家不都是轩辕皇帝的后代么？若说起刘备的出身，是个织草鞋卖的。至于宋朝那个赵禅郎，是列位看过戏文，就没有一个不晓得他是个光棍出身。咳！可怜可怜，他的子孙不挣气，到了后来，被那杂种的四太子金兀朮杀得无地可奔，两个老皇帝是掳到五国城去了，单只剩着一个小康王，泥马渡江，做了一个小朝廷的皇帝。当时虽有个岳爷爷，惊天动地的出来替他报仇，恨只恨岳爷是个宋朝的臣子，被那奸贼秦桧害死了。这个时候岳爷爷自己肯做皇帝，怕不把江山一统，打平那元朝的鞑子，也不至乘势进来，来做中国的皇帝了。列位啊！自从盘古以来，虽有那五胡乱华，一统中国的，就头一个是元鞑子，这是我第一次中国亡的纪念了。幸亏坐不到百年，就出一个朱洪武，把那元鞑子赶出塞外，仍旧是我汉人做皇帝，我们是算再见天日。这朱洪武的出身，列位也都晓得，岂不是人家看牛的小厮，到着没奈何时节，还在皇觉寺做过和尚么？万料不到后来金朝杀不了的杂种，又乘着我们年岁饥荒，有了内乱，崇祯皇帝死在煤山的时节，几个做奸细的范文程、洪承畴、吴三桂引贼开门，他又进了山海关，强占着北京城来，做我们大朝的皇帝了。那时我们南边都立着明朝的亲王，论理吾们汉人，就是让了北方，他也就不当抢到南边来了。不料他狼子野心，得一想十，又带着许多丑类，把我们南边的亲王一个个灭了，那南来的凶恶，到一处屠一处的城，不知死了多少忠臣义士。剩下来的，因为逼我们改他的打扮，又不晓得杀了多少。当时他有两句口号，叫做"留头不留发，留发不留头"，到今剃头担上竖着的那根旗杆，就是当时因为不肯剃头，拿来杀人，把头挂在旗杆斗上做榜样的，你道可惨不可惨。

他既削平了南北，就想出种种不平暴虐的制度，我一枝笔那里说得尽。单只为防我们汉人造反，便在各处要紧的省分驻扎旗兵，监守着我们，还要我们辛苦田地种出来养活他们。近来又想出新鲜法子，要想夺我们的各省田地，凡是好的都想归给他们。那狗屁的上谕，反说是满汉平等，时价沽买。阿哟，你这班杂种的满洲人，北边近京的田地，二百年前，已被你们圈占去了，难道我们南边的几亩荒田，你不肯舍免了么？

再说我们当时的老辈，那一个不切齿痛恨他，独可惜各处所起的义兵，都被那班大逆不道的邪说所误，独立无助，终究没有成功。直到出了太平天国的洪秀全大王，本来我们汉人可以再见天日了，却被那曾国藩、左宗棠、李鸿章这些混张〔账〕王八羔子猪狗不吃的东西，练着汉兵，反帮鞑子，杀我汉人。咳！这也是满洲气数未尽，我们再该多吃数十年的苦。若像今日的人心，个个都晓得鞑子是应该灭的，就再出几个曾、左、李也不相干了。诸位要晓得今日的人心为什么比从前几十年明白的多呢？这多是各国交通的好处。原来外洋各国，从未有异种人做皇帝的。就是同种的人暴虐百姓，也就要起来革命。我们如今与外国人来往得渐渐多了，再把孔夫子、孟夫子的说话印证起来，这个道理所以就明白了。将来我们革命成功，外国人那一个不称赞我国。然而也有一种，口口声声拍满洲人马屁的外国人，同着几个亡心昧理的中国人，居然想望满洲立宪。列位要晓得"立宪"二字，这么样办法，外面看看像是照各国的样子,实在是把权柄集在皇帝同几个大官身上,却好借着"宪法"二字,用出种种的苛法来压制我们。无论各国立宪,是因为离着封建时代不远,一时不能到平民执政的时代,就把这立宪做个上下过渡的用法。我们已是平民做了皇帝、宰相千百餘年,那里还有着立宪过渡呢?况且立宪实在是有弊病,无论什么君主立宪,共和立宪,总不免于少数人的私意,平民依旧吃苦。将来天下各国,定归还要革命。况且我们又添着一个异种的政府,来替我们立宪,那里立得好呢?所以我们今日就是同种人来立宪,还要再起革命,虽然,成功以后,或是因为万不得已,暂时设立一总统,由大家公举,或五年一任,或八年一任,年限虽不定,然而不能传子传孙呢!或者用市民政体,或者竟定为无政府,不设总统也未可知。然而必须看那时候我国国民程度了。但无论如何,皇位是永远不能霸占的。列位有大本领的出来,替大家办事,餘外百姓也便万万不至于像今日的样子,苦的苦到万分,穷的穷到万分。他们做皇帝、大官的,依旧快活到一万二千分。到那时候,土地没有,也没有大财主,也没有苦百姓,税也轻了,厘捐税关也都废了,兵也少了。从此大家有饭吃了,不愁冷了,于是乎可以太太平平,永远不用造反革命了。这才是我中华国民的万岁。

或者难曰:"皇帝传子传孙,是我中国的老例,中国没有无皇帝的国家。"唉!列位要晓得,我们中国古时皇帝也不是世袭的。昔者唐尧的父亲,高辛皇帝死了,大儿子名叫挚,坐了皇帝九年,因为无道,经大众公议革了他的皇位,立了他的兄弟唐尧做了皇帝。尧之儿子不肖,尧请于大众,寻了一位在历山耕田的农夫名叫做舜,遂传了皇位于他。后来舜的儿子又入下流,舜请于大众,因为当其时有一军犯鲧之子名叫大禹,着实贤能,遂又传了皇帝位于他,那就是夏朝的头代祖宗大禹皇帝了。夏禹皇帝因为治了洪水有大功劳,他的儿子又好,大家公许了承袭,遂变作传子传孙的皇位了。后来孔子知道此事,又有点不妙了,于是将尧、舜的事迹,载在《书经》第一编上头,叫大家看看,庶几或者又能照此办理。又在《礼记》上面,内有《礼运》一篇,其中亦孔夫子的说话,言明皇位当由大家公举。其言曰:"大同之世,天下为公,选贤与能,使人人不独亲其亲,不独子其子,使老有所养,幼有所长,壮有所归"云云。从此看来,皇帝位置,岂是可以世袭的么?现今时势又变了,皇帝位置又当传贤不传子。至于我们动手革命的时代,外国人不来帮扶满洲,我们一概客礼相待,兵力所到的地方,无论他是传教的,做商人的,来中国游历的,都要好好保护。或是不愿在我们交战的地方久居,我们就送他出境。等我们平定了满洲,立格外优待的条约,无论何国,都是利益均沾。若是有人帮助满洲,不要说是外国人,越是汉人的奸细,越要杀他尽绝。外国是不用说了。但我们所杀的,是令我们打仗的外国人。譬如在我国境内的外国人生命财产,即使与某国失和,也万万不肯违背公理,杀戮无辜的。所以就是革命的时节,就立定了两个主意:满洲是我仇人,各国是我朋友,万万不会误会的。至于现在所定章程,与一切所行的官制军制,等到革命成功,另外同大家议定。若是革命还没有成功,我们这个章程官制军制,就是神圣不可侵犯的条约,有人来侵犯我们的条约,或是我兄弟们自己违背条约做事,那是我们四万万人的公敌,决定不肯放过的。我们是亲爱的朋友啊,兄弟姊妹啊,快快前来帮助啊!

天运岁次甲辰正月朔日　新中国军政省檄

第二　会规十条

第一条　宗旨

什么叫做宗旨呢?就是俗话叫做打定主意。我们兄弟家打定的主意呢？就报我们兄弟家祖上的大仇，并现在种种暴虐待我们的新仇，赶走了满洲鞑子皇家，收回了大明江山，并且要把田地改作大家公有财产，也不准富豪们霸占，使得我们四万万同胞，并四万万同胞的子孙，不生出贫富的阶级，大家安安稳稳享福有饭吃呢。

第二条　命名

什么叫做命名呢？就是乃所做事体的名目。我们兄弟家所做赶去皇家的事件，并非一个人可以做得去的，还要众位兄弟同心协力呢？所以我们的会，就叫做革命协会，山名就叫做一统龙华山，堂名呢？就叫做汉族同登普渡堂。

第三条　职官

什么叫做职官呢？就是乃的职位官衔是了。现在我们最要紧的事件，第一件就是练兵了，所以我们所设立的官职，第一个部分就是军政省，军政省分作内外二府。内府呢，就是叫做枢密府。所管的事件，就是筹画军饷、购买枪炮等大事。但因为内府职官，与外府不同，凭票另给，所以详细的职衔，不载在这个上面。外府呢，就是叫做都督府。都督府有五个：第一叫做中军都督府，第二叫做前军都督府，第三叫做后军都督府，第四叫做左军都督府，第五叫做右军都督府。这五个都督府中，每一府设立一个大都督，又有一个左都督，一个右都督，都督以下，还有统制使军正使。军正使有三等：第一等叫做正军正使，第二等叫做副军正使，第三等叫做协军正使。军正使以下的官呢？还有巡察使，巡察使有正巡察使、副巡察使二等。还有正副介士，到了副介士为止。从统制使到副介士，随多随少，无一定的额。五个都督府正缺以外的大都督、左右都督等，都加寄衔两个字于上面，权柄位置，亦是一式一样的。以上新设立的官职，乃是取法于大明、大唐的，并不是杜撰出来的。现在所授的什么官、什么职，将来就是什么官、什么职了。

第四条　对照

什么叫做对照？就是拿新官职与旧官职比一比就是了。因为现在所设的官职，同洪家、潘家的旧官职是一式一样的。现在五大都督府呢，就是以前的五堂。左右都督呢，就是以前的新副。统制使呢，就是以前的当家。正军正使呢，就是以前的红旗正管事。副军正使呢，就是以前的红旗副管事。协军正使呢，就是以前的不管事的红旗。正巡察使呢，就是以前的巡风。副巡察使呢，就是以前的蓝旗管事。正介士呢，就是以前的大九。副介士呢，亦是大九。圣贤总公满并大满小满大么小八牌等一统裁去不设，所有口号、暗号、各家名教一切者仍其旧，内中单有黄令改作师令，红令改作将令，蓝令改作军令。

第五条　权限

什么叫做权限呢？就是各人守各人的本分是了。譬如大都督呢，权柄是最大的，所有自己手下的兄弟都听其命令，但是欲举义旗的时候，必定要同枢密府商量妥当，然后可以行。若自己妄为了，枢密府是不答应的，并且不帮助他的军火，不做他的军师了。左右都督相帮大都督行事，若左右都督的上面，没有大都督的时候呢，他的权柄是同大都督一样的。统制使、军正使、巡察使都听大都督、左右都督的命令，受了大都督、左右都督的委任状（委任状就是上司的札子），然后各办各的事，正介士、副介士都听统制使、军正使的命令。

第六条　黜陟

什么叫做黜陟呢？黜就是革，陟就是升，黜陟两个字，就是升官革官是了。我们兄弟中有功劳者升官，若本是副介士呢，一升就是正介士了，从此一级一级升了上去，就升到大都督了。大都督又有功劳,便在枢密府功劳簿上注定他的姓名,将来等新朝廷成立以后,还要封侯封王呢!若我们兄弟中犯了罪就要革官,若本来是大都督呢,一革就是左右都督了,从此一级一级革了下去,就是副介士了,副介士又有罪,则受罚,或跪或杖等不一,若不从命则革出会,重罪劈。若犯了十条戒约,无论大都督及正副介士,一体治罪。十条戒约附载在凭票上面,不载在此。但是升官革官,必定要有一个凭据,因他功劳的大小,罪过的轻重,听枢密府议定,然后升的升,革的革。(若正副介士或杖、或跪、或劈等刑罚,概由大都督、左右都督等为之,枢密府概不管帐,行刑之时,亦由大都督、左右都督差军政司为之,枢密府亦不过问。)

第七条　追恤

什么叫的追恤呢?譬如我们众兄弟中有为了会中的公事出力死了,或无故受累死了,他的妻子孤苦,他的子女幼弱,家内又非凡的穷,妻子不能存活的时候,本会都有抚恤的费用,如子女三个人以下者,每月给洋三元,如五人以上者,每月给洋五元,等他的长子到了十八岁为止,如无子有女给至嫁人家为止,此费由大都督、左右都督给之。若大都督、左右都督无钱时,可告塑枢密府,由枢密府给与。但是要切实查明,不要滥领滥给的。查明了他的出力功劳,枢密府簿上记了他的名,等到新朝廷立定以后,论他功劳的大小,还要封他的祖宗,荫他的妻子,使他的子孙世世代代食禄做官呢?并且还要铸了他一个铜像,宣扬他忠义的名誉呢,另外若超度等时件,一切照洪家潘家的旧规。

第八条　追罚

什么叫做追罚呢?譬如我们兄弟中有坏了良心,出首会中秘密的事件,我们是一定要劈死他的。然而或者被他逃去了,或者另有不方便的地方,一时一刻不能劈死他亦是有的。我们必定将他的罪恶，登记在枢密府罪人簿子中，等到鞑子皇家赶去以后，各省各府各县严拿，务必拿到，处以极刑而后已，并且还要罪及妻子呢。重者满门诛戮，轻者妻子为娼，儿子为奴，世世代代受罚无穷，还要铸他的石像一个，跪在人人往来的大路上，使人人得撒尿溺其上，同西湖上的秦桧一样，并且还要行文阴间，告诉岳爷爷，沦入地狱，万劫不得翻身呢！岳爷爷乃忠义贯天的人，是最恶这等样人的。做奸细等人，实在比鞑子可恶十倍，所以我们一定要严治他的。列位，要晓得鞑子皇家的命运已要完了，大家务要勉为忠义，不作恶人才好呢。

第九条　入会

凡入我们这个革命协会的时候，大都督、左右都督呢，均写愿书一张，交给绍介的人，从绍介的人交给军政省收藏，然后军政省枢密府发下委任状，给与大都督或左右都督、统制使、军政使、巡察使，均写愿书一张，交给自己的大都督或左右都督，然后大都督或左右都督发下委任状，给与统制使、军政使、巡察使、正介士、副介士呢。写愿书一张，交给自己的统制使或军政使，然因为不管聿，所以委任状是没有的。至于各五个都督府招兄弟入会的礼式呢，各家教各会一切都照旧，如本来不是会友、教友，则从以下所载新定的礼式，大都督，左右都督入会的时候，也照这个样子的办法。

第十条　称呼

正副介士称大都督叫老大哥，称左右都督叫大哥，称统制使、军正使、巡察使叫二哥，对自己并辈兄弟，彼此都称呼老三。统制使、军正使、巡察使称大都督也叫老大哥，称左右都督也叫大哥，对自己并辈兄弟彼此均称老二，称正副介士叫三弟，左右都督称大都督也叫老大哥，对自己并辈兄弟，均称大哥，称统制使、军正使、巡察使叫二哥，称正副介士叫三弟。大都督对自己并辈兄弟都叫老大，称左右都督叫老弟台，称统制使、军正使、巡察使都叫二弟，称正副介士都叫三弟。大都督、左右都督对枢密府管事都叫老哥，枢密府管事人对大都督、左右都督也都叫老哥。另外，见对面的礼节各会各教任其旧。内中单有枢密府内的人，同大都督、左右都督相见，彼此拱手，拱手时左手掌在外，右手掌在内，因为是平等的，所以要行平等的礼节，拱手到胸乳止，不必过高，也不必过低。书信往来称呼也都照上边所说的。

第三　约章五条

第一条　凡在枢密府的人，如大指挥、左指挥、右指挥，懂得内地情形的，可以带领都督府座堂的职衔。又在都督府的人，如大都督、左右都督懂得外边情形的，可以带领枢密府座堂的职衔。枢密府座堂，就是大指挥及左右指挥。都督府的座堂，就是大都督及左右都督。

第二条　凡在枢密府各部的司员，得都督府座堂差委者，亦可以做到统制使、军正使、巡察使等职。又在都督府属下的司员，得枢密府座堂的差委者，亦可以做得枢密府联络部长副部长、侦探部长副部长，及交通司大使副使、报信使大使副使等职。

第三条　凡在都督府的人员，带有枢密府的职衔者，然后可以直接写信于枢密府商量事情，若尚没有枢密府兼衔的，必定是要由枢密府人员介绍信为凭。枢密府一边，也照这个样子的办法。

第四条　凡都督府人员，同都督府人员信件往来，彼此多以图章为记号，图章一处一处是不同的。这图章从枢〔密〕府发出，如若信中没有图章呢，这个信是不中用的。如图章失去了呢，必定是要告愬枢密府，枢密府再另给一个图章，以前的图章就是再寻见了，也是不再用的。如若差人往来，用铜牌为记号，与图章是一样的办法。

　　第五条　枢密府所做的所办的件件完备，以后看定一处最重要的地方，先举了义旗，立刻派人通知各处，大家都起来接应，使得鞑子皇家防不胜防，大事自然而然一举就成功了。先接应为头功。所以不先约定日期，同日起事的缘故呢，因为怕传了出去，鞑子官家知道了，提防起来也是不好的。所以约定同日起事的旧方法不用，用现在的新法子，这个法子就叫做迅雷不及掩耳了。

第四　入会仪式

　　凡进我们这个协会的规矩，最好是在岳庙里；若无岳庙，或有在不便的地方，就在家里择一个干净的地方也可以的。行规矩的时候，设立公案，写少保忠武王岳爷爷的神位一个，位置中央，左首列一个杨将军再兴之神位，右首列一个牛将军皋之神位，杨将军下列一王将军佐之神位，牛将军下列一施义士全之神位，用雄鸡并肉一方，如没有鸡，用鸭或羊肉一方都可以的，只要有三牲就好。又用酒一大壶，杯五个，都盛半杯酒，供在神前。又另用生鸡一只，缚在神棹下，香炉一个，烛一对，安置神位前。主盟人呢，先向神前四跪四拜，拜完了起来拿针刺臂上血一点，滴入神座上岳爷爷神位前酒杯内。毕，座于神位之左，然后入会人也向神前四跪四拜，拜完了立起来拿针刺手臂上血一滴，也滴入岳爷爷前酒杯内。事毕，立于神位之右，然后盟证人（就是香堂）进跪神前，四跪四拜，立起来炷香于神位之前，宣读进会祭文（用黄纸写的）。

第五　祭文

　　千载有公，继武羲轩，气吞胡虏，威被八埏。觉罗不灭，公目不眠，黄、农遗胄，都四亿千。凭借公灵，逐彼腥膻，国命可复，配公配天。尚飨。

读毕，将祭文向香烛上烧了，然后行刑执法者进跪神前四跪四拜。拜完了，立起来取去案下的雄鸡，立于公案前，叫一声主盟人的姓名，主盟人答曰有，又叫一声新入会者姓名，也答曰有。又叫一声盟证人的姓名，也答曰有，入会人走到神位前跪下发誓。

第一誓　诚心入会，不敢反悔，如有反悔，天诛地灭。

第二誓　入会以后，协力同心，不敢畏避，如有畏避，雷殛火烧。

第三誓　会中秘密，不敢漏泄，如有漏泄，身受千刀。

第四誓　祭旗起义，闻命必到，如有不到，命尽五殇。

第五誓　兄弟同心，如同手足，如生外心，身死五刑。

誓毕，执法行刑者，左手持鸡，右手握刀，叫曰岳爷爷英灵鉴者，过往神祇鉴者，同事人的祖宗鉴者，我等协力同心，誓杀鞑子，报我们祖宗的大仇，有福同享，有祸同当。若有不照这句话的，难逃天殛，如若不信，请看此鸡。说到将完的时节，将右手的刀向左手鸡顶上一劈，鸡头落地，急将鸡血滴入神前五个酒杯中，于是主盟人、盟证人及执法行刑人并到神位前跪下，再行四跪四拜之礼。礼毕，将滴血的酒，四人分饮之，中间的一杯，主盟人及入会人分饮之，饮毕将神位焚化，送神散祚，复将前执法行刑的鸡，烹而共食之。

行入会礼式的计划

主盟人（即写愿书介绍的人）

入会人（新进会的人）

盟证人（执香的人做盟证者，即是香堂）

执法行刑人（就是周洪家中红旗一样的人）

以上均要会中兄弟才可以做得的。

第六　入会规矩的次序

第一　先写入会愿书一张,交于介绍人。

第二　愿书写后,择一吉日行入会礼式。

第三　行过入会礼式后隔一日,或二日、三日后发委任状。

第四　发下委任状后,知会军政省本部或支部。

第五　军政省得介绍人知会后,发下图章及铜牌。

第六　本会入会的会式种种,内府的人均照此规矩,外府的人止及于大都督及左右都督,大都督、左右都督招兄弟入自己部下时,各照各省各教各党的老规矩,如若大都督、左右都督本不是会党或教党中的人呢,招兄弟入自己部下时,也照本会的新规。如介士以上统制使以下的兄弟,本非会党教党中的人呢,来入的时候也照本会清规。

第七　附录

以上所载的官名职衔,恐列位尚有不懂的地方,所以再为列位做一个表看看,内府职衔仅略示一班,外省皆载入之。

新中国军政省

　　(一)总司令官

　　(二)司令副理

　　(三)司令协理

内府　枢密府

　　(一)大指挥

　　(二)左指挥

　　(三)右指挥

（甲）参谋部

（乙）运输部

（丙）侦探部

以上均设有部长、副部长等官。

（丁）交通司

（戊）报信司

以上均设有大使、副使等官。

外府 都督府

凡分中、左、右、前、后之五部，每部中都有如下所说的官衔。

（一）大都督

（二）左都督

（三）右都督

（甲）统制司　设有统制使，无一定的额，随多随少，每统制使上加第一、第二、第三、第四、第五、第六、第七、第八、第九等字，以为区别，次序虽分，大小一样的。

（乙）军正司

（一）军正使

（二）副军正使

（三）协军正使

以上均无一定的额，亦都叫第一、第二、第三、第四、第五、第六、第七、第八、第九等，以为区分，次序虽分，大小一样的。

（丙）巡察使

（一）正巡察使

（二）副巡察使

以上亦无一定的额，亦都叫第一、第二、第三、第四、第

五、第六、第七、第八、第九等，以为区别，次序虽分，大小一
样的。

（丁）介士曹

（一）正介士

（二）副介士

以上亦无一定的额，然无第一、第二、第三等之字样。

现在我们的人，凡二十一行省内，及新疆、西藏、蒙古、满洲等
地方都是有的。然因中国的地方太大，所以不得不分头办事，江
苏、安徽、江西、浙江、福建五省为一大部，然这五省的地面亦不是
小的，所以又要分开来办理的。现在我们将这个五省的地方，分为
十路，每省二路。

第一　江苏省　江南路　江北路

第二　安徽省　皖南路　皖北路

第三　江西省　江左路　江右路

第四　浙江省　浙东路　浙西路

第五　福建省　八闽上路　八闽下路

以上十路，凡相接近的地方，看那都督权力的大小，可以互相
兼管的。

【说明】《龙华会章程》，包括《檄文》、《会规十条》、《约章五条》、《入会仪
式》、《祭文》、《入会规矩之次序》和《附录》七个部分，载平山周《中国秘密社会
史》，商务印书馆译本，一九一二年五月初版。

《中国秘密社会史》称："于是，有陶成章、沈英、张恭等，倡议于杭州，集浙
江、福建、江苏、江西、安徽五省之头目，开一大会，打成一团，名龙华会。"《浙
案纪略》则云："戊申春、夏间，浙江革命党人另订一新章，将合江、浙、皖、赣、
闽五省之秘密党会熔铸而一之，定其名曰革命协会"，所言情事相合。惟《龙
华会章程》第一《檄文》末云："天运岁次甲辰正月朔日，新中国军政省檄"，谓
撰于"甲辰"，即一九〇四年，而"戊申"则为一九〇八年。从《章程》内容看来，

有言"立宪"等事，似以一九〇八年为宜，或即《革命协会章程》。《章程》作者，《中国秘密社会史》未曾注明，《中国近代史参考资料选辑》增订本题为陶成章作。查"甲辰正月"，陶成章在浙江从事联络秘密会党，"革命协会"在《浙案纪略》有具体记载，或初有草议，后经修饰成文，而年月则为倒填。《章程》制作，恐非一人，而成章则为主要人物，故系于此。

卷　三

（一九〇九年——一九一二年）

本卷搜辑陶成章在一九〇九年后，至一九一二年一月遇害前的信札、文稿等，共四十三件。

一九〇八年，陶成章赴新加坡，与同盟会发生矛盾。旋更重组光复会，以《教育今语杂志》为机关报，设想"先议论以启导人心，而后乃入手办理实事。"（一九一〇年十一月五日《致沈复声书》）一九一二年一月，浙江拟推陶成章为都督，为陈其美所忌，致遭暗杀。

本卷所辑，绝大部分是陶成章在一九〇九年至一九一一年间的信札。这些信札，原由赵必振收藏，后由曹典球代为捐赠，今藏湖南社会科学院。信札共四十二件，其中五件一式五份，实为三十八件。另有一件呈函残稿。这些信札，大部分是陶成章的亲笔，有的落款时用"成章"或"陶成章印"印章，少数由龚宝铨书写，它是研究辛亥革命史很有价值的文献，曾由湖南社会科学院整理编注，湖南人民出版社于一九八〇年一月印出。今将信札全部辑出，编次则略有变动。呈函残稿，不是陶成章、龚宝铨的笔迹，故和原函末后的赵必振题识，一并移入附录。

致李燮和等书

（一九〇九年一月二十四日）

柱中、怡宗、佐新、之咏、文庆、履详、若愚、肃方诸同志兄鉴：

敬启者：柱中、怡宗二兄诸来函已悉。照来函，请澄如兄先来，弟等皆赴泗水。澄如兄内地仍任事，阅历多，一切可询之。近日又性情和平，而又能以刚柔兼用之，来榜加必极为适宜也。其教科担任，最好历史、国文、体操等。每日能任四句钟，则更佳，因教授时间过多，精神颇难支持也。又如有临事时务〔临时事务〕须与斟酌，一切皆直言，以免俗，是为第一要义。每月之修金，能得百盾以上为佳。又此次来之川费，未审可以设法请学堂稍加津贴否？盖因来时用场大，借川费而来，而内地历年办事，又多所负债，不能不弥补故也。且以澄如兄之才学比较之，即得百盾以上，亦不致有亏于学堂也。然地①不知榜加情形，一切皆请柱中兄酌之可也。至于女学堂之事，若能成功，则焕伯、澄如二君夫人，皆可作教也。

弟等到新加坡后，已无一文，已向剑非兄移借三十元。而又欲急赴爪哇，又向之借一百二十元。祈兄速汇二百盾于剑非兄以偿之。其不足，弟到爪哇再筹再寄。此二百盾算作弟假用，请澄如兄日后代还六十盾，馀一百四十盾，由弟设法筹还，因兄等亦在困难中，不必客气也。而弟此次来，亦欲自谋一位置，以拔亏空。

前此来款五十盾（为印会章等物之用者），于弟动身时始到，盖为邮局所误也。

---

① 原件为"地"，疑为"他"字之误。

前此寄上盟书图章等物，未识已收到否？念甚。此次弟又携来二千四百张，如要用，可写信来爪哇，弟当寄上。

查君已于昨日到，此次恐不便到爪哇，去则大有害处，弟已电致魏君，请其阻止。然空来空往，对他不起，须设法助其川费方可。此不能往之原因，请澄如兄面谈。总之，一切皆请澄如兄面谈，故澄如兄在槟港上岸，不直赴沙湾云。

近日事务纷纭，诸事再下函详告也。

此请

讲安。

弟成章上言　一月二十四日

【说明】此书写于一九〇九年一月二十四日，手迹，钢笔书于道林纸上，一页，两面有字，湖南社会科学院藏。柱中，李燮和。怡宗，沈琨。文庆，王文庆。履详，魏毓祥。若愚，王若愚，化名胡国梁。肃方，黄肃方。函中澄如，徐澄如。焕伯，张焕伯。剑非，何剑非。查君，查春江。魏君，魏兰。

致李燮和等书

（一九〇九年二月初）

柱中、怡宗二兄大鉴：

敬启者：弟已抵泗水矣。一切平安，请勿念。

二百盾款，未识已汇去新加坡否？此款决不可缓故也。

更有恳者：查君春江到谏埠以后，谏埠之总理杨某请荷兰人来谈话，故作难词。查君不能答，于是谏埠之人大哗，以为内地三餐不饱而来此者。查君大怒，遂于昨日返泗水。然如归国，川费既无，而又由吾人特行请来，对他不起。久住泗水，泗水之人，必谓吾人到煤[1] 转来，大难为情。现弟请他暂寓许绍南君家中，请俟吾兄等代为定策。弟亦代为留意。但弟此刻一文毫无，半步不能游历，故恐亦难一时设法也。还祈吾兄等速速设法之，是幸。

　　此请

近安

　　　　　　　　　　　　　　　　　　　弟章白

【说明】此书写于一九〇九年二月初，手迹，一页，湖南社会科学院藏。"泗水"，即苏腊尼亚，今印尼东爪哇省省会；"谏埠"，即谏义里。

致李燮和书

（一九〇九年二月十一日）

柱中我兄大鉴：

　　敬启者：弟自初五日抵泗水，迄今已一周矣。一切事情，均未易着手，奈何！

　　弟前在新加坡时，有李君毅夫者，本中人〔山〕之党人也。曾大出力助中山，以破坏弟之行事。近日不知何因与汉民交恶，现寓新加坡，由张玉堂（即景良）介绍于弟处。弟亦素知毅夫，性尚刚直，故不以前事为嫌。彼欲办一报，自言能招股若干，请弟赞成其事，弟亦允之。但言此事非弟一人之力所能赞助，须俟与柱中兄商之。现弟思我辈近日空空无一凭藉，号召非常困<难>，新加坡之报馆，终不可不办，且报馆于商业大有关系，欲经营商业，此事亦不可缓也。

---

　　① "到煤"，疑为"倒霉"。

弟在星洲时，景良兄对弟言：这次归香港后，如不举发，即邀张古山君来南方，扩张一切事宜，彼自己亦可向潮人运动，办报之事，不患不成，局面不患不成。然吾兄之意，未识已〔以〕为何如？至于管慎修之为人，虽觉放荡，但泗水一埠开化之功亦不少。弟意是等人，不可绝之过甚。然亦不可假以实权，若假之实权，便能为非矣。现彼在吧城，将自寻一地自滔毁① 矣。

文岛近状何似？还祈详细示知。

何剑非兄处二百盾，想已可汇去矣。此款即请澄如兄日后奉还八十盾，餘由弟日后设法奉还也。

爪哇学堂修金，多有二三月不付。故各同志之经济，亦甚窘云。报事一节，还祈吾兄裁度是幸。

此请

近安

文庆、怡宗、若愚、震生诸兄，均候不另。

弟陶成章白 二月十一日

澄如兄一信，祈为转交。

【说明】此书写于一九〇九年二月十一日，一页，似牛皮纸，两面有字，手迹，湖南社会科学院藏。函中震生，何震生。

致李燮和书

（一九〇九年五月九日）

铁仙同志兄大鉴：

敬启者：前在吧城，奉寄一函，继复由星洲寄上一书，谅已均邀

---

① "滔毁"，疑为"韬晦"。

台览矣。

　　弟自去岁南来，迄今已历九月，所希望之目的，全然未达。中山面子上（近日愈趋愈下）不便反对，而暗中设法播弄，槟榔先受其难。该地办事人云：必须中山之人来运动况〔方〕可，盖章程如是故也。弟大愤，与会长吴世荣力争，旋由嘉应人先赞成，吴世荣乃不得已而从之。又不肯开会，仅邀三四人会议赞助，仅得三百金。不料弟去之后，又遇一难，邓慕韩踪弟而往，不知用了何种手段，并此而亦不寄。弟自槟榔到坝罗，该地同志甚为赞成。因届年底，弟去而之他。正月二日，该埠特为弟事开一会议，中山私人汤伯令出场演说，言《中兴报》事紧要，而不及弟事，旋由他会员提议。汤宣言曰：陶君来此，不过来游历而已，并非筹款而来。于是会友疑且信，本可筹至千金，于是遂仅三百数十元。而弟乃不得不再往，多用川费，多滞时日，多费口舌，始由诸同志允再为开会提议。弟本不说中山坏事，盖犹为团体起见，不得不稍留馀地，至是逼弟至无可奈何，不得不略陈一二已。诸如此类，不一而足，真正苦恼万分。现今所筹者，不足三千元，且多未寄出，暗杀暴动，再无可办。内地同志，均坐而待毙，牵连者竟及八府之多，肝脑涂地，徒死无益，〔原件此处残缺，疑为"曷"字〕胜悼哉! 现欲往吻里洞，旋即来贵埠，一切仰仗斡旋，或者于文岛得集数千金，则事尚有可为。惟祈吾兄务为预先计划，使弟来时得有所措手足，则幸甚焉。

　　草此奉陈，并请

近安

　　　　　　　　　　　　　　　　　弟陶成章上言　五月九日

　　弟事方度兄谅已对兄面商过。近得坤甸来信云：已赴坤甸。

　　【说明】此书似为一九〇九年五月九日所写，手迹，二页，原件残破，湖南社会科学院藏。函中方度，陈方度。

致李燮和书

（一九〇九年五月十三日）

铁仙同志兄长大鉴：

　　敬启者：前在新加坡奉寄一缄，谅邀台览矣。不期到吻里洞后，因种种事故逗留，竟至两月有奇，诸事之贻误，实非浅鲜。此次本拟即来贵埠，因谏义里魏君有急函相招，不能不先往，但往谏义里不过留停一礼拜而已。弟有诸事极紧要者，与吾兄相酌办理，筹款一节，固其次也。然暑期已近，特恐吾兄有事他出，故特因吻里洞同志沈君汉思来文岛之便，先函道候，并陈鄙意。如吾兄因暑假之暇，亦有要事与他同志相约游行别处者，乞开一所往之住址于巴打威陈百鹏兄处，使弟得以踪寻走谒也。吻里洞之事，问之沈兄，便当明白。另附黄、温二君两函，乞为代交代寄，并请代为先容也。

　　此请

讲安

　　　　　　　　　　　　　　　弟陶成章谨白　五月十三日

　　【说明】　此书写于一九〇九年五月十三日，手迹，一页，湖南社会科学院藏。黄、温二君，似指黄庆元、温庆武。

致李燮和书

（一九〇九年五月十八日）

铁仙老兄大鉴：

　　敬启者：前在星洲及吻里洞，奉寄二函，谅已邀台览矣。

　　近弟已到吧城，明日赴谏义里。文岛之游，定于下一期船云（本期船于西历七号开来）。

　　此请

近安

　　　　　　　　　　　弟陶成章敬白　中历五月十八日

　　【说明】　此书写于一九〇九年五月十八日，手迹，一页，湖南社会科学院藏。

致 某 某 书

（一九〇九年七月十八日）

（前缺）

　　兄之心意何如也？若再经营，或加一字，或改一名，或以暗杀名义行之。其章程中，不认孙文为会员，谅亦可以做得。弟当另拟章程，请兄与魏君及最热心诸人共同谋之，谅可有济。江、浙、皖、赣、闽之内地，弟犹堪招呼，一时不致冷落。近日专门注重暗杀（若办必先声明与孙文无涉，免至为人所借用）。而暗杀一道，浙人大有可为,可恨者经费无着耳。

台友有信来,饷银之事,可以做得,须要二千资本,现款仅有五百,为之奈何?各地之款,只有吧城寄来(即五百元也),大吡叻为弟事中山派人前去,致令会中大生冲突。至于吾兄欲得委任书,不必开会商斟,商斟必误。弟可担任以为保人。弟现拟邀旧日同事之人而尚未归国者,另组织一报,以为机关。否则筑室道旁,议论百年,亦未见其有成效也。兄如以为善,弟当即定章程,且不必举首领。举首领最为坏事,前车可鉴。孔子曰:"惟名与器不可以假人。"前次之举孙文,实授之以刀柄,而使之杀与刀于彼之人也。一误岂堪再误云。

和服已定做,图章已去刊,誊写板已购,系毛笔、钢笔皆可用者。有人来,即托其带来也。

文岛可以用总会出名筹款之说,已对克强说之。克强兄欲与弟同谋暗杀之事,但弟若不声明与孙无关系,决不顾也。

草此匆匆,馀后述。

此请

近安。

　　　　　　　　　　弟陶成章敬白　七月十八日

若愚兄均此,不另。

精卫、中山、汉民必先有多信写与克强。

【说明】此书写于一九〇九年七月十八日,二页,湖南社会科学院藏。函前缺,据同年五月十八日书,似受信人亦为李燮和。

致王若愚、李燮和书

（一九〇九年八、九月）

若愚、柱中吾兄大鉴：

敬启者：前上一函，谅早达览。

公函已交克强兄。惟彼一力祖护孙文，真不可解。精卫来东京已十餘日，与克强同住。石屏在安南信孙文大言，亦为所迷。精卫此次之来，一为辩护中山，二则因南洋反对日多，欲再来东京窃此总会及《民报》之名，以牢笼南洋。盖东京总会无人过问，故彼图此以济其私。弟现已明白宣言：不由众议而自窃取者，无论何人，弟等决不承认。兹附上章、易、黄与弟之各函，可以略悉一切矣。克强兄之意，拟先复一公函于兄等。所谓公函，仍出于此四五人之手，不过为缓兵之计耳。弟拟日内往克强处，先行取归公函，而后再议他事。再俟敞友到东，另行组织新机关，为内外各地之①信所，俟有成议，当行奉告。

英文教员苏君已归国，闻在安徽，写信往探，尚无回音。罗已入爪哇。东京同志多已归国，弟只得写信与内地同志代为另聘，如半月内有来信则大佳，否则迁延多日，深恐有误学生功课，不得不告罪于温公，请其另请高明。如弟一边教员请不来，弟当请敞友魏君代汇百盾，托兄转交温公，以清前款。

精卫为人，狡展异常，狭〔挟〕制克公，使其不发表此公函。章太炎已刊报告，不久当分布南洋各埠也。

---

① 原件下缺一字，疑落"通"字。

所委购物件，均已购定，托便人带往巴打威转寄兄处。惟调查各节，尚未定当，俟后奉闻。

张公夫妇来办学堂之事，已得复函有来意。其来言问弟以该处学堂情形，弟已函告之矣。俟彼处有复函，再行奉告。

此请

教安

弟陶成章敬白

英文各埠机关名所，尚未录出，俟后再寄。

此信阅毕，祈即转致流石。

通讯处：

Mr. To

　　Hokushinkan

　　　28 Daimachi

　　　　Hongo

　　　　　Tokyo

　　　　　　Japan

【说明】此书系一九〇九年八、九月间在日本东京所写，宣纸，三张，似非亲笔，湖南社会科学院藏。函中，石屏，谭人凤。章、易、黄，似指章太炎、易本羲、黄兴。苏君，苏曼殊。温公，温庆武。克公，黄兴。张公夫妇，张焕伯、吾孟超。

致李燮和、王若愚书

（一九○九年秋）

铁仙、若愚二兄钧鉴：

　　敬启者：前月两接手书，并盟书数纸。昨日接来谕，知何君已到，慰甚。

　　东京总会名存实亡，号召不尽，全由一二小人诞妄无耻，每事失信，以至如此耳。弟初到之时，即与克强公商议，不料已先入精卫之言（先已有信云），而精卫亦即随之而至，以术饵克强，遂不由公议，而以《民报》授之。以精卫为编辑人，由秀光社秘密出版，托名巴黎发行，东京同人概未与闻。为易本羲兄所知，告之章太炎先生，太炎大怒，于是有传单之发。克强既不肯发布公启，弟往向之索回，不肯归还。太炎传单出后，克强屡使人恐吓之，谓有人欲称足下以破坏团体之故也。遂又登太炎于《日华新报》，诬太炎以侦探，谓因其与刘光汉有来往也。又以信责弟，以神圣孙恶，而隐隐以弟谓授〔受〕政府之指使。自谓真正公心，而责弟以妄存私意。弟乃为二千言之长函以责之。兄之公启再寄到时，总机关已无，弟乃录出数纸（本欲刊印，因身无分文），一与云南杂志社，一与太炎，贴之于国学讲习会之讲室。而南洋各埠接到太炎之传单，已有复信，又来责言一纸，以太炎之事，为受弟指使，目弟有代为总会长之意。彼等又使人诈取太炎之图章，太炎不虑有他，与之（云往警察署取旧《民报》之保证金）。越数日，而《日华新报》又登章炳麟有与端方合谋卖革命党之信矣。又牵涉及弟，谓弟在南洋与李时乾狼狈为奸，于是克强函责太炎以晚节不终。而太炎亦责克强以端方请其入幕（此信自南京来），并派湖北人吴坤往天津谒端方（此事本甚秘密，不知何故为云南会长赵伸所侦知，因以长函责克强，而转为太炎所悉也），意欲何为等语。现太炎已有辩书一纸，将以付印，日后当寄奉也。克强如此，故现在东京皆人人疑惧，不可与有为矣。

湖南同志大半反对克强，然弟所识者只有本羲，已于两月前归国，中道疾亡，可哀也哉。弟又邀秋瑾旧日盟弟王姓者一人，欲与商议收拾湖南之一方面，彼亦畏恶人作恶，致干未便。湖北会长余君甚赞成发表孙文之举，且亦反对克强，然病甚重，不能有所补助。故总会亦已一败涂地，无可整顿矣。弟乃邀集旧时同志最可靠者商酌数次，已议定草章，寄奉三张，乞兄等与各同志酌量之，再细加商榷，冀臻于完全，是所至盼。

此次设立会长，均以不置总会长为是。盖总会长一举一动，系于会事前途甚大。当其职者若有才能而无道德，则借权营私，弊将百出，第二孙文将复见于他日。若有道德而才不足以副之，则难免不受人愚弄，倒行逆施，会之破坏亦可预卜，当其时再谋补救晚矣。章君太炎，其人并非无才之人，不过仅能画策，不能实行，其立心久远，志愿远大，目前之虚名，彼亦所不愿也。大约日后使彼来南洋讲学，广招学徒，分布四方各埠，其效果当非浅鲜。若以会长处之，用违其才，反碍前进之路矣。其情节彼已于辩书中声明之。故现今会章，但分评议、执行二部，分立权限，各行其事，既无不能统一之虞，又有互相监察之效。兄等皆可居于评议、执行之列，犹明制之督抚，由京职而抚治地方者也。且东京既不能实行革命，又不能代为筹款，仅设一通信所已足矣。南洋分会之权，使之加重，未识兄意以为何如？

近接恨海之信，知新加坡之张永福、陈楚楠亦已反对孙文。夫新加坡为各埠所观望，不可不乘势联络之。弟意仍欲于南洋设一支部，举本地有名之人为支部长，而评议、执行二部之人，以东京同志之在南方者充之，兄意以为然否？弟所筹之款，均不见寄来，前后寄到者不过七百元，合之去岁仰光之款，不足千元，已另星付牢狱费及内地同志川费等用完。弟将用一纸声明，且言不再向南洋各埠筹款，以免贻人口舌，而绝后贤之路。盖弟同德同心之旧同事，犹有多人，皆尽力于财政之研究，二三年后，必有济矣，尚不致束手无策也。

　　弟明年欲再南下一次，提倡教育，劝人多设学堂，为后人开门径，且欲以助兄等公司之组织。至于革命一节，弟意非先扰乱北京不可。若有三四万金，亦可将就。否则甚难措……（后缺）

　　【说明】此书写于一九〇九年秋，手迹，四张，宣纸写，后缺，湖南社会科学院藏。函中"余君"，余诚。"恨海"，田桐。

致亦遽等书

（一九〇九年九月）

亦遽、柱中二兄大鉴：

　　敬启者：迭奉三函，谅已收悉矣。

　　昨日克〈强〉、石屏、霖生三君来弟处，适弟外出，今日特走访之，与克公辩论中山之事多时。据克公意，先复一函于南方诸君（此函即由三、四人主之，弟不之阅，听之而已），且俟诸君之复函再议。其复函即辩论公函之事，系克公及精卫所知者申言之。克公之言，弟未敢妄议其是非；唯精卫之欺妄，弟已亲受之矣。近日克公恐又在术中而不悟耳。前此公信尚留克公处，并未发布与各省人看。现闻有川人王礼君对克公说：言三宝垅王君某，系新去爪哇者，有函致王礼君，言彼及杨家彬君、陈方度君，公函之事，并未与议其间云云。若此，则克公等将疑此反对中山之事，由弟运动之矣，乞兄向方度兄言之为要。

中山指弟为保皇党及侦探事，克公不信，而石公更不信，以谓天下断无此理。兄能将前后二次开会情形，并其与各人之函件寄来为妙。弟思时局如此，焦唇敝舌，屡与不道德之人苦辩，实在乏味之至，苦恼之极。弟意各处局面，可以收拾者则收拾之，不则弃之可也，何妨另开局面乎？前次之事，终算一场大晦〔晦〕气罢了。兄如以为然，弟当致函魏君，另立方面。如兄商业之事，可以运动成功，大妙之至。否则缅甸、暹罗，尚可去得，弟当为介绍之，未识兄意以为何如？

英文教员之事，恐不能如命。盖人多归国，一时难以相招也。如果近日间不能招到，弟当托敝友代汇百盾之款，以清前款。

女教员吾君，近闻有病，恐未能南渡矣。吾君不能来，则其夫张君来亦无益也。兹有同志王君文庆尚无位置，乞兄在文岛代为设法处置之。近更有沈君兼士，亦最热心之同志，学问各样皆佳，堪胜总教之任，亦乞兄即速为留意之。沈君定于西历本月二十九日动身南渡云。

托调查之事，电戏机器价目，大约二百元左右可矣。惟片子祇〔至〕少一万尺，每尺约两角。造冰机……（后缺）

【说明】此书写于一九〇九年九月间，寄自东京，手迹，三纸，后缺。函中霖生，刘揆一。

致某某书

（一九〇九年九月二十二日）

（前缺）

迭奉（原件缺一字）函，谅已悉矣。

公函交与克公而后，并不发布与各分会看，均留克公处。克公欲复一公函，此复函即由克公等数人拟之而发，其中即以克公及精卫二人之所知者而为之辩难。克公之说，弟不敢以为非，而亦未敢竟断其为是。精卫之欺诈，弟固亲受之，即兄亦何常〔尝〕不亲受之乎？其言之无价值，已可想见一斑。然彼亦一是非，此亦一是非，克公既欲复函，弟亦何能强止不发耶？克公欲弟附一函，弟亦允之。克公以为南洋之事，久远非其所宜，意欲速就为是，皆与弟及兄等之意大相反。且以为不开除孙文，无妨于事。不知各埠感情已大坏，势已分崩瓦解，必然至于莫可收拾而后止。弟亦不愿与其列，已函致相知诸友，早为设法防维之矣。而弟之所赞成者，方度兄之独立营办实业耳。

孙文妄指弟为保皇党及侦探之事，克公以为无有，而石公更以为无有，弟亦不辨〔辩〕，但兄可将两次开会情形，写在复克公之信函中，更能将与庆武、瑞元、甲元之函，一并带来更妙。餘不多述。此请

近安。

　　　　　　　　　　弟陶成章敬白　　西历九月二十二日

亦遂兄均此不另。

【说明】此书写于一九〇九年九月二十二日,手迹,二页,残破严重,前缺,似系写给李燮和的。函中石公,谭人凤。庆武,温庆武。瑞元,蓝瑞元。甲元:黄甲元。

致王若愚书

（一九〇九年九月二十四日）

若愚吾兄大鉴:

敬启者:别来念甚。到东京后,即将公函交付克公。迄今并不发布,专为中山调停。精卫亦来,与克公同寓。精卫知反对者已多,乃又欲收《民报》以为己有矣。现在弟已声明不承认之。

羲谷兄时常会面,病亦愈矣。弟思筑室道旁,永不成功,不若由二三人出面发表之,从此分为两歧罢了。文岛亦可不必收拾,再造新者可矣,未识兄意以为何如?

造冰机器迄今未曾探明,电戏机器章程已托邮局寄上矣。

此请

近安。

　　　　　　　　弟陶成章白　西历九月二十四日

弟及兄等与中山已不两立,看来非自己发表不行矣。

【说明】此书写于一九〇九年九月二十四日,发自东京,手迹,二页,用宣纸写,湖南社会科学院藏。函中羲谷,易羲谷。

致某某书

（一九〇九年九月二十五日）

（前缺）

昨日去索回公函，由弟表白。今得克强来信，中多无理取闹之言，可恨已极。彼之如此，不过欲俟《民报》出版，以为其掩饰耳。苟复函中有一项异议，彼即全体反案矣。克公自以为能，竟不料其自坏长城矣。方度兄用意若何？弟不得而知，乞兄询之可也。弟意事已如此，不若尽弃之，改造新方面耳。

二兄在文岛，日后恐难立脚，弟意不若往仰光为宜。克公贪于目前之近利，不识适贻日后之祸患，又为一人之便益，而以之反伤其同人，有所不计。英雄作用如此，吾其奈之何哉！

此请

柱中、若愚二兄公鉴

章又白　西历九月二十五日

（未录补后）

石公对兄感情甚好。克公已受精卫之愚，以弟观之，已有谮兄之言于克公，弟已窥其隐矣。因为精卫致函于兄，兄之不答，彼已知兄反对，以故先有谮言。而精卫则未知方度亦反对中山，故在克公前力扬方度，故必须方度有信于克公方佳。何以知之？因今日弟言及兄（尚有多事），并提起天麟君事，克公云：柱中与天麟亦有反对，君知之乎？弟曰：不知。彼曰：柱中于去年有信于中山，言天麟为人，须以名誉归之，而内中事不可深任之。中山之怒天麟，即由柱中之信而来。弟对曰:天麟须以名归之,此言柱中兄亦已对弟言,至于冲突之事无之。故克公疑兄有欲独揽其权之意。精卫既如此说,则必又构兄于天麟也必矣,不可不预筹防备之。盖精卫之人,外诚内诈,专用离间之法云云。

又白

阅后付火。

【说明】此书写于一九〇九年九月二十五日,手迹,湖南社会科学院藏。前一"又白"落款后,另行抬头写有"未〔?〕录补后"四个小字,墨色不同,笔迹亦异。函中天麟,即李天麟。

致李燮和、王若愚书

(一九〇九年九月二十六日)

柱中、若愚二兄大鉴:

敬启者,刻有敝友沈君兼士南来,并前次在爪哇之王君文庆,请皆代为位置,不胜幸甚。沈、王二君,皆系私德完全者也。

此请

近安。

弟陶成章谨白 西历九月二十六日

【说明】此书写于一九〇九年九月二十六日,手迹,一页,湖南社会科学院藏。

致李燮和书

（一九〇九年十月十八日）

柱中吾兄大鉴：

敬启者：兄前托弟代办之物，已将办就，托南下友人带来。不料彼等到了上海，竟不南下了，将弟一切托带之物，均寄往香港《中国日报》馆矣。看来必失少无疑矣，可恨孰甚焉。

此请

近安

弟成章白 西历十月十八日

【说明】此书写于一九〇九年十月十八日，手迹，一页，湖南社会科学院藏。

致李燮和书

（一九〇九年十月十九日）

柱中老哥大鉴：

敬启者：前屡奉多函，迄今未见一复示，未审何故。

英文教员一事，现已招到一妥当之人，人品必系极好，但系独义之子，敝友因恐对不住温庆武先生，故一力担任而招之来。又因在内地书信往来，动辄经旬，遂至多延日期，且又系远行，盘川弟已交之百元（中国通用银），尚不足，特再汇三十元前往，不久即当来矣。但来人实系由敝友一人力行担保之于家中，故弟亦对于敝友而负职〔责〕任。到后，还祈兄为善待之，且托之温庆武先生云。兹特将敝友来函附呈，即足以知其间为难之一切情形矣。如或贵学堂因迟了日期，已有教员，则乞于附近代为位置之，否则为代送之爪哇敝友魏君处（必将弟来函一切交彼带去），至恳至托。

弟近烦恼已极，欲归内地一行，日后再告。太炎大恨孙文，因彼等欲窃取《民报》事，已发了传单，分送南洋各埠，弟另保险寄上二百张，请兄再为分送各埠（恐日本人不暗〔谙〕地名，有失误也）。

前日委购之誊写版及和服，并弟送入贵学堂之英文书籍，均行办妥。托往爪哇之英文教员罗君带来，拟托吧城书报社转寄，不料罗君到了上海，竟不去了，无缘无故，将弟所托其带之行李一箱，以原船运送香港交付《中国日报》，请该地之人转寄吧城，真真慌〔荒〕谬之极（彼的来函，已寄爪哇魏君处，当由魏君寄来），看来必失少无疑矣。今爪哇之川费二百盾又寄来，而人已不去了，是又使弟为难了，现只得又招他人矣。

贵学堂之英文教员，系弟极相知之友人荐来，乃极可靠之人，难得之士也，乞兄加意招呼之为要。

海军学堂之友人，因已归国娶亲，故至今尚未探听定当。造冰之厂，查访不到（日本之冰，乃系北海道运至），抱歉之至。

近接仰光来函，知又将新开一报矣。嘱弟代觅主笔，而人才缺少，有道之士不多，奈何﹗

各地之通信地名，已录出寄奉矣。文岛近日情形若何？乞示知为要。

此请

近安

　　　　　　　　　　　弟陶成章白　西历十月十九日

若愚兄均候不另。

弟代垫之款，何君到后，祈为即速汇寄爪哇魏君为感。乞兄向温庆武先生言明为要（弟受人之托重也）。何君如抵新加坡，有电致吾兄者，乞即复彼一电。抵梈〔槟〕港后，乞兄赐弟一函，以慰弟之悬念也。

传单已寄来兄处，兹又附奉一张。

【说明】此书写于一九○九年十月十九日，手迹，四纸，湖南社会科学院藏。

致李燮和书

（一九○九年十一月二十二日）

柱中吾兄大鉴：

敬启者：昨日两接手函，一切已悉，勿念为要。盟书亦均收到，底号及所有情节，当俟日后另寄并报告也。

沈君兼士到上海中止，其情形，弟不甚清楚。是人公德私德，均皆完全，科学及中国文学亦佳，但欠阅历，易为人惑，乃其一短也。

何君震生闻已南来，想已到矣。此君乃系一极可靠之友人介绍来者，系诚笃之君子，乞兄推诚以待之可也。弟思南洋局面，已败坏到极点，一切均难收拾。惟教育一方面尚可着手，请兄速为注意，否则恐日后更不堪设想也。弟思事已无可奈何，索性再忍耐一年半年，请与魏君商之，请彼前来襄助。如兄有事他往，彼可以代兄之任。弟与魏君同事最久，深知其最富于忍耐性及坚忍性，其他则张烈君及屠仲谷君均可。凡八港门，皆须极力整顿，即令目前无效果可以收得，日后学生长大，必有可望者，功固不必及身而成也。

　　近来东京人心大坏，南洋更不可不注意。王文庆兄人系极可靠之人，然教育之事非其所长，算学甚佳，体操则兵式者佳，惟语言多操台州土音，甚觉困难，人又太率直，易受吃亏，乞吾兄为之左右之。或另托可靠之人，为之左右其间，则幸莫大焉。

　　凡教育事，均祈就便与魏君商之可也。

　　此请

近安

　　　　　　　　　弟成章白　阳历十一月二十二日

　　何君一函，乞为转交。

　　【说明】*此书写于一九〇九年十一月二十二日，手迹，二纸，湖南社会科学院藏。*

南洋革命党人宣布孙文罪状传单

（一九〇九年十一月十一、二十七、二十九日）

　　东京南渡，分驻英荷各属办事川粤湘鄂江浙闽七省之同志，宣布孙文南洋一部之罪状（内地及日本另缮）。致同盟总会书，录呈台鉴：

　　总会诸执事与各省分会诸执事先生公鉴：

　　弟等南渡以来，虽均各个人对于各国人邮函通问，然实未曾通一公函于公众执事之前，职是之故，遂使南北两地情形隔膜，为奸利者因得肆无忌惮，而为所欲为，致南洋各埠均受莫大之影响，及

今若不再行改图，后事将何堪设想，用是不揣冒昧，敬将各种情形
布告于公众执事之前，祈我诸执事诸公审择而施行之也。

　　启者：孙文之人品，谅久已为诸执事及众同志所洞悉，此亦无
庸赘言。今仅就其于团体上利害关系之处述之而已。窃念我同盟
会初成立之际，彼固无一分功庸，而我同志贸贸焉直推举之以为总
理，不过听其大言，一则以为两广洪门尽属其支配，一则以为南洋
各埠多有彼之机关，华侨推崇，巨款可集，天大梦想，如此而已。即
弟等各人先后南渡之始，亦何尝不作是梦想。竟不料其南渡之后，
情形全非。所谓孙文也者，在两广内地，固无一毫势力，即在于南
洋各埠，亦仅得新加坡一隅，设一团体，彼时会员亦不过三十餘
人。弟等既先后南来，于是为之开通风气，组立学堂，添设机关。
嘉应之来自内地者，又复尽力经营，逐渐推广，各埠响应，遂以肇成
今日之势力。弟等一片公心，尽力为之揄扬，承认其为大统领，凡
内地革命之事业，均以归之彼一人，以为收拾人心之具。于是彼之
名誉乃骤起，彼又借我留学生之革命党，推戴之名目，《民报》之鼓
吹，南洋之西洋各报馆，于是亦逐渐有纪其事，称其名者。既得势，
彼乃忘其所自始，不审己果有何等力量，而得此高尚之名誉，以负
此莫大莫重之责任，遂以为众人尽愚而彼独智，众人尽拙而彼独
巧，谎骗营私之念萌，而其毒其祸，遂遍及于南洋之各埠矣。其恶
迹罪状，直所谓倾南山之竹，书罪无穷；决东海之波，而流恶无尽者
也。今仅据其最确切已为我辈所悉劣迹之最大者，列之如左：

　　第一种　残贼同志之罪状

　　（一）河口之事，彼在槟榔屿报销三十万，在星架坡则贬少为
八万，盖因地制宜而说谎话，其后河口同志为法人所不容，均来新
架坡。有何某者，镇南关之粮台也，既到新架坡，新架坡同志责之，
谓孙先生既有八万军饷，何故退兵？何某愤甚，（盖并无此款也，其

破河口事,彼等在河口本埠,自筹二万,汉民取去五千。)乃集河口、镇南、钦、廉出来旅居新架坡之同志,相约签名,发表此事(已二百餘人签了姓名)。惠州同志(亦为孙文在惠州同事之人)曾直卿[①],恐碍于团体名誉,为反对党及官府所见笑(曾亦反对孙文之人),劝之而止。孙文闻之,乃嘱私人告之英官[②],目为在埠枪劫之强徒,凡八人,欲掩执之,幸有告者,乃始得免,而逃避香港(类此者尚多),其残贼同志之大罪一也。

(二)河口、镇南退出之同志军士,法人不容,来至新架坡,身边无船费,落猪仔行,欲卖身作猪仔,新架坡之同志不忍,商之孙文,求其共同设法。孙文曰:"听之可也,不必管他。"新架坡同志不忍,乃公同集款,赎身而出,孙文则借此招呼同志之名目,向各埠筹款,名之曰善后事宜,其残贼同志之大罪二也。

(三)广西参将梁秀清,为不忍于故帅苏元春之无辜受遣戍罪,起而为变,投身革党,孙文亦常利用之,设法愚弄,梁大愤怒,亦欲表白其欺骗之罪状,犯孙文所忌。当梁至星架坡之时,孙文密嘱其党某某某欲毒之以灭口,事为某某某兄所知,密以告梁,使为自己留心,乃得不死(类此者尚多),此其一也。其残害同志之大罪三也。

(四)潮州志士许君雪秋,系资本家,倾心革命,以倾其家产,又复躬践力行,以组织内地革命家之团体,其才具如何,且不必论,而其人品实为不可多得。黄冈之事,常受孙文三千之款,孙文对同志言,妄报七八万。许君以资费不足,自向暹罗筹款。孙文恶之,尽力诋毁,又畏许君之发其复也,当何□□寓许君家之时,乘隙使警官掩之,幸许、何外出,否则何为劫贼,许为窝家,一网打尽矣。

---

① 《神州日报》作"曾君宜卿"。
② 《神州日报》作"乃嘱私人阮告之华民政务司"。

其残贼同志之大罪四也。

（五）自去岁八月以来，各埠同志均已悉其内容，大众以顾全名誉之故，不忍表白其罪，然积愤已久，防口等于防川，身受其毒者，不能默尔而息。孙文闻之，大为患怒，凡反对彼一人者，尽诬之为反对党，或曰保皇党，或曰侦探，意欲激怒极热心而不洞悉内情之同志，使之互相倾轧，以快其初愿。（此条即指陶君来南洋言。）①又常言必先□□嘉应客及外江同志②，然后乃可革清政府之命，而各埠机关部同志，凡系有留学生在者，必设法驱逐之（此条即指驱逐□□□□□□言），以便彼之自行直与华侨同志直接以便其私。盖基业一定，先杀功臣，中国历代开国帝王之公例也，彼亦仿而行之耳。其残贼同志之大罪五也。

总之一言，凡从河口、镇南、钦、廉、惠、潮败走来南之同志，咸言上他的当，无不欲得而甘心，而钦、廉诸人之对于黄兴，潮州诸人之对于许雪秋君，惠州诸人之对于曾劫〔捷〕夫君，皆无有异词，足证公论之在人心也。虽曰众恶必察，然察之既久，夫固等于国人皆曰可□〔杀〕之条矣。

第二种　蒙蔽同志之罪状

（一）《民报》名誉，为南洋各埠所顶礼，孙文之出名，亦即由此而来。今彼名既成立，复有《中兴报》之鼓吹。但《中兴报》不得目为南洋全体之机关，实系彼一人之机关而已。然使东京而有《民报》在也，是则加于《中兴报》及《中国日报》之上，南洋华侨人心势必有所分驰，是不得便其私图矣。故于去岁陶君《民报》收单寄交之后，彼即托言筹款困难，并不发布。至《中兴报》之股，集款至于再而至于三，极言本报大有关系，我同志不可不出力协助维持等之

---

①　《神州日报》作"此条即指《民报》总编辑陶南来而言"。

②　《神州日报》作"又常言必要杀尽嘉应客人及外江同志"。

言，此去岁秋、冬二季之时之事也。今岁春间，闻民报社又派有同志前来筹款，迄今各埠不见有来使之足迹，此必又为精卫所愚弄，而中途返旆者矣。然而彼之心不仅欲使东京无《民报》也，又欲使南洋各埠，除《中国日报》及《中兴日报》之外，不使再见有中国之报章。何则？中国各报均零星载有内地革命之事，使华侨见之，知我革党非仅彼之一人专有矣。故于去年《中国公报》招股一事，常出全力谋□□〔破坏〕，而《中兴报》定例，凡上海各报不准剪角①，盖深恐有他革命之事，误登入之，而为南洋华侨所见也。其蒙蔽同志之大罪一也。

　　（二）日本东京为革命党产出之所，而同盟会之总机关设在东京，固南洋同志之所共知，当初彼亦尝假其名以为号召者也。自去岁创设南洋支部，凡各埠之事，咸归节制，而以汉民为支部长，移文各埠，言凡有来自东京或内地来有筹款并游历者，当由支部长之介绍函为凭，否则不准招待。及问他索介绍函，多不肯，或依违其词，又将我等所定直接总会各条件尽行削去，而易以支部等之名词。各函件中并无道及总会等字样，而我等原始倡办机关之人，职员单内尽削去实权。凡是行为，不过欲使其权归一人，以便其营私之念而已。其蒙蔽同志之大罪二也。

　　（三）安南同志，因河口之役，倾家助饷，至质其家产于银行，而河口之军，未见接济，固无论矣。役后又借弥补安南同志之名，向各埠筹款，或称尚缺五万，或称尚缺三万，或称尚缺二万，或称尚缺万餘，其所以多寡不一之故，亦是因地制宜之道使然也（实则一万有餘，五个店号）。究之筹款者自筹款，而倾家者自倾家，何尝有一毫之补助。缅想我东京同志，于去岁贼后受天诛之时，至质官费折

---

①　《神州日报》作"凡上海各报不准前稿"。下注："《中兴报》之编辑所曾录单粘在壁上剪稿，定□□□□报，而上海各报不与焉"。

子于银行,以谋集款办事,遭穷迫至于莫可言。然闻彼孙文者,其在前岁于香港、上海汇利银行,贮款二十万(现尚存否,则不知矣),去岁其兄在九龙起造屋宇,用款不足,电致乃弟,旋电汇款项以往者,能不令人痛心疾首也哉(此种情形,不一而足)。去岁所筹之款,据弟等所知者,为数甚巨,然已不知何往矣。其蒙蔽同志之大罪三也。

第三种　败坏全体名誉之罪状

我东京同志向固同心一德,均自己不顾声望名誉,推尊崇之为党首者,夫岂有所私图,不过痴心妄想,求其能助成我辈之事而已。然而黔驴之技,又焉能久骗我东京之同志。自前岁以来,因既有人发议,倡言革除之论者矣。又以团体名誉之攸关,而中止其事。彼乃不顾全体名誉,妄毁我全体同党之名誉,污蔑至于不可言状,彼乃自夸于人曰:"我去岁谋发起潮惠钦廉之事(放屁,彼何尝有一点功劳),先数目固不名一钱,而临行之际,一日本资本家,送程仪一万元,日本政府送费四千元,我只留五百元于民报社为经费,而弟行后,东京同志查悉万四千元之事,谓我不均分之,而自饱于私囊,一时大为攻击,无所不至,比他等平时攻康、梁为尤甚。若在公等处之,不知若何气极矣。我则处之宴然,以彼等排斥叫嚣,为研究心理学之资料耳。夫各为同志,则各有权利义务,乃不期东京一二同志(二十一行省皆有,何至一二人),分财则讲平等(不知所分何财),而义务则责我一人当之,办事也(所办何事),筹款也,惟我是问(岂敢,不破坏他人就是好了)。而我于自行筹款之外(一己私囊,诚然),又要筹款以顾各地之同志(所顾何人,不借他人所流之血,托名运动,已经好了,岂敢受赐),东京以许多人不能顾一《民报》(《民报》本为东京同志所组织,你原本无一点功劳,我辈革命党家都破了,何处得钱),我力稍不及顾(岂要你顾,不卖掉就好了),则为众谤之的矣"等言,其可恶有如此者,其破坏全体名誉之大罪一也(有孙文亲笔书信为证)。

（二）有新加坡资本家陈□□①，自言愿出款二千元，以助革命党。孙文闻之而垂涎。但陈君与彼实无一点之关系，不便直接，乃运动潮州□□□君而告之曰："闻君与陈□□有交，彼欲出款二千，子其为我说之，若得款二八均分，我得一千六，你得四百可也。"□□遂为之言，令其以二千之款，自交孙文，□□君以君子待之，不言分利之事，而彼亦不予之也。其后□□君以其所办潮州之事，自往暹罗运动。孙文闻之，即致函暹罗，称其棍骗，事为□□所闻，大怒，乃返新加坡，索取前次之四百元(本不欲索取之)，孙文答以无款，□□君欲聚其同党洪门兄弟往殴之，孙文不得已曰："余实无款，余妾有金镯一双在，请以予子。"□□君愈怒，孙文乃开一纸条，给与《中兴报》，将烈港同志黄甲元君助《中兴报》款项内，拨二百元以予之。嗣后遂尽诋□□君，二八之例，亦不止一处。夫先以不肯之心待人，而劝之以为不肖之行，事后乃复诬人以不肖之名，以为制人不敢反抗之具，其可恶有如此者，遂使人言藉藉，谓我革命党皆为骗钱而来。其败坏全体名誉之大罪二也。

（三）去年九月，孙文复发布南洋支部，其规条无一而非可恶之事。而其著者莫若会底金一条。其例凡入会者，须收会底金三元，而主盟人分给半元，介绍人分给半元，以分利之举诱人，遂至流食之徒，借此名义，以为各地棍骗之计，引坏人心，可恨莫甚。其破坏全体名誉之大罪三也。

（四）借内地革命军名目，行军债票，行之内地，流同志之血者，不知若干，犹可言也。而不期又有所谓保护票者，遍放南洋各埠，称其家之有无而高下其价，有多至数百金一张者，亦有少至五六元一张者，发卖之际，有八九折者，或六七折者，有五六折者，代

---

① 《神州日报》作"沈□□"，下同。

派发行之人，亦有分润，此实三点三合之所不屑为不敢为，干犯他人之国际，欺骗同胞之资财，设一旦为外人所掩执，我革命全体之名誉，其不均为所污辱者几希矣。其败坏全体名誉之大罪四也。

　　统计其上所列罪状三种十四项，皆为已现发露者也。若其未发露者，盖不知其又有若干也。至其关系稍轻者均不录入，盖实录不胜录也。

　　诸执事先生洞明世故，熟悉人情，诚谓革党首领腐败极点，至于如此，尚任其逍遥自在，享受尊名乎？况现今受其荼毒之各埠，虽已悉起反对，而将次开发之土生华侨，固未深知内情①，弟辈旧日之所经营者，既尽其能力所及，均双手拱奉而送之于我大统领之前矣。（精卫并未自己经营一埠，实我等经营成功，招之前来，请其演说一二次，即攫资而去，如是而已。）② 目下不能不再辟新埠，（惟浙人不受其害，因其不通闻问也，然亦因其所在之地，风气最顽。近日新为着手经营之故也。）③ 然恶莠不除，则嘉禾不长，若不先行开除孙文，则我辈机关办就，他即乘势侵入。土生同志不识内地情形，以为中国革命军尽系其一人之所为，孙文之大名④ 已遍宇宙，熟闻固已久矣。比及乃时，拒之不能，不拒又不可，欲再收拾，其能得乎？若一开除了他，发表罪状，事必大有可为，无论将次开办者不至蒙害，即令既破败者，热心之人尚多，犹堪收效在桑隅也。⑤

　　今就以后办法，陈之于左，伏祈我东京同志审择而施行之。

　　（一）开除孙文总理之名，发布罪状，遍告海内外，慎毋沾沾于

① 《神州日报》作"固未深悉内容"。
② 《神州日报》无此注文。
③ 《神州日报》无此注文。
④ 《神州日报》作"孙文之虚名"。
⑤ 《南洋总汇新报》至此结束，注云"下略"。以下系据《神州日报》补。

名誉之顾全，行妇人之仁，以小不忍而乱我大谋（且天下各国革命党非尽佳士，皆有败类，其要在能除之而已）。

（二）另订章程，发布南洋各机关所，令其直接东京总会，须用全体名义，或多数人名义行之，嘱令南洋支部章程一概作废。

（三）由总会执事出名，令各埠将孙文所筹去之款，令其自行报告总会，加给凭单，以为收拾人心之具。

（四）公举办事二人，奉总会之命，往论南洋各埠，已灰心者则导之；将开通者，则鼓励之。来各机关所演说，亦为收拾人心之具。且破孙文之诡谋，使其无立足之地。

（五）再开《民报》机关，通信各埠，以系海外人望。

（六）兼于民报社内附设旬报，凡《中兴报》之所至，亦踪寻之而往，以为扩张势力之举，且以限止孙文谎骗之伎俩也。

（七）将内地近年间各内地革命事实编成一史，译作巫来由文，散布英荷各属，使华侨知我中国之革命党，大有人在，以生其鼓舞之心。

（八）创设巫文报馆于英属，此事弟等可担任。

（九）同志之在南洋者，各出全力以经营商业，以固久长之基础，此事亦弟等可以担任。

以上皆弟等之意也。陶君遍历各属，一切事情，皆已洞达无遗。

诸执事先生向彼商之，其必能筹无遗策也。至于有所委劳，则弟等虽摩顶放踵，亦何敢辞劳。此请筹安。

【说明】本文录自《南洋总汇新报》，宣统元年九月二十九日、十月十五日、十月十七日（一九〇九年十一月十一日、十一月二十七日、十一月二十九日）出版，题称《南洋革命党人宣布孙文罪状传单》，并谓"此传单用石版印成，由爪亚友人寄来，嘱刊报端者，其中词语，本报不敢增减只字"。十月十七日刊毕后又识：

　　"记者曰：自革命邪说流毒南洋以来，一般之劳动社会几于尽为所惑，其每况愈下，如尤烈等创立中和堂名号，搜罗万象，但知敛钱，不论流品，甚至如茶居酒楼之堂馆〔倌〕、妓院娼寮之厨夫，亦皆侈言革命，流风所及，诚足为风俗人心之大害。记者怒焉忧之。兹特将此传单录出，在记者之意，不过欲使华侨知革党之内容如是是，则已入迷途者，宜急早回头，将入而未入者，更宜视之。若浼大之为国家，培无限之正气，小之为华侨，惜有限之资财，如是焉而已。"

　　武昌起义后，此文又载《神州日报》民国元年十一月二日，文字略有出入，《南洋总汇新报》末后"下略"部分也经载录。末后且赘按语："此稿系己酉年由李柱中原名燮和在南洋网甲岛栻港中华学堂为教员时所作，托陶焕卿带至日本东京同志会，陈威涛在爪哇谦义里魏兰处用药水印刷百馀张，邮寄中外各报馆登之各报，今特录出，以供众览。石汉识。"

　　查此文系陶成章在南洋募集军费受挫，在原《中兴日报》书记陈威涛支持下，联络李燮和等起草，并经陶成章交付黄兴，攻击汪精卫续办《民报》是"再来东京窃此总会及《民报》之名，以牢笼南洋。"（陶成章《致若愚、柱中书》。）继又表示，非革除孙中山的同盟会总理职务不能办报，遭到黄兴拒绝。陶成章、章太炎得知后，又草《伪民报检举状》，以"原《民报》社长章炳麟"名义，用传单形式散发，迅速引起各方面的注视。

　　今据《南洋总汇新报》录出，而用《神州日报》勘补。

致管慎修书

（一九一〇年一月前）

慎修吾兄大鉴：

　　敬覆者：迭接来谕三函，敬领一切。

　　弟本有南行之意，但尚未定，故不以奉告耳。至于谓弟已南行者,实为传闻之误。

光复会之成立,想柱中兄已告之吾兄矣,不赘述。现章程、图章、盟书均已印就,寄在柱中兄处矣。弟及诸友商酌,拟于南洋设立一行总部,代东京总部行事,以便就近处置一切事宜,并推兄为行总部办事人员。盖行总部为枢要地,必得如兄之才之品之热心之坚忍不拔者斯可耳。祈吾兄幸勿推辞,为感为祷。

新加坡报事,全赖大力造成,真祖国前途之莫大幸事也,还祈吾兄再为极力维持。至主笔及襄理之人,弟已思有一极可靠之同志,陈君陶怡(又号陶公,别称道一)其人者,可胜其任。此君极有道德,极有热心,极有才干,严以持己,和以处众,行事极其勇敢,又极其精细,诚难得之人才也。前岁曾被端方拿去,因无凭据,得以释放。其人品,问之怡宗兄,便可晓得弟不虚言也,现弟已写信去邀他矣。至于弟办报一事,实属外行,且又系卞急之人,恐不胜其任,但亦决不敢自外,必南来协助兄等行事也。但目前因有同志被系在狱者,困苦非常,弟正在运动他出狱之计划,故一二月之内,有难即来之势。大约阳历正月,中历十二月之间,必可南下矣。陈君近在内地无事,谅可早来。陈君未到之前,可请沈福生兄暂行摄理。未识吾兄之意以为何如耳?

耑此奉陈,并请侠安。餘俟面谈。

新加坡机关之可建设与否?请兄与李、魏、沈诸君酌量为感。

弟陶成章白

陈君当改名而来(系内地办事人故),祈兄勿以真名为外人道也。千切千切。

【说明】此书约写于一九一〇年一月前,手迹,一纸,湖南社会科学院藏。

致李燮和、王若愚书

（一九一〇年三月前）

柱中、若愚二兄大鉴：

老孙事，实属可厌，以后不理之可耳，想彼当亦无能为役矣。

《新世纪》原与太炎有私仇，故袒护老孙宜也。而太炎驳《新世纪》时，适弟为编辑，因又牵涉及弟。现已致书吴稚晖，原书特录一纸附呈。

精卫前既离间云南同志于弟，今又将鼓吹广东省界，又以太炎曾作佛教论说，从而鼓吹耶教、佛教之界，可笑亦复可恨。太炎作和尚之意实有，至侦探断断无之。彼居东京，每日讲学，所出入者止学生，何有官场特派员？昭昭在人耳目。诬妄亦无益也。然太炎原系学者，办事全非所宜，盖彼无眼识别人之善恶，易败事也。近作一公启布告南方同志，联名公启具名中，惟出兄名，此后实在无暇暑与之争口舌矣。

克强居心不可测，彼非不知孙之恶，前固曾竭力反对，今又忽神圣孙文，可怪甚矣。兹将克强与弟二书附呈，乞兄收存之，以待证他日（前此太炎、克强、本羲之信，请皆收存）。克强闻已赴香港，未识其果与否也？

教育会事，各省教员，固为其中坚，弟意学生之有志者，亦宜收入。弟等所办《教育杂志》，即可为斯会之言论机关。至倡言革命，则在日本定难发行，止可于历史中略道及之。弟以此较倡言为更有益，盖征诸实事，易使人起爱国心也。

荷兰属地，即以兄与石生兄为总代表，可藉以联络各埠。然既有此杂志,即为吾辈面目所存,不得不竭力为维持,预计能销五百册以上,印刷费即可无虑,望兄为竭力鼓吹,以推广之。

经商之事,弟亦筹之素,近得一计,有益无损,其法详公函。爪哇弟亦有信通告。王君金发已不在上海。此次南来者,一为沈君复声,名钧业,故友徐君得意弟子,前曾在大阪商会一年,商情甚悉,性情和平,用心精细,学问亦甚佳,不易得之人才也。一为友人龚君味荪之弟,曾卒业苏州随营学堂,学问尚可,惟年少(二十三),少阅历耳。此二君来爪哇,恐一时难得位置,望吾兄亦代为留意之。又石生兄之侄履祥,亦闲居爪哇,亦请为留意。此三人中,以位置沈君为第一,并望转托天麟,以速其成。

前寄来盟书十四页,兹特将收条(证书)寄上,乞兄为代分。此后如有人入会,已印有盟书,当托沈君带上。

布告同志书,多据事实,特附上数册,他处尚未寄出,因乏邮费故也。杂志初成立,弟不克即离,且南方风潮方作,来返遭忌,无甚益也。故南行之期,当暂缓矣。

香港分会之公启,诚如兄论,必出精卫之手无疑。兄来信均早收到,勿念。内地近亦无佳音。

　　此问

近好

　　石闾兄均候。图章一附上。

　　　　　　　　　　　　　　　　弟成章再拜言

原信写得太糊涂了,恐看不清楚,故托龚君味荪另抄而寄。

【说明】此书言办《教育杂志》,即《教育今语杂志》。《教育今语杂志》于一九一〇年三月十日(正月二十九日)创刊于日本,则应写于一九一〇年三月前。共三纸,由龚宝铨代笔,末后"原信写得太糊涂了"下数句,则为陶成章亲笔。函中石生,即魏兰。

致李燮和书

（一九一〇年三月中）

铁仙我兄大鉴：

来示悉，勿念。

沈、龚二君定于后日动身，川费已足赴吧城之数。由吧城至谏义里之川费，可向吧城同志暂移之，不再打电来兄等处矣。

王君金发现避地台州山中，尚属安稳，不急急于南渡矣。

沈君才具、学问、人品均佳，前在日本大阪商会中，故东方一面之商情，颇行熟悉。且居日本之我国商人及居朝鲜之我国商人，多有与之深交者，将来东南声气可通，亦一佳事也。《中兴报》如能承顶来，沈君才堪当经理之任，与兄等面晤之后，即可知其才能矣。

龚君系同事宝铨（即味苏）之弟，曾在苏州营学堂毕业（军营中事，知之甚悉），国文清通，算术、体操等各种亦尚好，私德完全，惟年少，人太忠厚，一切尚须兄等指教之。其所以南渡者，因家况所迫而来，将来亦须改营商业，其位置亦乞兄等代为介绍之，最好能有可靠之同志，与之同学堂最佳（龚君虽年少，进取力不足，自守尚有馀，即无好同志同寓，当亦无甚妨碍）。

又近有一友人，姓吴名兆秤，号芳五（嘉兴人，亦弟所素识者），在上海高等实业学校（即旧日之南洋公学），于今年夏间毕业，拟欲南来作一英文教师（其程度大约文法胜于语言，其语言与外国人办普通交涉，已可矣）。其人私德完全，人极忠厚，慎重寡言，谨于细行，于教员资格最为适宜（其人乏办事才，不能办事，只可使之守成而已），如有适当之处，乞兄等代为留心。

《教育今语杂志》已出版，特先奉上六十册，乞兄等为鼓吹之，以广其销路。此杂志久行之后，于学生学问上，必大有进步。教育会不设，能以感情联合有德之士，胜于有会多多矣。

兄等此（此"此"字是旁加的。）之意见甚佳（盖可行之而无弊窦），前此弟所发表之布告书，仅于仰光寄去三份，《新世纪》寄去三份，欧洲商务研究所寄去三份，餘皆不寄了。从此以后，不欲与之胡闹矣。

泗水商务一节，将来定能生财。石公等处，弟已有信去，速为助成之。

文岛近状如何？乞为示知为幸。

此请

侠安

　　　　　　　　　　　　弟成章敬白

嗣后通信，请寄杂志社通信所可也。杂志务为极力鼓吹，能定全年最好，因开办经费不敷故也。

【说明】此书言"《教育今语杂志》已出版"，则应书于一九一〇年三月十日《教育今语》创刊不久。手迹，二纸，湖南社会科学院藏。

致某某书

（一九一〇年四月）

（前缺）

弟历观万事，皆与财政相为因果。然财政之道，非自行筹画无由，此商业之所以不得不速为经营。且诸同志寄食南方，固与燕巢幕上无异，而同志中又有记名党案者，设一有变易，行将进退维谷。故经营商业，专为个人生计计，又非可已者。然斯非易事也。得其法固可获厚利，否则并小小资本亦将消耗，因之因循者久之。近月来，从各方面调查，并得同志沈君复声详言一切，得一着手之道，兹为诸君言之。商业营目，约可分四种。

一、教科书籍、图画、科学仪器、体操音乐器具等。书籍由弟等自行编辑出版，图画可向图画店办特别交涉，照前日成例，凡五十元以上四折，以下四折半。科学仪器、体操音乐器具等，则有上海科学仪器馆东京坐办张之铭君处可以探问。张君系浙江宁波人，居东京已有八年之久，与弟交情素厚，且又甚重章耐苦者（原件如此），其必能为特别尽力也无疑。

二、学校用品，若钢笔、铅笔、洋墨水等，其一切交涉，亦可探之张君，盖科学仪器馆亦兼营此项商品也。

三、杂货，若衣衫、牙粉、洋皂等，须先调查土著嗜好，然后办货。此项交涉，可探之横滨华商，露清银行横滨支店经理宁波郭外峰君，素开通，近颇与弟等交好，横滨华商即可由彼介绍。

四、代印书籍，代刻图章、名片等，此项亦可在东京办特别交涉。

夫经商之道，不外进货出货两项。出货主自我，事尚易为。进货主自彼，稍不谨慎，损失随之。今进货一方面，既可与普通商人无异，所可办者一也。凡兴一事业，开创费最无谓，且非小数也。今石生君既将开设店面，即可于石生君店内另设一小店面，俟有成效，再移设泗水、吧城等埠，是出货处之开创费可稍节省矣。日本坐办，即以杂志社充之，是进货处之开创费可无有矣。所可办者二也。教育杂志，弟等拟为维持久长，与此公司可相为表里，何者？今世界营商之得益与否，全视其广告行之远近为准。《教育杂志》四、五期后,势必普及南方各地,即可为此公司之广告机关,而教育杂志亦可因此公司推广其销路,所可办者三也。今南方诸同志行将设教育会以联络感情,苟一埠有一热心教员为之提倡,则此一埠之教育用品,必可尽入我手,所可办者四也。目下所难者,惟资本。弟意先定款六千,分三期交纳(若定款万金,则分五期)。半年一期,苟有十人合股,每人一期仅出资二百盾,所可办者五也。诸君意中必以此数为未足以经商者,其实非也,何者?初次办货,专择行本稍轻、销售较易者购之,若大宗图画、科学仪器等,则须俟他人定购,始向日本进货,而定购者又须先纳半价,如此则即以他人之资,经我之商也。代刻书籍等亦然。所可办者六也。

又有利者数事,诸君每月进款,若无存储之所,势必耗诸无形之中,甚可惜也。苟公司成立,即以之为公司资本,积少成多,其利一也。开通民智,全恃图书。公司成立,一切图书,即可由我意输入,南方各地,势将日有发达,其利二也。南方印书非易,苟公司为代印,凡教员学生,均得发表其意见,其利三也。

(后缺)

【说明】此书写于一九一○年四月间,发自东京,系龚宝铨代笔,下缺,湖南社会科学院藏。

致李燮和等书

(一九一○年四月)

铁仙、若愚老哥大鉴:

敬启者:接读三月初四日来示,悉何兄已赴烈港,甚然甚然。然据何兄信,恐有不再南下之意矣。

沈、龚二君位置,仍乞代为留意,盖爪哇近日局面甚隘也。

杂志二号六十册,想已收到矣。三号因浑然君归国,文字学稿久待不来,是以迁延,现已付印,不日出版矣。

附上秋女士遗稿四十册(每册二角五分,外加邮费五分)。乞兄自取一册,若愚、震生、文庆诸君,皆转送一册,餘请代为寄售。

草此匆匆,餘俟续陈。

此请

讲安

弟章上言

近来杂志每期发出,而款均未来,一月开销,祇〔至〕少一百二十元,真正困难万分。祈兄速为鼓吹,扩充销路,否则将有倒闭之忧。

美洲已通行,是亦一可喜之道也。

【说明】此书写于一九一〇年四月,自日本发,手迹,一页,湖南社会科学院藏。

致李燮和等书

(一九一〇年夏)

铁仙、福生二哥大鉴:

敬启者:连接二函,已悉一切。福哥得任视学之职,喜甚。

小学历史教科书已编至九十课。一周前后,决可寄出。又有简易历史教科书一,尚须稍改,或可同时寄出。此简易教科书,乃为半日学堂及书报社讲习所用者。其他小学地理及高等小学地理，并高等小学历史，皆当为陆续编之寄奉也。大约不出中历十月，决可寄上。

伟人肖像，且寄上数张，俟经济稍充，当为特印也。

草此，匆匆奉陈，餘后述。

此请

侠安。

弟成章白　铨附笔

【说明】此书写于一九一〇年夏，手迹，一纸，"铨附笔"三字，也是陶成章手笔，湖南社会科学院藏。

致李燮和等书

（一九一〇年四月）

（前缺）

因日本印局店失约，所印各种多愆期。盟书已印好，章程尚未拿来（已印好而未拿来）。图章已刻成十几个，明日可完全，俟到齐后，用小包邮便寄上。但小包邮便，比之普通邮便物寄到日期，太为迟缓（大约比普通书信等要迟一二礼拜）。但亦无法，盖只能用小包也。

有诸事，乞兄等录出，以便办理。

一、行总部办事人员（总务、会计、书记等），由东京总部给委任状，纸用黄。亦可由行总部执行员代东京总部给委任状。然黄纸已不多，红纸兄等处想尚有之，代用可也。

二、分会会长可竟〔径〕由行总部代东京总部给发委任状，纸皆用红。

三、分会会长以下职员，弟意可由行总部执行员或分会长给发委任状。然祈兄等酌量处之。如不可，则仍由行总部代东京总部分给委任状可也。

四、凡委任状盟书等件，既由正副会长署名，不能不慎重其事，必于正副会长名字下，盖以正副会长图章方可。故现已嘱刻字店，请其刻章某、陶某图章两枚，俟刻就后，便当寄上（大约一礼拜内，可以刻好），以便兄等便宜行事也。

五、口号、暗号等，可由兄等拟之（内地不必有此）。

六、光复会简章上"设总部于日本东京"，因近日日本政府颇有干涉事件，故付印时，空此"日本东京"四字，祈于发出时加补之，至要至要。

此上柱中、福生、石生、怡宗、文庆、若愚等诸钧鉴。

弟章又白

【说明】本书写于一九一〇年四月，手迹，二纸，湖南社会科学院藏。

致李燮和等书

（一九一〇年）

柱中、若愚、彝宗、福生、文庆、佐新诸老哥鉴：

敬启者：现今总部已举定职员，分头办事。嗣后若有会中之事，可不必写信于弟，且弟又将一切事件交出，以便南行也。诸兄如遇有会中事务，可写信职员，至叙名可写诸执事先生公鉴云云。

信到后自然有人为照办，兼由书记作复以答也。东京本总会之庶务员，乃章君莫良，此公系彝宗兄所素知者，人极可靠。书记员为沈君家康，特此奉告。

至于杂志之事，与委买物件等项，可写信于龚宝铨君，定为照办。但弟南行之后，若有委买物件项，必先寄款，方为便利。因地〔弟〕内地友多，尚时有可通借者。弟去则并通借处亦少，若东京更无处可以借钱也。

专此奉陈，并请

侠安

至于本会总部之通信所，仍以杂志社通信所为通信所云。

弟成章白

此信寄李柱中兄。

【说明】此书写于一九一〇年，手迹，一纸，湖南社会科学院藏。

致 魏 兰 书

（一九一〇年八月）

（此信系公函）

石哥大鉴：

敬启者：迭接新加坡来信二封，已悉一切。但来信不贴邮便物，因致罚款，想系日本客栈作鬼也。

光复会之事，既已成立，无庸言矣（弟本意会必设立，必不汲汲扩张，以教育为进耳，察学生之有志者联络之，如是而已。又一面经营商业云）。弟意本欲专主个人运动，以教育为根本，苟得二三有资本之学生赞成，则已足矣。其利有三：一、易于秘密；二、可以专决，可缓可急，不成亦无大害；三、不招人忌。现既已成立光复会，大张门面，其势不得不用逆取顺守之法，若用此法，须速而疾，且断不能持久。夫我辈之目的，在一举覆清，若东放一把火，西撒一盘沙，实属有害而无益。然欲为一举覆清之举，非可定以年限，若会成立二三年后，一无音响，会员必定大生疑心，团体可以立刻解散。如欲顾全团体，其势不能不于地方上起，作侥幸以一逞之举，目的既乖，方针自乱，无可为矣。且会既扩张，趋炎附势者必来，拒之不可，不拒则将藉我名以招摇，一不便也。又今者革命之党遍于国中，人人有一方针，人人有一目的，各欲向其目的之地，以谋进取，于是有欲向云、贵以进取者，有欲向两广以进取者，有欲向江、浙以进取者，有欲向两湖以进取者，有欲向山东、河南以进取者，有欲向中央革命者。如此纷纷之热心人，各欲乞此总会以求运动款项，其将奈之何哉？当是时也，不与则名不正，言不顺。欲与则无款以给之。即令有稍稍之款，与其一不与其二，不可也，与其先不与其后，又不可也。全力助他人，未见他人之能集事，而本己之方针，且先乱矣。秦末之项羽，隋末之李密，其失败皆因此也。现已发表，无庸言矣。且先讲持久策，其策无他，先集数千金，或万金之款，办暗杀事宜，以振动华侨始可，否则会既成立，于一二年内，竟乃影响全无，其可乎哉？如不用暗<杀>，转用地方起兵，丧民费财，祸莫大焉，一有不慎，必引外国人之干涉，后事盖难着手矣。太炎先生既为总会长，可藉以联络各埠，弟意自联络成后，可将太炎公改为教育会会长，方为合宜。盖彼之能力，在此不在彼，若久用违其长，又难持久矣。至于弟之副会长职，非特不能胜任，抑亦实非心之所愿也。弟心本卞急，无容人过失之量，近日心复多疑，非所居而居之，辱与危且交至矣。意欲于联络后告退，谅诸兄必许弟也。至新推正副会长,恐名望不足以副人心,此节弟可助劳,使行暗杀者,以名归之,斯可矣。

有事种种,弟明年必南来一次,且居东京实在难以过日也。

杂志销去之款,仅文岛寄汇百盾,美洲十元,内地十二元,是以更窘耳。

《浙案纪略》及《教会源流考》已出版,各寄上四十册。许、苏、张、陈、屠、龚及金铭新兄皆送与各一册为感。……(后缺)

【说明】此书后缺,无下款,信端署曰:"此信系公函",乃查末言《浙案纪略》、《教会源流考》,陶成章所撰,《浙案纪略序》撰于"七月朔",当八月五日,则此书应撰于八月。书亦陶字手笔,二纸,湖南社会科学院藏。

致彝宗等书

(一九一〇年八——九月)

彝宗、若愚、柱中、文庆诸老哥鉴:

敬启者:八月二十六日来示已收到矣。知新加坡报馆已成立,喜甚。至司理其事,弟自料非其所长,至作文或可勉强(因弟不擅长时论故)。有一极妥当之友,名为陈陶公,现别称道一,才具既长,人又和平,并且谨慎老成,且有过人勇敢之气。前弟仍将此君行谊,略对柱中兄述之矣。文庆、彝宗、福生诸兄,亦深知其人,现弟已写信去邀请之矣。据莫良兄说:必可来得。若得彼来,胜弟十倍。然弟决不敢自逸,当亦南来襄理一方面之事也(如作文等事)。但近日因有一同事张君伟文,久禁在狱,困苦非常,弟欲运动出之,正在入手。若能出狱,必再为谋一安全之位置,事妥后,方能来,不能半途止也。故弟南行之期，当在中历十二月及阳历正月之间，有此原因，想兄等亦不以迁延见责也。

再有启者：弟自近月以来，杂志亏折甚巨，又连印秋稿、《浙案》、《教会源流考》等书，负债累累。近又代印光复会章程、盟书及图章等物，更觉困难。张君一事，大约终不免要花钱，用是不得已乞彝宗、文庆诸兄为代筹稍稍之款，以资助其困阨，以便为弟南行之旅费。陈君之费亦乞代为一筹是幸。叨在知心，故敢直告。盖近日内地可筹之处，已久为弟筹之一空，至于东京，实为至穷之地，万无可筹者也。

耑此奉陈，并请

侠安

福生兄均此，不另。

弟陶成章白

【说明】此书写于一九一〇年八、九月间，手迹，一纸，湖南社会科学院藏。

致沈复声书

（一九一〇年十一月五日）

福哥大鉴：

敬启者：接读西历十月十三号日来示，已悉一切。兄所言：与其虚言实事，不如实行虚事。是乃至理名言。所可惜者，光阴易逝，精力虚耗，为可悲耳。

孙文以后不必攻击，弟意亦然。而弟之意，即意见不同，宗旨不合者，辩正可也，不辩正亦可也，再不可如前者之《中兴报》，日从事于谩骂，不成日报体裁。即个人私德有缺陷者，亦不可多加攻击，盖羞恶之心，人皆有之，多所取怨，于所办之目的宗旨上，毫无所裨益，谅兄当亦以为然也。

《光复报》之事，弟已向诸同事酌量再三，咸以为不可缺之机关，不可不尽全力以举之。不但宗旨之鼓吹为重要也，举凡商务之开展，实业之经营，无不可以因此而渐入手。先议论以启导人心，而后乃入手办理实事，则庶乎有路之可寻也。然其总经理之人，必全才之人乃始可以。且又须其人以笃实和平居心者。据弟所知，非"陶公"不可，现已写信告知之，不识其果能来也否？若得"陶公"来主持，更加以管君之或先或后，协力行事，以匡"陶公"之不逮，事乃万全。至于主笔，驻在报馆者，至少当有两人。然能文之人，实不多觏，且又不能不大加慎重。而经理之人，又不能以作文分其心，作文之人不能顾他事，则精神始可灌注。未识吾兄可任其正席否？其副席已有一人在，但此人非与当面讲定，却不过情，始能前来（系章君莫良及陈君陶公之知友）。俟新加坡局面有定，章君莫良当返国力劝其来。至于义务主笔，太炎之门徒，多半系为将来往内地作教员，不可不稍习国文而来者，非特不肯作文，且亦不能请其作文也。其稍稍有志者，多系浙人，现均返国，皆欲独善其身，不能强使之干预外事。至于太炎，未始不可作文，而乃其不肯作文何？弟不得已，与一同志商酌，写信内地，必有三五人可得者。弟亦不敢自外，当为效劳，但弟不善时论，只可从历史上立论。此报章之事也。

至于教员若缺，莫若请南下同志各举所知，弟处不免偏于一隅，且又不能得多人也。兹有嘉兴友人张君焕伯及其夫人吾君孟超，皆同志中之诚笃可靠者，而吾君又善科学及应酬世故，性情和平，能办事，均有南来意，乞为留心位置之。又金华张君雨蕉亦有南来意，前函已言之矣。此学校之事也。

至《教育今语》杂志，真售去者，不满三百册，其餘均搁在代派所。收到之款，已前言之矣。弟意亦欲改为《光复》杂志，俟弟南行后，与兄等商而行之可也。其东京虽不能明出版，暗中出版，亦未始不可也。但太炎决不赞成，弟等亦不必请彼来赞成也。此《光复》杂志之事也。

以后兄等有事，可写信于章莫良、沈家康等诸执事员，因职员已举定也，弟逐渐将事件交出矣。

此请

侠安

弟章、铨白　西历十一月五日

【说明】此书写于一九一〇年十一月五日，手迹，三纸，湖南社会科学院藏。函中福哥，沈福生。管君，管慎修。

致李燮和书

（一九一〇年十一月五日）

柱中老哥大鉴：

敬启者：来示已悉，勿念为要。《光复报》事，祈吾兄暂为兼理。弟已向内地招办事之人南来，兼弟亦当南来协助也。

餘详福兄函中，不另叙。

此请

侠安

弟章白　西历十一月五日

【说明】此书写于一九一〇年十一月五日，手迹，一纸，湖南社会科学院藏。

致李燮和书

（一九一〇年十一月十三日）

柱中老哥大鉴：

敬启者：来示悉，勿念。行总部之事，大约可附设在报馆，则可以不费矣。此事弟不能不效劳，但才力薄弱，还须赖老哥出力维持，乃始不至失坠耳。

经商一节，弟当出全力以相助，无论若何，必使成立而后已。但此节又非弟之所长，须赖老哥及福生兄为之耳。弟只可以提倡而已。

《教育今语杂志》，因撰述无人，遂至延搁多日。今虽已将五、六期合并付印，然又值日本年底，印局工忙，不能即行出版，须俟西历正月二十内外出版矣。盟书又去添印二千张，分会印又刻十个，弟来时带下。南洋各方面，惟大呲呚进会之人甚多，进步甚速，人情亦较他处为厚。他埠亦多通信者，若弟南来，必有效果可收也。

弟因一人，不敢独任，现已与诸友商酌，俟报馆成立，有存脚处，各南行来协理。诚能如是，乃大幸矣。祈老哥善自珍重，勿以经商目的之不能遽遂，多生烦懑〔懑〕，致生理有碍也。此复

近安

　　　　　　　　　　　　弟成章白　十一月十三日

【说明】本书写于一九一〇年十一月十三日，手迹，二纸，湖南社会科学院藏。

致 沈 琨 书

（一九一〇年十一月十三日）

怡宗我兄大鉴。

　　来示已悉矣。陶公已允于报馆成立后，就来接手。而莫良公亦答应南行相助，且为归国一行，运动人才南行也。弟初次之筹〔踌〕躇者，实因一人之力有限，恐招覆𫗧之讥，今如此，则弟可以无忧矣。兼请兄亦勿忧也。

　　草此奉陈，并请

讲安

　　　　　　　　　　　　　　弟成章白　十一月十三日

　　【说明】此书写于一九一〇年十一月十三日，与同日《致李燮和书》写在一张纸上，手迹，湖南社会科学院藏。

致丁镂等书

（一九一〇年十一月十四日）

再新、柱中、彝宗三兄台鉴：

　　来信早悉。已于数日前复上一函，想已均邀电悉矣。

　　兹有启者：榜甲明岁初开学堂数处，近已有四五人相约南下，一为陈君仲权（此公极热心，为有道之士，早稻田师范毕业生）。

一为张君焕伯（此公忠厚,公私德完全,大阪高等工业预备学校毕业）。一为张君之友（张友〔君〕之知友,有四五人要来,弟劝其先同一友同来,恐致人才拥挤也）。一为徐君澄如（此君人稍卤莽,体育会毕业生）。以上之四人,早则正月初必到新加坡,极迟则与弟同行,正月底或二月初必到也。弟之行期,预想在西历正月底,即中国十二月底也。但因亏空秀光社之帐一百余元,一时不能动身（若川费用三等,四十元足矣。再加一二十元之零用,便可动身）。或当稍延日期,故曰正月底或二月初到也。

目前之形势,不能不力争上游,否则一败涂地,无策以善其后矣。而力争上游之策,不得不以树立同党为第一要义。教育固当藉此以维持,即经商一事,亦不能不有藉于此。弟在东京,已与诸同志议定,莫良允为返国运动作文之人,以备报馆之用,兼能掌教育及善营工商者（东京人才已寥落也）。弟意更欲兴办中学,已与深于中国学问,及日本物理学校毕业生深于数理、化学者议定,可以南来,又有女子大学校本科师范毕业生陈君,为弟同乡,绍兴山阴人氏,学问甚好,人亦能干,可以南来。而张君焕伯之夫人,亦可南来。如此,则女学亦可兴办也。但此事当俟弟南来与诸兄议定而后运动之,若果成立,不患无效果可也。其他种种人才,弟皆已留意在心中矣。目前之要着,须先位置此四人,弟已函告福生兄矣。更乞柱中兄为加留意留心是祷。

此请

近安

弟成章白　十一月十四日

【说明】此书写于一九一〇年十一月十四日,手迹,一纸,湖南社会科学院藏。

致丁镰等书

（一九一〇年十一月十九日）

再新、文庆、柱中、若愚、彝宗、震生诸老哥鉴：

　　敬启者：报馆之人才，已可招到。而内地各埠及东京，皆可有尽义务之访事员。但必须人才满足，办处〔出〕报来，始可出色，否则恐不能胜人而上之也。莫良等与弟约定，弟到后察看情形，即写信于彼，彼即往内地去联络各报馆及访事员，并邀善能作文之人南行。职是之故，弟不能不即来，拟于西历正月底动身，偕行之人如下：一、陈君仲权，二、张君焕伯，三、徐君澄如，四、李君浩然。内李君为西医，在湖州设立有医院，近拟南来，先作教员，后再设法开医院云。陈君又善作文，张君长于科学，徐君善于体操，皆极热心之士也。又尚有处州李君志成及周君咏仁，周君系武备出身，在营有年，熟悉情形者，亦将南来。弟恐人才拥挤，请其缓行一步，后弟等半月而行云。祈兄等速为代谋位置，免至多延搁日子，至令经费困难云。又志士之愿来南方相助者极多极多，弟不敢多招，均约其弟到南方后再行（疑为"看"字之误）情形云。

　　此请

讲安

　　　　　　　　　　　　　　　　　　　弟章白　　十一月十九日

　　【说明】此书写于一九一〇年十一月十九日，手迹，一纸，湖南社会科学院藏。

致何震生、王文庆书

（一九一〇年十一月二十六日）

震生、文庆二兄大鉴：

敬启者：兹有大吡叻埠同志曾君赞卿、梁君玉田、邹君天彩、何君性厚、陈君吉槟、潘君品初等，皆为极热心之同志，已在该埠立定机关，祈兄等时通音问，为彼此匡益之举，幸甚。

此请

讲安

诸同志均候不另。

弟陶成章敬白　十一月二十六日

【说明】此书写于一九一〇年十一月二十六日，手迹，一纸，湖南社会科学院藏。

致秋宾等书

（一九一〇年冬）

秋宾吾兄大鉴：

敬启者：文岛诸同志之热心，久为各埠同志所深悉。但先开导者，实嘉应李君天麟、湖南李君柱中之功也。今柱中兄闻及贵埠热心，欲相联络，则诚中国莫大之幸事也。故弟特为介绍。

　　此请

近安

　　　　　　　　　　　　　　弟陶成章敬白

　　此函由日本转寄。

　　【说明】此书写于一九一〇年冬，似非亲笔，共七纸，只编一个号，实际分致十数人。除给秋宾者外，尚有四封，为分寄振芳、益鸿、义云、芝崖、曾传、谷园、和凤、锦昌、子钦、国雄、月洲诸人；内容完全相同。湖南社会科学院藏。

积戡营育群书报社序

（一九一〇年十二月二日）

　　昔王船〈山〉先生有言曰："仁以自爱其类，义以自育其群，若族类之不能自固，而何仁义之足云。"由是观之，舍合群主义外，固别无人道主义；舍民族主义外，亦别无合群主义。虽然，欲求合群，非可徒托空言，必有机关以联络之，然后有过足以相规，有失足以相救，有疾病足以相扶持，有灾祸足以相补助。退而守之，可以保一隅，使不受外侮；扩而充之，可以联万方，谋光复神州。如是则合群之道，乃称实践。大吡叻埠志士曾君赞卿等有见于此，爰与各同志倡建阅书报社，作为机关，安置各种书籍，以饷华侨多士，为振聩发聋之计，伸明群学之义，故定名曰育群书报社。社成，属余为序述其意。余愿曾君等抱此宗旨，益励不懈，慎始敬终，终以无困，勿恃众盛而凌异党，勿以细故而乱大谋，庶几事可久大，人无间言，则船山先生之志也。

共和二千七百五十一年,岁次庚戌十一月辛丑朔,浙江会稽陶成章序。

积裁营育群书报社发起人及赞成员姓名录

锺焕彬	李敬文	张子昭	陈南康	邓华汉	曾赞卿
麦骥朋	以上每人助款五元				
张祥汉	四元				
张伟南	张荫孙	以上各三元			
卓 方	陈毓阶	陈振裕	李安裕	蔡公哲	徐柏如
陈 鹏	蔡少辉	谢福廷	侯子明	陈明康	张竹修
罗锦绣	卢荣轩	王接棠	宋德胜	杨 华	陈燊初
汤文彬	赖汉成	陈 调	张玉轩	张眉寿	潘禹伦
罗火秀	曾聘初	以上每人二元			
熊随缘	吴 三	曾坤元	黄耀辉	潘宝廷	陈 顺
萧则明	洪毓初	丘 进	曾云桢	宋亮明	兰凤华
廖 宝	廖 秀	锺 兰	陈 瀛	萧 源	丘 忠
李清荣	何时旺	宋宝珊	曾礼宏	萧香鸿	古汉国
李锡熙	吴焕廷	李贵昌	陈兆章	谢汉强	李发兴
汤金记	邓开鑫	潘汉才	黄焕文	陈文彬	黄汝英
锺岳生	林富松	黄渊昌	陈生盛	陈锡官	陈富三
宋 源	房景初	秀初温	张 禄	叶寿星	张 凤
曾 订	温 锡	宋 德	宋汉鼎	余湘云	宋亮三
宋英华	宋达如	宋焕祥	魏汉文	凌锦安	曾焯云
廖佛盛	汤国璋	陈汉彬	范达明	李则清	宋义祥
黄 金	陈 丽	叶春生	刘盛煖	陈增芳	余华源
罗达群	陈德财	张建立	陈杏南	李献章	以上每人各乙元

【说明】序文及《姓名录》，载《教育今语杂志》第五、六期合册"附录"，一九一一年一月二十九日（共和纪元二千七百五十一年，岁次庚戌十二月二十九日）发行，序文末署"庚戌十一月辛丑朔"，当一九一〇年十二月二日。

致李燮和书

（一九一一年）

柱哥大鉴：

来示悉，勿念。一切事情将面谈，不述也。弟此次来，意欲先谋一自食其力之位置，免至多费金钱，但须稍可以自由行动者为佳，祈吾哥为注意之。如未有，弟将寄居寺院，多著几部历史、地理教科书，以益后进，而助教育精神之发辉〔挥〕。盖弟近立定主意，不为虚耗金钱之事，更不为无益之举而虚耗其精神。实事求是，以图渐进，不为躐等也。未审吾哥以为善否？

此次弟当有人同来。此同来之人，如有可以直来文岛者，可寄一信于何尊三兄处言明，勉〔免〕至迂道爪哇而多费金钱云。

此请

近安

【说明】此书写于一九一一年，手迹，二纸，有残破，缺下款，湖南社会科学院藏。

致何震生书

（一九一一年十月十五日）

震生吾兄大鉴：

敬启者：弟因长江事急，欲速返国，不能来槟港矣。以后若蒙赐函，请寄上海法租界平济利路良善里第一百六十六号锐进学社尹锐志女士收交周守礼可也。

又有启者：泗水欲用药物，祈吾兄托愚兄代办若干，寄与福生兄为要。

此请
讲安

弟守礼白　　八月二十四日

【说明】此书末署"八月二十四日"，函称"因长江事急，欲速返国"；魏兰《陶焕卿行述》谓成章返国时"杭城已经光复"，查杭州光复为九月十五日（11月5日），按照行期，成章应于八月末启程，则"八月二十四日"日为旧历，当10月15日，下面附函何震生同发于本日。手迹，一纸，有残破，湖南社会科学院藏。

致王若愚书

（一九一一年十月十五日）

若愚老兄鉴：

启者：弟因事归国矣。吾兄行止何奚〔若〕？泗埠欲用药物，祈吾兄代购若干,寄至福生兄处为感。

　　此请

近安

　　　　　　　　　　　　弟陶成章白　八月二十四日

　　【说明】此书写于一九一一年十月十五日,与同日《致何震生书》写在一
张纸上,位于《致何震生书》之后,湖南社会科学院藏。

广　告

(一九一一年十一月二十七日)

　　清浙抚增韫被光复军擒获后,以礼待之。九月十九日,由浙江
军政府参议部开会公议,仆谓:"既不杀,不若送之出境,以全终始,
并绝后患。"当众参议赞成,遂于是晚开专车,派标兵护送至上海。
随行者有都督汤派员黄某(浙测绘学堂教员),偕仆同至常州八邑
会馆休憩,有余君丹平招待。增韫旅中行李萧条,衣服铺盖不完
备,自言旅费缺乏,仆即向余君丹平借银百元,以四十四元托泰安
栈购船票,其餘悉交增韫作杂费。遂于二十日乘开平公司轮赴秦
皇岛。当议决时,有褚君慧僧声明,增韫在浙江银行有存款二十八
万,当俟查确,勒令增韫交出。约期一日,如有是款,即以电告;如
一日内无电,即可放行。此褚与仆预约之言也。临行时,复由吴君
思预对仆言及此事,以半日为限,届期无电,方可放行。仆到申,告
余君营中,而余君深恐军士激烈鼓噪,不能抑制,又主议速送出境。
然仆犹恐不妥,复亲至上海浙江银行,查问究竟增韫有无存款。该
行谓,即有存款,亦应存在杭州浙江银行,上海无从查究。仆叮咛

再三方回。此当日之情形也。况护送有标兵二排,同车者有王君文庆、姚君吾刚、张君蔚裁及其他多人。增韫同仆至会馆时,有王、张二君偕,且为余君及众军士所共睹。至往浙江银行查问存款及购船票,则张君蔚裁同去。是皆众目昭彰之事。讵于九月二十三日《民立报》上载有"杭州专电谓:增韫助浙江军政府款念万。"语中有影射仆意,仆亦置之不理。继谓杭城谣言叠出,对于仆咸有猜疑,甚有谓① 仆挟有南洋巨资二十五万,往绍兴与练兵谋独立之举,可笑孰甚②。悠悠之口,本何足介意。然仆有不得不声明者:仆抱民族主义十余年于兹,困苦流离,始终不渝,此人之所共见者也。今南北未下,战争方兴,仆何敢自昧生平,而争区区之权利?谓仆得增韫款二十万及绍兴谋独立,其视仆不亦左乎。第谣言不息,行事多碍,故特声明。会稽陶成章白。

【说明】本文录自《民立报》一九一一年十一月二十七日。查《民立报》一九一一年十一月十三日载有《增韫允赠二十万》的报道,谓"增韫允浙军政府,筹赠经费二十万,闻措缴。增与其母女确于二十辰初押送赴沪交纳。其镖客四人,枪毙者二,禁锢者二。"这一消息发表后,陶成章遂发"广告"辨诬。

致浙省旧同事

(一九一二年一月七日)

浙省旧同事公鉴:

敬启者:当南京未破前,旧同事招仆者,多以练兵筹饷问题就

---

① "甚有谓",《民立报》作"正有理",据《申报》改。

② "可笑孰甚",《民立报》作"可矣孰正",误,据《申报》改。

商于仆，仆未尝敢有所推诿。逮南京破后，仆以东南大局粗定，爰函知各同事，请将一切事宜，商之各军政分府及杭州军政府，以便事权统一，请勿以仆一人名义号召四方，是所至祷。恐函告未周，用再登报声明，伏希公鉴。

陶成章谨白

【说明】此函录自《民立报》一九一二年一月七日。

与孙晓云便条

（一九一二年十一月十一日）

弟现移居金神父路（在南徐家汇路相近）广慈医院，头等房间第六号。此地僻静，晚间来看不便，如来看视弟，可在上午八、九点钟后，下午四点钟前。此上

小云吾姊鉴

从弟东生白　十一月十一日

【说明】本件为陶成章避居广慈医院所书，小云，孙晓云，陶成章夫人。由于当时已有暗杀讯闻，故陶氏末署"从弟东生"，以防走漏。二日后，即遇难，实为绝笔。原件陶珍先生藏，见本书卷首摄片。

致各报馆转浙江各界

（一九一二年一月十二日）

各报馆转浙江各界鉴：

公电以浙督见推，仆自维轻才，恐负重任。如汤公难留，则继

之者非蒋军统莫属，请合力劝驾，以维大局。

陶焕卿

【说明】此电录自《民立报》一九一二年一月十二日。查《民立报》一九一二年一月十四日又载《沈荣卿等致陶成章电》，电文如下：

"各报馆转陶焕卿先生鉴：顷阅先生通告各界电，骇甚。先生十馀年苦心，才得今日之收果。吾浙倚先生如长城，经理浙事，非先生其谁任？况和议决裂，战事方殷，荣等已号召旧部，听先生指挥。先生为大局计，万祈早日回浙筹备一切，若不谅荣等之苦衷，一再退让，将来糜烂之惨不可逆料，敢布区区，敬达聪听。浙东沈荣卿、毛修洁、蒋演、滕奇、童珏等全体党员公叩。"

《民立报》刊登此电后，附志云："按：浙江大局已定，蒋都督经全省各属代表一致欢迎受任，益见陶先生之功成不伐。不独全国钦敬陶先生，即浙人亦当共体陶先生之谦德也。因编右电，附志于此。"

下　编

编著按：本编辑录陶成章专著三种，包括《中国民族权力消长史》、《催眠学讲义》和《浙案纪略》。

据魏兰《陶焕卿先生行述》，陶成章于一九〇四年夏，"乘海舶而至上海。未几，偕龚宝铨而至杭州。在杭州白话报馆月馀，著《中国民族权力消长史》，函托陈蔚向各志士假金而印之。"一九〇五年，又以"中国人迷信最深，乃约陈大齐在东京学习催眠术，以为立会联络之信用，并著有《催眠术精义》一书（即《催眠学讲义》）"。一九〇八年后，光复会和同盟会发生磨擦，陶成章"遂决计独自经营，并将浙江各同志革命始末，作为一编，名曰《浙案纪略》"。并陆续刊登在仰光《光华日报》；一九一〇年，又将《浙案纪略》增补汇订，在日本印出。

《中国民族权力消长史》和《浙案纪略》，或者"专叙民族盛衰之原因"，或者专叙"嚆矢于浙，发现于皖，牵连及于鄂、赣诸省"的光复会革命事迹，对于研究中国近代史和陶成章思想，都有重要史料价值；即《催眠学讲义》也可侧面看到当时留日学界的一种社会思潮。且传本甚尠，查阅不易，特汇辑于此，以供参考。

卷　　四

本卷辑录《中国民族权力消长史》和《催眠学讲义》二种。

《中国民族权力消长史》，铅字排印本，一册，"共和二千七百四十五年甲辰十一月二十日付印，共和二千七百四十五年甲辰十二月初一日出版"。东京并木印版所印刷，署"会稽先生著述"、"独念和尚、悠悠我思编辑校对"，"榎木邦信印"，浙江图书馆藏。绍兴市文物保管委员会藏有手稿，惜仅存残叶。

《中国民族权力消长史》，撰于一九○四年，据蒋智由序文说，陶成章"抱民族爱国主义，其热如火"，是为了"伸其志"而撰有此书的。在《叙例》中，说是"读中国史，当知中国之地位"，自从鸦片战争以后，"强敌逼处，与我族争此土，要港割，路矿夺，我同胞行且为饿莩，我祖先行且为馁鬼"。由于势迫时穷、运厄境危，所以"言之详而言之长"。他强调"中国为世界文明之一大祖国"，宣扬中国文化之悠久、幅员之广大，以及历史上出现不少"开拓疆土"、"热心爱国"的人物，从而揭橥中国民族之可爱，无疑是有反帝爱国意义的。但书中受到"中国文化外来说"的影响，也杂有不少大汉族主义的观点，阅读时尚需注意。

根据《总目》，应有卷之上三章，卷之中一章，卷之下三章，以及卷下续一章，共八章，但原书只有卷上，即"邃古时代"和"太古时代"两章，写到夏朝以前。今全部辑入，并将总目录附。又浙江绍兴文物保管委员会藏有此书残稿第三章，见到二叶，今亦补入。至蒋智由所撰序文，则移入本书附录。

《催眠学讲义》,一册,铅字排印本,商务印书馆丁未六月三版,
撰于一九〇五年。据陶成章自述,他在一九〇二年东渡日本时,开
始研习催眠术。一九〇四年,又在东京与"精斯道者日夕讨论"。归
国后,感到催眠术对"教育医道均有莫大之利益",曾作专门讲演,
并将讲义付印,即此书。全书十一章,今仅将第一章"诠言"辑入,
其餘则存目录。

中国民族权力消长史

叙例　八则

一、中国者,中国人之中国也。孰为中国人?汉人种是也。中
国历史者,汉人之历史也。叙事以汉人为主,其他诸族之与汉族,
有关系者附入焉。

一、中国历史者,汉族统治之历史,而非一人之家谱。故叙事
专叙民族盛衰之原因,而于一人之事,多从略焉。

一、读中国史,当知中国之地位。我中国自古迄今,果为何等
样国,而有何等样之价值乎?间尝就中国历史上之陈迹而玩索之,
则知中国自开创以迄近世,位置凡三易矣。殷周以前,中国仅有经
营本部之事业,于此时也,是为中国之中国。秦汉以降,与塞外诸
异族日相接触,日相驱逐交战于天演界物竞界中,于斯时也,我中
国之盛衰,乃与全亚有关系,是为亚洲之中国。六十年来,大地交
通,门户尽辟,万国俨若比邻,黄白登于一堂,断不容我中国昏昏长
睡,生老死病,而与天地终古。我中国亦当震醒其顽梦,刷励其精
神,与白色人种共逐太平洋之浪,而交战于学术界、工艺界、铁血界

中,求争存于世,而垂裕乎后昆,于斯时也,我中国之存亡,乃与全世界有关系,是为全世界之中国。既明位置,则我祖先创拓之丰功,不敢不颂言也;中世近世见陵于异族,见迫于异族之奇祸惨况,不敢不质言也。<六>十年以来,强敌逼处,与我族争此土,要港削、路矿夺,我同胞行且为饿莩,我祖先行且为馁鬼。势之迫,时之穷,运之厄,境之危且急者不敢不言之详而言之长也,何也? 三者皆历史氏之所宜言也,亦国民之分应尔焉。

一、读中国史,当知中国之人文。我中国为世界文明之一大祖国,其文化之发达,绍基于皇古,葱隆于唐、虞,盛于周季,而光耀于汉、唐。若日本、若朝鲜、若安南,皆我中国文化产出之佳儿也。若大食、若波斯、若突厥,亦尝被我中国文化之影响者也。漪欤美哉,我中国也。我中国有二帝三皇之古训,世界莫能及;我中国有四千年绵延不绝之历史,世界莫能及;我中国有周季诸子百家之学说,世界莫能及;我中国有印度输入之佛教,发挥而光大之,以造成一新奇之哲理,世界莫能及;我中国有流传五千年单字单音特别之文字,世界莫能及。以言乎文化,若是其隆盛且久也。可爱哉,我中国! 我中国有医学、历学、数学、音乐之发明,世界莫能及;我中国有火药、火器、诸机械之发明,世界莫能及;我中国有地震机、浑天仪之创造,世界莫能及;我中国有指南针、罗盘针之创造,世界莫能及。以言乎艺术,若是其早且久也。可爱哉,我中国! 我中国有逾高岭、绝大漠、战胜百族,创建大国之大英雄家皇帝,世界莫能及;我中国有白手徒步起身帝王之大豪杰家汉高祖、汉光武、明太祖。世界莫能及;我中国有开拓疆土、挞伐异族、武功赫濯之大帝王家赵武灵王、秦始皇、汉武帝、唐太宗、明成祖,世界莫能及;我中国有开通西域、寻觅新地、陆地旅行之大冒险家张骞、班超, 世界莫能及;我中国有巡历西洋、驶入红海、威服诸岛之大航海家郑和,世界莫能及;我中国有入险万里破灭强敌、擒获君主之大战略家_{陈汤、李绩、李靖、裴仁轨、苏定芳、王元策}，世界莫能及；我中国有平治洪水、整理山河之大功业家_{夏禹}，世界莫能及；我中国有怀抱帝国主义、坚持铁血政策之大政治家_{管仲、商鞅}，世界莫能及；我中国有唱兼爱、申民权、表明大同学说之大宗教家_{墨翟、孔子、孟子、黄宗羲}，世界莫能及；我中国有热心爱国、抗拒异族、百折不磨之大义烈家_{刘昆、祖逖、岳飞、文天祥、张世杰、郑成功、张煌言、李定国}，世界莫能及；我中国有手提匕首、身履不测、威慑帝王之大义侠家_{荆轲、聂政}，世界莫能及。其他若文学家、工艺家、美术家，亦莫不人材济济而称盛于一时。以言乎人文若是其众多且美也。可爱哉，我中国！英雄者，历史之产出物也；历史者，英雄之舞台也。表赞已往之英雄，而开导未来之英雄，亦历史家之责任，且国民之分应尔焉。

一、读中国史，不可不知中国之地理。我中国地理，古今沿革不同，广狭亦互异，而要以中国本部为历史之中心点，我中国本部之地东环渤海，西接沙漠，南至南海，北逾长城，而连接阴山。总计本部面积大概有二百万方里。论大岭则有南岭、北岭之二大山系横亘于腹地；论大河则有黄河、扬子江之二大河流贯注乎东海；论大山，则有五岳；论大湖，则有五湖。且也地居温带，物产富厚，矿物、植物、动物之艳美而华贵者，莫不错陈罗列。煤产之富，足以抵全世界而有餘。美哉山河！我祖宗固遗我以莫大之产业，而奈之何其勿思。现就近时代之所区分者，示如下：

一、中国本部　　凡分十八省

　　　　直隶　　山东　　山西　　陕西　　甘肃　　河南

　　　　江苏　　安徽　　江西　　浙江　　福建　　湖北

　　　　湖南　　四川　　广东　　广西　　云南　　贵州

二、外部　　凡分五区

　　甲：满洲（复分三省）

　　　盛京　吉林　黑龙江

乙：蒙古（复分二大部）

　　　内蒙古　外蒙古

丙：青海

丁：西藏（复分二大部）

　　　前藏　后藏

戊：新疆（复分二大部）

　　　天山南路　天山北路

　　一、读中国史，当悉中国历史上所包含之人种，然后知何种人种于何时与中国有交际，何种人种于何时与中国有争战，何种人种为中国累世之大仇敌，何种人种与中国有夙怨，是皆不可不知。今全世界人类，可大别者五，即黄、白、黑、红、棕是也。黄种多居亚洲，白种多居欧、美，黑种多居非洲，而红种皆居美洲，棕种栖息于南洋各岛及印度之沿岸。我中国地居亚洲，为黄种。其先与中国有争执者，仅有黄色人种内之各族。至近日乃始与白色人种有关系。故先叙黄种内之各族，而末附以白色人种之各族。黄种之大别约有二大系派，示如下：

　　第一，昆仑山系统　昆仑山系统者，一名支那系派，本系派之人种，皆导源于昆仑山之下，故名。复区分七族如下：

　　（甲）中国民族　中国民族者，一名汉族，其自称曰中华人，又曰中国人。西洋大概称之曰支那人。至汉人之称，由汉代威振百族，有大汉强汉之称，故后世因以名族。本民族之祖先，发源于小亚细亚之巴比伦，而导积于昆仑山之下。越帕米尔高原，溯河源东进，移殖河北，更进越扬子江，而繁盛于江南，弥沦澎湃，遂曼延于十八行省，迄近日更徙满洲、蒙古、新疆、青海、西藏、日本、朝鲜、缅甸、暹罗者数千万。流渡太平洋，入美洲境，居南北美洲，渡南洋，入澳洲境；道红海，入非洲境者数百万。足迹所至，五洲殆遍。现今统计人口，盖不下四亿。所谓中国者，即吾汉人祖先所创建者也。

（乙）西藏族 西藏民族者，一名图伯特族。本民族之祖先，似与汉族之祖先同源，亦起自巴比伦而导积于昆仑山之下，现今蔓延于西藏、克什米尔、尼波尔—作尼八剌及缅甸之一带地方。人口不及三百万。殷周时之氐羌，秦汉时之月氏，唐之吐蕃，宋之西夏，皆属此族。

（丙）安南族 安南民族者，一名交趾支那族，即现今安南之居民是也。本民族为汉族产出之别支，其远祖则出自炎帝。神农三世孙曰帝明，帝明生帝宜，帝宜南巡五岭，接娶仙氏女生禄续。帝宜治北方，禄续封泾阳王，治南方。泾阳王生貉龙，貉龙娶帝宜之子帝来之女，生百男，是为百粤之祖。其近系则多自汉、唐、宋、明及近今之新迁入者。古称交趾，自汉迄唐，皆为中国领土，视同内地。至五季，始自立为一国。世受册封，为我中国之保护国，近见夷于法兰西，统计人口约千馀万。

（丁）朝鲜族 朝鲜民族者，即《汉书》之三韩。日本人沿三韩之旧，称之曰韩族。本民族似由满洲迁入，属通古斯族。然中古以降，悉为汉人种混入。其累代之君主，率多汉人为之。而其自称为中国先贤箕子之苗裔。文化亦化成汉族，尽失通古斯族之故态。故列之于昆仑山系派之下。现今朝鲜八道之居民，盖属此族。统计人口约一千五十二万。

（戊）日本族 日本民族者，即日本人也，其自称曰大和族。本民族亦似由满洲迁入，属通古斯族。现今日本贵族，多具通古斯人之状态。其语言属有尾语，亦属通古斯语言之系派。然士族以下，悉多汉人种混入之。其文化风俗习尚，亦为汉人所陶熔。近日言人类学者，当以历史之界为界，不当以天然之民族为界，故列于昆仑山系派之下。本民族现蔓延日本三岛，南北美洲亦多迁居者。统计人口约四千数百万，亦近日始行强盛之民族。

（己）苗族　苗族者，即三苗之遗众，九黎之后也。太古时，据有扬子江之流域，握中国本部全部之霸权，为东洋历史上之旧主人翁。逮为黄帝所败，更经帝舜、大禹之挞伐，渐次驱逐于南方，迄今尚留残影于云贵、两广、湖南之山穴中，有苗、瑶、黎、倮倮等数十种。台湾生番，亦属此丑类。本民族自为汉族所败，于东洋历史上不能占一席之位置。汉之夜郎、滇国，唐之南诏，宋之大理，皆是族也。

（庚）缅暹族　缅暹族者，即缅甸、暹罗之居民也，一名印度支那族。本族为苗族之别支，于东洋历史上无声价。现今统计人口约千餘万。印度之吠陀族亦属之。

第二，西伯利亚系派　西伯利亚系派者，一名蒙古系派。本系派起自西伯利亚之圹野，故名。现今蔓延于北亚、中亚、西亚之一带地方，复区分五族如下：

（甲）满洲族　满洲族者，一名通古斯族，其自称曰满人，又曰旗人。本民族起自满洲，故名。唐虞三代时之肃慎、山戎，秦汉时之东胡、鲜卑，六朝时之慕容，唐时之渤海、奚、契丹，宋时之契丹、女真，皆属此族。现今之清朝，即明封建州卫都督者也，亦由此族兴。此族于近世时闯入中原，破坏文化，为东洋历史上文明之公敌，于我汉族则为不共戴天之大仇雠。统计人口约五百万，东三省之居民及各省之驻防皆是也。

（乙）蒙古族　本民族于近古时代，起自内蒙古之斡难河，并吞全亚及欧洲之东北方，创建大国，灭中国之宋朝而臣仆我汉人，开千古未有之剧变，即所谓胡元者是也。后为明太祖所逐，退出中原，寻于中部亚细亚及西部亚细亚，又建一大国。未几瓦解，子孙又侵入印度，囊括五印度而君之，是为印度之莫卧儿王朝。本民族前日原为汉人之大仇敌，近则日就式微，无能为役矣。现今内外蒙古之居民，即此族也。统计人口，不过百数十万。

（丙）鲜卑族　鲜卑族者，古鲜卑之遗众，即西伯利亚之居民是也。六朝时鲜卑东南徙，居中原者为慕容、宇文、拓跋诸氏，列之东胡种，为通古斯族。其北方留者，与北亚居住之土人合，为现今西伯利亚人之祖先。"西伯利亚"者，"鲜卑"二字一音之转也。本民族地居极北，与汉族交际最少，汉时之丁零、坚昆，唐时之铁勒诸部，皆此族也。

（丁）**突厥族**　突厥族者，一名土耳其族，"土耳其"即"突厥"二字一音之转，因创土耳其国，故名。唐、虞、夏、商时之薰鬻，周时之狁狁，秦汉时之匈奴，六朝时之柔然，唐时之突厥、回纥，皆是族也。逮唐没时，此族西迁，遂跨亚、欧、非三洲海峡，而造成一强大之土耳其国。此族于太古、上古、中古，为汉人之一大敌手，六朝时曾入蹂躏中原，然亦不远即复。自西迁以来，离中国颇远，与汉人无甚交涉。沙兰生阿剌伯人，现亦多受回教之感化云。

（戊）匈牙利族　匈牙利族者，即现今之匈牙利人也。与土耳其人同一祖先，汉时匈奴之苗裔也。匈奴为汉所败，逃往里海，其子孙侵入欧洲，创建匈牙利王国。一时颇称望国，至今尚存，比之土耳其，尚居优等。本族自迁入欧洲后，与中国无甚交涉矣。上黄种内各族，与汉族均有密切之关系。近时又有一种新人之种，是为白种。其文化高于我，其势力大于我，侵入我土，使我汲汲也有亡种之戚焉，是亦不可不知。其有势力于我土之白种，约而举之，大别为三系派。表示如下：

第一、斯拉夫系派　本系派为现今葱隆之民族，势如浸潮，不可向迩，白种各族，亦深严惮之，俄、澳、波兰等之民是也。而其为我汉人患者,厥推俄罗斯为首。

（甲）俄罗斯族　俄罗斯族者,斯拉夫系派之杰出者也。现今蟠踞满洲,虎视眈眈,实为瓜分中国之主人翁。庚子以来,虐杀我同胞者不下数百万,幸有虚无党之内乱,祸虽酷而未烈,近复屡见败于日本,威望大灭。然其失败,全由腐败政体使然,非民族势力之顿折也。若改革其政府,则其势力之盛大,固当千百倍于今日,其连属之疆土,与中国相亘者数万里,是固非吴灭越,则越当灭吴也。波兰人、波西米亚人、基尔维亚人,皆为斯拉夫系统,与中国无交涉,略不录。

第二、条顿系派　本系派为近日最强盛之系派,盛势遍五洲,殆有囊括四海之势,其为我患者约有三族。表示如下:

（甲）日耳曼族　日耳曼族者,即德意志人也。为条顿系派内之后劲,其对于我中国,以侵略瓜分为目的,以铁血政策为主义。岁丁酉,因两宣教师之命,而占我胶州湾,建炮台,置戍兵,揽山西之煤矿,承办胶济铁路,视山东省为囊中物,磨砺以需,俨有灭我汉人朝食之势。庚子北直一带,大施威虐,我同胞之被惨祸者不下数十万。若尔族者,固我汉人之一大对头也。

（乙）英吉利族　是族为条顿系派内最强大之民族。首打破中国门户,前既以鸦片药毒我,近又以商务政策困我,扬子江一带,擅敢画入其势力范围圈,屡厄我汉人之独立军,破坏我秘密机关,固已数数。若尔族者,固我汉人当头之一棒罩也。

（丙）美利坚族　本民族为白种各族混杂造出之新民族,忽视英为母国,故列于条顿系统之下。本族前素抱孟鲁主义,不闻外事,近则扩充其主义,遂县古巴,取菲律宾,思争长中原,为飞而食肉之举。其主义为伦理的帝国主义,其政策为工艺政策,其为患于我,则犹必斯脱之瘟病,突入内脏,使人不及防,亦不及救也。若尔族者,其为我患,厥非浅鲜。

第三、拉丁系派　本系派于中古、近古有左右全欧之势力,近败于日耳曼,稍际衰运,然于亚东势力固未稍减。其为我患,约有二族:

(甲)法兰西族　本民族既据安南,又窥遏罗,夺我广州湾,而俯瞰两广,与俄人、德人相犄角,俨欲踏我中国而剖分食之。若尔族者,固亦使我汉人有亡种之戚者也。

(乙)意大利族　本民族前伏人跨下,近始成立。屡索三门湾,追随英人后,思舔其馀沥,以占我浙江省。若尔族者,为我中国患,亦非浅鲜。

前各族皆于近年与我汉人有交际,能为我患。其馀若荷兰,若西班牙,若葡萄牙,若比利时等,皆与我汉人有交涉事件,然鲜能为我患,故不备录。

一、读中国民族史,当区分时代。中国古史家以朝代为时代,不因时势之变更为时代。政治家则又以商周以前为封建时代,秦汉以降为郡县时代,唐虞以上,记载未盛,为太古时代。其所分亦未确当。今特就历史上之陈述,因时势之大变易者,厘定为三大部,曰:葱隆之部,开展之部,衰落之部。三大部中,别为七时代,曰:邃古时代,太古时代,上古时代,中古时代,近古时代,近世时代,近今时代。每时代中,就形势之稍有变易者,小别之为期,如第一期、第二期、第三期等是。全书统计凡分五十四小期。

一、文化为国之元素,政治为国之枢机。其良否美恶,皆与种族盛衰有莫大之关系,故政治、文化皆详列于每时代,或每时期之末。若论是书精义之所存,则对于外族经营之得失、国威之伸缩而已。故题曰《中国民族权力消长史》。

总　目

卷之上一　葱隆之部一

卷之上二　葱隆之部二

卷之上三　葱隆之部三

卷之下一　衰落之部一

第四期　中国民族小康第一时期

契丹盛世时期　西夏始兴时期

第五期　中国民族小康第二时期

契丹盛世时期　西夏优势时期

第六期　中国民族卑屈第一时期

契丹衰亡时期　女真代兴时期　西夏优势时期

第七期　中国民族卑屈第二时期

女真盛世时期　西夏优势时期

第八期　中国民族摧残第一时期

女真衰亡时期　西夏灭亡时期　蒙古勃兴时期

第九期　中国民族摧残第二时期

蒙古盛世时期

第十期　中国民族亡国时期

蒙古全盛时期

第十一期　中国民族角立时期

蒙古溃乱时期

第十二期　中国民族光复第一时期

蒙古驱逐时期

第十三期　中国民族光复第二时期

兵下南洋时期　蒙古朝贡时期

第十四期　中国民族盛衰第一时期

蒙古入寇时期　倭掠海疆时期

第十五期　中国民族盛衰第二时期

蒙古叛服不定时期　日人兵争朝鲜时期　欧人东渐时期

第十六期　中国民族悲惨第一时期

满洲骤衰时期　日本勃兴时期　欧美势力扩张第
一时期

第二期　中国民族忧患第一时期

满洲衰耗时期　日本优势时期　欧美势力扩张第
二时期

第三期　中国民族忧患第二时期北方暴动时期

满洲听命列强时期　日本盛世时期　欧美势力扩
张第三时期

第四期　中国民族忧患第三时期种类存亡时期

日本冠冕时期　欧美势力平均时期

第八　结论

第一节　中国民族权力消长之概说

第二节　中国民族兴亡问题之解说

第三节　爱国歌

鉴过去、现在以卜未来，由剥而复，由穷而通，我中国民族万岁，我中国民族的祖国万岁！万万岁！

谨拟未来三时期如下：

卷之下三续　希望之部

第一期　中国民族鼎立时期

日本冠冕时期　欧美势力平均时期

第二期　中国民族统一时期

日本全盛时期　欧美全盛时期

第三期　中国民族威力复振时期握掌东亚时期

日本保泰时期　欧美退让时期　黄白人种均势
时期

分 目

卷之上一 葱隆之部一

卷之上一　葱隆之部一

第一章　邃古时代

首期　中国民族原始时期

第一节　中国民族迁徙考一　叙论

水之清者必以源，兰之馨香由乎蕙。北极者，众星之所会归也；昆仑者，河源之所自出也。国为民族之国，民族必有所由起，则迁徙之说，夫亦安可以不详？

今夫迁徙之说，不特祖先披蓁棘，沐风雨，战胜他族，奠定疆里之丰功伟绩，历历映影于子孙心目中，馨香顶礼而寤寐不忘者也，且种族观念油然而生。盖迁徙之说所以明祖也，明祖所以尊祖，尊祖则敬祖心生，敬祖心生则自爱心生，自爱心生则保守之性质日益固，而团结之力日益强，此近世民族主义，民族帝国主义所以弥沦滂渤而充塞于大地也。迁徙之说，顾不重乎哉！顾不重乎哉！吾且还而观我祖国。

且夫我祖也者，非伟特奇异，高视阔步，凌驾万有，抱上天下地，惟我独尊之奇概，而怀大一统之理想者乎？间尝就古书所记，而管窥乎吾祖。

古书之记帝神农氏也，曰在昔神农氏，神不驰于胸中，智不出于西域，怀其仁诚之心，甘雨时降，五谷蕃殖，春生夏长，秋收冬藏，因天地之资而与之和同，是故岁厉而不杀，刑措而不用，故其化如神，南至交趾，北至幽都，东至旸谷，西至三危，莫不听从。其记轩辕氏也，曰轩辕皇帝氏，习用干戈，天下有不从者，黄帝从而征之，平者去之，披山通道，未尝宁居，东至于海，登丸山及岱宗，西至空桐，登鸡头，南至江，登熊湘，北逐荤粥，合符釜山而邑于涿鹿之阿，迁徙往来无常，以师营为卫，凡五十二战而天下大定。其纪高阳氏也，曰颛顼高阳氏，上缘黄帝之道而行之，学黄帝之道而赏之，静渊以有谋，疏通而知事，仁而不弛，宽而能断，北至幽陵，南至交趾，西至流沙，东至蟠木，动静之物，小大之神，日月所照，莫不砥属。其纪帝高辛氏也，曰帝喾高辛氏，上缘黄帝之道而明之，学帝颛顼之道而行之，溉执中以涵天下，日月所照，风雨所至，莫不服从。其纪帝陶唐氏也，曰帝尧陶唐氏，曰放勋，钦命文思安安，允恭克让，光被四表，格于上下，帝德广运，乃圣乃神，乃武乃文，皇天眷命，奄有四海，为天下君。其纪帝有虞氏也，曰帝舜有虞氏，曰重华，协于帝，柔远能迩，敦德允元，而乃任人，蛮夷率服，南抚交趾，北发西戎，析支渠，搜氐羌，北山戎，发肃慎，东长岛夷，四海之内，莫不咸戴帝舜之德。其纪帝大禹氏也，曰帝大禹，曰文命，敷于四海，祗承于帝，东渐于海，西被于流沙，朔南暨，声教迄于四海。伟哉我祖，泱泱乎大风焉哉！表东海者，固我祖也，复乎其勿可尚矣。

虽然，河水之汹涌，江流之澎湃者，蓄之厚也。喜马之高耸，灵鹫之杰出者，脉之雄也。因是例以例我祖之始迁，尤必有一泻千里、一飞冲天之奇特异彩，光耀于史册，垂裕乎后昆，而示吾后世子孙以不忘，吾又还而检视我祖国之历史。

呜呼痛哉！吾不检视吾历史，不推究乎吾祖之始迁则已耳，吾一检视吾历史，而推究乎吾祖之所自出，吾泪涔涔而不能合，吾口呜呜而泪不及下，吾头昏昏，吾心怦怦，吾四肢五体蹶极而身不能以转展。呜呼痛哉！我祖若宗，灵爽何在，何竟使亿万之子孙忘却本来之面目而谓他人父！

会稽先生曰：唯唯否否，是非吾祖之不灵也，不肖之子孙有以误之也。我中国无历史焉，仅有所谓记述耳，并无所谓记述焉，仅有一家一姓之谱谍帐簿耳。洪水泛滥，祸烈猛兽，探抉所弊，有二大因也，一则视祖国为一家之私物，于是革一朝，则盛述本朝之谱谍，散理前朝之帐目，著成一史，再革一朝，则又盛述本朝之谱谍，散理前朝之帐目，又著成一史。陈陈相因，而统族祖先之发迹，反不得而详。逮夫外族盗器，不能将历史上之秽迹扫除而廓清之。顾哓哓焉，日辩乎正统闰统，是不能三年之丧，而缌小功之察也。若尔人者，是谓忘祖，忘祖之罪，何可宽耶？一则高自位置，不悟原人进化之公理，不识寰宇之广大，逞一孔之见，而因以为天之下惟有地，地之上惟有中国，中国之外无人类也。我祖也者，天地之所置，日月之所长，其弊焉乃至强率牵附，谬引异类为同种，日是亦吾祖之子孙也。如匈奴，夏之裔；契丹，炎帝之裔；索头，黄帝之裔是也。开门揖盗，而异族乃得入吾堂据吾室，临制我而臣妾我，顿使我祖为馁鬼。《左氏传》曰：神不歆非类，民不祀非族，则吾祖已为馁鬼焉久矣。若尔人者，谓之昧祖，昧祖之罪益大焉。夫岂又可逭耶？是故始焉为忘祖，为昧祖，终焉因忘祖、昧祖而谓他人父，乃至有自命忠孝，背祖忘宗，剿杀同胞以媚父仇，九世之仇，犹父仇也。恶逆如曾国藩者，真狗彘之不若，糜烂其肉，不足食也。

　　会稽先生既深痛乎盛事之不传，景仰之无由，效守之无法，于是借鉴于欧美人士之学说，诸子百家之论著，捡拨残影于灰烬中，合炉陶熔而一之，作《中国民族迁徙考》，知我罪我，不敢辞咎。惟愿我四万万同胞览而知奋，有以答前王之耿光，而表扬我列祖之大烈，固所愿也。

第二节　中国民族迁徙考二　迁徙说上

西人之学说

动物好动者也,人类之在动物中,尤好动中之最好动者也。惟好动,故多迁徙。迁徙者,人类进化成立之大因,借以演种竞之状况,而描写其优胜劣败之形态者也。稽现今地球上著名各人种,溯其原始,何莫非由他方迁入,战胜其土种而成立者。若从原始人类直至今日,而毫无变动,盖未之前闻也。然则我中国民族,其原始不生于中国,可推而知矣。

欧美人士,历史学家,宗教学家,人类学家,无一不以中国之祖先,由西亚迁入,斯言也,吾固未敢尽信,然以欧、美人士之挥赜索隐,考核精详,加以近世地质之发明,左证具在,吾又不能不信。而其最信而有证,能于太古霾没时代,放一线之光,表明我族发祥之由,足以供我族借镜之考资者,厥惟千八百九十四年出版之拉克伯里 Terrien de Laconperie 所著之《支那太古文明西元论》Westernorigin of the Early Chinese Civilization 一书,其全书我国尚无译述者,且某亦未之能见。今就日本文学士白河君所著之《支那文明史》中所引述者,特节录之于下,以资考证。

奈亨台 Nakhunte 即黄帝 Nar Hwangti, 巴克 Bak 即百姓,黄帝即巴克民族之酋长。黄帝率巴克族东徙土耳其斯坦,经喀什噶尔即疏敕,沿塔里木河,达于昆仑山脉之东方。昆仑 Kuenln 者,即花国 Flowery Land,以其地之丰饶,示后世子孙以不忘。巴克族既达东方,即以此自名其国,是即所谓中华也。

神农 Shen-Nung 者,即莎公 Sargon,于当日民族未知文字为记事,用火焰之记号。按中国史,神农以火德王,以火命官,故号曰炎帝。又神农一称石耳，石耳、神农、莎公，均一音之转。

仓颉 Tsanghich，即但克 Dunkit，近世 Tsanghich 迦勒底语为 Dungi，亚尔多 Chaldea，人曾传其制文字象鸟兽爪之形。中国仓颉作字。

巴克者，本当时命其首府及都邑之名，而西方亚细亚一民族用以为其自呼之称号。今此语之存于西亚细亚古史者，如云巴克祢 Bakhdi、巴克脱雷 Bactra、巴克坦 Bakhtan、巴克雅 Bakthyari、巴克大 Bacdad、巴克斯坦 Bagistan (Tag or Takstan)，即巴克之陆 Land of Bak，巴克美乃齐 Bak-mesnagi，即巴克之国 Country of Bak，此民族其后有东徙者，是即中国所谓百姓也。

中国神王系表乃巴克族移住之时翻译，迦勒底太古神王携带东来者，故其两地神王之名，神王之年代，神王之紧要事件靡不相同。古碑文分十纪时代与迦勒底古碑文分十纪年数同。十纪之计算法，十三天皇，十一地皇，各一万八千岁，计算天地两皇之数，总共四十三万二千年，与迦勒底大洪水以前之天皇等二十三万四千年、地皇等十九万八千年，亦四十三万二千年。而地皇之第一王，与大洪水前之第一王，同以牝牛之兽带符号为统治之符号。十纪之第一期九人间王之治世，即中国所谓九头纪，人皇也。他之五纪，即中国之所谓五姓纪，亦曰五龙纪，第七、第八、第九纪各有名称，第十纪之奈亨台王，即中国疏仡纪首之所谓有熊黄帝也，而中国系表最后之名为黄帝所杀者，正迦勒底文字系表之答曼安 Dwnaan 也。

以上皆其历史上事实之相同者之比较，兹复摘其文化相同者之比较于下：

（一）学术及技术

（1）大阳历之年

（2）有闰月及一年十二分法

（3）一年二十四节小别法

（4）五日累积法木火土金水

（5）二时间一刻法

（6）七曜日之采用《易经》七日来复

（7）一年四季分当法

（8）十二月之名称

（9）惑星名称之隐语

（10）诸惑星符号之色彩

（11）拟四方为采色

（12）吉日凶日之迷信

（13）吉日凶日用迦勒底语及他之迷信

（14）数字之秘密及调合

（15）以十二年为世运循环之思想

（16）卜筮之实用

（17）八十筮竹之使用

（18）迦勒底之亚鲁及亚纳与阴及阳二根元之概念

右学术上之相同者，仅录其稍些，餘不备引。

（1）早知自摩擦得火及百旋转得火之术

（2）石材之代用为粘土炼瓦建筑之技术

（3）造沟渠运河

（4）筑堤防于河及灌溉

（5）小麦之开种，当时仅波斯湾之北及东北移植之于东
方中国今日之小麦种为当日波斯湾之种

（6）金属之使用及铸造之技术

（7）筑测天文之高台

（8）战车之使用

（9）二头以上之马及马具而驭

（10）君主之冠裳附特别之纹章模样_{中国君主服兗冕鼊韍}

右技术上相同之比较，亦仅摘录其稍些，餘烦不备引。

（二）制度及信仰

（1）帝王独裁之政治

（2）四表 Four Reagions 及四海之观念

（3）四岳四山酋长之尊称，即迦勒底之四个州王国

（4）十二牧统率人民之十二人，牧者 Pustor 之尊称

（5）对于自国"中国" Middle Kingdom 之通称

（6）对于人民用黔首之名称与迦勒底共用

（7）统治者之名，用神圣之习惯，如半神教主帝烈 Ti-Lai、帝明 Ti-Ming 与中国之帝尧、帝舜同一"八光星"之兴味

（8）置天文之专官_{中国羲和}

（9）座尊右之习惯，后世始尊左

中国古代信仰，示其自西南亚细亚移住者，有一最著之证，高原亚细亚最高之神之二元论，不见信于蒙古民族，而反见奉于中国民族。中国古代最之拟人为上帝，上帝又与天异。近于人间神与迦勒底同崇拜上帝，礼节如何，且勿深考。《舜典》"肆类于上帝，禋于六宗"。与稣西安那之六少神，考以汉代所得古代碑文，则知其名之确合也。竹书纪年代纪记黄帝受三神托宣，又与迦勒底之神同名，愈益见其民族之西来矣。

（三）文字及文学

巴比伦之楔形文字，一变而为画卦，兹略举楔形文字

于下：

Sunkuk　　　　　　　　　　　　"Empire""dominion"帝国主权

Sunuk　　　　　　　　　　　　　"Palace""court" 宫阙裁判所

Chifa　　　　　　　　　　　　　"Babylon" 巴比伦

Bapilu

2,3,4,8,9,10,23

二,三,四,八,九,十,廿三,

　　卦者，一种之古文字也。以字简而事物繁，故于一字之中，包含众多之意义，后世遂以此为卦，寓天地万物之理，而所谓《易》者，古文字之字典也。历代时有增辑，故易不一。当时欲治古文，不能不检字典。孔子读《易》而韦编三绝，盖使用之勤以至此尔。《易》本为古文之字典，而卜筮者，又假《易》以为用，故于初九、初六各爻之间加以吉凶无咎等字。如后人以唐诗作签语 而加以上上、中中、下下等字。

兹述离卦文一节于下

经　文	古文字	近代字	意　义
离	離		离者，一字有数多之意义
畜牝牛	离		家畜之女牛
吉			
初九			
履	离	缡	靴鞋之物

错	离	讹	误也
然	离	爒	燃也，燃米
敬之	离	瞯	注意谛视
无咎			
六二			
黄離	离		離離（鵹），黄鸟之名
元吉			
九三			
日昃之離	离	离	斜日之光耀
不鼓缶而歌	离	離	不拍瓦器而歌，歌之一种
则大耋之嗟	离	嚪	老人之叹
凶			
九四			
突如	离	离	不意而来
其来如	离	離	同来相会后为沍
焚如	离	爒	失火
死如	离	離	如死别也
弃如	离	離	舍也，抛也，今义离字同
六五			
出涕沱若	离	漓	流涕及泪等
戚嗟若			
吉			
上九			
王用出征	离	褵	王出征时所用之衣服
有嘉	离	偶	婚姻之结合
折首	离	離	断首

获	离	鑗	猛兽
匪	离	篱	竹篮小笼
具	离	篱	掏簸谷物之笼
丑	离	离	丑物怪物

无咎

以上皆据白河君所引拉克伯里之说。拉克伯里氏者,法兰西考古学之大家也,氏尝于小亚细亚巴比仑故国掘得古碑,摩残碣而读之,又收集各古物及古传记,集腋而成此书,全书总计八万餘言。白河君所述者仅有其少许。此书之所述引,则又仅于白河君所引述中摘录其概要,尚有各条及议论均未及详。其说之果是与否,未敢强定。要之,其说既崭新惊辟,而其证据则又凿凿可凭,若尽目为无稽之言,不得也。其论著中最堪玩索、供研究者有三也。(一)巴克之与百姓;(二)花国之与中华;(三)迦勒底之文化,与中国太古文化之比较是也。兹特作甲、乙、丙三项,演绎其义如左:

(甲)巴克族之与百姓　拉克伯里氏之说,以为百即巴克之转音,姓即族之义。以中国民族之自称百姓,因知中国民族之祖先为巴克民族。今姑以是说为假定,而演绎其义,述之如左:

姓,《说文》"人所生也。古之神圣人感天而生子,故曰天子"。《御览》七十八引《孝经·钩命诀》"华胥履怪迹生皇羲,任己感龙生帝魁"。七十九引《孝经·钩命诀》"附宝出降大灵生轩帝"等皆是也。从其所生而妃之以女,故姓之字从女生,表明其本出于天,天子所先有也。逮后本天所生之天子,推演而递及于天子之所生,于是乎天子于其子孙及同族,有赐姓之举。《史记·五帝本纪》"黄帝子二十五人,其得姓者凡十四人"。《说文》释义"凡小宗别为氏,氏既久,或天子赐姓以奖功德,如四岳赐姓姜氏、吕氏赐姓妫氏、陈董父赐姓拳龙氏"等是也。

附录《黄帝系统姓氏表》于下：

```
                      ── 玄嚣(己姓)─蛲极─帝喾高辛氏
                                        ┌ 后稷(姬姓)周姬姓之祖
                      (姬姓)──┤ 尧(伊祁姓)
                                        └ 契(赐子姓)殷子姓之祖
                      ── 苍林(姬姓)
                      ── 青阳(己姓)
                      ── 夷鼓(己姓)《帝王世纪》夷鼓一名苍林,俟考
                      (酉)
 黄帝有熊氏──         (祁)
                      (滕)
                      (葴)
                      (任)
                      (苟)
                      (僖)
                      (姞)
                      (儇)
                      (依)
```

前表即得姓之十四人也。《历史纲鉴补》"轩辕氏或云休僖姓,及黄帝崩,诸侯尊僖为帝,号有鸿氏(未确)。

颛顼高阳氏　姬姓　黄帝之孙

又

```
(姬)                    ──孙禹
                          (姒)
黄帝──昌意──颛顼──穷蝉──敬康──句望┐
            (姬)
└蛲牛──瞽叟(姚)──舜(妫)
```

有锡土之典。《禹贡》"锡上姓",《左传》"天子建国,因生以赐姓,祚之土,而命之氏"。盖锡士所以立国,赐姓所以立宗,皆厚待亲族之特例,亲亲相卫,屏藩王室,而诸侯之制兴焉。例如青阳之降居江水,昌意之降居若水,丹朱之降居丹水,皆在诸侯之列,故有战争则征师于诸侯,《史记·黄帝本纪》,帝征诸侯之师与蚩尤战于涿鹿,是即征师诸侯,取亲亲相卫之义。而翼戴天子,亦在诸侯,《孟子》天下诸侯朝觐者不至尧之子而至舜,天下诸侯朝觐者不至舜之子而至禹,天下诸侯朝觐者不至益而至启。《竹书纪年》启即位,飨诸侯于钧台,诸侯从。是皆诸侯翼戴天子之明证也。揆当日之所谓诸侯者,盖当属于百姓之内,指其有分土者言之耳,与所谓万邦者迥异。夫一民族之战胜他民族也,势必分等级以自表尊贵,此乃人为淘汰,自然淘汰之公理。阿利安人种之初入印度也,区分人民为四阶级:首曰婆罗门,系僧侣,掌事神治人之事;次曰杀帝力,系王家,掌军国事;三曰毗舍,人民之义,服兵役;四曰首陀,奴隶之称,从事农工商。上之三等,属于阿利安人种;下之一等,则系印度之本种,而非阿利安人种也。考中国古籍,则知中国太古时代亦区分人民为四级,首曰百姓,四级中之最贵者,礼太庙之命,戒百姓也。又曰重社稷,故爱百姓。由前说,则百姓于王家有参预政事之权;由后说,则百姓于天子有夹辅守土之责,固天子一体之人,非他人所敢比肩也。次曰万邦,征服之国不夺其土地,若近日之土司然;次曰万民,万民即黎民,归化服从者;次曰蛮夷戎狄,未征服之人种,故痛斥之,比之犬羊。《书·舜典·皋陶》:蛮夷猾夏,寇贼奸宄,汝作士,五刑有服等语,词旨严峻,不稍假借,民族主义之精义也。攘除而不使与我种人相混,以为子孙忧。百姓中之最贵者为九族,九族,帝室之近支;有分土者曰诸侯,诸侯执政令大权,今试陈其对举之词,则尔时阶级之制可见矣。《书·尧典》"克明峻德,以亲九族,九族既睦,平章百姓,百姓昭明,协和万邦,黎民于变时雍"。九族曰亲,亲者,近之也;百姓曰平章,平均也,章明也。平章云者,犹言光荣之而华美之也。万邦曰协和,协和怀柔之义,黎民指苗种之归化者而言。按唐虞氏有黎民、苗民之别,黎民为北方已征服之苗种,苗民为南方未征服之苗种。黎,黑也,以颜色而别人种也。民,愚萌之谓,《书·吕刑》"苗民弗用灵",郑玄注:"民者,冥也,言未见仁道。"《说文》:民,瞑也,盲也,盖皆愚昧无知之义。案"民"古文作"甿",与古文"氓"(奴)字义相近似,盖含蓄奴隶之意味者也。审是,民之为民,固非贵族之名称,而为贱种之代名词也必矣。黎民归化,足彰威德,故曰于变。于变,丕变也。丕变者,言改革其恶习而向善也。又观《书·舜典篇》:舜令稷之词曰:"弃黎民阻饥,汝后稷播时百谷",是抚字之语也,而颇含轻贱之意,与黔敖为食于路,对饿者曰嗟来食之词旨差相仿佛。再观其命契之词则曰:"契,百姓不亲,五品不逊,敬敷五教在宽"。曰亲,曰逊,曰敬敷,曰在宽,抑何其亲逊而婉和乃尔,此其厚待同族,薄待异种人之口吻毕见矣。百姓与民,阶级区分,文之至明晰者,又莫如《国语》。《国语》:"楚昭王问观射父曰:'所谓百姓,千品、万官、亿丑、兆民经人咳数者何也?'对曰:'民之彻官百。王公之子弟之质能言能听彻其官者,而物赐之姓,以监其官,是谓百姓,姓有彻品,十于王谓之千品。五物之官,陪属万为万官,官有十丑,为亿丑。天子之田九咳,以食兆民,王经入焉,以食万官'。"右说,百姓与民阶级,文之至显明而易见者。又黄帝问于岐伯曰:"君子百姓养万民",亦百姓与民阶级说之最明者。逮后立国既久,阶级之制渐宽,百姓之生齿日益繁多,其疏远者,始业农作,同入编氓,百姓与民之阶级始混,而民始尊贵。《商书·汤誓》:"以敷虐于尔万方百姓。"又曰:"惟天生民有欲。"《盘庚》:"民不适有诸率于众感出矢言。"又"汝不和吉言于百姓"。民与百姓已混同而称,毫无阶级之可寻矣。设我族而果非外来之人种,而为土著之人种,则此等阶级何自而生？然则百姓之为百姓,其由来盖可知,拉克百里氏以百姓为巴克民族,其说固非无因也。

（乙）花国与中华　　拉克伯里氏之说,以中原民族之先祖,导源于迦勒底,而发迹于昆仑之下,昆仑即花国,巴克民族,道经花国,艳羡其美丽,既立国东方,自号曰中华,所以示媲美花国之意,华、花古文通用,且亦仅系一音之转,今姑以是说为假定,而演绎其义,述之如左:

我中国自称其国之普通语曰华夏,《传》"夷不乱华"。《书》"蛮夷猾夏"。可知华、夏二字为中国之旧名称。夏者大也,华者美也,华夏云者,犹言美大邦之义。又曰中华,或曰中国。中者,建中立极,宅中御外,世界之义。今按华夏之名称,当系由大夏被转。大夏之名,早见于中国古籍。《管子》"黄帝命伶伦作乐,伶伦自大夏之西,乃至隃阮之阴"。又《路史》"称尧训及大夏"。《汲冢周书》"昔西夏性仁非兵,城郭不修,武士无位,惠而好赏,财屈而无以赏。唐氏伐之,城郭不守,武士不用,西夏以亡"。盖即指尧训大夏事。他书或有称"黄帝由大夏入身毒国者"。身毒即现今之印度。审是,大夏固西方之故国也。华、夏古音相同,或称夏,或称华,沿习既久,不辨所自,遂以华夏二字并称。花字古文亦作华,固知大夏即当为花国。《拾遗记》"春皇之所都有华胥之洲,神母游其上而生庖羲"。《帝王世纪》曰"炎帝母有蟜氏女,登游华阳,有神龙首感生帝"。《竹书纪年》"少昊母女节见星虹,下流华渚"。注:"华渚,即华胥之渚"。曰华胥,曰华阳,曰华渚,表神圣之降祥,必不能离乎华,则华字之取义可知。《列子》"黄帝梦游于华胥氏之国,华胥氏之国在弇州之西,台州之北,其国无师长,自然而已。其民无嗜欲,自然而已。黄帝既寤,怡然自得,召天老力牧太山稽告之"。又"二十八年而天下大治,几若华胥氏之国"。按心理学中,梦有两种,一曰幻影的之

梦。幻影的之梦者,触于外界,接感于脑而成梦,如睡寐中逢滴雨
于头,而梦被大雨,遇虫鸣于耳,而梦作雷声是也。一曰幻想的之
梦。幻想的之梦者,必系平日所经历、所目击,寄臆想于脑,感而生
梦。若平日毫无根芥于脑,而能幻感成梦者,未之有也。黄帝游华
胥氏之梦,殆幻想的之梦也。既寤,怡然自得,思慕之情如见。又
"二十八年而天下大治,几若华胥氏之国",比拟华胥,或即如拉克
百里氏之所谓媲美花国也耶。华胥氏之国在弇州之西、台州之北,
弇、亚一声之转,弇州之地,或其指小亚细亚之故土而言。台州之
地不能详,以意度之,当在喜马拉耶山之南北。华胥氏之国,必系
太古西亚文明强大之邦,故黄帝思之,决不同于所称乌托邦之类者
也。《山海经·大荒西经篇》:"西王母之山壑山海山有沃土之国,
沃民是处,沃之野,凤凰之卵是食,甘露是饮。凡其所欲味尽存,爰
有甘华甘柑,曰柳视陶,三骓旋瑰,瑶碧琅玕,白丹青丹,多银铁鸾,
鸟自歌,凤鸟自舞。爰有百兽相群是处,是谓沃土之野。有三青
鸟,赤首黑目,一名大鸷,一名小鸷,一名青鸟。有轩辕氏之台,射
者不敢西向,畏轩辕之台。"沃土之国,若是其华美,殆即所谓华胥,
所谓花国乎?沃土之野,又有轩辕之台,则黄帝之始入中原,道由
花国,又从可知。我国之自名为中华,亦不难因是而例推,则拉克
百里氏花国为中华名称之所自起,其言亦甚近也。

　　(丙)迦勒底文化与中国太古文化之比较　拉克百里氏既以
中国民族由迦勒底迁入,故中国古代文化多与之相同,如学术、技
艺、制度、信仰,其同一之处,已不乏其考证。大凡文化之发达,必
有其起源点,然后循序渐进,而抵于开明之世,此中外古今之通例
也。今按中国有巢、燧人之间,衣皮食肉,穴居野处,去原人之世未
远,羲、农之世,文运少进,然豢养牧畜,尚系游牧之习尚,一入五帝
之世,文化忽呈灿烂之观,而又多本于一世一人之造作,揆之进化

公理，毋乃惊其太骤。若谓我国人种由西亚迁入，挈母国文化，栽植于东方新造之子国，因旧制之所固有，而斟酌损益于其间，不数十百年而东方之子国，遂勃兴而为文明之新邦。例如近世美利坚之于英国，美国文化由欧人挈入，因非土著烟颠人所有之文化也。斯言固亦近理之言也。今姑以是说为假定，而演绎其义，述之如左：

现今人类学家，所以资其研究人类之派别者，以语言文字、宗教思想为大宗，文字根于语言，而思想范围于宗教，兹二者关系地理者半，关系历史者半，然其本，实要皆原于先祖之遗传，别立Ａ、Ｂ二说于左：

（Ａ）迦勒底语言与中国语言异同之研究　现今世界语言约分三大别：一曰屈曲语，变化其语根，而示种种意味者，如英、法诸国等之语言是也。二曰连结语，语根无变化，追加连语而示种种之意味者，如日本、满洲、蒙古等之语言是也；三曰单独语，一字一音，一音一义，示个个之意味者，即我族所用之语言是也。拉克百里既以中国之百姓为巴克民族，率巴克民族东徙酋长奈亨台，当之中国黄帝。今按西亚古国史奈亨台王为阿加逊人种，阿加逊人种与思米尔人种者，均属于丢那尼安人种，而或谓有与Finno Tatar人种相近，于状貌为广头骨，唇厚眼小，皮肤呈暗黑色，毛发短促而浓密，髭长而直，属乌拉阿尔泰山语系，无语尾之变化。言语学者谓与今西人所称为蒙古种黄种统名之语言为同源。中国现今之语言适与之相近，语言演为文字，迦勒底文字为思米尔人在霭南所造，其后传于塞的人，或者又流入埃及，而为画文字之祖，故埃及古代文字，实有与之相同者。迦勒底之文字，有象形、楔形二种，其形类尖本，一端大，一端小，头大尾小，恰为三角形之长而尖其点，今姑名之曰尖体字，巴比伦之尖体字，即变形为中国之八卦，略见前，不表。今仅列其象形文字于左：

迦勒底之象形文字

三口篦　后因篦为妇女所用物，凡画篦形，即指妇女事

◇日

▭屋

凵凵手

以上皆巴比伦古代之象形文字，然已稍就进化，非原始迦勒底象形之文字也。

埃及古代象形文字　　　　　　中国古代象形文字

（B）迦勒底宗教与中国古代宗教异同之研究　迦勒底人太古时代于天文学上有非常之进步，造有名之方尖塔，以专测天文，如今日所用黄道 Zodiac 之记号，当日早已发明，而分圆圈为六十度，分黄道为十二支，作十二宫之图，日蚀月蚀，皆能预测，然因天文学之进步，而宗教之观念亦益深，于是另迷于一种之幻想，而天体神学 Astro 起。天体神学者以附诸天体，以神祇之名而崇拜之。迦勒底古代之宗教，崇奉多神，数多之神，各自自支配其领土。诸神中之最贵者为日月星，以上帝为诸神之极则，君主为天之代表，有

半神之观念。今按中国古代亦崇奉多神,日有祀,月亦有祀,星辰亦有祀,而其神之最尊重无匹者,厥惟上帝。君主为上帝之雇仆,有神圣不可侵犯之想像,其例正与迦勒底同。今试略举其例。《书·舜典》"肆类于上帝,禋于六宗,望于山川,遍于群神"。上帝者 天也。六宗疑即迦勒底之六少神。者,时暑雨日月星水旱也。山川者,名山大川也。群神,据注为丘陵坟衍古昔圣贤之类,此即中国崇奉多神之证,迦勒底之神有爱奴 Anu 者,幼发拉底河畔爱兰若 Erech 之神,即天神也,与我族同以天为至上神,万物之创造统御。唯迦勒底之思想,观之于我族古代,精神少化于无形的而已。其尤奇者,迦勒底之宗教,其所谓神者,凡分三代,初动物,次迁入半人半兽时代,后进入人形时代,迦勒底神自兽形进入人形,其间历程,以人形跨动物之背上之形为写象。亚述人崇拜之台颗 Dagon,其头复以鱼鳞。又男神女神,人形而具翼,有翼龙;人头而有翼,有大牡牛,掌驱除恶鬼,其他羚羊蛇、山羊豚、秃鹫,或与崇拜之神有密接之关系。吾人考当时迦勒底之宗教,自神形兽视时代,转进入神形人视时代,于此可见。埃及宗教,现今学者多谓其原于迦勒底,故埃及神殿之建筑式,多从底格里士河、幼发拉底河之两河畔而来。埃及女神之像者,有牝牛之角,男神之像,有鹅头鹰头者,猫头者,牛头及羊头者,其他有以神鸟为头者等是。夷考中国古代,其所谓神者,亦正与之相类。《山海经》记载,有所谓鸟身龙首之神者,自鹊山至招摇之山。有所谓龙身鸟首之神者,自柜山至漆吾之山。有所谓龙身人面之神者,自天虞之山至南禺之山。有所谓人面马身及人面牛身之神者,自钤山至莱山。若此者多不胜数。又《帝王世纪》称,伏羲、女娲氏为蛇身人首,神农氏为人身牛首,神农氏以后亦全体为人类。迦勒底世掌宗教政权之僧侣,即系世掌天文之职官。夷考中国古代,世掌宗教之职者,厥惟重黎。《楚语》"少昊之世,九黎乱德,颛顼受之，乃命南正重司天以属神，北正黎司地以属民，其后三苗复九黎之德，尧复育重黎之后，不忘旧者，使复典之"。又《史记》"共工作乱，帝喾使重黎诛之，诛而不尽，帝戮重黎，而以其弟吴回为重黎。"是重黎世掌宗教政权之明证也。而世典天文之职者，亦为重黎。《虞书·尧典》"命羲和象日月星辰授民时。"贾公彦《周礼疏》曰："《楚语》尧复育重黎之后，重黎之后即羲和也。"《史记》太史公之自序曰："在昔颛顼，南正重以司天，北正黎以司地，唐虞之际，绍重黎之后，使复典之。至于夏、商，而重黎氏世序天地。"是即重黎世掌天文之明证也。顾或者谓中国司天地之重黎，《山海经》"作重献上天，黎邛下地，处于西极。"即巴比伦即迦勒底。司天地之阿奴彼勒。《古教汇参》云："巴忒仑祭司长名曰阿奴，长天上事；曰彼勒，司地上事。"彼勒，即黎字之合音也。

　　迦勒底人既因天文学之进化，另述于一种之幻想，而有天体神学，同时又幻成一种之思想，而有一种星占之伪科学。盖迦勒底人当日见天体之灿烂，以为皆有人主持之。天上之现象，悉与地上之人事有密切关系，而星占之魔术于以起。此星占之魔术，其后传于罗马，于中世纪大流布于欧洲。学者推究其源流，因知由塞米的人传入，而塞米的人则受自丢那尼安人种中阿加陀人。中国星占魔术正与相同，其流弊且至今未歇。《洪范》一书，为我国太古思想之渊源，今夷考全书意味，其精神则宗教，其学说则多系阴阳五行吉凶祸福卜筮之说，《洪范》九畴，五行：一水、二火、三木、四金、五土。五事：一貌、二言、三视、四听、五思。八政：一食、二货、三祀、四司空、五司徒、六司寇、七宾、八师。五纪：一岁、二日、三月、四星辰、五历数。皇极：皇建其有极，敛兹五福。三德：一正直、二刚克、三柔克。稽疑：一雨、二霁、三蒙、四驿、五克、六贞、七悔。庶征：一雨、二肠、三燠、四寒、五风、六时。五福：一寿、二富、三康、四宁、五攸好德、六考终命; 六极: 一凶短折、二疾、三忧、四贫、五恶、六弱。右即《洪范》九畴,不外以天事证人事,递相为因,递相为果。其要则曰择建立卜筮人,命卜筮,断定祸福,以决其趋向而已,固统一星占之科学也。

夫文明之发生也,各各异其时,异其地,为特别之发达,其源既殊,其流自异,故现今我国之文化,与西洋之文化,犹水火之不相入,何也? 曰异其源故异其果耳。今按我国古代文化与迦勒底何多相同之点耶? 是必有所自来矣。然则拉克百里氏谓中国文化自迦勒底输入,亦非无故也。

第三节　中国民族迁徙考三　迁徙说下

古籍之证据

拉克百里氏之说,既确定中国祖先由迦勒底迁入,证以种种之事实,表明其学说之非误。著者复就其说中所有,更推阐之于我国古籍,又多脗合。然使竟以拉克百里氏之说为断定,又不能不启读者之怀疑心。用是特再收集本国古籍中足以为我国迁徙之实证者,别作甲乙两项,胪列而论断之于左:

(甲)迁徙之陈迹　　中国书籍之近古者,以《穆天子传》、《山海经》为最著,《穆天子传》与《周书》纪年,同出汲冢。太史公记穆王宾西王母事,与诸传说所载多合。此书盖备记一时之详,固不可厚诬也。《山海经》称传自大禹,述自伯益,其实当不仅始于大禹、伯益,盖累代迁徙所经历记述,集腋而成裘者也。大禹、伯益,要不过整理而修饰之耳。兹特于二书中摭拾二三,末稍附《论衡》,或亦学者可取为参观互证之资也。

(一)《穆天子传》　　《传》曰: 天子宿昆仑之阿,赤水之阳,爰有甄鸟之山，天子三日，舍于甄鸟之山□。吉日辛酉，天子升于昆仑之丘，以观黄帝之宫。《列子·周穆王篇》同载此说。陆贾《新语》：黄帝巡游四海，登昆仑山，起宫室于其上。（中略）季夏辛卯，天子升于舂山之上，以望四野，曰舂山，是惟天下之高山也（中略）。舂山之泽，清水出泉，温和无风，飞鸟百兽之所食，先王所谓县圃。《山海经》明明昆仑京圃各一山，但相近耳。又曰：实惟帝之平圃。（中略）。天子五日，观于舂山之上，乃为铭迹于县圃之上，以诏后世（中略）。辛卯，天子北征东还，乃循黑水。癸巳，至于群玉之山，《山海经》群玉之山，西王母所居者。容成氏之所守，曰群玉田，山□知阿乎无险，四彻中绳，先王之所谓策府。

　　（二）《山海经》　《西山经篇》（前略）不周之山（中略）。又西北四百二十里曰崇山（中略）。其中多白玉，是有玉膏，其原沸沸汤汤，黄帝是食是飨，是生玄玉，玉膏所出，以灌丹，木丹木五岁五色乃清，五味乃馨，黄帝乃取崇山之玉荣，而投之钟山之阳（中略）。槐江之山（中略），西南四百里曰昆仑之丘，是实帝之下都（中略）。又西三百七十里曰乐游之山（中略），又西三百五十里曰玉山，即《穆天子传》群玉之山，先王之所谓策府者是，西王母所居也。（中略）。又西四百八十里曰轩辕之丘（中略）。又西三百里曰积石之山。非禹导河之积石山，系尚在其西者。《括地志》积石山今名小积石山，在河州抱罕县西七里。又云：黄河源从西南下出大昆仑东北隅，东北流经于阗，入盐泽，即东南潜行吐谷浑，略大积石山，又东北流至于小积石山，见《史记正义》。（中略）。又西二百里曰长留之山，其神少昊居之。《海外西经篇》（前略）轩辕之国，在此穷山之际（中略）。穷山在其北，不敢西射，畏轩辕之丘（中略），在轩辕国北。其丘方（下略）。《海内北经篇》帝尧台，帝喾台，帝丹朱台，帝舜台，各二台，台四方，在昆仑东北（下略）。

二书之说如是。今据二书所载,而以事实核之。昆仑译言华土,盖即拉克伯里文所谓花国也,指帕米尔高原而言。帕米尔者,波斯语译言屋极,中国古代由帕米尔迁入,故言高土高山,概名曰昆仑,故有所谓海内之昆仑者,有所谓海外之昆仑者。盖太古时代蒙古大戈壁,至天山南路一带之低地,多潴湖水,为地中大壑,故吾祖指之曰海,海内昆仑,指现今甘肃之积石山,海外昆仑指帕米尔。《遁甲开山图》有曰:天皇被迹于柱州之昆仑,极与柱,皆状其山之高。故曰昆仑,即帕米尔高原也。《穆天子传》所称天子升昆仑之丘,以观黄帝之宫,黄帝于昆仑有宫,则黄帝未入中原之先,当在昆仑附近暂驻,盖可知也。天子升舂山之上以望四野,曰舂山,天下之高山也。舂山,以今日之地望按之,当属葱岭,舂、葱同音,其重言之舂山,系舂山中之最高峰,即《山海经》之所谓黄帝取峚山之玉莹,而投之于锺山之阳之锺山是也。以今日之地望按之,当属葱岭山脉之第一高峰冈底斯之正峰,舂、锺、冈亦皆一声之转。又舂山之泽,有先王之县圃,县圃即《山海经》所谓帝之平圃,盖系古先王所建设之名胜景,借以为游宴憩息之场,犹近日公家花园之类。又群玉之山,先王之所谓策府,据章氏《衁书》,沙公一世建设图书馆,其书皆陶瓦为之,而雕刻楔文于其方面,其厚三寸,其长三寸,或至三尺六寸,宝书复杇陶土于外,更刻其文。中国初为书契亦然。观《说文》训专为纺专,又训曰六寸簿,足明古者以纺专任书,其后有簿忽。今字作笏,笏也,簿也,手版也,三者异名同实。书思对命,亦以专名。最后称诸册籍曰簿,其义相引申矣。夫上古世无竹帛赫蹏,独取陶瓦任文籍之用,其山产玉,则亦因而采之,足以摄代,故群玉为册府宜也。沙公即迦勒底王,中国之神农是也。之在中国,斫木为耜,揉木为耒,不举文学而亦无教令,独为图书馆于其故国,后王怀之,知其自来,称之曰先王。穆王既西狩,因纪铭迹于县圃之上。以上引《衁书》。穆王铭之者,盖追念前王,刻石纪功,所以示后世子孙以不忘也。《山海经》所载峚山多白玉,黄帝是食是飨,已足为黄帝留迹于西土之证据。又昆仑之丘,实惟帝之下都,轩辕之国,在此穷山之北,轩辕国北有轩辕之丘,帝谓黄帝,都即京师,下都别都之义,犹周之洛邑为东都也。轩辕皇帝未入中原时之别号,见《黄帝传》。凡此皆足为黄帝未入中原,先立国昆仑附近之明证。又长留之山,其神少昊居之,少昊即金天氏,黄帝之子。古史少昊或称其不即帝位,帅鸟师居西方以治西土。太史公《史记·五帝本纪》亦不载,故少昊者,或不为东方新帝国之天子,而当为西亚旧母国之君主也。拉克百里氏以迦勒底之廓特奈亨台王,当之中国之有熊黄帝。稽西亚古国史,奈亨台王为迦勒底第二王朝八代之始祖,于底格里士河边有战功,其子库就拉额埋王统一亚西亚,破埃及之联合军,而责其朝贡,为当时西亚第一之强国。少昊金天氏者,或即霭南王朝第二氏王之库就拉额埋王,盖未可知也。又《海内北经篇》帝尧台、帝喾台、帝丹朱台、帝舜台,台在昆仑山北,昆仑山北有诸帝之台,是足以知尧、舜之世,去迁入未远,固犹有西返母国之证据也。夫后世一巡昆仑,仅有周穆王,举世传其盛事,今《山海经》于昆仑山间多载诸帝来往之迹,抑何数数也。由是以推中国祖先,由昆仑迁入,益无疑矣。然五帝之世,既往返昆仑若逆旅,何大禹之后乃竟绝迹,是又何故也耶?曰:是必因地质之变动,由变动而遂成隔绝耳。其变动之原因,或即为尧时之洪水,洪水既久且大,西方之人因洪水之变,或以为东方尽陷于水中,遂绝意东顾。东方之人亦因洪水之变,经营内部不遑,不及再顾问西方,而东西音问遂绝,皆意中事也。吾又证之《山海经》,《山海经·海外北经篇》曰:"共工之臣曰相柳,九首九首犹言九人。以食九山。相柳之所抵,厥为泽溪,禹杀相柳,其血腥不可以树五谷种,其地多水不可居。禹厥之三仞三沮,乃以为众帝之台，在昆仑之北。"《大荒北经篇》曰："共工臣名相繇，食于九土，其所歍所尼，即为原泽。禹湮洪水，杀相繇，其血腥臭不可生谷，其地多水不可居。禹湮之三仞三沮，乃以为池，群帝因是以为台，在昆仑之北。"其曰泽溪，曰原泽，必系地中大泽。又曰其地多水不可居，禹治洪水以杀相繇，审是，其地必系洪水所湮没，构成地中大壑，九山乃其高原耳。其地又在昆仑北，则尧时之洪水，昆仑近傍，一切湮没可知。众帝复有台者，想洪水未起前，诸帝仍一巡游其地，禹平洪水，再整理其故趾耳。顾或者谓二书所载诸帝于昆仑山间遗迹，当为由东而西之证，不当为由西而东之证，其例有若汉张骞之凿空西域，有若唐玄奘之迹遍印度者然。虽然，是说也，以之为辨难质疑之资而探索乎问题之归宿则可，若以之遽断为论理之定衡，则又未有不大谬者也。夫原人之进化也，首先一级者为渔猎时代，由渔猎时代一进而为游猎时代，再进而为游牧时代，由游牧时代一进而为农业时代，一入农业便成居国，游牧之世为行国，居国称国，行国称部。逐水草徙，故足迹之所及，易为广远，我国羲皇之世，为纯一游牧之时代，逮神农始农作，略具居国之形状，然亦未能便成居国。夷考该时当系居游参半之时代，故五帝之世，不脱游牧之习尚，如《舜典》命十二牧，牧即牧者之尊称。又礼问大夫之富，则数畜以对，要皆为游牧之遗规也。溯我族之始迁入者，当不仅始自黄帝，黄帝之先固已先有树殖民之绩于中原者。不过游牧之世，多迁徙，往来无常，故鲜记载。逮及黄帝，乃始拔母国之俊秀，大举东征，为立国东方计，后果符其愿望，而克奏肤功。后世子孙怀之，追忆其所自来，故诸古典籍盛赞黄帝于昆仑山间事者，当即职是之故。黄帝之后诸帝，巡游昆仑之迹，亦多载之者。盖水源木本，所以志不忘也。《春秋历命序》"神农始立地形，度四海远近，山川林薮，所至东西九十万里，南北八十二万里。"盖皆我祖游牧迁流所经之处也。以当日社会交通之未便，汽车汽船之均未发明，而足迹之所至，能骛远若此，我祖远略之雄图，魄力之伟大，于此可略见一班，而要非居国国民之毅力所能冀及乎此也。《帝王世纪》"自神农以上有大九州，柱州、迎州、神州之等，黄帝以来，德不及远，惟于神州之内分为九州。"今忆断之，神农以前，东方殖民地当统治于西方母国之下，故斥地广远。黄帝之世，东方殖民地始离母国而别成一国，神州之内，分为九州，即子母国分治之谓，非真所谓德不及远也。若我族而果为原始居住之人种，则因黄河水道便利之美土地，农业便当早行发达，固无俟神农氏始作农业，乃略具居国之形。大禹平定洪水，乃遂绝迁徙之迹也。故以人类之进化公理按之，黄帝与诸帝于昆仑山间事迹，谓由东而西之证，固不若谓由西而东之证之言为近理也。

（乙）拓地之先后　　天地一竞争场也，人类一竞争物也，其竞争得胜，能支配于天演界，不入自然淘汰、人为淘汰之理者，其种族则安富尊贵而得生存，其竞争不得胜，不克支配于天演界，而入自然淘汰、人为淘汰之理者，其种族则摧残夷灭而不得生存，此盖两间之公理也。欲研究一民族祖先之迁徙，当于其祖先拓地之遗迹中验之，当仿佛得其二三也。顾瞻我中国，何独不然也耶？兹就日本停香楼主人所著《支那地理文明论》中，节录其论，末附以著者之本意，以攻其疑似之处，或亦可为学者借镜考证之资也。

今考支那上古之传说，有所谓天皇氏、地皇氏、人皇氏、有巢氏、燧人氏等，以迄于三皇五帝。彼天皇、地皇、人皇之名称，自出于后世所附会无待言。虽然，其口碑亦必有所受，疑信参半，节而取之，亦可以略见古时变迁之迹也。

天皇氏之部落有十二酋长　其迹在柱氏昆仑山下。
地皇氏之部落有十一酋长　兴于熊耳、龙门等山。

人皇氏之部落有九酋长生于刑马山提地之国。

有巢氏　始教巢居,治石楼山(在琅玡)之南。

燧人氏　始教火食,因天下多水,故教人以渔。

上古之初,狉狉榛榛,穴居野处,饮血茹毛,不过游牧蕃人,逐水草转移,不足以开化目之。其后及三皇五帝之际,始由游牧时代渐变为土著时代,于是始上开化之初级,而支那开化南征史之时代,亦继之起也。自此而黄河水域之人,与扬子江水域之人始相遇。试举三皇五帝之传说如下:

太昊庖牺氏　生地:成纪(在甘肃巩昌府);都:陈(河南陈州府);墓:或曰葬于陈,或曰葬于南郡,或曰葬于冢山阳高平;后裔:任、宿、须句、颛臾(皆在山东齐鲁之地)。

女娲氏　继庖牺氏而作,实为开化南征史之发端,盖当时有最强之诸侯(实则他种族之酋长)。共工氏者作乱,与祝融氏大战,而女娲讨平之。

炎帝神农氏　母:有蟜氏之女,女登游于华阳(华阳今陕西地);生长地:姜水(在陕西凤翔府宝鸡县南);兴起地:烈山(隋之厉乡);都:(一)陈(河南陈州府庖牺旧都);(二)曲阜(山东兖州府)。

支那开化史中,有当大书特书者,黄帝之开化是也。盖前者事迹既半属于无稽,且野蛮之风纯然未脱,无甚可记述者。及至黄帝,而汉种之基础始定。

黄帝轩辕氏　出生地:寿丘;成长地:姬水(河南省河南府);初封地:有熊(河南省);都:涿鹿(直隶顺天府),或云彭城(江苏省徐州府);死所:相传采首山(河南许州府)之铜,铸鼎于荆山(湖北省)之阳而崩。又传浙江处州府缙云县仙都山上有鼎湖,黄帝崩地也。远征地:东至于海,登丸山(山东青州府临朐县)及岱宗(山东)。西至空桐(甘肃省),登鸡头,南至于江,登熊(熊山在河南陕州)湘(湘山在湖南长沙府益阳县),北逐荤粥(蒙古人种),合符釜山(疑在直隶)。

继黄帝者少昊金天氏　黄帝时居于江水(蜀);国于穷桑(山东兖州府);徙都曲阜(同上)死焉。

颛顼高阳氏　生于若水(蜀);兴于高阳(河南省开封府);都于帝丘(直隶大名府);死于濮阳(同上)。

帝喾高辛氏　都于亳(河南归德府);葬于顿丘(直隶大名府);

要之,少暤、颛顼、帝喾时代,惟守成耳,其文明无甚可表见。及尧、舜、禹继之,然后支那开化始放一异彩。

帝尧陶唐氏　先帝之都:亳(河南归德府);出生地:丹陵;初封地:年十三封于陶(山东曹州府),十五封于唐(直隶保定府有唐县,其邻有完县,尧城在焉);都:平阳(山西省平阳府);死所:游于城阳(山东沂州府)而崩,葬于谷林。

帝舜有虞氏　先代之国:虞(河南归德府);出生地:姚墟(山东曹州府濮州之东)。孟子曰:舜生于诸冯,东夷之人也;经历地:耕于历山(山东济南府南五里);渔于雷泽(山东曹州府濮州有雷夏泽);陶于河滨(山东曹州府定陶之西南有陶丘亭);作什器于寿丘(山东兖州府);就时于负夏(卫地,今河南省卫辉府附近);尧厘降二女于妫汭(山西省蒲州府);都:蒲阪(山西省蒲州府);死所:南巡狩,崩于苍梧之野(广西梧州府苍梧县),葬于江南九疑(湖南永州府有舜冢),二妃葬衡山(湖南衡州府)。

夏后大禹　出生地:石纽(四川省茂州汶川县);成长地:西羌(蜀地);都:安邑(山西省解州夏县);死所:会稽(浙江省

绍兴府会稽山上有禹陵,有禹庙)

由此观之,尧、舜初年所居,皆在黄河下流平地,历历甚明。乃后世学者不通大势,徒见舜之都城在山西,以为其故乡亦当在山西,而于传记所传地名在山东附近者,皆诬以为非真。其乃将孟子"东夷之人"一语,亦概抹倒,以为不过对文王西夷而言,岂非武断之甚耶? 殊不知黄帝以来,都城本在下游平地,尧舜幼时洪水未起,故仍生于斯,长于斯。及至滔天灾变,下流沃野,淼淼湮没,故不得已而徙于山西高地,以避水患。尧之平阳,舜之蒲坂,禹之安邑,皆为时势所迫,不得不然也。及历时既久,水患全息,至商之天子,不能堪山西之瘠壤,乃次第就河南、山东沃野都焉,而支那开化中心点,移于西北之山地者,殆五百餘年。

综而论之,支那开化之进行,凡分六线,其循黄河而下者,为第一线,天皇、地皇、人皇时代之进行是也。其自黄河上游南岐而入于嘉陵江水域者,为第一南岐支线,人皇时代蜀山氏之岐进是也。自黄河下流,大平地之汇集点,而向于汉江水域者,为第二线,女娲之远征是也。自汉江水域,而益伸张及于洞庭水域者,为第三线,神农之远征是也。自黄河水域而入北方白河水域者,为第一北岐支线,黄帝之北征是也。自汉江水域西折而溯扬子江,以第一南岐支线联结于嘉陵江下流者,为第四线,黄帝之南征是也。再延续洞庭水域之进化线,而突入珠江水域者,为第五线,舜之南征是也。别由淮水水域而进入扬子江南浙江水域者,为第六线,禹之南征是也。而要之六回之进线,皆循沃野之所在而次第进行,天演学物竞天择,适者生存之例,固当如是也。

由此观之,汉族之植种,自黄河水域为根据地,而千年以来常向于南方扬子江水域而进取焉。一言蔽之，则汉人种与苗人种之争，实为支那开化史之第一期也。

　　停春楼主人之说如是，足见我族迁徙辟地先后痕迹之一班，然其说中地名多就我国近古学者所著解，故其间地名当有一二未确。盖我国近代学者类皆谬逞一孔之见，谓天之下惟有地，地之上惟有中国，中国以外无人类，职是，故于祖先西方发迹之所，强率牵附，概指为中国本土，今聊据其二三而厘定之如左：

　　（一）太昊庖牺氏之生地为成纪。注"成纪之地在甘肃省巩昌府"。今按之西人学说，谓太昊庖牺氏即迦勒底王之惠尔拜额司 Urban Urbagash Hot-Bak Ket。审是，则太昊之生地，当在西亚，初无与于甘肃省巩州事。

　　（二）炎帝神农氏之母居华阳，生长地为姜水。注"华阳今陕西地，姜水今陕西凤翔府宝鸡县南"。今按之西人学说，谓炎帝神农氏即迦勒底吾尔王朝之莎公一世 Sargon。审是，则神农之生长地，亦当在西亚，初无与陕西之地也。故华阳疑即花国之地，姜水亦当为西方之水名。

　　（三）黄帝出生地为寿丘，长成地为姬水，寿丘地望，说中不详。皇甫谧"以黄帝生寿丘，在鲁东门北。今兖州曲阜县东北六里"。姬水，注"河南省之河南府"。今按之西人学说，谓有熊黄帝即迦勒底霭南王朝之奈亨台王 Nakhunte，其证据比之伏羲、神农二氏，尤多考据，故姬水或即底格里士 Tigris 河之转音。西音 Ti 为梯，今译为底，或译为地，其音实与姬相近，而日本人所译音，亦作姬。至以累名之词，而只举首之一字，以为全体之代表者，凡简称皆然。盖已不乏其例，如欧罗巴洲略作欧洲，英吉利国略作英国等皆是也。且底格里士促其音而读之，亦可合为一音，事固非偶然者。况细玩我国古籍，中原之地类多取名西土，如长沙之山，地滨沟海，即菖蒲海，见《山海经》。而楚邦南境，亦名长沙，洋水发源，近于昆仑，见《山海经》。而汉水上游，亦名洋水，见《淮南子》，即《禹贡》之漾水。如此者指不胜屈，无他，眷怀旧国，以名此新土，所以示不忘也。诚是，则成纪、华阳、姜水、寿丘、姬水等，亦当为西土之故名，固神圣发祥之所也。逮后迁徙中原，诸名胜处，即以神圣降祥西土之故名名之，以表其瑞而示后世，亦其宜也。神圣发祥地望之异同，今且暂止不表，且仅就历代迁徙战争陈迹而实核之，则愈足见我族西来之迹，有不可掩者。说中"天皇被迹在柱州昆仑山下"。《路史》"天皇纪被迹无外热之陵"。说者以无外即昆仑。郑康成曰："无外之山在昆仑东南万二千里"。《水经注》云："或言即昆仑"，盖帕米尔最高之峰也。据是，则天皇氏之时，我族实未移来于黄河水域，其遗迹果在昆仑山下与否，今地质学未发明，尚难确知。然其自中亚移来，殆有可信者。熊耳龙门山，皆昆仑之支脉，在今河南省，有巢氏之部落，其迹在石楼山南，忽已达山东之地，而燧人氏时云，其国多水，则亦在山东附近，黄河水泽之地，有可想见。逮太昊氏作都于陈，为现今河南陈州府，神农氏始都陈，为太昊旧都，继都曲阜，今山东兖州府，盖已由黄河之上游，入宅中原之腹地，神农氏足迹，及于长沙茶陵，今湖南长沙府地，扬子江下流洞庭水域之区域也。神农之世，盖我族已浸淫其势力于江北矣。

　　由是观之，先兴于昆仑之间，沿河源东进，而河北，而河南，未几又越河南入江北，进越扬子江而移殖于江南之上游，其迁入先后之次第，历历可按。其可为西方迁入之证据者一也。说中"共工氏作乱，与祝融氏大战，而女娲讨平之"。共工之国，《管子》"水处十之七，陆处十之三"，则其部落，当在海岸以达于扬子江，而祝融亦南方扬子江水域之一部落也。今有女娲山，在湖北郧阳府，山之下有庙在焉。然则女娲殆先平河南、山东附近之乱，南进中央沃野，过淮水水域，遂达于汉水水域欤？古纪"神农之世平凤沙"。《说文》"凤沙氏煮海为盐"。以地望按之，当属于现今山东沿海之地。逮黄帝战蚩尤于涿鹿，南逐至于江，登熊湘，熊为熊山，在河南陕州，湘即湘山，在湖南长沙府益阳县。黄帝远征之足迹，其南进者，自黄河水域而及于汉水洞庭之水域。帝舜之世，屡伐三苗，卒乃南征，崩于苍梧之野，盖至舜时，始大加挞伐于南方苗族，远越洞庭水域，而进至珠江水域之地。及于禹，会诸侯于涂山，安徽省凤阳府。执玉帛者万国，又会诸侯于会稽，浙江省绍兴府。防风氏其地在浙江湖州府云。后至，戮之以徇，于是统一之业大成，我族强莫与京矣。禹之远征，则自鄱阳水域之一部，东进而入于浙江线也。由是观之，我族入中原之始，先攻取河北、河南，以黄河之流域为其根据地，然后乃直向扬子江而进取，未几取江北之地，又未几取江南之地，底定三江，而扬子江流域亦遂画入于我国领土之内，其略地先后之次第，亦班班可者〔考〕，其可为西方迁入之证据者二也。

　　若夫迁徙之地望，由何处迁入，为我族道路之所经，此亦不可不详。据拉克伯里氏谓奈亨台王率巴克民族东徙，从土耳其斯坦经喀什噶尔，沿塔里木河达于昆仑山脉之东方，而入宅于中原，其说之果是与否，虽不可得而知，以今考之，我族祖先既留陈迹于昆仑之间，则由中亚迁入东亚，固已确凿不误，由中亚迁入东亚，既已确凿不误，则其由西亚以达中亚，由中亚以达东亚者，亦可因是而类推矣。我族东来道路所经，今难断定，以地势推之，既横断中亚山脉，由此东向，其一道从叶尔羌即莎车 Yarkand、喀什噶尔即疏勒 Kashgar 而出吐鲁蕃 Turfau、哈密 Hami 之边，达中国之西北部，沿黄河而入中原，其一道从西藏之北部青海边而入中国，然路稍隘，又由西藏之打箭炉以入川，亦为一道。然入是道，当由川入楚，先据长江之上游。今考我族祖先先据大河之北土，于理不符，大概当出于第一道为多。右前诸说,均足为我族迁徙之实证,然亦不过臆断之词耳。若欲夷考其详,当俟日后地质学发明,地层中之遗物发现,然后乃能确知我祖原始居住之地果为何地,我祖原始之人种果当属于何人种,是非真伪,乃能了然,近固未易言也。

第四节　中国民族迁徙考四　　结论

会稽先生曰:西洋历史中名誉赫赫之摩西,称其率以色列族出埃及,建犹太国,为不可及之事。然夷考其绩,徘徊四十年,卒不越红海之滨,以视乎我祖之由西亚以达中亚,复由中亚以达东亚,逾绝大之高岭,渡绝大之沙漠者,其相去果何啻霄壤哉!且我族祖先,非仅冒险远略之毅力,为世所不可几及也。其战斗之能力,亦举世莫能尚。观乎女娲平共工,神农破凤沙,黄帝戮蚩尤,逐荤粥,颛顼诛九黎,高辛诛共工,尧灭宗脍胥敖,战有苗于丹水,舜窜有苗,流共工,灭玄都,系共工国之君,非官名。禹灭三苗、共工,克曹魏之戎,兵威所加,无不摧破夷灭者。我祖国固有战胜他人之资格者也。为其子孙,当效法乃祖,扩张其前烈,保乃祖固有之光荣,以与天地终古,始为孝子,奈何不能恭承祖命,谨守先业,一乱于五胡、沙陀,再辱于契丹、女真,三夷于蒙古、满洲,用夷变夏,冠裳倒置,我祖在天之灵,不其馁耳。今大耻未雪,大蠹未去,而欧美强大之诸民族,又窥东南海疆而至,今日借港,明日领土,今日租界,明日殖民,东南攫而再窥西北,沿海终而荐食内地,堂堂神州,无一我民驻足之乡,遥遥华胄,无非将来洋鬼之奴,既取我子,复毁我室,鸱鸮之诗,可为我族今日咏焉矣。前不见古人,后不见来者,念天地之悠悠,独怆然而涕下,乃赓载歌曰:"日已夕兮我心悲,月已驰兮何不渡,为时寝急兮当奈何。"

第五节　邃古时代之神话及古帝皇之系统

考动物之鼻祖,则知为亚摆。溯历史学之起原,则必又有滥觞之地,滥觞何在,神话是已。神话何以起?曰起于人类之自爱心、好奇心、恐怕心而出者也。牛鬼蛇神荒诞不经,仿佛小说家,而又假神道以垂训,故名之曰神话。神话之传说虽有种种,如神与物交,男与媾,物与物化,而要皆以天地开辟、人类肇生为其间一大问题。此问题之目的,在讲明物界之权舆,以何因缘而产出,人类之始祖,以何因缘而出现,以何因缘而立国。是故埃及之幽灵书,神话也;摩西之十戒,神话也;耶氏之约书,神话也;盘古氏之开辟天地,女娲氏之炼石补天,亦无一非神话也。神话者,原始人类进化之一大阶级,而历史学家之阶梯也。是故欲明历史不可不先明神话,欲明上古时代之历史,尤不可不先就神话中之所有而推阐之。

我国古代学者,概以世界之创造,归二元力相仂之作用,初造宇宙表面,乃生万物,学者或逞其精细之想象曰:

> 天坠未形,冯冯翼翼,洞洞浊浊,故曰大昭。道始于虚霩,虚霩生宇宙,宇宙生气,气有汉根,清阳者薄靡而为天,重浊者凝滞而为地,清妙之合专易,重浊之凝竭难,故天先成而地后定,天地之袭精为阴阳,阴阳之专精为四时,四时之散精为万物。积阳之热气生火,火气之精者为日,积阴之寒气为水,水气之精者为月,日月之淫为精者为星辰,天受日月星辰,地受水潦尘埃。《淮南子》。

因右之解说,或又以此势力作用,生拟人崇神之思想,以创世之第一神人为盘古氏,六韬大明,召公对文王曰:"天道清净,地德生成,人事安宁,戒之忽忘,忘者不详。盘古之宗,不可动也,动者

必凶。"盖以盘古为陶熔造化主也。盘古之说，或又为之解曰：盘者
槃也，有关系于卵之壳。古者固也，有拥护固体之意义。盘古自阴
阳：元力混沦之中孵化而生。其生也，赋与有大力，其能力生自己，
存自己，塑造混沦，凿开地球诸业务，而盘古传奇亦于焉出矣。
《记》曰《五运历年纪》：

> 元气濛鸿，萌芽兹始，遂分天地，肇立乾坤，启阴感阳，分
> 布元气，乃孕中和。是为人也，首生盘古，垂死化身，气成风
> 云，声为雷霆，左眼为日，右眼为月，四肢五体为四极五岳，血
> 液为江河，筋脉为地里，肌肉为田土，发髭为星辰，皮毛为草
> 木，齿骨为金石，精髓为珠玉，汗流为雨泽，身之诸虫因风而化
> 为黎氓。《三五历记》天地混沦如鸡子，盘古生其中万八千岁，天地开辟，阳清为
> 天，阴浊为地，盘古在其中，一日九变，神于天，圣于地，天日高一丈，地日厚一丈，
> 盘古日长一丈，如此万八千岁，天数极高，地数极深，盘古极长，后乃有三皇数起
> 于一，立于三，成于五，盛于七，处于九。故天之去地有九万里。

学者既以二元作用生盘古，为首出御世之神人，复又以天地人
为三才，支配以天地人之三皇，而有三皇之神话记曰《真源赋》：

> 盘古氏后，有天皇君，一十三人，《始学篇》天地立，有天皇，十三
> 头，号曰天灵，治万八千岁。《三五历记》岁起摄提，元气肇有，神灵一人，十三头，
> 号曰天皇。《洞冥记》云：一姓十三人。时遭劫火，乃有地皇君，一十
> 一人，《始学篇》地皇十一头，治八千岁。《春秋历命序》天皇氏以木王，地皇氏以
> 火纪。各万八千餘岁。乃有人皇君，兄弟九人，结绳刻木四万
> 五千六百年。《始学篇》人皇九头，兄弟各三百岁，依山川土地之势，裁度为九
> 州，各居其一方，因是而区别。《春秋历命序》人皇氏驾六蜚鹿，故三百岁。《尚
> 书·璇玑钤》人皇氏九头，驾六羽，乘云车，出谷口，分九州盾甲，开山辟地，天皇
> 被迹在柱州昆仑山下，地皇兴于熊耳龙门山，人皇生于刑马山提地之国。

人皇一名九皇，即九头纪也。九皇之后，有有巢氏，有燧人
氏，有巢氏发明巢居，燧人氏教民火食，此二神人以事功著记曰

《路史》：

> 太古之民，穴居而野处，搏生而咀华，与物相友，人无矫物之心，而物亦无伤人之意。逮夫后世，人民机智而物始为敌，爪牙角毒，繄不足以胜禽兽。有圣者作，栖木而巢，教民巢居以避之，号曰大巢氏。
>
> 不周之岭，有宜城焉，日月之所不届，而无四时昏昼之辨。有圣人者，游于日月之都，至于南垂，有木焉，鸟啄其枝，灿然火出，圣人感之，于是仰察辰心，取以出火，作钻燧，别五木以改火。上古之人，茹毛而饮血，食果蓏蜯蚘，腥臊馊漫，内伤荣卫，殒其天年，乃教民取火以熟臊腥，以燔黍捭豚，然后人民无腥臑之疾，人民益夥，羽毛之茹，有不给于寒，乃诲之苏冬而炀之，使人得遂其性，号曰燧人氏。《拾遗记》称燧明之国，不识昼夜，有大树名遂云。

以上皆为我国古代之神话，其神话无宗教观念，乏幽美深玄思想，枯简而无情趣，无兴味，比之希腊灵动活泼之神话，其相去有间矣。

夫我国国于大陆，固当为一种大陆之神话，而何至若是其卑劣，何哉？盖广漠大陆山川江泽，转移诸方，民族神话，失其固，而后之好事者臆造描写，与古相违，失其最古之神话不传，传其朽裔者于我民族。虽然，犹有一特质也，曰趋重于实际的而已。夫神话者，代表一国民之思想者也，其一国民对于古代，有如何之思想，即知其有如何之智识，于后代文化即有如何之进步。夫希腊之神话优美，故希腊长美术文学，印度之神话深玄，故印度多哲学思想。惟我国神话乏崇大高秀庄严灵异之气概，故民族思想日趋固陋，形成为今日蠢若鹿豕之顽物，犹幸其趋重于实际的，我族乃以朴实勤能、善殖生产著名于世界，吾终痛其得不偿失也。悲哉！呜呼！是亦历史家与有罪焉。

我国之神话历史，起自盘古之开辟，而以太昊伏羲氏之出现终。伏羲之后，书契渐兴，由神话历史时代而趋于历史的时代，然非能为纯粹的历史时代也，要亦不过为一种变形之神话而已。伏羲之纪曰：《三坟》太古河图代姓纪，伏羲氏，燧人子也。

庖牺风姓，《白虎通》，伏羲氏定人道，画八卦，以治天下，天下伏而化之，故谓之伏羲。《汉·律志》庖牺作网罟，以佃以渔取牺牲，故天下号曰庖牺氏。燧人之世，有巨人迹出于雷泽，华胥以足履之，有娠，生伏羲于成纪，《拾遗记》春皇者，庖牺之别号。所都之国有华胥之洲，神母游其上，有青虹绕神母，久而方灭，即觉有娠，历十二年而生庖牺云。蛇身人首，有圣德。燧人氏殁，庖牺氏代之，继天而王，首德于木，《月令》春，盛德在木，其帝大昊。为百王先，帝出于震，未有所因，故位在东方，主春，象日之明，是称大昊。都陈，有龙马负河出图，始画八卦。《易系辞》：河出图，洛出书，圣人则之。《礼·礼运》疏引《尚书·中侯·握河纪》：昔者伏羲有天下，龙马负图出于河，遂法之以画八卦。按神话为哲学之本源，中国太古哲学首为《易》，次为《洪范》。然《洪范》推本《洛书》。《诗·大雅·文王》疏引《春秋说题辞》，河以通乾出天苞，洛以流坤出地符，子华子《河图》之二与四抱九而上跻，六与八蹈一而下沉，戴九而履一，据三而持七。五居中宫，数之所由生；一纵一横，数之所由成。《河图》固我族激发思想之滥觞也。虽当日人文程度，决非有深邃之意义，不过为一种神话之变形物。虽然，因此而认识消长二大动力之存在 支配天地人之三才，以一种之纪号，画出八个之标准，开宇宙论之门户，为亚东大陆研究哲学之嚆矢，其事功固非浅鲜也。后人不察，或过于穿凿，或疑为不足信，要皆不明社会进化之公理所致也。以龙纪官，《左传》郯子曰：昔太昊氏以龙纪，故为龙师而龙名。《五帝外纪》太昊氏命朱襄为飞龙氏，造书契，昊英为潜龙氏，造甲历，大庭为居龙氏，造屋庐，浑沌为降龙氏，驱民害，阴康为土龙氏，治田里，栗陆为水龙氏，繁滋草木，疏导泉流。又立五官，以春官为青龙氏。又曰：苍龙夏官，为赤龙氏。秋官为白龙氏，冬官为黑龙氏，中官为黄龙氏，是为龙师而龙名。按原人时代分职当无若是之明晰，为后人伪撰无疑。立九相六佐，《五帝外纪》，太昊氏立九相，共工为上相，柏皇为下相，朱襄昊英常居左右，栗陆居北，赫胥居南，昆连居西，葛天居东，阴康居下。陶潜《群补录》太昊六佐金提主化俗，鸟明主建福，视默主灾恶，纪通为中职，仲起为海陆，阳侯为江河，分理宇内，而政化大理。按此亦必系后人伪撰。在位一百一十五年而崩，葬南郡，女娲氏代立。女娲亦风姓，一说曰太昊之妹也。女娲既立，承庖牺遗制，蛇身人首，一号女希，是为女皇。其末叶有共工氏，《归藏》共工，人面蛇身朱发。《楚辞》注，康回，共工之名，餘详《黄帝传》内《共工氏考》。与祝融氏大战，又与女娲争强，女娲伐而克之，共工氏战而不胜，怒触不周之山，天柱折，地维缺，天不兼载，地不周载，火爁炎而不灭，水浩洋而不息，于是女娲氏乃炼五色石以补苍天，断鳌足以立四极，杀黑龙以济冀州，积芦灰以正滔水，天地平治，民用安宁。按女娲氏神话特多，《楚辞》注，女娲人头蛇身，一日七十化。《风俗通》俗说天地初开辟，未有人民，女娲抟黄土为人，剧务力不暇给，乃引绳絙泥中，举以为人，故富贵贤智者，黄土人也，贫贱凡庸者，引絙人也。其传奇与希腊神话投石成人者相仿佛。《山海经》有神十人，名曰女娲之肠化为神，爰处广栗之野，横道而处。治百有三十载而殂落，大庭氏继之。继大庭氏之后者，有柏皇氏、中央氏、栗陆氏、骊连氏、赫胥氏、尊卢氏、祝融氏、混沌氏、昊英氏、有巢氏、葛天氏、阴康氏、朱襄氏、无怀氏，皆承袭庖牺氏之号者也。大庭氏以下诸氏，《汉书·古今人表》俱在。伏羲以后，《庄子》叙在伏羲之前。《史·封禅书》无怀氏亦在伏羲前，故《路史》谓伏羲以前君也，惟《三坟书》皆以为伏羲之臣，黄〔皇〕甫谧《帝王世纪》云：皆承袭庖牺氏之号者云。如是者一千二百六十载，而炎帝神农氏作。

神农之记曰：

炎帝神农氏，姜姓也，母曰任姒，有娇氏女登，为少典妃，游华阳，有神农首感生帝，人身牛首，长于姜水，《春秋历命序》有神人名石年，苍色大眉，载玉理，驾六龙出地辅，号皇神农。石年一作石耳，要之石年也，石耳也，神农也，皆一音之转耳，其必为迦勒底史上之莎公一世无疑也。有圣德，以火德王，故以火纪官。《左传》郯子曰：炎帝氏以火纪，故为火神而火名。应劭云：春官为大火，夏官为鹑火，秋官为西火，冬官为北火，中官为中火。《五帝外纪》神农命赤冀为杵臼，命巫咸主卜筮，命刑天作扶犁之乐，命屏封作种书，命白阜作地理，纪以理天下。按此亦必系后人伪撰。都陈。夙沙市不用帝命，其臣箕文谏而杀之，帝退而修德，夙沙氏自攻其君来归，帝因徙都曲阜，在位一百四十年一作一百二十年。而崩，葬长沙，传世八。帝承，一作在帝临魁后六十年。帝临，一作临魁，八十年。帝明，四十九年。帝直，一作帝宜，四十五年。帝来，四十八年。帝哀，一作帝里，四十二年。帝榆罔，五十五年。统计五百二十年。帝榆罔是为参卢，德衰，蚩尤为乱，不能治，为所逐，于是黄帝有熊氏起而代之。逮及黄帝，创建邦国，有确纪载，始全离神话历史时代而趋于纯粹的历史时代，故列黄帝于下章太古时代之首，本节不备详焉。

若夫叙古帝皇系统之详，而颇可揩信者，莫若《春秋元命苞》，其言曰：

天地开辟以至春秋获麟之岁，凡二百二十六万七千年，分为十纪，其一曰九头纪，即人皇氏，秦博士称曰秦皇《真源赋》人皇厌倦尘事，乃授箓于五姓。二曰五龙纪，《春秋历命序》皇伯、皇仲、皇叔、皇季、皇少五姓，同期驾龙号曰五龙。《真源赋》五姓乘云车而治天下，治在五方。三曰摄提纪，五十九姓，太史公言，九皇氏殁，六十四氏兴，六十四氏殁而三皇氏兴。其云六十四氏，盖并五姓而言，所谓三皇，乃合雏氏之三姓也。四曰合雏纪，三姓是谓三姓纪。五曰连通纪，六姓是谓六姓纪，乘蜚麟以理。六曰叙命纪，四姓是谓四姓纪，驾六龙而治天下。七曰循蜚纪，巨灵氏以下二十二氏，《路史》巨灵氏、句彊氏、谯明氏、涿光氏、钩阵氏、黄神氏、狙神氏、犁灵氏、大騩氏、鬼騩氏、弇兹氏、泰逢氏、冉相氏、盖盈氏、大敦氏、云阳氏、巫常氏、泰台氏、空桑氏、神民氏、倚帝氏、次民氏，凡二十二氏，共计六十餘世。八曰因提纪，十三氏。《丹壶书》皇次四世，蜀山槐槐六世、浑沌七世、东户十七世、皇覃七世、启统三世、吉夷四世、凡渠一世、豨韦四世、大巢二世、遂皇四世、庸成八世，凡六十八世，是谓因提之纪。九曰禅通纪，《丹壶书》苍颉一世、柏皇二十世、中央四世、大庭五世、栗陆五世、丽连十一世、轩辕三世、赫胥一世、葛天四世、宗卢五世、祝融二世、昊英九世、有巢七世、米襄三世、阴康三世、无怀六世，凡八十八世，是谓禅通之纪，又伏羲、神农共为十八氏。十曰疏仡纪，疏仡云者，疏以知远，仡以审断，仁义道德之所用也。疏仡之纪，起自黄帝纪元，以迄于春秋获麟之岁也。《博雅》天地辟设，人皇以来至鲁哀公二十有四年，积二百七十六万岁，分为十纪，曰九头、五龙、挺提、合雒、连通、序命、修睪、因提、禅通、流仡。

右十纪，为《春秋元命苞》所记载，研究古史学家多从其说，除此而外，《三坟》一书中所载世次，亦颇有意味，顾其所载与《春秋元命苞》所说全异，今亦摘录于后，以资考证。《三坟》一书，全系后人伪造，然亦颇有可采，其或集故老流传口碑而成者欤」《三坟太古河图代姓纪》曰：

太古之人，皆寿盈易始，三男三女，冬聚夏散，食鸟兽虫鱼草木之实，而男女构精，以女生为姓，始三头，谓之合雄纪，生子三世。合雄氏殁，子孙相传，纪其寿命，谓之叙命纪。通纪四姓，生子二世，男女众多，群居连逋，从强而行，是谓连逋纪。生子一世，通纪五姓，是谓五姓纪。天下群居，以类相亲，男女众多，分为九头，各有居方，故号居方氏。殁生子三十二世，强弱相迫，欲相吞害，中有神人，提挺而治，故号提挺氏，生子三十五世，通纪七十二姓，故号曰通姓氏。

会稽先生曰：我国神话，以伏羲氏之出现终。伏羲之年代，以他国之历史及其存在之古遗物两相比较，以迦勒底文化及比尔悉亚之年代纪参观，推数伏羲之即位，当在耶稣降生前二千八百五十二年，衣落斯 Enos 之死后八年，世界创造后一千五百十二年，大洪水前五百零八年，据 Uisner 之年代记伏羲及其七人之相继续者，为神农、黄帝及少昊、颛顼、高辛、尧、舜之五帝，治世平均各得九十三年，并计则为七百四十七年，通三皇五帝之世，盖生存于摄谟与哈谟之间，以 Salan 始，Nanoe 终，黄帝编纂甲子之纪年法，当在黄帝治世之第六十年，与纳乌大帝 Nautnecreat 所创者，盖同一时期也。据西学士拉克百里氏所说，以百姓为巴克，我族之先世为巴克民族，由西南亚细亚迁入中原，我国之神王系表，实由巴克民族移住之时，翻译迦勒底太古神王携带东来者，故我国所分之十纪算法，与迦勒底十纪分法相同，而天皇、地皇、人皇、五龙等之纪年，竟无一不相翕合。近世太炎章氏以古帝葛天为迦勒底之转音，而以迦勒底古史上之宁禄为我国古史上之栗陆氏，其音亦相近。今按迦勒底古史宁禄之季世，聚民作塔塔未成，北方之游牧族塞米的人种侵入，而宁禄以亡。我国周季学者邓析子谓栗陆氏教昏勤民，愎谏自用，民始携式，东里子贤臣也，谏而被杀，天下叛之，栗陆氏以亡，其事亦出一辙〔辙〕云。然则拉克百氏之说，殆其信然者耶？兹姑不叙论。夫太古荒昧，其事迹湮没已久，且诸科学未兴，地质又未发明，无从取证，果孰能志之而孰能详之哉！今自盘古迄帝榆罔氏，并为一代，叙其事而不核其实，所以传疑焉。黄帝以后，始有确实纪载，故列之下章太古时代之首，所以传信焉。若夫羲、农前后之诸氏，与夫五姓、九头等纪，及天皇十三人，地皇十一人等之说，恐非当时世袭继体之君主，谅系同时各踞一方之酋长耳。大凡原人社会之进化也，其始级为"族制时代"，"族制时代"者，即世所称为"家督时代"也。次为"酋长时代"，次为"王政时代"。"酋长之世"称"部"，"王政之世"称"国"。我族羲、农之间，实一"酋长时代"。逮黄帝戮蚩尤，建邦国，乃始渐入于"王政时代"。太史公《黄

帝本纪》曰：黄帝画疆分野，得百里之国万区，命工匠营城邑，置左
右大监监于万国，此语实为由"酋长政治"跃入于"王家政治"之明
验。然唐、虞之世，固犹未脱"酋长体制"之范围，如《虞书》称天子
曰元后，诸后曰群后者是也。夫后者君也，元者首也，群者众也，是
固明明以一酋长居其上，而他酋长统属于其下之代名词也。若此
者，是谓酋长政体进化之变相。

第六节　遂古时代之文化

宇宙文明，凡二大别，一曰西洋文明。西洋文明者，滥觞非洲
之埃及，现今学者或以迦勒底之文明早于埃及，然其历史上及遗留证据，莫早于埃
及，故以埃及为文明首出之元祖。由埃及移小亚细亚，是曰迦勒
底，由迦勒底而亚述，而犹太，岐而东者为印度，印度者，西洋文明特别支系
也。岐而西者为希腊，希腊者，现今西洋文明元祖也。由希腊分峙
而统一于罗马，复由罗马统一而分峙于今代，奔腾澎湃，弥漫五洲，
俨有包含世界之势矣。一曰东洋文明。东洋文明者，与西洋对峙，
即所称为支那文明者是也。其文明为我中国所独倡，自作之，自述
之，自因之，自果之，绵绵翼翼，继继绳绳，光曙东亚大陆者，已数千
年于兹矣。按中国文明传自迦勒底，证据凿凿，未可厚诬。然自迁徙而后为特别之
发达，与西洋文明迥异，故为自倡自述之文化。若日本，若高丽，若安南，固我
文化产出之佳儿也。若大食，若波斯，若突厥，亦尝被我文化之影
响者也。若因是以论我祖国文明，固已博也、厚也、高也、明也、悠
也、久也。夫亦甚足以自豪也。近世欧化东渐，吾国文化几为所
掩，然形下之文明，固弗及也。若论形上之文明，夫亦何庸多让。
取彼所长，以补我所不逮，合炉鼓铸，化成于我，普博渊泉而时出
之，则日后文明之统一者，又安知非我东洋。事在人为。

虽然，文化也者，固非一手一足所能成，其来也有自，其积也由

渐,导河积石,穷源要焉。然则邃古时代之文化,又安可以不详,作
邃<古>时代文化篇。

中国古记以盘古为首出之君,继之者为天皇氏,岁起摄提,始
作干支,太岁在甲曰阏逢,在乙曰旃蒙,在丙曰柔兆,在丁曰强圉,在戊曰著雍,在己
曰屠维,在庚曰上章,在辛曰重光,在壬曰玄黓,在癸曰昭阳。太岁在寅曰摄提格,在卯
曰单阏,在辰曰执徐,在巳曰大荒落,在午曰敦牂,在未曰协洽,在申曰涒滩,在酉曰作
噩,在戌曰阉茂,在亥曰大渊献,在子曰困敦,在丑曰赤奋若。继之者为地皇氏,
始定三辰。继之者为人皇氏,始定九州。《始学篇》:人皇九头,依山川土
地土势裁度为九州,各居其一方,因是而区别。继之者为有巢氏,构木为巢,
教民巢居,《始学篇》:上古穴处,有圣人教之巢居,号大巢氏。再继之者为燧人
氏,钻木取火,教民火食,《拾遗记》:遂明国有火树名,遂屈盘万顷,有鸟啄火,圣
人感焉,因用小枝钻火,故号曰燧人。右前诸人,去原人未远,且多臆度之
词,不足以表证文化之源泉。燧人氏没而太昊伏羲氏《三坟》以伏羲为
燧人子,系假托之辞。作,于是中国之文化一大进步。《易》曰:古者庖
牺氏之王天下也,仰以观于天文,俯以察于地理,观鸟兽之文与地
之迹,于是始作八卦。八卦者,书契之嚆矢也。

☰乾　☱兑　☲离　☳震　☴巽　☵坎　☶艮　☷坤

右伏羲氏八卦,因而重之,为六十四卦,有画无文。

作结绳而为网罟,以畋以渔,养牺牲以供庖厨,渔即渔猎,畋即
畋猎,畋猎者,游猎也,养豢养,是为游牧之始基。当是时也,盖已
由渔猎而游猎,一跃而入于游牧之时代矣。造六爻以迎阴阳,作九
九之数以合天道,是为历学之始。作琴瑟、造干戈以耀武,是为音
乐军器之始。以俪皮为礼而制嫁娶,正婚姻以重人道,是为婚姻之
始。《风俗通》女娲祷祠神祈,而为女媒,因置婚姻。庖牺氏没,神农氏作,揉
木为耜,斫木为耒,耒耜之利,以教天下,是为农业之始。日中为
市,致天下之民,聚天下之货,交易而退,各得其所,是为市业之始。

诸节均可证邃古时代文化之一班，而其尤彰明较著，信而足证者，为伏羲氏之八卦，神农氏之农业。神农之后，无可表见，迄帝轩辕时，乃又一大进化，列下章太古时代，本章不备列焉。

会稽先生曰：文明程度由渐而进，原人所经历，有必不可逃之阶级，今特就社会学、人类学中，原人进化所经历之各时代，摘录如左，以资考证。

原人进化，由居住者可分为五代：

穴居时代、巢居时代、分二代：第一，旧巢居时代；第二，新巢居时代。宫室时代、城郭时代、铁道时代。

右五代，为原人居处进化必不可越之阶级，按之中国古书，约略可考。《易》曰：上古穴居而处，是即穴居之明证。逮有巢构木为巢，教民巢居，始入旧巢居时代。伏羲之后，复有所谓有巢氏者。《记》曰：上古圣人教民巢居，及其久也，木处而颠，于是复有圣人者作，编堇以为庐，辑藰以为扉，革上古有巢氏之化，亦号有巢氏，是即由旧巢居时代，迁入新巢居时代之明证。《新语》曰："黄帝筑宫室，上栋下宇以避风雨，是即由新巢居时代迁入宫室时代之明证。既有宫室，亦成国家，是非城郭，不足以资守御，于是又不得不速进而为城郭时代。《史记》曰：黄帝命工匠营城邑。黄帝之世，固已由宫室时代进而为城郭时代矣。城郭既久，人类益益进化，火器日利，虽有城郭，不足以资防守，交通益广，盛行铁路，是谓铁道时代，即今日之世界也。现时东西各国无不兴办铁路，将城郭撤去，入于铁道时代，中国则尚系城郭时代。

原人进化，由器用者可分三代：

石器时代、分二代：一曰旧石器时代，二曰新石器时代，新石器时代又名角器时代。铜器时代、铁器时代。

右三代，为原人器用进化必不可越之阶级，按之中国石器时代无可考证，由石器进铜器时代，实在黄帝之世，《越绝书》神农以石为兵，黄帝以玉，禹以铜铁，此亦可为由石器进角器，入铜铁器时代之证据。《拾遗记》曰：昆吾山下多赤金，色如火，昔黄帝伐蚩尤，陈兵于此地，掘深百尺，撙未及泉，惟见火光如星，地中多丹，炼石为铜，色青而利，是即始进铜器时代之明证，由铜器进铁器时代，约在虞夏之间，如《禹贡》所载职贡，已有铁之名目，盖已初入铁器时代矣。今日之世界，亦为铁器时代。

原人进化，由生存要素者，可分六代：

渔猎时代、游猎时代、游牧时代、农业时代、商务时代、工艺时代。

右六代，为原人生存要素，进化必不可越之阶级，按之中国，亦历历可证。尸子曰：隧人之世，天下多水，故教人以渔，是即渔猎之明证。逮太昊伏羲氏作结绳而为网罟，以畋以渔，畋即畋猎，畋猎者，游猎也。又教民养牺牲供庖厨，养即牧畜之谓，牧畜游牧也，盖已由渔猎而游猎，一跃而入于游牧之始基。伏羲氏没而神农氏作，制耒耜，教民稼穑，乃始由游牧而入于农业之时代，后世交通益繁，贸迁有无，握商权者强，是为商务时代，人智益进，盛兴工艺，又入工艺时代。现今各国多由商务而日趋重于工艺，渐移入于工艺时代，美国则纯然一工艺时代之国，而中国进步濡迟，尚系农业时代。

原人进化，由文化者，可分四代：

结绳时代、绘画时代、书契时代、历史时代。

右四代，为原人文化进化必不可越之阶级，按之中国，亦约略可稽。《易》曰：上古结绳而治。是即结绳之明证。逮伏羲观鸟兽之文与地之迹，画八卦，是即由结绳而入于绘画时代之明证。黄帝时苍颉作象形文字，于是又由绘画时代而入于书契时代。书契既兴，始有记载，于是乎有三坟、五典、八索、九丘，又一跃而入于历史之时代。现今之世界，亦为历史时代之世界。

原人进化，由伦理上者，可分六代：

家督时代、酋长时代，酋长时代，大别三代，一曰暂立的酋长时代，二曰常立的酋长时代，三曰世袭的酋长时代。王政时代、帝政时代、民族主义时代、民族帝国主义时代。分二大派，一曰侵略的民族帝国主义，二曰伦理的民族帝国主义。

右六代为原人伦理上进化必不可越之阶级，稽之中国，大约黄帝以前为酋长时代，战国以前为王政时代，秦汉以后，君权独尊，是为帝政时代。现在东西各国，均由民族主义时代而入于民族帝国主义时代，中国尚系帝政时代。民族帝国主义凡二大别，一曰侵略的民族帝国主义，若俄、若德、若法者也。二曰伦理的民族帝国主义，若美利坚是也。

第七节　三皇五帝异同说附皇帝王霸天子之名称

语曰：莫为之前，虽美不彰；莫为之后，虽盛不传。国之立也，必有人也导之于先，然后国基乃立，又必有人也继之于后，然后国基乃固。我中国古代，有所谓三皇，有所谓五帝，固导先继后杰出之雄才，功德莫盛者也。后世子孙，亦因是而颂扬之勿衰。虽然，我祖先固无一非杰出者，三皇五帝，而人遂各异其说。

三皇　《白虎通》：三皇者，何谓也？谓伏羲、神农、燧人也。或曰：伏羲、神农、祝融也。《礼含文嘉》曰：三皇，伏羲、燧人、神农也。《春秋运斗枢》伏羲、女娲、神农，是三皇也。《潜夫论》：世传三皇五帝，多以伏羲、神农为三皇，其一则或曰燧人，或曰祝融，或曰女娲，其是与非未可知。《尚书序》曰：伏羲、神农、黄帝之书，谓之《三坟》，言大道也。又以伏羲、神农、黄帝为三皇矣。

五帝　《白虎通》：五帝者，何谓也？《礼》曰：黄帝、颛顼、帝喾、帝尧、帝舜，五帝也。《尚书序》：少昊、颛顼、高辛、唐、虞，之书，谓之五典，言常道也，则又以少昊、颛顼、高辛、陶唐、有虞为五帝。《礼记·月令》：其帝太昊，其帝炎帝，其帝黄帝，其帝少昊，其帝颛顼，分列四季及中央，又以太昊、炎帝列之五帝矣。

三王　《白虎通》：三王者，何谓也？夏、殷、周也。

右前三皇五帝，各执一说，莫衷一是，亦不必定衷一是。然既有是说，就功德最盛大者论之，当以燧人、伏羲、神农为三皇，黄帝、颛顼、帝喾、帝尧、帝舜为五帝。今特列别于下：

三皇

燧人氏教民熟食，养人利性，功德莫强。

太昊伏羲氏教民养牺牲以充庖厨，定婚姻，正人伦，作八卦，以开书契之始，功德莫强。

炎帝神农氏教民农业，尝百草，辨药性，功德莫强。

五帝：

黄帝有熊氏戮蚩尤，建国基，勋业莫京。

颛顼高阳氏平九黎，绝地天通，继体黄帝，奠安国基，勋业莫京。

帝喾高辛氏平共工，制苗族，继体颛顼，奠安国基，勋业莫京。

帝尧陶唐氏战丹水，制苗蛮，奠安国基，勋业莫京。

帝舜有虞氏窜苗民，绝后患，奠定中国，为万世不拔之基，又任贤使能，平定洪水，勋业莫京。

三王：

夏大禹平洪水，灭苗蛮，事功莫大。

商成汤颠覆暴主，起征诛革命之局，足为后世专制者戒，事功莫大。

周武王颠覆暴主,经营四夷,事功莫大。

附皇帝王霸天子之名称

皇解　《白虎通》曰:皇者何谓也?号也,皇君也,美也,大也,天之总美大称也。《风俗通》曰:皇者中也,光也,弘也,含弘履中,开阴布刚,上含皇极,其施光明,指天画地,神化潜通,煌煌盛美,不可胜量。《帝皇世纪》:孔子称德感天地,洞八方,是以化令神者曰皇。

帝解　《白虎通》曰:号为帝者何?帝者谛也,象可承也。《帝王世纪》曰:孔子称德合天地曰帝,乐稽耀嘉,德象天地为帝。

王解　《说文》古之造文者,三画而连中谓之王。三者,天地人也,而参而通之者王也,乐稽耀嘉,仁义所生为王。《春秋》考文,王者往也,众所归也。

皇帝王霸名称各别解　《新语》无制令者谓之皇,有制令而无刑罚谓之帝,赏善诛恶,诸侯朝事谓之王,兴兵约盟,以信义矫世谓之霸。《吕氏春秋》:五帝先道而后德,故德莫盛焉。三王先德而后事,故事莫功焉。五霸先事而后兵,故兵莫强焉。《淮南子》:帝者体太一,王者法阴阳,霸者执四时。《管子》:明一者皇,察道者帝,通德者王,谋德胜者霸。

天子天王名称各别解　《说文》:古之神圣人,感天而生子,故曰天子。《独断》:天王,诸夏之所称,天下之所归往,故称天王。天子,夷狄之所称,父天母地,故称天子。

右皇帝、王霸、天王、天子,皆表其功业及尊贵之词,合之今世共和政体名称,甚不相宜。然既有是说,不得不备列以资参考,且足以征我文化进化一班。古代或称皇,或称帝,或称王,名异而实同,权力亦等也,并未有皇帝合称者,合皇帝二字而一称之,自秦之始皇帝始。然古书中表赞功德盛美之下,亦间有皇帝合称者,如

《书经·吕刑》:皇帝哀矜庶民杀戮之不辜,皇帝清问下民是也。若夫天下归附,是曰天王,对同族人言,此言亦甚平等,且包含民贵君轻之意。天子之称,对于异族,自表神圣,以聋悚之,而异族亦畏威怀德,视为神圣,顶礼膜拜,震而惊之曰:天子者,天之所置,不可侵犯也。审是,天子也者,固一佳名词,而有大光耀于我皇汉民族者也。后世唐天子,四夷君长上尊号曰天可汗,天可汗三字,固亦一佳名词也,当与天子并刊词典,表光荣以垂不朽。

按我国太古半神时代,崇拜天外,崇拜上帝,以上帝为近于人间拟人神,上帝之代表为君主,故古代宗教崇拜上帝,太古之君主皆祭祀上帝,祭祀为我国太古之宗教,政治与祭祀为我国太古之政体,政治与祭祀有必不可离之干系。祭,古文作祭;夕,肉也;彐,手也;示从二,上也,天也,小者日月星也。祭之云者,捧肉于天日月星也,与罗马古代同一仪式。我国最古之宗教,不过如此,祀示祭祀之诚也。凡从示之文皆有关于天日月星,自天来者,天从一大,示至高无上也。上帝之上,即古文之二,即天之彰也。帝古文作帝,二天也,亦有干系于天,帝者遍也,二在上,帀在下,代表天立于一切之上之意,上帝在天,代表天立于一切之上,近于人间拟人神也。云"皇"云"帝",皆自君主来,"君主政体"皆由此"神主政体"之思想来,此思想存于我国本部以外之民族,犹有崇拜君主,与崇拜上帝混同,至于我族,早以宗教之思想,变化政治之思想也。

盘古为近于人间拟人神,经天皇、地皇、人皇之后,而继承君位者,为伏羲、神农、黄帝之后三皇。绍三皇之后,为少昊、颛顼、帝喾、尧、舜之五帝。"帝"者,同于上帝之帝。"皇"者,古文从自王,即自王之意。"王"者,一贯三为王,孔子曰:"三,天地人也"。董仲舒注,居中则天近人之义。李阳冰曰:"皇"者、"帝"者、"王"者之观念,皆不关于神之思想,关于人之思想,谓人尤近于上帝之意义。

君主者,亦关系于人之思想也。君者,群也,群下归心也,古文作�字,会麾号之意,主从,从丨中正也,即后人所谓一身之主宰者是也。"帝"、"皇"、"王"、"君"、"主",皆从人间优者之思想来,如欧罗巴之 King 自智者来,我国皇帝之尊号自秦始皇亡六国统一天下始。所谓四三皇、六五帝之意,如欧罗巴之 Kaiser 欤? Emperor 若夏、殷、周三代王朝之君主尊称,非统一天下之观念,不过民族中之优者贤者之思想,如欧罗巴之 King Keonig 而已。

分　目

卷之上二　葱隆之部二

卷之上二　葱隆之部二

第二章　太古时代

第一期　中国民族勃兴时期
江淮苗族盛世时期

第一节　黉帝一
导言　黉帝之位置

导言　天下无无因之果，亦断无无果之因，人类之创建邦国，
人类进化成立之大果也。无岂无因而有是果哉ı是故美国之立也

由华盛顿，蒙古之兴也由成吉斯，大食之起也由摩罕默德。我中国，大国也，望国也，东海之上，昆仑之下，巍巍者数千年于兹矣。诚谓立国伊始，而无一空前绝后之大英雄，以肇基乎原始，有是理乎？有是理乎？曰：无是理也，无是理也。既无是理，则必有所谓大英雄其人者，曰有之有之，有之其人何在？曰：即后世所崇拜，所景仰，所视为神圣不可侵犯之大圣人，轩辕黄帝其人也，吾且述轩辕氏之历史。

蛟龙得水而神始立，虎豹得幽而威始载，英雄得时而业始就名始显。语曰英雄造时势，时势造英雄，轩辕皇帝氏固造时势之英雄也。而要亦终不离乎时势所造之英雄，英雄乎？时势乎？时势乎？英雄乎？英雄与时势，固两相须而两相成者也。是故欲述轩辕氏之历史，当先明轩辕氏之位置，轩辕氏当时之位置果若何？

黄帝之位置　我中国民族自皇古以来，由西方亚细亚渐次移殖中原内地，分无数之部落，各载其酋长，栖息于黄河之沿岸，其间有才能杰出集合诸部而为之长，略其统一之形者，为太昊伏羲与炎帝神农二氏，太昊时作都于陈，神农氏始都于陈，继都于曲阜。二帝者，固中国民族进据中原之导引线，而有熊黄帝氏之先鞭也。羲、农以前，中国民族尚在陕、甘、新疆内外一带，未入中原腹地，见第一章《迁徙考》篇内。虽然，我族之来也后，我族未来以前，中原故土，先有人在，种类繁多，不可悉数，其最强盛而有势力于中原全部，侵逼我族，与我族争大河南北之土宇者，则为苗族，详见《尧舜夏禹三世经营苗蛮》节。势力亚苗族，与我族颉颃于青、冀、幽、兖诸州之区域者，则为东夷，东夷为现今通古斯族之先祖，太古、上古东夷种族，占直隶、山东之区域。夷、平也，艾也，诛灭也。东夷云：尔者犹言东方种族为我族所征服勘定者也。伏羲氏殁，承袭伏羲氏之名号，为各部长，是曰女娲氏，女娲氏之季，共工氏任智刑以强霸，与女娲氏争强为帝，女娲氏伐而克之。共工氏者，三苗之祖先也，共工既被破于女娲,于是苗族之势挫,而中国民族之势一张,黄河之流域,确定为中国民族之势力范围矣。

共工氏注 中国古书记载共工氏之说不一,然细按之,共工氏实非一人,盖一为国名,一为官名,一为人名。其国名之共工,实一异族强盛之王国,而非诸侯也。《帝王世纪》"女娲之末有共工氏,任智刑以强霸。"《汉书》"祭典,共工伯九域,言虽水德,在水木之间,非其序也,任智刑以强,故霸而不王,周王罍其行序,故不载。"《左传》"郯子对鲁叔孙昭子曰:昔者太昊氏以龙纪,故为龙师而龙名。共工氏以水纪,故为水师而水名,炎帝氏以火纪,故为火师而火名。"《列子》:"共工氏与颛顼争强为帝。"《吕氏春秋》"共工氏故次作难。"注"以共工氏之治九州,有异高辛为争帝而亡。"《汲冢周书》左史戎夫纪曰:"久空重位者危。昔有共工自贤,自以无臣久空,大官下官交乱,民无所附,唐氏伐之,共工以亡。"荀子"禹伐共工。" 由前诸说而核论之,则其为强盛之王国无疑,极强于羲、农之间,争衡于颛顼之世,败于高辛,而灭于唐、虞,其势固非小弱也。按其地望当为江淮。《管子》"共工之王,水处十之七,陆处十之三,乘天势以隘制天下。"以意推之,当为现今江淮之地。《尧典》"骥兜曰都共方方鸠僝工。" 注 "以共工为尧时之水官。" 其实即共工国也。盖尧欲灭共工氏,而共工氏筑堤据濠以自固,犹六朝时梁与元魏之争淮堰也。《国语》古之长民者,不隳山,不崇薮,不防川,不窦泽。共工氏弃此道也,共工虞湛乐淫其身,欲防百川,高堙庳,害天下;天弗福,民弗助,乱并兴,共工用灭。按此则共工氏壅百川、薄空桑之事,盖实非为尧之水官也益明矣。《淮南子》"舜之时,共工振滔洪水以薄空桑。"振动也,滔荡也,欲壅防百川滔堙庳以害天下,薄迫也,空桑为山东兖州地。据是说,则共工氏之国,为江淮之区域,更无疑矣。

虽然，犹有一大疑问者，在《列子》"共工氏头触不周之山。"不周者，西极之山名也。《山海经》"共工氏之臣曰相繇，食于九土，其所歇所尼厥为原泽。禹湮洪水，杀相繇，其血腥臭不可生谷。其地多水不可居。禹湮之三仞三沮，乃以为池。群帝因是以为台，在昆仑山之北。"昆仑者，亦西方之山名也。总此二说而观之，则共工氏之国，又非在东方而在西方矣。然解释此问题，要非甚难。颛顼时，共工氏霸有九域，九域者，犹言九州也。审是，则东亚之强国势力浸及于西土固未可知。禹时共工当已灭亡，所谓共工之臣相繇者，盖系共工国遗臣，被放逐于西土，结遗众以抗衡者。《禹贡》"三危既定，三苗丕叙。"三危丕叙之三苗，固前日荆湘负固之三苗也。共工氏之臣相繇，亦当作如是观。按其人种，当为苗族。《楚语》"少昊之衰，九黎乱德，颛顼承之，诛九黎，乃命南正重司天以属神，北正黎司地以属民，于是民神不杂，万物始有秩序，是谓绝地天通。"尔后之重黎，世掌宗教之事，俨犹埃及、犹太古代之司祭官。凡关系于宗教之事者，重、黎不得辞其责。《史记》"帝喾命重、黎诛共工氏，诛而不尽，帝戮重、黎。"《吕氏春秋》注"共工氏治九州，有异高辛。"按此，则共工氏之宗教，为多神之巫教，与九黎同。九黎者，三苗之先世也。然九黎非自号为九黎，我族斥之也。黎黑也，以颜色而别人种也，则共工国者，或即九黎自号之国名，未可知也。蚩尤为九黎之君，范金作兵自蚩尤始，《韩非子》曰：共工之战铁铦矩者，及乎敌铠不坚者，伤乎体。按此则共工氏系始作兵者，若位置在女娲之世，共工氏无作兵之理。若位置于唐虞之间，则又非确论。意者殆其指蚩尤而言也，又颛顼破九黎，又平共工氏，诸子颂颛顼，二者不并举，故共工氏疑即九黎云。郯子序共工氏于伏羲之后神农之前，诸古书皆言其霸有九州，则共工氏于当时，俨一赫声濯灵之天子也，何周人僭其行序，不载诸书又绌非序，并其世系亦不详，以爱恶相攻言之，则共工非汉人同种可知。既非汉人，其国又居江淮，其教又系巫教，是非苗族而何。抑又有说，三苗立国，纯以刑政。«吕刑»“蚩尤惟始作乱制以刑，惟作五虐之刑”，而共工氏任智刑以强，则亦专任刑法者也。其立国之法制同，则其为同种也又可知。韦昭曰：“三苗，炎帝之后，诸侯共工也。”是固以共工为三苗矣。其云姜姓炎帝之后，实因蚩尤挟制榆罔，自号炎帝之误。蚩尤，九黎之君也，则共工为九黎，与苗同族，益益不可诬。然三苗与共工，颛顼以前，当为统一之国，受治于一酋长下，高辛以后，当为分裂国，各守其疆。颛顼平九黎，分其子孙为三国，始号三苗，三苗、共工，或于此时分裂，未可知也。尧之时，共工居江淮，三苗居湖广，二国相依，势成狼狈，后卒为我族所殄灭。灭三苗、共工，皆禹执兵柄，禹固一大兵事家也。其一共工系官名，黄帝以来即有是官，如«舜典»“命垂作共工”之共工是也。其一系人名，«山海经»“祝融降处江水，为炎帝裔，黄帝之司徒也，居江水，生共工。共工生术器及勾龙，术器袭共工之号，在颛顼时为乱，高辛灭之。”«汲冢琐语»：“共工之卿曰浮游，既败于颛顼，自沉于渊。”«风俗志»：“共工氏之子曰修好远游。”疑修即浮游也。修为玄冥，后世奉为水神，疑术器之子。少昊氏有子亦曰修。«左传»：少昊氏有四叔：曰重、曰该、曰修、曰熙，实能金木及水。重为勾芒，该为蓐收，修及熙为玄冥。按此则修又非共工氏之修矣，意者殆其同名也耶？今姑两存之，以俟考。右之共工与共工国异，然亦一强盛之诸侯。中国古书解说共工，类皆强率牵附，故混淆不明。

女娲氏殁，再十五传而炎帝神农氏作。神农之世，夙沙氏为乱，神农攻之不克，神农退而修德，夙沙氏自攻其君来归。夙沙者，东夷种族之杰出者也,凤沙既败于神农,于是东夷之势亦一挫,而中国民族之势复一张,青、冀二州之区域,亦划入于中国民族之势力范围。

凤沙氏法 凤沙之国,为现今山东地。山东之地,上古以前为东夷之窟穴。《淮南子》:"凤沙之民自攻其君来归神农。"注:"以伏羲、神农之间有共工、凤沙霸天下。" 由是以观,凤沙氏固一强盛之王国也。《汲冢周书》:"黄帝时有诸侯凤沙氏煮海为盐。"黄帝之世,凤沙氏尚存,则神农之于凤沙,非攻灭之,仅征服之耳。神农氏始都于陈,继都于曲阜,其迁都曲阜,当在征服凤沙氏之后。《汲冢周书》:"大臣有锢职哗诛者危。昔日质沙三卿朝而无礼,君怒而久拘之,哗而勿加,诸卿谋变,质沙以亡。"质沙疑即凤沙,诸卿谋变,疑即自攻其君来归神农之事也。

神农氏八传而至榆罔,榆罔德衰,诸侯更相侵伐,内部离析,中国民族之势顿衰,苗族复乘之而起。三苗之光,九黎之君蚩尤,遂率其族北上,伐炎帝榆罔于空桑,榆罔避居中冀,蚩尤复逐之于中冀,榆罔避居涿鹿,蚩尤复逐之于涿鹿,大争于涿鹿之阿,九隅无遗,斯时中国民族固已屡战屡北,危如累卵而不绝如发者矣。时势造英雄,呜呼!时势至此,岂有未极耶?

天不忍锦绣玉琢东亚大陆一片干净土,茶然黯然,长埋没于淫虐巫风之蛮族,天不忍文明聪秀司东亚文化木铎之良子,湮复于獉狉犷悍之夷种,于是乃诞降一大英雄也,曰轩辕黄帝氏,而于是我元祖轩辕黄帝氏,遂出现于当日之舞台。

第二节 黄帝二

黄帝之世系 黄帝之讨灭四帝

黄帝之世系 黄帝者,姓公孙,名曰轩辕,或曰轩辕其别号也。

少典国君之子，与炎帝神农氏同出一系。少典国君娶有娇氏女附宝，见大电绕北斗枢，感而娠，历二十四月而生帝于寿丘，长于姬水，故一姓姬氏。逮入中原，立国于有熊，故又号曰有熊氏，以土德王，故世遂称之曰黄帝。

　　黄帝注　《史记》："黄帝者，少典国君之子也。姓公孙，名轩辕。"《晋语》："少典娶有娇氏女生黄帝，黄帝以姬水成。"《汉·律历志》："黄帝始垂衣裳，有轩冕之服，故天下号曰轩辕氏。"《帝王世纪》："黄帝，少典之子，姬姓也，母曰附宝，见大电绕北斗枢星照郊野，感附宝孕二十四月而生黄帝于寿丘，长于姬水，国于有熊，居轩辕之丘，故因以为名。"按炎、黄二帝，皆系少典国君之子，其母皆有娇氏女，世人多以二帝年代相去久远，同出少典为疑，庸讵知汉人种由西方迁入，少典必系西方之国。少典国君娶有娇氏女登而生炎帝，炎帝既长，率其族东迁中原，承袭庖牺氏而为天子，斯时之少典国，犹立于西方。少典国君再数传，娶有娇氏女附宝而生黄帝。有娇氏当亦西方之国。黄帝既长，遂踪神农氏之迹，率其族东来中原，承袭炎帝而为天子。然则二帝之同出一系，犹五帝之同出一系也，夫又何怪焉。至其所云姬水，疑即底格里士 Tigris 河之转音。
黄帝之讨灭四帝　帝生而神灵，弱而能言，幼而徇齐，长而敦敏，成而聪明。即位之初，疑即即少典国君之位。养性爱民，不好战伐。会四帝西亚之王国。各以方色称尊号，交共谋之，边邑日惊，介胄不释。帝叹曰："君危于上，民不安于下，主失其国，其臣再嫁，厥疾之由，岂非养寇耶？今取民萌之上，而四道亢衡，递张予师。"于是大振师旅，成师以出，逆击四帝之师于境而大破之，追奔逐北，而四帝殄灭也。

　　四帝注　黄帝讨灭四帝之事，见《万机论》，在即位之初，其时固尚未代榆罔而为天子。孙武子《行军篇》有曰:"此黄帝之所以胜四帝也。"则讨灭四帝,系必有之事,然不明言四帝之所在,且遍查中国古书,无可位置此四帝者,意其时黄帝尚在西方,未入中原,其所谓四帝者,殆即迦勒底四个州王国,或即吾尔王朝建设之诸市也。

　　附　太古西亚人种盛衰记略

　　发源于西亚阿尔米尼亚山,中流于西里亚、伊兰两源之间,东南流而注于波斯湾者,有二大河流也,在北者曰底格里士河,在南者曰幼发拉底河,两河分流至波斯湾头而渐合为一。此两河流之间,有一带广阔之平原,是曰美索不达尼亚。美索不达尼亚者,希腊语两河间之义也,当哈米人种之兴于尼罗河畔也,同时有一历史上有名誉之人种,崛起于波斯湾,在美索不达尼亚之平原,建设几多之王国,大开文化,为日后西欧文明之滥觞者,是人种非他,即所谓塞米的 Semitic 人种是也。虽然,塞米的人种,非原始的住居民,有先于塞米的人,开文化于美索不达尼亚之地,为塞米的人文明之导师者,则属于丢那尼安 Turania 人种之思米尔 Sumeria 与阿加逊 Akkadia 人种是也,此属于丢那尼安之思米尔与阿加逊人种者,其原始的祖国,当在中亚之山间,渐次移殖于西亚,其人种布展之顺序,自里海之南,亘裹南以迄于波斯湾,而美索不达尼亚之哈伦 Harran 亦为是人种所建设,其地分南北两部。在南部孟加之野,以临河之吾尔为首都者,称思米尔人;在北部梅尔加之野,以阿加台为集屯之中心者,称阿加逊人。思米尔人者,盖先阿加逊人,由北方而移殖于南方者也。塞米的人种之未入迦勒底也,为纯然之游牧民族,始至之王,号疑记者,有神猎王 Bilu-Nipru(Bel-Nimrod) 之名称,**率众来自海表**。据吾尔 Ur

攻略附近,拓地于北,建筑有名之四城,王之威名,广传四表,莫敢与抗,原始居住之思米尔人与阿加逊人,遂全屈服于塞米的人种之下矣。不宁惟是,由塞米的人迁入迦勒底,而原始诸人种因多迁徙之举。亚述人从巴比伦而退于底格里士河畔,建设都市,非尼基人由波斯湾头西去而移住于卡南安沿海之地。希伯来人之酋长亚拉伯罕,率其种族从其原居之吾尔地方,循幼发拉底河以西而转居于迦南,后数百年,塞米的人种复有阿加台之王莎公一世者出,以文治武功著称于一世,谋统一诸国,未成而卒。莎公一世约当纪元前之三千八百年,而塞米的人种之始入迦勒底也,约当纪元前之四千年。莎公殁后再数百年,有以吾尔为首府之王,名乌雷安特者,<small>亦属塞米的人种。</small>始得统一诸国,而此乌雷安特王之时代,约当纪元前之二千八百年,距乌雷安特王数百年后,有属丢那尼安人种,其王名廓特奈亨台 Kudur Nakhunte 者,崛起迦勒底之东北,自莎岐山麓进取诗赛为首府,建偄南王国,<small>偄南犹高土之义。</small>反抗吾尔王朝,用兵于迦勒底,陷莎公以下建设之诸市,而取乌雷王神殿之神像,移于诗赛,使诸王侯来朝,不从者则诛夷之,声威振于底格里士与幼发拉底两河畔,而影响且及于埃及。其所征伐诸国,多为塞米的人种所建设。廓特奈亨台王者,即迦勒底第二王朝八王之始祖,史称其属丢那尼安人种,当系北部之阿加逊人。其用兵也,盖为种族上之争竞,而以复塞米的侵入之仇者也。廓特奈亨台王之时代,约当纪元前之二千二百八十年间也。

　　阿加逊思米尔者,属丢那尼安人种,而或有谓与 Finno Tatar 人种为近,于状貌为广头骨,其语言系统似全属于乌拉阿尔泰山 Ural-Ataci 之语系,无语尾变化,与现今蒙古族<small>黄种</small>

统名。语言为同源，人种当近于蒙古派系派。塞米的人种者，属高加索白种统名。人种之一，即《旧约》所谓挪当三子闪之子孙也，其语言为屈曲语，于状貌属长头骨，与阿利安人种为近。按现今西人多以中国人种由迦勒底迁入，以莎公一世当之中国之神农，廊特奈亨台当之中国之黄帝。然西亚古史称莎公属塞米的人，廊特奈亨台王属阿加逊人。若果以是说为假定，则神农与黄帝，且有黄、白种之分矣。稽之中国古史，炎、黄二帝皆为少典国君之子，其母皆为有娇氏女，二帝非特无黄白种之分，抑且有同姓之亲，二者必居一于是。今姑两存其说，容俟日后考定焉（餘参见下节及《迁徙篇》）。

第三节　黄帝三
黄帝之率族东迁　黄帝与炎帝阪原之战

黄帝之率族东迁　帝既战胜四帝，威望大著，念西亚地狭，不足以创建大国，闻东方有乐土，遂踪伏羲、神农氏之迹，率其族以东迁，未至中原，先立国于昆仑附近，是曰轩辕之国，屯兵于昆仑之北，是曰轩辕之丘，筑台于轩辕之丘，以眺望四方，是曰轩辕之台，栖息于昆仑之上，立行宫也，是曰黄帝之宫。道花国 Flowery land，越帕米尔高原，横戈壁，沿河源东进，而达于中原，作都于有熊，改号曰有熊氏。

黄帝东迁注　据拉克伯里 Terien de Laconperie 所著之《支那文明西元论》，以中国之有熊黄帝，当之迦勒底之廊特奈亨台王，以中国之百姓为巴克族，以昆仑拟花国，皆不乏其旁证，已见前《迁徙考篇》，不再叙，（按巴克为当日一都府之名，西方有一民族，因用以为自呼之称号。拉克伯里译其音以为巴克种族，即中国之所谓百姓，二者固甚相近。考西亚古国史,则谓巴克族起于里海之南,而廓特奈亨台王崛起于迦勒底之东北方,其地望亦当属里海之南。今俄人筑黑海之里海之铁道,由黑海东岸之巴吞港而达于里海,又从巴克之里海,有巴克线汽船之航路,每周三回,以今准古,幅圆之包含,庸或有大小之不同,其名称之传自古,有断然者。)又稽我国古籍,昆仑山间盛称黄帝遗迹,亦足为黄帝自西徂东之证据,其详亦备具《迁徙考篇》。兹复摘要如左,以资参考。

《山海经》"穷山之际有轩辕之国,昆仑之北有轩辕之丘,轩辕丘北有轩辕之台。"《穆传》:"昆仑之上有黄帝之宫"。以前皆黄帝留迹昆仑之证也。又《庄子·大地篇》:"黄帝游乎赤水之北,登乎昆仑之丘。"亦足为黄帝留迹西方之证。黄帝未入中原,当号轩辕,《山海经》诸书道及昆仑间黄帝事者,必曰轩辕。逮既入中原,建都有熊,乃始号有熊氏云。

黄帝与炎帝阪泉之战　时神农氏世衰,诸部更相侵伐,暴虐百姓,炎帝榆罔不能征。帝知诸侯非可说以仁义也,乃大修武备,习用干戈,以征不享,诸侯咸来宾从。炎帝嫉之,遣兵拒帝,又责诸侯之归附者。诸侯来愬炎帝之暴,帝于是修德振兵,治五气,艺五种,抚万姓,度四方,教熊罴貔貅驱虎,以与炎帝战于阪原之野,三战然后得其志,炎帝不胜,乃遣使与帝和,请各理天下之半,帝许之平。

阪原战注　《史记》:"轩辕之世,神农氏世衰,诸侯更相侵伐,暴虐百姓。"《帝王世纪》:"神农氏世衰,黄帝修德抚民,诸侯咸去神农而归黄帝,黄帝乃驯猛兽,与炎帝战于阪泉之野,三战而后克。"《新书》:"炎帝与黄帝同母异父兄弟也,各有天下之半,黄帝行道而炎帝不听,故战于涿鹿之野,血流漂杵。"《国语》:"少典生炎帝、黄帝,成而异德,用师以相济也。"《归藏》:炎帝与黄帝战于涿鹿之野,将战,筮于巫咸。巫咸曰:

"果哉而有咎。"按榆罔之世，诸侯更相侵伐，黄帝征之，诸侯
咸服，其所谓诸侯，系同族酋长之散居大河南北者。诸侯既
服，炎帝忌之，遂酿阪原之战。阪原之战，固炎、黄二帝之争
主权也。既战而炎帝不胜，然尔时炎帝，固犹未退天子位，揆
是战后，诸侯有属炎帝者，有属黄帝者，战后媾和，而各统驭
其部属，二帝东西分理而治天下耳。《新语》："炎、黄二帝各
有天下之半。"当在此时。至二帝之媾和，虽无可考证，然观
下节，蚩尤伐炎帝，炎帝说黄帝伐蚩尤，二帝媾和之理不辨自
明。至其所云炎、黄二帝为同母异父兄弟，此语实因二帝之
母同为有蟜氏女之误。又涿鹿之战，原与阪泉之战有异，涿
涿之战为蚩尤，阪泉之战为炎帝。误阪泉之战于涿鹿之战
者，亦因蚩尤挟制榆罔，自号炎帝阪泉氏之误。《汲冢周书》："昔阪
泉氏用兵无已，诛战不休，兼并无亲，文无所立，志士寒心，徙居至于独鹿，诸侯叛
之，阪泉以亡。"独鹿即涿鹿，此盖指蚩尤而言。

第四节　黄帝四
蚩尤伐炎帝　黄帝救炎帝

蚩尤伐炎帝　炎帝榆罔氏既归自阪泉，国势益衰，未几而蚩
尤之难复作。蚩尤者，三苗之先，九黎之君也。有材武，善用兵，
怀统一世界之理想，而以战争的铁血主义求达其目的者也。冶葛
庐雍孤山之金，始作五兵，北伐炎帝榆罔氏于空桑，榆罔不能敌，乃
命蚩尤宇少昊以临四方，蚩尤因挟榆罔，自号炎帝，势益炽，诸侯当
时汉族同族之有分土者曰：诸侯，异族酋长被征服者曰万邦，详见上。莫敢伐。

　　蚩尤伐黄帝注　蚩尤，《书经·吕刑篇》："蚩尤惟始作乱，
延及于平民(中略)。苗民弗用，灵制以刑，惟作五虐之刑(中
略)。皇帝哀矜庶戮之不辜，报虐以威，遏绝苗民无世在下，乃

命重、黎绝地天通（中略）。皇帝清问下民，鳏寡有辞于苗（中略），惟时苗民匪察于狱之丽，罔择吉人，观于五刑之中（中略）。上帝不蠲，降咎于苗，苗民无辞于罚，乃绝厥世。"苗民弗用灵。郑玄注："苗民谓九黎之君也，九黎言苗民者（中略）。穆王言此族三生凶德，故著其氏而谓之民，民者冥也，言未见仁道。"皇帝哀矜庶戮之不辜，遏绝苗民无世在下。郑玄注："以下皆说颛顼事。"所谓皇帝者，指帝颛顼也。皇帝清问下民，鳏寡有辞于苗。"郑玄注："以下皆说尧事。"所谓皇帝者，指帝尧也，颛顼命重、黎绝地天通，《楚语》"观射父释其义曰：少昊氏之衰，九黎乱德，民神杂糅（中略），家为巫史（中略），民渎齐盟（中略），祸灾荐臻，莫尽其气，颛顼受之，乃命南正重司天以属神，北正黎司地以属民，使复旧常，无相侵渎，是谓绝地天通。"九黎，马注："九黎之君，号曰蚩尤"。当系蚩尤之子孙，承袭蚩尤之名号。韦昭"九黎兄弟九人，蚩尤之徒"。固明以颛顼时之九黎，为蚩尤之后矣。《山海经》："黄帝命应龙杀蚩尤于青丘之谷，名其地曰凶黎之丘。"若蚩尤非九黎之君，青丘之谷，曷为而名凶黎之丘耶？百家解说蚩尤，人人言殊，今撷拾一二，为疏通之，以释其疑窦。应劭"蚩尤古天子"，其云天子者，盖自其位言之。郑云"蚩尤霸天下"，其云霸天下者，盖自其权力盖世言之。《孔子三朝记》"蚩尤，庶人之贪者"。其云庶人之贪者，盖自其仇斥之。《通鉴》注"蚩尤，姜姓，炎帝之裔"。其云姜姓，炎帝之裔者，实因蚩尤挟制榆罔，自号炎帝之误。核而论之，彼蚩尤者，固九黎之君也。按当时蚩尤有二：一为九黎之君，一为黄帝之臣。《管子》五行，蚩尤明于天道，黄帝使为当时，《越绝书·计倪内经》"黄帝使少昊治西方，蚩尤佐之主金。蚩尤作兵。《管子》"黄帝问于伯高曰：'吾欲陶天下而为一家，为之有道乎？'伯高对曰：

‘请刈而莞而树之’（中略），修教十年而葛庐之山发而出水，金从之。蚩尤受而制之，以为剑铠矛戟。是岁，诸侯相兼者九；雍狐之山，发而为水，金从之，蚩尤从而制之，以为雍狐之戟芮戈，是岁，诸侯相兼者十二，玩是书前后意味，则蚩尤似曾是黄帝之臣，然细审之，蚩尤为九黎之君，必无入臣黄帝之理。《管子》之说，前后必有讹误处。此见戈之本也。”《吕氏春秋》“蚩尤作兵，非作兵也，利其械矣，未有蚩尤之先民，固剥林木以战矣。”案此，则蚩尤为发明金属之元祖，能于军事界之面目一新，蚩尤真人杰矣哉！蚩尤伐炎帝，《通鉴》注“蚩尤好兵喜乱，作刀戟大弩以暴虐天下，并诸侯，度炎帝榆罔不能制之，令居少颢以临四方，蚩尤益肆其恶，出洋水，登九淖，以伐炎帝榆罔于空桑（下略）。《汲冢周书》“昔天之初□，作二后，乃设建典，命赤帝即炎帝分正二卿，命蚩尤宇少昊以临四方，司□□上帝莫成之庆。蚩尤逐帝，争于涿鹿之阿，九隅无遗，赤帝大慑，乃说黄帝，执蚩尤杀之于中冀（中略）。乃命少昊清司马鸟师以正五帝之官，故名曰质。天用大成，至于今不乱。”案炎帝命蚩尤宇少昊以临四方，当由蚩尤之逼，不得已而命之，非蚩尤之臣事炎帝也。蚩尤挟榆罔，自号炎帝，亦当在此时间，其后蚩尤复逐帝，黄帝乃袭杀之于中冀，改命其子清居少昊，质即挚，少昊金天氏别名也。《越绝书·计倪内经》“黄帝命少昊治西方，蚩尤佐之主金。”盖即指此事也。佐少昊主兵之蚩尤，另为一人，非九黎之君。

黄帝救炎帝　蚩尤复出自羊水八肱九趾，疏首登九淖，再伐炎帝于空桑，炎帝遁逃中冀，蚩尤进攻，大战于涿鹿之阿，九隅无遗，炎帝大惧，遣使说帝，请合纵以伐蚩尤，蚩尤遂转兵西向以伐帝。帝乃大征诸侯之师，诸侯咸集，帝创制阵法，命风后演之，设五旗、军中建具方之色、五麾，牙旗也，以牙为饰，亦具五色、六纛与纛同，军中大旂也。

而制其阵,熊罴貔貅以为前行,前行, 精锐之士为前驱也。鹗鹙雁鹥以为左右,此言旗之所绘。演阵既毕,亲统全军入涿鹿以攻蚩尤。

黄帝救炎帝注 《归藏》"蚩尤出自羊水八肱八趾,疏首登九淖,以伐空桑,黄帝袭杀之于中冀。"蚩尤伐空桑,即为黄帝所袭杀,则出羊水伐空桑,当已属为第二次之伐炎帝矣。《汲冢周书》"赤帝大慑,遣使说黄帝,执蚩尤,杀之中冀。"赤帝即炎帝也。审是,则黄帝之入中冀,实由炎帝之召而来。《山海〈经〉》"蚩尤作兵伐黄帝,黄帝使应龙攻之冀州之野",则蚩尤既伐炎帝,同时又伐黄帝也。蚩尤伐黄帝,或蚩尤以黄帝应炎帝之请,将入涿鹿,为先发制人之计耳。炎帝都空桑,为现今山东地,黄帝都有熊,为现今河南地,黄帝与蚩尤战涿鹿,为现今直隶省之北鄙。审此,则蚩尤之威力,与汉苗种竞之烈,可想概见。《史记》"蚩尤作乱,不用命,帝乃征师诸侯,与蚩尤战于涿鹿之野。"诸侯系同族中之酋长,征师诸侯,是固起倾国之师也。《龙渔河图》"黄帝时有蚩尤兄弟八十一人,并兽身人语,铜头铁额,食砂石子,造立兵仗刀戟大弩,威振天下,诛杀无道,不仁慈,万民欲令黄帝行天子事。"蚩尤兄弟八十一人,必系其徒党,铜头铁额,食砂石子,不过表示其形象之可畏,诛杀无道,不仁慈,蚩尤乘胜陵虐汉族之情可见。万民欲令黄帝行天子事,汉族同仇敌忾之情亦见矣。涿鹿之胜,夫岂偶然哉」

第五节　黄帝五
黄帝与蚩尤涿鹿之大战争

黄帝与蚩尤涿鹿之大战争 开国纪元元年,黄帝战胜蚩尤,即天子位,中华开国亦当以是年为始。帝进军涿鹿,蚩尤逆击,大战于涿鹿之野,蚩尤作五里雾,师众迷失道,蚩尤纵击,我师大溃。帝率馀众退还青州，屯兵于泰山之阿，昏然忧寝。西王母遣使玄女来助军，帝使之主兵政。玄女为帝制指南车，以辨识地理，铸钲铙以拟雷霆之声，制夔牛鼓八十一面为军鼓以张军威，制铙角二十四，吹之以惊众。帝复命其臣挥作弓，牟夷作矢，命风后演阵法，练军既讫，复率神皇风后力牧应龙等振旅而出，袭击蚩尤于涿鹿，复大战于涿鹿之野，蚩尤败，应龙擒之，名曰绝辔之野。传记称黄帝用车战，蚩尤以骑战，绝辔之野，殆蚩尤辔绝就擒而言也。帝命应龙戮蚩尤于青丘之谷，改名曰凶黎之丘。蚩尤既戮，馀众悉降，帝乃迁其善者于邹屠之地，流其恶者于有北之乡，作《椆鼓曲》十章，以表扬武烈，一曰雷振惊，二曰猛兽骇，三曰挚鸟击，四曰龙媒蹀，五曰灵夔吼，六曰鹍鹇争，七曰壮士夺志，八曰熊罴哮吼，九曰石荡岸，十曰波荡壑。

　　诸侯推帝即天子位，炎帝榆罔自以功德不如，退位列班于诸侯而称臣。帝践天子位，都涿鹿。

　　涿鹿大战注　《龙渔河图》"黄帝以仁义不能禁制，蚩尤仰天而叹，天遣玄女下，授黄帝兵信神符，制伏蚩尤。蚩尤死，天下复扰乱。帝画蚩尤形象以威天下，天下咸谓蚩尤不死，万邦八方，皆为弭服。"《玄女兵法》"蚩尤幻变多方，征风召雨，吹烟喷雾，黄帝师众大迷，帝归息太山之阿。王母使者被玄狐之裘，授黄帝佩符毕。王母乃遣九天玄女授黄帝以三宫、五音、阴阳之署，太乙、遁甲、六壬、步机之术，阴符之机，灵宝五符五胜之文，遂克蚩尤于中冀。"《黄帝本行记》"黄帝与蚩尤大战于涿鹿之野，帝战未克（中略）。天大雾冥冥，三日三夜，天降一妇人，人首鸟身。帝见稽首再拜而伏。妇人曰：'吾玄女也，有疑问之'（中略）。玄女传《阴符经》三百言，帝观之（中略）。既擒蚩尤，乃迁其善类，善者于邹屠之乡，恶者以木械之。"《山海经》"蚩尤作兵伐黄帝，黄帝使应龙攻之冀州之野，应龙畜水，蚩尤请风伯雨师大纵风雨,黄帝乃下天女曰魃,雨止,遂杀蚩尤。"案前诸说,皆系鬼神术数之言,所谓圣人以神道设教,而天下服焉。西王母为西方之国名,以音译之,似甚近稣西安那,为太古文明之强邦。中国民族在西方时,固曾受其教化者也。黄帝自西亚迁入,与稣西那安国必有交涉,虽非其母国,则系邻友也。故西王母遣使玄女助军,必非尽子虚乌有之事矣。《黄帝内传》"玄女为帝制指南车当其前,纪里鼓车居其右,复请帝铸钲铙以拟雷霆之声。制角二十四,吹之以惊众,制夔牛鼓八十一面,一振五百里,连振三千八百里。"《山海经》东海中有流波山入海七千里,其上有兽如牛,苍身而无角,名曰夔。黄帝得之,以其皮为鼓,橛以雷兽之骨,声闻五百里。《世本》"黄帝命挥作弓,牟夷作矢。"右前诸器,皆为黄帝战胜蚩尤之本,而其尤要者,为指南车与弓矢。《帝王世纪》"征师诸侯,使力牧神皇直讨蚩尤于涿鹿之野,使应龙杀之于凶黎之丘。"《山海经》"应龙擒蚩尤,命曰绝辔之野,帝使应龙戮蚩尤于青丘之谷,名曰凶黎之丘。蚩尤所其弃桎梏,是谓枫木。"《拾遗记》:"轩辕去蚩尤之凶,迁其民之善者于邹屠之地,流其恶者于有北之乡。"《归藏》"黄帝杀蚩尤于青丘,作棡鼓之曲十章:一曰雷振惊,二曰猛兽骇,三曰鸷鸟击,四曰龙媒蹀,五曰灵夔吼,六曰鹏鹓争,七曰壮士夺志,八曰熊罴哮吼,九曰石荡岸,十曰波荡壑。"《史记》"黄帝战涿鹿之野,戮蚩尤,诸侯咸尊帝为天子。"《盐铁论》"黄帝杀蚩尤,雨曎而为帝。"案此,黄帝即天子位,固当在涿鹿之战后也。《史记》"黄帝邑于涿鹿之阿。"案此,则黄帝定都涿鹿,亦在戮蚩尤,即天子位后,其未即天子位前,当都有熊。

　　昨见《警钟日报》上载涿鹿战歌一首,爱读之不忍释手,敬附录于后:

涿鹿战歌　　　　天　梅

子孙当念祖宗功

我黄帝

真英雄

赤手辟幽丛

战涿鹿

蚩尤撄其锋

东巡大海

南登湘与熊

北上釜山

西略至空桐

黄图开拓最威风

从此支那北部无苗踪

第六节　黄帝六
黄帝之驱逐四夷　黄帝之创建邦国
黄帝之布展文化　黄帝之崩殂　结论

　　黄帝之驱逐四夷　当是时也，四夷犹有不服者，帝乃从而征之，平者去之，披山通道，未尝宁居，于是东巡至海，登丸山及岱宗，南巡至江，登熊湘，西巡至流沙，登熊耳山，北逐荤粥，合符釜山。荤粥，土耳其族之先世。釜山当系阴山附近山名。黄帝逐荤粥，为我族与蒙古种四千年来战争之开幕，东洋历史上一大关键也。迁徙往来无常，以师营为卫，凡五十二战而天下大定。

　　黄帝之创建邦国　帝既平定天下，宰制宇内，画疆分野，得百里之国万区，命工匠营城邑，置左右大监监于万国，遂经土设井以

塞争端,立步制亩以防不足,使八家为井,井开四道而分八宅,井一
为邻,邻三为朋,朋三为里,里五为邑,邑十为都,都十为师,师十为
州,分之于井而计之于州,故地著而数详,由是疆里既正,而国基之
形始立焉。即位之二十年,景云见,以云纪官。《左传》郯子对鲁叔孙昭
子,黄帝氏以云纪,故为云师而云名。应劭云:春官为青云,夏官为缙云,秋官为白云,
冬官为黑云,中官为黄云。举风后、力牧、常先、大鸿、应龙、封胡、孔用
等,或以为师,或以为将,复设六相,以巩中央政府之基础。蚩尤明
天道,使为当时;别一蚩尤,非九黎之君,见前。大常察地形,使为廪者;奢
龙辨东方,使为土师;祝融辨南方,使为司徒;大封辨西方,使为司
马;后土辨北方,使为李。六相既命,各适其才而各司其序,由是天
时人事既叙,内外政令悉理,国基于以大固也。

　　黄帝之布展文化　帝非仅有创建大国之毅力也,盖于文化亦
多所布展。嗟嗟!我国四千年来为东亚第一文明之邦,推阐厥始,
要皆黄帝之有以植其基,然后子孙乃得继长之而增高之,以光耀于
亚东大陆,流传弗替耳。敬录黄帝当时文化布展之概要,述如下:

　　(一)书契之进步　伏羲画八卦,始渐开书契之端,有象形文
字若干,八卦、六十四卦,皆太古之象形文字也。伏羲氏《易》有画无文,所谓八卦成
列,因而重之为六十四卦者也。诸家言重卦者。或曰神农氏,或曰文王,皆非。未甚
适用。帝命苍颉改其体而增其数,六书之制始兴,使天下义理必归
文字,天下文字必归六书。六书:一曰指事,指事者,视而可识,察
[察]而可见,上下是也;二曰象形,象形者,书(画)成其物,随体诘
诎,日月是也;三曰谐声,谐声者,以事为名,取譬相成,江河是也;
四曰会意,会意者,比类合谊,以为指㧑,武信是也;五曰转注,转注
者,建类一首,同意相受,考老是也;六曰假借,假借者,本无其字,
依声托事,令长是也。苍颉书:

（二）历法之进步　伏羲作六釜以迎阴阳，作九九之数以迎合天道，是历法之嚆矢也。帝始设灵台，立五官，叙五事，命鬼臾蒐占星，羲和占日，尚仪占月，车区占风，又命大挠探五行之情，占斗柄所建，始作甲子，次作盖天，即浑天仪。以象周天之形，因于五量以定五气，起消息，察发敛，以作调历，岁纪甲寅，日纪甲子，而时节始定。是岁己酉，朔旦，日南至，得神策，乃迎日推策，造十六神，更正历法，积斜分以置闰，配甲子而设部，至是时惠而辰从，测算遂不致误焉。

（三）算数之进步　伏羲作九九之数，以迎合天道，发数学之端倪，帝命隶首作定数，以率具羡，会其要，律度量衡，由之而成，九章算法，即由是起焉。

（四）音乐之进步　伏羲有立基之乐，神农有下谋之乐，皆音乐之先声也。然其于体制，盖未全备。帝命伶伦作律，伶伦自大夏之西，乃之阮隃之阴，取竹于嶰溪之谷，以生空窍厚钧者，断两节间，其长三寸九分而吹之，以为黄锺之宫，次日舍少次，制十二筒，以之阮隃之下，听凤凰之鸣，以别十二律，其雄鸣为六，雌鸣亦六，以此黄锺之宫，损益相生，为六律六吕，又命荣将铸十二锺，以协于月箾，于是文之以五声，播之以八音，命大容造云门大卷之乐。

仲春之月,乙卯之日,日在奎,始奏之,命之曰咸池,由是而音乐之
制大备焉。

（五）医法之进步 神农尝药辨性,为医学之滥觞,帝祭五气,
立五运,洞性命,纪阴阳,咨于岐伯而作《内经》,复命俞附雷公,察
明堂,究脉息,巫彭桐君处方饵,人以是得尽其天年,由是而医学之
术大兴焉。

（六）建筑之进步 帝广宫室之制,遂作合宫,以祀上帝,享百
神而敷政,宫室之制,始大备焉。

（七）作冕旒 帝作冕垂旒,以玄纩为玄衣黄裳,以象天地之
正色。旁观翚翟草木之华,乃染五采,而以为文量,以表贵贱而辨
等级,衣服之制,始大备焉。

（八）作器用 帝命宁封为陶正,赤将为木正,以利器用。又
命共鼓化狐,刳木为舟,剡木为楫,以济不通,邑夷作车,以行四方,
服牛乘马,行重致远,以利天下,是为陶器舟车之始。

（九）作货币 帝以范金为货,制金刀,立五币,以利国用,是
为货币之始。

（十）蚕桑之起原 西陵氏之女曰嫘祖,为帝之元妃,始教民
育蚕,治丝茧,以供衣服,于是天下无皴瘃之患,由是我中国世以蚕
桑名闻天下。嫘祖因发明育蚕治丝之理,后世祀之为先蚕。

黄帝之崩殂 帝即位后之五十七年,凤鸟至,帝祭于洛水。五
十九年,贯胸氏及长股氏来宾。七十七年,昌意降居于若水。一百
年,地烈,帝崩于荆山之阳,葬桥山,臣左彻,感思帝德,取衣冠几杖
而庙享之。诸侯大夫岁时朝焉。黄帝二十五子,其得姓者十四人。
元妃西陵氏女,曰嫘祖,生昌意;次妃方雷氏女,曰女节,生青阳;次
妃肜鱼氏女,生夷彭,一名苍林;次妃嫫母,班在三人之下。帝崩,
青阳立,青阳即挚,黄帝之次子也,是为少昊金天氏。

结论　会稽先生曰：现今西人所称世界文明之祖国有五：曰埃及，曰印度，曰安息，曰墨西哥，曰中华。然彼四土者，其国亡，其文明与之俱亡，今试一游其墟，但见有摩罕默遗裔铁骑蹂躏之迹，与高加索强族，金粉歌舞之场耳，固未有能如我中华继继绳绳，留传四千年，而绵延弗替者。且我中国，不仅能保久远已也，其文化所被之区域亦甚广，今试按其地望：其西方，则横于美索不达亚文化区域之间，画成疆界线者，为帕米尔昆仑山脉；其南方，则横于印度文化区域之间，画成疆界线者，为喜马拉耶山脉；其东方，则位置太平洋，囊括日本、朝鲜而有之。日本、朝鲜为中国文化之产出儿，故云。东经起于七十三度而至于百三十四度，北纬始于十八度二十二分，而终于五十六度十六分。漪欤美哉！文明之大邦也。虽然，前所言者果也，非因也。夫有其果，必有造其因者矣。嗟嗟！造此美因者，伊何人？伊何人？曰：非他也，即本传所称述之轩辕黄帝是也。轩辕黄帝者，固神圣的英雄家，非英雄的英雄家也。无以拟之，姑拟之以华盛顿。夫美利坚者，非现今世界首屈一指文明之大国哉！华盛顿者，非美利坚建国之大豪杰哉！虽然，彼华盛顿者，立国于同民族之手，我黄帝立国于百蛮之中，华盛顿植文明之基于世界开明之日，我黄帝植文明之基于荆荒未辟之秋。若以华盛顿比例乎吾祖，尚觉吾祖为其难，而华盛顿为其易也。吾侪小人也，不能管窥吾祖于万一，又何敢以颂吾祖国抑吾祖，且俟有识者再起而颂赞之，某也何敢言。

第七节　少昊颛顼高辛三世之继体

少昊金天氏　少昊金天氏者，黄帝之次子也，姓己，名挚，母曰女节，见星虹下流华渚，感而生帝，宗师太昊之道，故号曰少昊。以金德王，故又号金天氏。都曲阜，以鸟纪官。《左传》：少昊之立，凤鸟适至,故纪于鸟。凤鸟氏,历正也;玄鸟氏,司分者也;伯赵氏,司至者也;青鸟氏,司启者也;丹鸟氏,司闭者也;祝鸠氏,司徒也;鴡鸠氏,司马也;鸤鸠氏,司空也;鹘鸠氏,司寇也;鹘鸠氏,司事也。五鸠,鸠民者也;五雉为五工正,利器用,正度量夷民者也。九扈为九农正,扈民无淫者也。**在位八十四年而崩,崩而颛顼立。**

颛顼高阳氏　颛顼高阳氏者,姬姓,黄帝之孙,而昌意之子也。母蜀山氏女曰景仆,生帝于若水,生十年而佐少昊,二十而登帝位,始国高阳,故号曰高阳氏。以水德王,故以水事纪官,都帝丘。少昊之季,九黎为乱,帝即位,征而克之,诛九黎,分其子孙为三国,始号三苗,由是苗族之势寝衰,遂分建九州,肇定国基。

附　颛顼时九州所分区域如下:

一、兖州　为河、济二水之间,今直隶之南境,及山西之北境。

二、冀州　为河之北,今直隶、山西之大部。

三、青州　自渤海之滨至于泰山,今山东省之中部以东。

四、徐州　自泰山南而至于淮,今山东省之南境,江苏、安徽省之北境。

五、豫州　自南河至于荆山,今河南之全部及湖北之北部。

六、荆州　自荆山至于衡山之南,今之湖广。

七、扬州　自淮至于南海,今之两江、闽、浙。

八、雍州　西河之西,今陕西之大部及甘肃。

九、梁州　华山之西南,今陕西之南及四川。

九黎既平,帝乃命南正重司天以属神,北正黎司地以属民,民神不杂,万物始有秩序。即位之十三年,始作历象,以建寅之月为岁首,定后世立历之标准。

颛顼作历注　《晋志》"董巴议曰:伏羲始造八卦,作三画以象二十四气，黄帝因之作调历。颛顼以今之孟春正月朔旦立春，五星会于天历，营室也，冰始泮，蛰虫始发，鸡始三号，天曰作时，地曰作昌，人曰作乐，鸟兽万物莫不应和，故颛顼为历宗也。"

帝上缘黄帝之道而行之，学黄帝之道而常之，静渊而有谋，疏通而知远，北至幽陵，南至交趾，西至流沙，东至蟠木。动静之物，小大之神，日月所照，风雨所至，莫不砥属。<small>按颛顼之时，南方未全平定，苗族犹固守大江南北九州区域中，徐、豫、荆、扬四州占地，当无如是之广远，今姑存其说。至所云南至交趾，或系偶一聘问，亦断非在属地领土之内。盖夷考中国民族当日之形势，决非可以厚诬。虽然，承黄帝之馀烈，威令播四方，固可想见也。</small>在位七十八年而崩，崩而高辛立。

帝喾高辛氏　帝喾高辛氏之父曰𫍳极，𫍳极之父曰帝少昊，少昊之父曰黄帝。帝喾者，少昊之孙，而黄帝之曾孙也。姓姬，名夋。帝之生也，自言其名，生十五年而佐颛顼，受封于辛，故号曰高辛氏，三十而登帝位，以木德王，始以人事纪官。<small>《帝王世纪》"高辛氏以人事纪官，勾芒为木正，祝融为火正，蓐收为金正，元冥为水正，后土为土正，是五行之官分职而治，诸侯化被天下。</small>都亳，即位之十六年，使重率师灭有邰氏。

重灭有邰注　按重即南正重，世掌天文及宗教之事，犹巴比伦世掌天文之僧侣，犹太之牧师。有邰氏种族未详，大约亦当属三苗、九黎之种类，巫教之国也。<small>《汲冢周书》"釜小不胜柯者亡。昔有邰之君啬俭减爵损禄，群臣卑让，上下不临，后君少弱，禁伐不行，重氏伐之，邰君以亡"。</small>

共工氏为乱，帝命重、黎诛之，重、黎诛之而不尽，帝戮重、黎，而以其弟四绍其职，卒平共工，由是苗族之势益衰，渐不能抗衡上国矣。<small>《山海经》"颛顼生老童"。《世本》"老童娶于根水氏，谓之骄福，产重及黎。"</small>

重、黎诛共工注　共工见前，不备载。<small>《史记》"重、黎为帝</small>

誉高辛,居火正,甚有功,能光融天下。帝誉命曰:'祝融共工作乱,帝誉使重、黎诛之而不尽,帝乃以庚辰日诛重、黎,而以其弟回为重、黎,复居火正,为祝融'。"又《吕氏春秋》"共工与高辛争为帝而亡。"是共工卒为帝誉所破也。

帝聪以知远,明以察微,顺天之义,知民之急,仁而威,惠而信,溉执中而遍天下,日月所照,风雨所至,莫不服从。帝元妃有邰氏曰姜嫄,生弃,弃之后为周,次妃有娀氏女曰简狄,生契,契之后为殷。次妃陈锋氏女曰庆都,生尧。吹(次)妃娵訾氏女曰常仪,生挚,帝在位七十年而崩。挚年长,得立,在位九年而诸侯废之,共立其弟放勋,是为帝尧陶唐氏,入第二期。

会稽先生曰:创业难,守成亦不易,黄帝战胜涿鹿,擒戮蚩尤,肇定邦国。虽然,尔时苗族之势固未遽衰,国是尚未大定也。逮颛顼勘定九黎,分其子孙为三国,而苗族之势始衰,高辛复破共工,平有邰,而苗族之势更衰,遂不能抗衡上国。若是乎,黄帝固善作之圣主,而颛顼高辛又善述之英主也。古史称颛顼上缘黄帝之道而行之,学黄帝之道而常之,称帝誉上缘黄帝之道而明之,学帝颛顼之道而行之,诚哉是言。至于少昊事实,虽少概见,然既列五帝之一,意度之,要亦不失为继体守文之令主。

第二期　中国民族奠安时期
江淮苗族摧残时期

第一节　帝尧帝舜夏禹三世之授受

帝尧陶唐氏　帝尧陶唐氏者,帝誉之三子也,母曰庆都,孕十二月而生帝于丹陵,名曰放勋,育于母家伊侯之国,后徙伊耆,故一姓伊耆氏,年十三而佐帝挚,受封于陶,又封于唐,故又号曰陶唐氏。十六即帝位，以火德王，都平阳。元年，命羲和历象。五载，越裳氏来。十二年，巡狩方岳，初治兵，遂征有苗，战于丹水。十六年，渠搜氏来。二十九年，僬侥氏来，贡没羽。六十一年，命鲧治河。七十年，帝谘于四岳，征庸虞舜。帝曰：'咨，四岳，朕在位七十载，汝能庸命巽朕位。'岳曰：'否德添帝位。'遂群举舜，帝降二女于妫汭，宾于虞，以观舜之德行。七十三年，舜受终于文祖，摄帝位，举八元八凯，和五典，叙百揆，流四凶旅，遂巡四岳。七十五年，命禹治河，禹克曹魏之戎。八十六年，洪水平，禹入觐，赟用玄圭，分建十二州，分冀州为幽州、并州，分青州为营州。帝之为人也，神如天，智如神，就之如日而望之如云，在位一百年而崩，百姓如丧考妣，三载四海遏密八音。舜不敢当帝位，避帝子丹朱于南河之南，诸侯从舜，舜乃归中国，践天子位，是为帝舜有虞氏。

帝舜有虞氏　帝舜有虞氏者，瞽叟之子也。姚姓，名重华。瞽叟之父曰骄牛，骄牛之父曰勾望，勾望之父曰敬康，敬康之父曰穷蝉，穷蝉之父曰帝颛顼，帝颛顼之父曰昌意，昌意之父曰黄帝。帝舜者，黄帝之八代孙也。母曰握登，见大虹，意感而生帝于姚墟，故姓姚氏。其先世国于有虞，故又号曰有虞氏，目重瞳，有孝行，尧闻，降二女而征用之，寻摄帝位，凡二十八年而尧崩，帝避位三年而诸侯归之，乃即帝位，都蒲坂，帝既即位，询四岳以达四聪，命十二牧以驭蛮夷，命九官以理内政，三载考绩，三考黜陟幽明，分北三苗。三十二年，命禹摄帝位。帝曰："来，禹，浲水警予，成允成功，惟汝贤，克勤于邦，克俭于家，不自满假，惟汝贤，予懋乃德，嘉乃丕绩，天之历数在尔躬，汝终陟元后。"禹辞。帝曰："毋，惟汝谐。"三十三年正月朔旦，禹受命于神宗，率百官，若帝之初。三十五年，命禹征有苗。帝之为人也，濬哲文明，温恭允塞，临下以简，驭众以宽，四海之内，莫不感戴。帝三十征庸，三十在位。五十年，亲征有苗，道崩于苍梧之野,禹不敢当帝位,避帝子均于阳城,三年而诸侯从之,禹乃归中国,践天子位,是谓帝大禹氏。

帝大禹氏　帝大禹氏者,崇伯鲧之子,而帝颛顼之孙也。母曰女志,有莘氏女,生帝于纽石,长于西羌。逮长,封夏伯,故曰伯禹,天下宗之,故曰大禹。尧之时,洪水泛滥,命鲧治之,九载弗绩。舜摄位,殛之于羽山,而以禹为司空,绍继鲧业,卒平水土,复建九州,舜遂荐禹于天,命摄帝位,凡摄帝位十七年舜崩,帝避位三年而诸侯归之,乃即天子位,都安邑,国号夏。元年,颁夏时于邦国,寻荐皋陶于天,而授之政。会皋陶卒,乃封其后于英六,而荐益于天。五年,巡狩会诸侯于涂山。八年,复会诸侯于会稽,戮防风氏,遂崩于会稽,益不敢当帝位,避帝子启于箕山之阴,天下不归益而归启,启遂袭父位。启事,入上古时代第一期。

会稽先生曰:尧、舜禅让,为中国历史上第一盛事,然核其实,要亦不过当时之政体使然。当时政体,盖即近日历史家所目谓贵族政体者是也。贵族政体者,二三贵族执有政令大权,权侔天子,能废置君主,故君主之子贤,贵族向之,则得传子,子不贤,贵族背之,则选他人之贤者代立之。传贤传子,贵族司其柄,君主无权也。观夫尧传舜,必先咨四岳;舜命官,亦必询四岳,四岳总四方诸侯之长,贵族中之领袖。舜、禹即位,必待诸侯之朝觐,诸侯者,盖领有分土之贵族。尧在位百年,舜在位五十年,禹在位八年,此一百五十餘年中,中央政权日趋隆重,贵族之势稍杀。禹平洪水,有大功,天下怀之,启又贤,能敬承继禹之道,遂得能立,而政体始一变云。

第二节　尧舜禹三世中央集权之区划

尧时中央集权区划　尧之立也,首亲九族,九族既睦,平章百姓,百姓昭明,协和万邦,而丕变黎民,置敢谏之鼓以求直言,立诽谤之木以求闻过。乃命羲和，钦若昊天，历象日月星辰，敬授人时，分命羲仲，宅嵎夷，曰旸谷，以殷仲春。申命羲叔，宅南交，曰明都，以正仲夏。分命和仲，宅西，曰昧谷，以殷仲秋。申命和叔，宅朔方，曰幽都，以正仲冬。帝曰：咨。汝羲暨和，共三百有六旬有六日，以闰月定四时成岁，大洪水，帝忧之，询诸四岳，问谁可治者。四岳举鲧，帝知其不可。四岳强举之曰："试可乃已。"帝于是听岳用鲧，九载功用不成。七十载，帝耄期倦勤，询诸四岳，四岳举舜，帝授舜以政，使摄帝位。舜摄位，大布中央集权之制。先是，高阳氏之后有才子八人，曰苍舒、隤凯、梼戭、大临、庞降、庭坚、仲容、叔达，天下之人美之曰八凯。高辛氏之后有才子八人，曰伯奋、仲堪、叔献、季仲、伯虎、仲熊、叔豹、季狸，天下之人美之曰八元。此十六族，世济其美，不陨其名，以至于尧，尧不能举。舜举八凯，使主后土以揆百事，而百事咸序；举八元，使布五教于四方，五典克从而教不违。帝鸿氏有不才子曰浑沌，少昊氏有不才子曰穷奇，颛顼氏有不才子曰梼杌，缙云氏^{黄帝别号}。有不才子曰饕餮，天下恶之，号之曰四凶，以至于尧，尧不能去。舜宾于四门，谘诸国人，声其罪而投诸四裔，以御魑魅，内政既举，中央政权日益隆重，舜复思收集外权，使听命于中央，以巩固国家统一之基。是时鲧为诸侯，不服曰：我闻得天之道者为帝，得地之道者为三公，今我得地之道，而不以我为三公，又欲侵逼我，是果何为哉？乃与内大臣驩兜招致外寇共工、三苗以作难。共工、三苗者，苗族之国，世与我族为仇敌者也，立国于江淮荆州，共工乘隙振滔洪水，薄空桑，侵我边疆，三苗占据洞庭，亦乘隙入犯，舜乃先讨平共工，流其君于幽州；既又破三苗，迁其三大部落于三危，遂声鲧罪，殛之羽山，又放驩兜于崇山，外患悉定，中央统驭权遂固，是为集权中央之第一次。七十五年，舜命禹治河，因治水之便，相山川之形势，定五服之制，再伸中央之权，方五百里为甸服，直隶于天子，其他则由于其离帝都之远近，而轻重其赋税。其赋百里者纳总，二百里者纳铚，三百里者纳秸，四百里者纳粟，五百里者纳米。甸服之外，五百里为侯服。其中百里者为采，采者，卿大夫之邑地也；二百里者为男邦，男邦者，男爵之国也；三百里外者为诸侯，诸侯者，即诸侯分封之土宇也；又外五百里为绥服，其中三百里揆文教，二百里奋武卫，盖即取文以治内、武以治外之义，所以严华夏之辨也。又外五百里为要服，其中三百里夷，二百里蔡，蔡者诸侯有罪流放之地也。又外五百里为荒服，其中三百里蛮，二百里流，流与蔡之别，盖因其罪之轻重也。改九州为十二州，分冀之东为并州，其东北为幽州，青州之东为营州，每州表一山以为镇，海内凡封十二山，每州设一牧，以统率其州内之诸侯，而隶属于天子。十二牧之上，有四岳以总四方之诸侯，而听命于中央政府，诸侯五岁四朝，天子五岁一巡，受诸侯之贽，赏有功而罚有罪，渐次巡四方，命诸侯于方岳之下，岁二月，东巡狩，至于岱宗，柴望秩于山川，肆觐东后，五玉三帛，二生一死贽，协时月，正日，同律度量衡，修五礼，如五器，卒乃复。五月，南巡狩，至于南岳，如岱礼。八月，西巡狩，至于西岳，如初。十有一月朔，巡狩至于北岳，如西礼。盖巡狩之典礼，所以维持同一之风俗，以巩固统一之基者也。东至于海，西至于流沙，朔南暨，声教迄于四海。帝赐禹玄圭，告厥成功。洪水既平，于是舜又大封功臣为诸侯，守四表，锡之姓氏，遂封禹于夏，河南开封府禹州。锡姓曰姒氏，统领州伯，以巡十二州。封契于商，陕西商州。锡姓曰子氏，封弃于邰，陕西乾州武功县。锡姓曰姬氏，封四岳于吕，河南汝宁府新蔡县。锡姓曰姜氏，又嘉益功，赐姓曰嬴氏。顷之，又定五刑之制，五刑者，墨、劓、刖、宫、大辟也。若有可原者，则以流放代之。五刑之外，又有鞭朴之刑，鞭者，为官府之刑；朴者，为学校之刑。其他，出金得赎者谓之赎刑，刑人之中，有误罹于罪者,则有原宥之条,若故意犯者不赦,再犯亦不赦,是当日刑法之制也,为我中国刑法之滥觞。五服之制既定,五刑之制又设,由是中央统驭权益形巩固,是为集权中央之第二次。

　　舜时中央集权区划　尧在位凡一百年而崩,三年丧毕,舜让天下于丹朱,诸侯归舜。舜乃至中国践天子位,复布中央集权之命令,廓张官制。先尧之世,四岳十二牧之外,有禹、皋陶、契、后稷、伯夷、夔、垂、益、彭祖,虽于尧时皆举用,而未有职分,至是舜至于文祖,谋诸四岳,辟四门,明四目,达四聪,命十二牧,谕帝德,治诸侯,怀远以柔迩,蛮夷率服,命禹为司空,宅百揆,总庶政。先是,黄帝之世,戮蚩尤,颛顼之世,平九黎,高辛之世破共工,由是大河南北及江北之土宇,悉隶属于我国领土之内。苗族遗众之留居归化者夷为黎民,丑类繁多,时起反侧,帝思有以抚绥之,以消其反侧之心,乃命稷作后土。帝曰:弃,黎民阻饥,汝后稷,播时百谷。先是,我族之宅中原也,屡经患难,同族团结自卫之力最强,故能角立群族中,独树一帜。至是,国基稍安,人习骄奢,团体稍稍解散,帝深忧之,乃命契作司徒。帝曰:契,百姓不亲,五品不逊,敬敷五教,在宽。先是,黄帝之世,东征西讨,北逐南伐,四夷震慑,听命宇下唯谨。至是,复生窥伺心。帝知四夷虎狼成性,纵之则愈骄,狐鼠其行,威之则怗服,非可说以仁义也,乃思有以威之。于是乎命皋陶作司寇。帝曰:皋陶,蛮夷猾夏,寇〔寇〕贼奸宄,汝作士,五刑有服,五服三就,五流有宅,五宅三居,惟明克允。又命垂作共工,主工师,命益为虞,掌山林,命伯夷为秩宗,典三礼,命夔典乐,教贵族之子弟,命龙为纳言,出纳帝命。分职既定,帝复重言以申命之曰:“咨,汝二十有二人,钦哉!惟是亮天工。”二十二人既受帝命,各司其职,咸成厥功,皋陶为大理,四夷慑而不敢逞,伯夷主礼,上下咸让,垂为共工,百工致功,益主虞,山林辟,弃主稷,百稷时茂,黎民安戢，契为司徒，百姓亲睦，龙主宾客，远人戾至。十二牧行而九州莫敢辟，遂唯禹之功为大，披九山，通九泽，决九河，定九州，各以其职来贡，不失厥宜，方五千里，至于荒服，南抚交趾，北发西戎，析枝渠廋氐羌，北山戎，发息慎，东长鸟夷，四海之内，咸戴帝德，于是禹乃兴九招之乐，致异物，凤凰来翔，帝庸作歌曰："敕天之命，惟时惟几。乃歌曰：'股肱喜哉！元首起哉！百工熙哉！'皋陶拜手稽首扬言曰：'念哉！率作兴事，慎乃宪，钦哉！屡省乃成，钦哉！'乃赓载歌曰：'元首明哉！股肱良哉！庶事康哉！'又歌曰：'元首丛脞哉！股肱惰哉！万事堕哉！'帝拜曰：'俞。往钦哉！'"盖至是而国是始大定矣，是为集权中央之第三次。

　　禹时中央集权区划　舜在位五十载，南巡，崩于苍梧之野，三年丧毕，禹辞避舜之子商均于阳城，天下诸侯皆去商均而朝禹，禹于是遂即天子位，国号夏禹，奉帝舜之遗规，遵前朝之法度，巡狩建学、作乐、养老等诸典礼，无所更易。元年，颁夏时于邦国，以寅月为岁首，始确定田赋之制，一夫受田五十亩，计其内五亩之所入以贡王家，是曰贡法，定车服之制，别尊卑之等级。五年，巡狩，会诸侯于涂山，执玉帛者万国，复建九州，牧九州贡金，铸九鼎，象九州地理物产，以为传国之重器。八年春，复会诸侯于会稽，戮防风氏。防风氏者，苗族之别支，古史或称为汉人同种，今以当日地望推之，三苗初定，汉人无入宅浙江之理。《国语》仲尼曰：防风氏、汪罔氏、守封禺之山者也。戮之，所以灭四夷之不宾者。《吴越春秋》曰："禹即天子位，三载考功，五年政定，周行天下，归还大越，登茅山以朝四方群臣，一示中州诸侯，防风后至，斩以示众，示天下悉属禹也（中略）。遂更名茅山曰会稽之山。"盖至是而中央集权之制始臻完美，统一之基业克就，我中国民族强莫与京，确定为中原主人翁矣，是为集权中央之第四次。禹崩会稽，因葬焉，现今浙江绍兴会稽县会稽山上，有大禹陵即是也。

会稽先生曰：民族主义者，近世立国之要素也。虽然，岂自今日始哉！盖自原人之世已然，今吾观于尧、舜、禹三世行政之区划而益信，盖民族主义之发生，出于人类之自爱心、自卫心，本于天，根于性，而要非可以强致也。使人而不能自爱、自卫，则又何贵其为人类哉！昔王船山先生有言曰：民之初生，自□其群，远其诊，摈其异类，建统惟君，故仁以自爱其类，义以自育其群，强斡自辅，所以凝黄中之絪缊也。今族类之不能自固，而何仁义之云云也哉！又曰：以帝王之惇信义也，三苗来格矣，而舜必分北之；昆夷可事矣，而文王必拒驳之；东夷既服矣，而周公必兼并之。盖异族者，欺之而不为不信，杀之而不为不仁，夺之而不为不义者也。旨哉是言，旨哉是言。吾一再读船山先生之言，吾感触乎吾脑，吾怦击乎吾心，吾又不知乎吾涕之何从。吾同胞其一思之。我同胞今日之所奉戴之以为君，蒲伏叩首于其足下者，正我先王之所目为蛮夷戎狄，杀戮诛绝排斥恐后者也。嗟嗟！使死者而有知也，我先王在天之灵，当不知若何怨恫也，夫何忍言，夫何忍言。

第三节　禹治洪水

当尧之世，有水患焉，世称之曰洪水。洪水者，盖起于帝喾之季年，至尧之世而益甚者也。《越绝书》"尧遭帝喾之后乱，洪水滔天。"是时陕西龙门之山未开，山西吕梁之山未凿，黄河九曲之流，由今山西吉州之西南，出于孟门山之上，平原高阜，悉遭泛滥。尧忧中国之不康，悼百姓之罹咎，乃命四岳俾举贤良，将任治水，自中国至于条方，莫荐人，帝靡所任。四岳乃举鲧而荐之于尧。尧曰："鲧负命毁族不可。"四岳曰："等之群臣，未有如鲧者。"尧乃命之，九年而功不成。后尧使舜摄天子位，巡守方岳，观鲧治水之无状，言之尧，尧乃殛之羽山。舜与四岳复举鲧之子禹于尧，尧命为司空以治水。禹承尧命,命诸侯,兴徒役,以傅土行山表木,定高山大川。禹伤父功不成,乃劳身焦思,居外十三年,过家门不入,陆行乘车,水行乘船,泥行乘橇,山行乘檋,左準绳,右规矩,相厥地形,知洪水之祸,惟河为最大,次之为济水,再次之为江水与淮水,乃先治黄河,导自现今山西吉州之壶口山,分之为九河以杀其势。济水导自河南之沈水,使并入于济。淮水导自河南之桐柏山。江水导自四川之岷山。皆使之注入于海,称之曰四渎,由是北条之水,尽归于济河,南条之水,尽入于江、淮,凡八年而功始成。冀、兖、青、徐、杨、荆、豫、梁、雍九州,皆渐次平定,遂开九道,陂九泽,度九山,令益焚山林以驱猛兽,命稷相土宜以植百谷。禹复亲巡九州,检视土质之肥劣,别为上、中、下三等以定田赋焉。诸夏乂安,而功施于三代。

会稽先生曰:昔刘文公有言曰:"美哉禹功!明德远矣。微禹吾其鱼乎?"西哲有言:"汝欲享何等之幸福,上帝皆肯与汝,但汝当纳相等之代价。"嗟嗟!我同胞得享此华美土宇之幸福者,要皆我先祖绞脑浆,耗心血,残毁四肢,纳无数之代价于天而购得之者也。我祖宗购得之,当我子孙自享之,他人种,有何功于中土,焉得而冒袭我祖宗留传之公产也。虽然,有一物焉,甲也先放弃之,然后乙也乃得侵人之,吾何暇责人,还当自责,并责我同胞。

第四节　尧舜禹三世之经营苗蛮

汉苗立国先后之比较　苗自邃古已据有扬子江之流域,创建邦国,势甚强盛,更拓地而北,输黄河而经略河北,适我中华民族自西北方迁入,分布于河水北岸,沿流而东,遂跨河之南北,渐次扩张其区域。是时吾族部落散居,尚未成国,为酋长时代,其酋长中稍有权力,略具统一之形者,首曰太昊伏羲氏,次曰炎帝神农氏。伏羲时间,吾族纯一游牧时代。逮神农业农作,乃始入农业时代,然

尚未脱游牧之习俗，是亦无可讳言。如古史记，黄帝巡行天下，未
尝宁居，帝尧与舜及大禹，屡行巡狩之典礼。巡狩典礼者，固游牧
之遗规也，故知五帝之时，去游牧之世未远。苗族立国，虽不知在
何时，以当日之形势度之，当早吾族数十百年，有断然者，如《书经·
吕刑篇》数苗民之恶曰："制以刑，惟作五虐之刑。"则苗固已设有刑
法矣。按中国舜时五刑之法，原取法于苗之刑法而损益之。立国而至设有刑
法，则其他文化之进步，盖可推而知矣。《舜典》数苗之恶曰："君子
在野，小人在位。"在野者，庶民之辞；在位者，职官之谓，则苗固已
设有官制矣。立国而有官制，则其他政治之制度，又可推而知矣。
且原人立国，非借天然之地理，不足以启发文化，故世界文明最初
之发生，多在温暖炎热之区，如印度、埃及之事可证。盖文明麴蘖，
不依暖热之空气，则到底不能发酵者。夷考吾族太古时期，文明发
生，滥觞自黄河。夫黄河南北，沃野千里，便于农业，固易为文明发
育之区。然试以黄河与长江比例之，则二者又孰适培养文明者乎？
彼黄河之水，常泥浊而不清，且有溃决之虑，若江水则反是，除上流
有峻湍之区，其馀大致千里一碧，无泛滥之忧，由地理以推人类进
化，则苗族开化之早于吾族也，又从可知。苗族文化之所以不传
者，盖因其国被摧残，文化亦因之而俱烬耳。或偶有一二传者，出
自战胜者之口，故其所传者，亦尽传其野蛮恶习而已。况吾族与
苗，当时既为不两立之仇敌，既灭其国，则文化亦一并毁弃，爱恶相
攻，人各自私，理有固然，又何怪焉。

　　汉苗冲突之初期　伏羲之后，继伏羲而掘中国全部主权者，曰
女娲氏。女娲之季，共工氏霸有九州，与女娲争强为帝，苗族北上之第
一次。女娲与战而克之。共工氏者，苗族之先世也，其霸有九州而
与女娲氏争强者，是蚩尤之先声也。盖斯时也，吾族为始兴之人
种，而苗族已为全盛之人种，女娲战胜共工，苗族之势一挫，而吾族

之势一振，黄河之流域，确定为中国之势力范围矣，是为吾族与苗族冲突之第一次。

汉苗冲突之中期　女娲之后，吾族与苗族之争竞，阒焉无闻。虽然，一居河北，进而移殖河南；一居江南，北进而拓地河北。两种人种，性情不相合，语言不尽通，风俗习尚，宗教信仰，又各不相同，比邻而居，而谓其安享太平，数十百年无战争之患者，必无是理也。不过因尔时书契未兴，故记载未盛，小有战争，不及备述耳。女娲氏十五传而神农氏代兴，神农氏八传而至榆罔，诸侯更相侵伐，吾族内离，势力稍衰，而于是乎苗族又乘之而起，遂肇成涿鹿之战争。涿鹿之战，主之者蚩尤，蚩尤者，吾族之所谓大凶人，苗族之所谓大英雄也。窥蚩尤之意，固以谓卧榻之侧，岂容人酣睡，故其逐吾族也，俨有寝皮食肉之势，始焉逐帝榆罔于空桑，再逐之于中冀，复逐之于涿鹿，逐榆罔之不足，又伐黄帝，_{蚩尤伐炎帝，为苗族北上之第二次。}黄帝乃征诸侯之师，与蚩尤战于涿鹿，戮蚩尤，_{涿鹿之战，见《黄帝传》。}于是苗族之势又一挫，而吾族之势又一振，黄帝南逐至于江，登熊湘，吾族势力直迄江、淮，苗族江北之地悉亡，是为吾族与苗族冲突之第二次。

黄帝崩，少昊立，《楚语》"少昊之季，九黎乱德"，马注"九黎之君，号曰蚩尤"。审是，少昊时九黎君，固蚩尤之后，承袭蚩尤之名号者也。其曰乱德者，必系苗族之北上，_{九黎之乱，为苗族北上之第三次。}而非吾族之南征也。少昊崩，颛顼立，颛顼破九黎，分其子孙为三国，始号三苗，由是苗族被分析之祸，其焰始衰。_{颛顼破九黎，见第一期第七节。}是为吾族与苗族冲突之第三次。

颛顼崩，帝喾立，共工氏复强，与帝喾再争强为帝，_{苗族北上之第四次。}帝喾破之，乃命重、黎尽诛其族类，_{帝喾破共工，见第一期第七节。}是役之后，苗族之势力日益南蹙，无复北上之能力矣，是为吾族与苗族冲突之第四次。

汉苗冲突之末期_{苗族灭亡附}　帝喾崩，帝挚立；帝挚废，帝尧立。尧既即位，知吾族与苗族，物莫能两大，乃思有以复灭之，遂开南征之局，即位之十二年，大治军旅，《竹书纪年》，尧十二年初治兵。遂征有苗，南征之第一次。战于丹水之阳克之。《吕氏春秋》"帝尧战于丹水之浦，以服南蛮。"《帝王世纪》"诸侯有苗氏处南蛮不服，尧征而克之于丹水之浦。"是为吾族与苗族冲突之第五次。

尧之七十三年，舜摄天子位，窜三苗于三危，盖破其国，虏其民而迁之也。逮后三载考绩，复分北三苗，盖北流之也。或曰北者背也，言分别其善恶，善者留之，而恶者流之也。复平共工氏，流其君于幽州，共工氏见前《黄帝传》。于是扬州之区域，隶于吾国之领土。共工立国江淮，为扬州之地，见前《黄帝传》。是为吾族与苗族冲突之第六次。

苗既罹窜流之祸，势大衰，然其本部犹未剪灭也。观乎吴起对魏文侯之言曰："昔者三苗之国，左彭蠡而右洞庭，汶山在其南，而衡山在其北，恃其险也。"盖犹保守扬子江上流，而以江西、湖广为其根据地，势犹盛也。舜知三苗未灭，则吾国总不得安枕，乃思一举而荡平之。舜即位后之三十五年，命禹征有苗，帝曰：咨禹，惟时有苗弗率，汝徂征，禹乃会群后，以帝命誓于师。其辞曰："济济有众，咸听朕命。蠢兹有苗，昏迷不恭。侮慢自贤，反道败德。君子在野，小人在位，民弃不保，天降之咎。肆予以尔众士，奉辞伐罪。尔尚一乃心力，其克有勋。"禹征苗，南征之第二次。竟不克，班师还，未既灭玄都氏。玄都者，苗种之国也。或曰玄都，即九黎，先灭玄都，披其枝也。《汲冢周书》曰："昔玄都氏贤，鬼道废，人事天谋臣不用，灶策是从，神巫用国，哲士在外，玄都以亡。"是为吾族与苗族冲突之第七次。

帝舜即位之五十年，复亲征有苗，南征之第三次。道崩于苍梧之野，二妃殉之，投于湘水。盖舜以有苗未灭，赍志以终，二妃投湘水以殉之者，盖犹有馀痛也。虽然，苗从此益衰，不能成立矣，是为吾族与苗族冲突之第八次。

舜既崩，禹嗣天子位，承舜之遗规，乃复征有苗，南征之第四次。卒覆其国。《汲冢周书》"外内相间下挠其民，民无所附，三苗以亡。"《随巢子》"昔三苗大乱，天命殛之，夏后受命于玄宫，有大神，人面鸟身，降而辅之，司禄益食而民不饥，司金益富而国家实，司命益年而民不夭，禹乃克而苗，神民不违，四方归之，辟土以王。"《墨子》"昔者有三苗大乱，天命殛之，日妖宵出，雨血三朝，龙生庙，犬哭乎市，夏冰地坼及泉，五谷变化，民乃大振，振作震骇。高阳 舜为高阳之六世孙。乃命玄宫，禹亲把天之瑞令，以征有苗，四电诱祗，有神人面鸟身若瑾，以搤矢有苗之祥，苗师大乱，后乃遂几。禹既已克有苗焉，磨为山川，别物上下，卿制大极而神民不违，天下乃静，此则禹之所以征有苗也。"右前虽多属神话，未可尽信，然苗之强，亦可略见一般矣。于是苗族所立之国全亡，遗众遁入穷山荒林中，不能复睹天日，吾族为中原主人翁之位置乃确定。

按三苗灭亡在何年，虽不可考，然约当在夏禹即位之后。盖舜崩苍梧，苗犹未灭，而禹南巡涂山，已无苗踪，盖可推而知。然舜征苗，所崩之地在苍梧，为现今广西地，三苗首都在洞庭、彭蠡之间，为现今湖南、江西地，故三苗首都之覆，或当在舜时，若其国之全亡，必在禹时，俟考。

会稽先生曰：有先我族而为中国主人翁者，谁乎？苗族是也。苗族者，始居中国腹地，及与我族遇，力不相敌，遂日蹙于南，退败零落，而栖息于南部一隅之地者也。现今湖南、两广、云贵山林洞穴中，尚剩残影，有苗、蛮、猺、黎、猓猡等数十种，有酋长统领其部内，不受我国之统辖，又不与我种人同化。嗟嗟！立国于四千年之前，而苗裔犹得保存于今日，则尔时之强盛，固当为何如哉！吾因之有感焉。夫彼苗族者，占领之土宇，若是其广也，其人种之多寡，虽不可计，然地面核之，要亦不可谓不众，乃一再见摧，奄奄无生气，以迄于今日。世界舆图上，不能占一分颜色，东洋历史上不能占一席位置，遗留之种类，仅足供人类学家研究之资料。吁！可悲孰甚焉。虽然，吾何暇为苗族悲，借苗族以準我族今日之形势，与四千年前之苗族，其道里之相去，固几何哉！回忆我祖黄帝擒蚩尤，颛顼破九黎，高辛平共工，舜、禹征三苗，无坚不破，无敌不摧，我祖宗何其雄也。又近忆乎十年来，甲午一战，庚子再战，丧师失地，种族蹂躏，我子孙又何其馁也。今世变益剧，欧美各族，将我国地图上颜色，各自改换，认定其势力范围之所在，扩张其殖民政策，固将以第二苗族目我也，我同胞其果知之也否，其果惧之也否？若其果知之，果惧之，某敢正告之曰：及今犹可为也。失今不治，后悔其无及矣。某也固勉之。然愿我四万万同胞共勉之，慎勿再蹈苗人之覆辙，以我今日之所以悲苗人者，使他日后人还以悲我也。歌曰：大风起兮海水飞。噫！天柱折兮大厦欹。噫！黄鹄欲举兮将安归。噫！已兮已兮，我心伤悲兮。我祖祀其将斩，我子孙其何依。噫！於乎於乎！我祖国其果不可救乎？我同胞其果奴，则我死其有餘罪兮，我心其有餘悲。噫！行行重行行，去去毋回顾，日暮兮途穷兮，愿我同胞勿迟疑勿彷徨。各自努力赴生存竞争之战场兮，以救此垂尽之祖国也，以保我子孙于万祀。噫！

第三章 上古时代①

第一期 中国民族休养第一时期
内部四夷蛰伏时期

第一节 启之嗣立与少康之中兴

夏后帝启者，禹之子也。母涂山氏女曰女娇。禹南巡，崩于会稽，传位于伯益，益避居箕山之阳，诸侯去益而朝启，曰：吾君，帝禹之子也，启遂即天子位，都于夏邑，遵《禹贡》之美，悉九州之土以种五谷。元年，大飨诸侯于钧台，诸侯咸推戴，无异议。既归于冀都，复大飨〔飨〕诸侯于钧台。三年，伯益归政于启，启封之于费，是曰费侯。未几卒。益之子孙，其后为秦。启既嗣父位，有扈不服，启伐之，大战于甘，灭有扈氏，天下咸服，于是君立世袭之局成，而政体始一变。启在位九年而崩，子太康继立，太康逸豫，不修厥德，黎民咸贰，诸侯不奉命，夏政始衰。十九年，畋于有洛之表，十旬弗返。有穷国之君，号曰羿，因民之怨太康，乃率众拒太康于河，其弟五人御母以待之，陈大禹之戒以作歌，即《夏书·五子之歌》是也。太康不得返，乃止于夏阳河南陈州府太康县，又十年而卒。弟仲康嗣立，复归都于夏邑，命胤后掌六师以收回王业。时羲、和自五帝以来，世掌天文之职，至是沉湎于酒，岁时混乱，仲康乃命胤后征之。仲康在位十三年崩，子相立，复迫于羿，不安于都，迁商丘河南归德府商丘县，依同姓之诸侯斟灌山东青州寿光县、斟寻山东莱州府维县以自守。羿自鉏河南卫辉府滑县迁于穷石，因夏民以代夏政。羿之先世，世世

---

① 本章，刊本无，今据残稿录入，残稿今藏浙江绍兴文物保管委员会，见有二纸，每页八行，每行二十四字，正反两面，下缺。

掌财，帝喾之时，赐彤弓素矢而受封于钽。虞、夏之世，子孙相继，世以善射名。羿既代执夏政，恃其财也，不修民事，而好畋猎，游逸无度，疏贤臣武罗伯因熊髡龙圉等而用寒浞。寒浞者，伯明氏之谗子弟也，伯明国君逐之，遂奔羿所，羿信任不疑，浞乃奋其诈谋，行媚于内而施赂于外，内外咸服，羿不之觉。浞复劝羿出畋，羿听之，将归自畋，其家众庞逄等均叛羿，杀羿而烹之，以食其子，其子不忍食，走死国门，浞遂代羿执夏政，因羿之家室，生浇及豷。浇长多力，能陆地行舟，浞使浇率师灭斟灌及斟寻氏，遂弑夏后帝相于商丘。浞封浇于过山东莱州府掖县，封豷于戈。浞既灭帝相，自以为无后患，恃其诈力，不修民事。况帝相之被弑也，帝相之后有缗氏之女方有娠，自窦中逃出，归于有（下缺）

催眠学讲义

弁　言

　　幼时读《列子》，至周穆王时，西极之国，有化人来，入水火，贯金石，反山川，移城邑，既已变物之形，又且易人之虑，心奇其说，然意为寓言，不措意也。壬寅夏季，东渡日本，旅居东京，偶于书肆中见其所谓《催眠术自在》者，奇其名称，购归读之。读竟，益奇其说。复多购他种，自习研究，稍有领悟。去岁复因事游东京，与彼国精斯道者日夕讨论，且从之学，观其实验，益有心得。归国以来，旅居海上，诸友均知予之习斯道也，咸来咨问。通学所诸执事且邀余居讲席。余因各国研究斯道，日有进步，且于教育、医道均有莫大之利益，遂不辞而主讲。讲毕，即以讲义付印，以公同好，更欲使世之起怀疑者,俾得了然于人心作用之原理云尔。

光绪乙巳六月会稽山人序

目　次

第一篇　诠言

第一节　命名

催眠学者，一灵妙不可思议之学科也，居心理学中之一部，其组织研究之方法，与各科学同，其源流肇自太古，宗教家所借以成立者也。其原理至近世大明，学者研究日众，其效用亦愈著，遂呈今日之盛况，组成一专门之学科。

催眠学，英语 Hypnotism，由希腊语 ηπνο 之转变，其语为睡眠之意，故日本学者译作"催眠"二字，今嫌其义未核，窃欲改作"化人"二字，取《列子》化人之意，读者以为然否？

第二节　沿革

欲研究催眠学者，必先探其渊源，详其变迁。虽然，欲详讲细述，非旦夕可尽，故于兹不详陈，而仅揭其沿革之概要。

一、催眠学之现象，在太古时即有知之者，距今三千四五百年前，犹太、波斯间所盛行魔术，实不外利用一种催眠之状态。

二、当中世纪之终，有琐福赖司派赖舍路学者，主张天人合一说，其后复有富安海路门埋库司生太内等诸学士出，谓不仅天人有合一干系，人与人亦互有影响，此说也，实为动物磁器说之萌芽。

三、动物磁气说，创之者为美世美路。美世美路卒后，其弟子有名赖福探者，千八百四十一年顷至英国，于麦溪司太施实验，该地外科医师菩驼临实验场，熟⊏热⊐心研究，其结果非客观现象之说，而来主观现象之研究，催眠学始一大进步。

四、千八百七十八年，法国之神经学者骇科始开公筵，主张催眠术不虚妄之说，其学说哄动全欧，从学者众，称曰骇科派。

五、同时有李璞者，亦业催眠治疗，该地医科大学教授倍伦汉亦从之研究，其结果以单纯生理作用不确，创心理学说，遂为南西派之开祖。

六、日本于六七年前，研究者仅一二人，举国视为魔术，至近一二年间大盛行，其国内有动物磁气及心理之二派，而无生理学派。

第三节　学案

催眠术之沿革既述如前，然催眠术之学说，迄今尚无定论，其重者约有三派：

第一、美世美路派　即动物磁气派

美世美路因种种研究的结果，催眠术之作用，断定为动物磁气接触之原因，比以脱之流动更属微妙，施术时，有一种流动体（名传达瓦斯），自施术者通于被术者而愈其疾病，且呈其他种种不可思议之现象，近世是派之卓卓者，英国之埋耶膜，法国之李秀等。

第二、骇科派　即生理学派，又名物理派

骇科派者，主张神经病说，以谓催眠状态乃一种病的现象，盖或有种之精神病症，易受感应，且或物理作用虽不预期精神上一定之结果，尚有惹起种种特别征候之力，唱是派学说者，为法国神经学者及其同派之人，今日属此派者甚少，而婆罗萨罗之医师克勒克尚为其代表。

第三、南西派

南西派者，主张催眠术之原理，全在心理作用，即现于催眠术中种种之现象，实利用其人感受性之暗示的结果，由于观念预期作用，惹起心理及生理作用。

此心理学说主张唱之最盛者，实自南西医师李璞及倍路汉始，在今日之学界，是说实占大胜利。

今复举此心理学说之概要，述如下：

一、凡吾人皆有自然容易倾向之机，此倾向之机，由于他人之观念、意思、思想、教训、暗示等，被其感化教导而成此倾向，称此自然之倾向曰感受性。

二、利用此感受性，而导此感应之原动力，是曰暗示。例如突语妇人曰："汝颜赤。"然其时彼妇人实并未面赤，闻言之下，面即发赤。由其人之感受性，感受其暗示之结果。

三、催眠状态中之现象者，乘感受性之盛活动时，与以暗示之结果也。暗示惹起观念，观念惹起生理及心理作用。

作式如左以表明之：

1．暗示感受性＝人之通有性

2．感受性＋暗示（使感受性盛）＝感受性之盛的活动

3．感受之盛的活动＝催眠状态

4．催眠状态＋暗示＝催眠中之现象

5．催眠中之现象＝生理的及心理的现象

6．催眠状态＋治疗矫正之暗示＝心理疗法

今复举惹起结果之理说如下：

1．感受性盛时加以暗示，其结果生观念。

2．观念自然惹起生理及心理作用。

3．其生理及心理作用，是为催眠中之现象。

4．催眠中之现象，即适当的生理及心理作用，惹起后可行心理治疗矫正。

5．故催眠术之现象，可云暗示应用之结果。

卷　五

本卷辑录《浙案纪略》一种。

《浙案纪略》，初载仰光《光华日报》，一九一〇年，增补汇订，先将中卷列传及《教会源流考》在日本印出。一九一六年七月，魏兰校补重印。今据魏兰校补本。

此书下卷附录第一集中《革命文告》、第二集《清吏案牍》，与清政府档案有异，今除将显著错字改正外，未一一校注。《教会源流考》的作者问题，目前有争议，也姑附于此，以供参考。

又，校补本另有魏兰《浙案纪略原序》和《浙案纪略序》，辑于本书末后附录。

浙案纪略

序

仆作《浙案纪略》既竟，交同事诸友为之审订，即付印局，将刊行以公布于世。嗣因诸同事以本案牵涉未来事迹过多，恐致机密漏泄，于吾党进取前途甚有妨碍。因是向印局取回，拟抄录数份，分藏各同事，俟时局有定，然后发表。不期因前日广告之出，致令海内外索阅者纷纷。语有之曰："白圭之玷，尚可磨也；斯言之玷，不可为也。"同人素尊重信义，未便自食前言，再三审度，以列传用个人为主体,关系未来事迹较轻,且诸故友之潜德光辉,亦未可久令其湮没,爰将列传特行取出,再付印局刊行,虽不能全践广告之约,亦未敢蹈食言之咎。想海内外愿阅此案之君子,不致遽眂訾我也。

共和纪元二千七百五十一年,岁次庚戌七月朔日,会稽陶成章识于日本江户旅次。

目　　录

外　　纪

教会源流考

上卷　纪事本末

第一章　文字狱

凡物不得其平则鸣，人不得其平则言，此定理也。浙江为人文会萃之地，学者多出其间，而此学者多以讲求国故，常起祖国沦亡之感。自满洲入盗中原以来，屡兴文字大狱，近年益炽，而革命风潮亦即随之以起，故纪文字狱于篇首，以识祸端所自始。

第一节　罪辫文案

甲午役后，浙江风气大开，杭城诸志士因某寺基创建求是书院，后改名浙江大学校，即今之高等学校也。招俊秀生徒，研究中西科学。辛丑，杭人孙翼中字耦耕，别号江东。主讲国文第四班。暑假时，四、五两班学生合组一作文会，翼中出一题，名曰《罪辫文》。内有一篇，中有"本朝"字样，翼中改为"贼清"。旋为五班学生施某所得，某即行泽侄。行泽，江苏扬州人，浙江未入流之候补者，本为求是内院学生。庚子岁末，内院裁去，独行泽留在内院当差。其侄既得此文，私交与行泽，行泽告之皮市巷劣绅金某，金某遂交与劳乃宣。乃宣，桐乡人，时已订为求是书院总理而未就职者。行泽一面又告之驻防满学生申权，申权告诸瓜尔佳金梁。金梁虚张声势，谓此文已在我手，以吓众学生，又进禀浙抚，控告陈汉第、孙翼中轻蔑朝廷。浙抚不得已，下令访办。事急。时汉第探知此文不在金梁处，乃用反攻计，谓旗人出禀抚院，有干例禁，且又无凭据，妄陷他人，理宜反坐。抚院以事关旗人，乃与将军商议。将军以金梁妄违禁例，乃薄惩之，事遂止。然此"贼清"二字，实非翼中所改，系一头班学生史某所为也。此案结后，翼中虽得无事，然不能居杭，乃就绍绅陶濬宣字信云，会稽人。之聘，主讲席于东湖通艺学校，革命思潮因之以传入绍兴。未几，偕其友某某等数人留学日本，值青年会组织伊始，翼中遂入为青年会之会友。翌年癸卯夏返国，主持《杭州白话报》馆事。嗣后翼中益为满人所恨，丁未诬以鸡奸学生，踉跄逃走得免。

第二节　苏报案

苏报案情之发，其原因虽有种种，而任其主动之中心点者，为章炳麟。炳麟原名学乘，字枚叔，别号太炎，余杭人，邃于国学。尝于戊戌春受张之洞聘，往湖北办理《时务报》①，与梁鼎芬不合。又斥清帝为"载湉小丑"，因是回乡复在求是书院演说排满，满吏欲捕之，避地台湾。己亥夏返国。庚子，与唐才常相识，又以意见不合而去。壬寅，至日本，由秦力山湖南人，字巩黄，唐才常友，尝在大通起义者。介绍见孙文广东香山人，字逸仙。于对阳馆，倡亡国纪念会于东京，为清驻日使臣蔡钧字和甫，广东人。所干涉而罢。及夏，吴敬恒字瘅晖，江苏阳湖人。因送学生入成城学校学陆军事，为蔡钧递解回籍，因此遂与蔡元培、字鹤廎，一字民友，又字孑民，山阴人。蒋智由、字楗斋，一字观云，诸暨人。汪德渊、字允中，安徽人。钟观光字宪鬯，镇海人。及僧宗仰自号乌目山僧，江苏常熟人，金山寺知客。等创办教育会于上海，名曰中国教育会。其年冬，南洋公学散学，蔡元培因此设立爱国学社，请章炳麟主讲席，吴敬恒为协理，宗仰为运动经费。癸卯春，四川邹容字蔚丹。由日本至上海，著《革命军》，章炳麟为之序。而陈范字梦坡，湖南人。所倡之《苏报》与章炳麟有连，亦日日声言"排满"，大为清政府所注目，令两江总督魏光焘字午庄，湖南人。与上海各国领事交涉，封禁《苏报》，逮章炳麟、邹容入狱，蔡元培亦避居青岛，爱国学社从此解散。越数月，教育会同人复招元培归上海，因日俄争战紧急，倡办一日报，名曰《俄事警报》，后改名曰《警钟》。

章炳麟，浙江人也。其学问素为浙江人所崇拜。苏报案情起自上海，上海毗连浙江，故此案之风潮，遂遍传于浙江内地，而革命之思想，因以普及于一班之人心也。

第三节 萃新报案

苏报案之风潮既传入内地，于是金华志士刘琨、盛俊、张恭字伯

---

① 查章炳麟应张之洞聘，在湖北所办之报曰《正学报》；《时务报》则为"丙申"年汪康年、梁启超在上海所办。

谦，一字同伯，金华人。等亦倡办一报，以谋开通内地之风气，名曰《萃
新报》，盖旬报也。有严州学生某偶携一册至严州府学校，为知府
锡纶满洲人。所闻，进禀浙抚，谓该报出语狂悖，请封禁以正士习。
是时，魏兰、字石生，云和人。陶成章字焕卿，会稽人。等旅居杭州下城
头巷白话报馆，得杭城同志报告，即由魏兰函告张恭。逮浙抚下令
金华知府封禁，而该报之门面已早改易矣，故此案得无牵连。

第四节　猛回头案

先是，革命党人陶成章、魏兰等之进向内地运动，多以鼓吹革
命之书籍往，文言与白话并进。白话体中，以陈天华字星台,湖南人。
所著之《猛回头》为最多，外间输入不足，内地亦往往有自相翻刊、
私相分送者。甲辰后，内地革命风潮大炽，农工平民亦多自相聚
议，以谋举革命之事业者。金华曹阿狗善拳勇，性喜锄强扶弱，闻
革命之说而悦之，求入龙华会为会员，付会主张恭因即以《猛回头》
一册与之。阿狗既得此书，携带身边，日夜讽诵不辍，又到各处演
说。一日，至其姻戚家，有豪者夺其戚之牛，阿狗怒，奋身往夺，豪
者挥众围之，势急，阿狗遽以怀中票布及《猛回头》书授旁人，遂为
豪者所持，身亦被擒。豪者因以控之金华县，县令某待之颇善，嘉
其意志，欲开释之。事为知府嵩连满洲人。所闻，索阿狗于县，亲自
提讯，欲穷其源，以绝根据，因以重利啗阿狗，阿狗不顾。嵩连窘
迫，乃用严刑讯之，日夕捶掠，体无完肤，凡诸剧刑，无不备施。阿
狗不得已，乃曰："我金华全府之人皆是也。"又逼之，则曰："堂上之
人皆是也，唯汝不是耳。"嵩连计无复之，乃仅杀阿狗以结此案，广
出告示，严禁逆书《猛回头》，阅者杀不赦，以曹阿狗为例。然此告
示一出，而索观此逆书之人转多，于是革命之风潮乃又加紧一度
矣。《猛回头》一案，在丙午；六月，秋瑾之入涉内地也，即在是年之

十二月。

第五节　新山歌案

先是，平湖敫嘉熊字梦姜，寄居嘉兴。尝游历温州，闻乐清陈梦熊字乃新。名，因往谒焉。嘉熊旋嘉兴后，创立一温台处会馆，以谋安居客籍民之不相能者，招梦熊及冯豹字地造，乐清人。前往襄理。乙己后，梦熊旋里，与其友胡铸因等倡立一女学校，名曰明强，梦熊为监督。乐清知县何士循，其始为秀水知县，以地方事素与嘉熊有争执，累多不胜，心甚恨之。本地劣绅胡倬、章比窥悉何令意旨，指梦熊为哥老会匪，在嘉兴与敫姓结党，事败逃归，在明强女学校演说革命，以新山歌为证。何令阅呈，即派干差六人星夜驰往拿梦熊。适梦熊已闻风避去，何令具禀控之温州知府锡纶，即前严州知府。锡纶亦派亲信干差搜察女学校，毁坏器皿，携去杂物，有同盗贼。士绅咸愤，电告杭州学务公所，何令、锡守亦具禀抚、藩、臬。梦熊在日本闻之，恐累及嘉熊并他友，自到省城投案。藩司宝芬满洲人。欲刑讯梦熊，且因之以兴大狱，巡抚张曾敭不可。会廷谕下，调宝芬为山西藩司，梦熊遂得免刑讯。张抚委臬司审讯，梦熊言词慷慨，吏不能诘。张抚又派亲信委员特至乐清探察，知梦熊素无劣迹，倬章虽托名绅士，实一无赖。温州著绅孙诒〔诒〕让字仲容，瑞安人，为浙江学者之宗。等为梦熊力保，嘉府著绅陶葆廉字拙存，前两广总督陶模子。等亦为嘉熊剖白，张抚因坐胡倬章以诬告之罪，革去职员，何令亦撤任，此案遂结。新山歌一案之发，在丙午四月，结案则在丁未三月也。新山歌系敫梦姜所编，托蔡元培在上海印刷，魏兰、陈乃新共取千册，入内地分送，因成是祸。

第二章　党会原始

凡事之起也，必有其根源，断无无因而至之理，故作《党会原始篇》，以推其源，而通其要，庶几可使读者一目了然。所谓党，即指革命党也；所谓会，即指诸会党也。

第一节　革命党原始

（一）革命党出现之理由　凡人受压制过甚，则其间必有起不平之鸣而图反对者。满人虐遇汉人，无人不愤，亦无人不恨。然数十年前，未遇外界风潮，刺激未甚，故其主义多隐晦不彰。及近年间，因欧、美各国之侵迫，外界接触日甚，满人不思变计，虐遇汉人如故，括其脂膏，以为得计，于是汉人有思想者，因新仇以记旧怨，共提倡逐满主义，不数年而革命之风潮遂遍及于全国矣。

（二）革命党秘密会名之沿革名称　自有革命党以来，结秘密会者已非一次，今试略述其沿革名称如下：

（1）励志会　甲午战后，浙江清吏先派求是书院学生留学日本，其后各省派遣之留学生陆续而至，于是有所谓励志会者出于其间。然励志会之目的，系关于对外而起，无汉、满之分，以故满学生亦得列于会，若宗室觉罗良弼字赉臣。其人者，亦励志会之会友也。庚子，唐才常字佛尘，湖南人。汉口勤王，留学生之从死者，则有傅慈祥、字良弼，湖北人。黎科、字泽舒，广东香山人。郑保晟字幼周，福建人。蔡成煜字蔚文，直隶天津人。等四人，皆励志会中人也。

（2）亡国纪念会　汉口事败，于是留学生中之有知识者，知满、汉二族利害关系全然相反，欲求自存，非先除去满人不可。由是汉、满种族之问题渐生，而排满之风潮起矣。是时秦力山以唐才常故友奔走海外之康有为、字长素，广东南海人。梁起〔启〕超字卓儒〔如〕，一字任公，广东新会人。两人因与孙文、章炳麟合，皆先后至日本，与留学生有志排满者相合为一，创亡国纪念会于东京，为清驻日使臣蔡钧所干涉，不得开会而散，是为壬寅正月间事也。

（3）青年会 亡国纪念会虽不能开会，然有志之士，因之愈接愈励，励志会中遂分二派，一派主和平，以邀求清政府立宪为目的，后遂演成为立宪党。为之魁者，则有金邦平、安徽人。吴振麟、字止欺，嘉兴人。章宗祥字仲和，乌程人。等一派主激烈，以推倒清政府，建立共和民国为目的，后遂为演成为排满党，又曰革命党。为之魁者，则有叶澜字清漪，仁和人。董鸿祎、字询士，仁和人。周□字口口，湖南湘乡人。等。二派意见既不能相容，同居一团体中，势固有所不可，于是叶澜等遂别起一会，号曰青年会，定有会章。其宗旨专在排满，而各种之革命杂志均出现。于是时，其最著者为湖南《游学译编》、《浙江潮》、《江苏》、《汉声》等。

（4）义勇队及军国民教育会 癸卯春，俄人迫清政府定立满洲条约，东京留学界迫于爱国热忱，大肆纷扰。有新到学生钮永建、字铁生，江苏松江人。汤槱原名调鼎，字尔和，仁和人。提倡学生自编军队赴满拒敌之说，学生均皆赞成，签名入军队者凡二百余人。当时留学生全体约五、六百人湖北士官学生蓝天蔚为指挥官，日在骏河台清国留学生会馆操练，号之曰义勇队。寻为日本政府所干涉，时代表即永建、槱也。之往见袁世凯者，亦不见纳。清政府闻而恶之，指为该学生等名为拒俄，实则革命，有逮捕风闻，代表人遂返东京。青年会之热心排满主义者，谋扩张其党势，均入义勇队为监事员。当日本政府出面干涉之际，乃即改义勇队为军国民教育会，而旧日之青年会遂散。

（5）光复会 自军国民教育会创立后，革命党人功用从此一大进步，均由鼓吹时代而渐趋于实行之一方面。湖南杨卓林、字口口。黄兴、一名轸,字静坞,一字克强。等以军国民教育会会员归乡运动,结徒散票,别成一会,号曰华兴会,谋在长沙起事失败,遁走上海。各省军国民教育会会员亦多归居上海,军国民教育会组织有暗杀团,规则极为严密,为上海中国教育会会长蔡元培所觇和,求入其会,于是改名为光复会,又曰复古会,军国民教育会之名词亦遂销去无踪矣。当光复会成立之时,正万福华江西人。枪击王之春原任广西巡抚。不中之时也。先是,陶成章尝于壬寅之夏,由北京至日本,与龚味荪原名国元,又名宝铨,字薇生,味荪其别号也,秀水人。相识为莫逆交。味荪为军国民教育会会员,其时会员皆严守秘密主义,成章不以问,味荪亦不以告也。癸卯之秋,成章由日本还浙江,往游台、宁二府,旋又返日本。未几,又至内地。至甲辰冬,复渡日本,道经上海。是时蔡元培已由人望见推为光复会会长。元培与成章为同乡,成章素重元培德行。元培之组织光复会,本为暗杀计,然亦招罗暴动者,知成章于内地各秘密党中颇有结纳,故劝之入会,成章不能却其意,遂入其会。其后元培复至嘉兴劝敖嘉熊入会,嘉熊许其有事相助,而不入其会。成章介绍魏兰入会,欲以成内外交通之枢纽,元培迟疑之,兰遂以是不入其会云。

　　是时,元培从弟蔡元康字国卿。到绍兴,运动商、学二界,声言成章已入会。诸志士闻成章之入会也,亦遂群入其会,徐锡麟亦于是年冬十二月到上海,见元培于爱国女学校,入光复会为会员也。

　　(6)同盟会　及乙巳之岁,黄兴与蔡元培谋迎孙文为会长,革命党首领,本为蔡元培。元培德行有余,而方略颇短,性又好学,不耐人事烦扰,故推孙文为会长,为自己偷勤地,非果重崇孙文也,黄兴则有意□□之。先开会于东京青山黑龙会会所,与议者十二人。翌日,复开会于麹町区富士见轩,广招各同志入会,名曰同盟会。同盟会成立数月后,吴樾字孟侠,安徽桐城人。掷出洋五大臣以炸弹不中,死之。吴樾者,芜湖安徽公学学生,亦光复会之会员也。然是时浙江内地多不知有同盟会事,仍其旧名为光复会。盖浙人素多个人性质,少团体性质。其行事也,喜独不喜群,既不问人,亦愿人之不彼问,以故癸卯、甲辰以后,内部革命势力日增,而外界人迄不之知也。至于绍兴人之多入光复会者,实以蔡元培闻望素隆之故,惟秋瑾反是喜群不喜独,且偏为张扬其事,故自秋瑾返绍兴后,而革命之风声乃大露。秋瑾者,素热心于办事,凡开会时,彼如有可到会之资格者无不到,凡革命党秘密会之有可入者亦无不入。始与某某等十人在横滨相结为三合会,至同盟会成立,即又入同盟会。浙人之入同盟会者,秋瑾为第二人云。比返绍兴,复由徐锡麟之介绍,乃又入光复会。

第二节　诸会党原始

（一）诸会党盛大之理由　明之末也,浙东沿海义师抗拒最烈,张煌言殁后,有一念和尚者,明之遗民也,别名张念一,其真名盖不可得而知矣。常组织一秘密会,谋反清复明,以浙东之大岚山为根据地,更联结浙西之天目山、江西鄱阳湖之戈陈、江苏太湖之盐枭,其势力所及,远达于山东曹、衮二府,授太仓王某为兵备副使,奉朱三太子为元帅,不幸突遭破败,赍志以殁,事在清康熙初叶及中叶之时。是时而后,浙人鲜有远大之计划以谋恢复者,而会党之势亦几替矣。及太平天国之师入浙,浙人恢复之思想复活,而会党之势乃又炽矣,然皆限于一隅,坐井观天,以故一村起一村即灭,一县起一县即灭。计自太平天国兵兴后,迄今四十餘年,会党之起义者,不下数十次,盖几于无岁无之。经此数十次之摧残,会党乃益加进步,于是一村者求附于一县,一县者求附于一府,一府者又复与他府相联结,会党之势力乃日见其强大,时势逼人,乃复有所谓革命者乘时奋兴,与诸会党结合,为之助其焰而扬其波,积而久之,遂酿丁未、戊申间之巨案。

（二）诸会党秘密会号之名色　会党盛大之来由，既述如前；今试略述其名色及历史如下：

（1）伏虎会　台州府之风气，其强悍为浙江冠，然多绿林豪客，而鲜有大部之会党。其以会党著名者，则有王锡彤其人也。锡彤，台州之宁海人，为本邑附生，踪应万德后立会招贤，以排外为宗旨，于庚子、辛丑之际，屡闹教案，清吏悬赏至八千金而卒不获。癸卯以后，受革命党人之运动，遂易排外宗旨而为排满宗旨，其会名曰伏虎会，亦曰伏虎山，盖终南会之别支也。其别部在宁波、奉化者，则以其友杨某主理之。甲辰冬，附入于龙华会为其分部。

（2）白布会　先是，太平天国兴兵时，温州平阳义士蔡某谋反清独立，倡建一会，名曰金钱会。瑞安巨绅孙衣言字琴西，即贻〔诒〕让之父，以宋学名家，尝刊《永嘉丛书》一部，仕清为江宁布政司使。亦隐具独立思想，以倡办团练为名，又组织一秘密会，名曰白布会。后以清帅左宗棠入陷杭城，衣言知时机已去，乃解散其会，严禁属下不许在温州传布，于是其属下隐改其传布之方向，流而入于严、处二府，遂有壬寅年间濮振声之事变也。

（3）终南会　终南会亦名终南山，由湖南传入江西，由江西传入浙江衢州与福建建宁，其势力甚为盛大。庚子，衢州肇事之刘家福，即其会中之第三级职员也。凡万云、龙华、伏虎、玉泉、关帝诸会，咸为其分系流派云。

（4）双龙会　双龙会本名万云会，亦曰万云山。其所以称双龙者，因票布上画有二龙故。其本部在处州，会主为一拳教师，名曰王金宝。甲辰十月，金宝死难，其师弟吴应龙丽水人。代统其众。

（5）龙华会　龙华会亦称龙华山，外人讹为九龙山，其本部在金华，为终南会之分支。先是，终南会正会主曰何步鸿，副会主曰朱武，本湘勇营官，以罢职而寄寓金华者。永康沈荣卿名瑛，一名乐年,党人尊之曰荣哥,本山阴人,寄居永康,曾纳粟入监。与金张华恭、一名临,字伯谦,又字同伯,原籍萧山,曾应试,中癸卯举人。缙云周华昌原名金海,字安澜,寄居武义。皆入其会,由大九递升至新副。庚子春,恭与其友蒋乐山兰溪人,岁贡生。至杭州,读书于紫阳书院。适唐才常弟才中自湖南来,与恭及乐山相遇,因以富有票授之。二人受票归,将放行,而汉口之变闻,遂置富有票不发,仍理终南旧业。其后步鸿卒于永康,朱武亦离浙江,于是荣卿与恭、华昌遂自开一山堂,定名曰龙华会。先是,金华有谣曰:"若要天下真太平,除非龙华会上人。"三人之以龙华名其会,实欲以应谣也。荣卿为正会主,恭与华昌为副会主,金华八县咸有分部,命红旗管理其事,用五言四八句为字号次第,而以中间一字为总红旗,督理一县党军事宜。餘四字分作东南西北四区,为散红旗,分头理事。如另有事故,则特派一亲信干员以总理数县事宜,事平则去之,党徒号称五万人,实则二万数千人。其别部之在台州者,仙居则有应师杰,天台则有陆显元,均各领有五六百人,号称精锐。在处州缙云则有吕嘉益徒属凡三千餘人。其他绍兴之诸暨、嵊县、青田、温州之东清等县,亦有分部,但其势力甚微,不能自树一帜也。会中规例,若有别部山堂来归附者,均以藩属之礼遇之,不直接统辖其党。自壬寅后屡起风潮,然不能害也。及至丁未,乃遂成一不可收拾之局矣。秋瑾之所恃以为大本营者,即此会也。

(6)平阳党 平阳党本名平洋党,其本部在绍兴嵊县,徒属之数,号称万人,其党魁曰竺绍康字酌仙,文生。因与本地土豪蔡老虎有杀父仇,特组织此会,以谋报复。其别支主任者曰王金发,字季高,嵊县人,武生。乃绍康友,在日本大森体育会卒业,归乡后谋创办团练,以图起革命军者也。

(7)私贩党 以上各党,均系哥老会,号称洪门,又曰洪家,亦称洪帮,俗讹作红帮。此外,另有一派私贩,在苏、松、常、太、宁、广、杭、嘉、湖之间,即所谓监枭也。其一切组织法及口号暗号,咸与洪门异,号称潘门,亦曰潘家,又别称庆帮,俗讹为青帮。内分三派:一曰主帮,系浙东温台人;一曰客帮,系皖北江北人,又别号巢湖帮,以别于温台帮,凡江南、皖南、浙西诸府之流氓光蛋咸属此流派。丁未之冬、戊申之春,与清兵相角逐之余孟庭、夏竹林等,皆此私贩党也。

以上各党会咸与本案有极大关系,其他若关帝、玉泉、上二会,在於潜、昌化、安吉、孝丰、广德、建平、宁国、芜湖、太平等处。千人、古城 上二会,散在金华各县。等诸会,乌带、红旗、黑旗、白旗散在绍兴、金华、宁波诸府,又漳州泉州之红旗、黑旗二党,与龙华会有关系。等诸党,神拳、温州最多。白莲、金华最多。斋金华。等诸教,与此案关系较少者,悉略之。

（三）诸会党破坏后之情形　伏虎、白布、双龙诸会,迄今犹存,内以双龙会之团体最为坚固。龙华会受摧残最甚,故今日之势,亦最涣散。平阳、私贩二党,屡伤名将,势亦较前为稍弱矣。戊申春、夏间,浙江革命党人另订一新章,将合江、浙、皖、赣、闽五省各秘密党会熔铸而一之,定其名曰"革命协会",未及就绪,复遭破坏,张恭、张伟文、阙麟书等皆罹厄难,然党人志不稍挫,各地往来联络者,至今犹不绝于道云。

第三章　进取纪事

本书为丁未皖浙案情而作,本章所述,即为丁未案情之前提,读者不可不详审而细玩。

第一节　六府之联合

酿成皖浙案之原动力者,其人有三:曰敖嘉熊,曰魏兰,曰陶成章。三人中，则又以成章为转运之机枢。成章素志中央革命。庚子，入满洲。壬寅，居北京。审察大势，知非由陆军着手不可，因之屡谋入陆军学校，以图进身之路，乃竟不获如愿。癸卯秋，拟赴广西不果，会日俄战争风潮起，温台留日士官学生郑□□字□□，临海人。祁文豹字□□，宁海人等劝成章入浙江运动秘密会，兼为介绍于志士董□□家，欲借以结合伏虎山山主王锡彤。成章遂由上海趋宁波，入台州。会锡彤已避居嵊县，不遇而返。冬十二月，云和魏兰字石生。归国为秘密运动，平阳陈蔚字仲林。介绍陶成章来，遂偕成章返国，抵上海，与蔡元培联络。至杭州，寓于下城头巷白话报馆。是时，孙翼中亦已先归自日本，为《白话报》主笔，与监在仁和署白布会首领濮振声有交谊。成章、兰既至，翼中即为介绍于振声，相谈颇洽，将别，振声为成章出介绍函数通、名片数十纸，谓之曰："凡持余名片，若往新城、临安、富阳、於潜、昌化、分水、桐庐等处，沿途均可有照料，不至有日暮途穷之感矣。"是为癸卯十二月二十九日事也。翌年甲辰正月初二日，成章、兰共由富阳赴桐庐，招山埠寓于兰族侄魏兰存家，历探各种秘密会之内状。寻兰由桐庐水道历兰溪、龙游以还云和，成章由岸道历游桐庐、分水各村落，遍谒白布会诸党员，由分水县署前过潘家，由设峰岭历歌舞岭以入建德，由建德历寿昌、汤溪、龙游、遂昌、松阳以至于云和，寓于兰家。兰在云和，倡办先志学校，处州府之有学校自此始也。学校既立，处府名。属各县之人咸莅至，成章为任教事职，兰则奔走于瓯、括两郡，处府由是多革命党。成章居云和凡两月，遂与兰之堂侄毓祥字子文。及其友阙石原由丽水、青田至温州府城。先是，龚味苏偕其友陈大齐亦至温州运动，寓于平阳古鳌头之小成学校。成章既至，遂相偕返上海，以入嘉兴，成章之与敖嘉熊相识，亦即在此时。魏兰于成章去后，赴处州府城运动，吴应龙偕应龙至丽水北乡，访王金宝，并在府

城遇缙云丁镩，字醉三，一名再新。得闻龙华会沈荣卿、周华昌等之义
侠，兰遂偕丁镩至缙云县城，联合李造锺等，兰与丁镩又偕造锺至
壶镇，运动吕嘉益、吕熊祥字逢檎，一名东升，字耀初。等，所到之区，兰
皆登台演说人种之分、民族之说，由是人人皆晓。熊祥家开一小杂
货店，名曰吕万盛，其家本小康，以慷慨好士之故，因中落其家，然
不介意也。胸有才智，善揣人情，熟识秘密党会情形，且与之往来。
其族侄嘉益秉心强直，最喜抑强扶弱，结党数千，雄踞一隅，与永康
沈荣卿、武义周华昌为莫逆交，因吕嘉益之介绍，魏兰与丁镩遂赴
永康，得交于沈荣卿而返。兰之堂侄毓祥与阙石原又赴松阳，寻访
王金宝。秋八月，魏兰偕毓祥赴上海，道经处州府城，遇冯豹、字地
造，乐清人。陈乃新，一名梦熊，一名粹，乐清人。豹与乃新 盖皆受敖嘉熊托，
入处州考察一切者也。既与兰、毓祥相遇，即叩处属之志士，兰则秘
密其事，仅书李造锺、丁镩之姓名与之，豹与乃新赴缙云访造锺，造
锺悉数告之，于是豹与乃新至净岳系缙云地名。丁镩宅，偕丁镩赴永
康，兰与毓祥亦于次日经缙云造锺处赴永康，咸会集于沈荣卿家
荣卿名乐年，一名瑛，荣卿其字也，其党人尊之曰"荣哥"，清吏误
"哥"作"古"，遂即以"荣古"之名移之各府也。荣卿原籍山阴，寄居
永康，财雄一乡，纳粟入监，喜交结，其始结有百子会，后入终南会，
递升至新副，因与友张恭、周华昌另开一山号，名曰龙华，交游日益
广，势力日益大，而家道亦因之以日落矣。其性情豪爽，能得士心，
其心腹曰吕阿荣，其在东阳诸县事宜，则以陈魁鳌、赵永景任之。其
在武义诸县事宜，则以周华昌等任之。华昌外号金海，本缙云人，
寄居武义，仗义疏财，深得诸党友之欢心，而能致其死力，胆力识力
亦复加人一等，故其所办一切事宜，颇有成效可观。荣卿之交通重
要机关所曰胡鹿笙杂货店。魏兰等既定交于荣卿，乃即由荣卿介
绍入金华，见张恭于永庆戏班中。张恭一名临，字伯谦，又字同伯，

金华人。曾应科举，中癸卯举人。其始结有千人会，其后入终南会，因与荣卿，华昌共兴龙华会，其信用之人，则有吴琳谦、刘永昌、徐顺达等，而以顺达为最。恭之交通重要机关所曰金阿狗茶店，曰永庆戏班。魏兰等既订交于张恭，共至杭城，再由杭趋嘉，以访龚味荪。兰、毓祥因识敖嘉熊，（先已由成章介绍之）寻至上海，招成章，成章已趋温州，闻信还上海。是时湖南黄兴欲在长沙起事，期为十月初十日，告蔡元培，欲浙江协约共起。元培以告成章，成章恐有未妥，仅云为接应。遂偕兰、毓祥经嘉兴，晤龚味荪、范拱薇入杭州，旋复由杭州趋兰溪入金华，布置一切。拟后长沙期约三日起事，先以计袭取金、衢、严三府计从略。然后由严出皖，以扼南京，由衢出赣，以应长沙，而用金华之师，以堵塞杭城之来兵，且分道以扰绍兴、宁波、湖州之诸府，而震撼苏、杭，及探官场警信于衙役。设谋既定，而长沙乃消息无闻。成章大疑，遂疾趋杭城以探应，闻悉长沙事已于九月二十六日破案，乃急返金华，以按秘其事。然其时荣卿已以其谋告诸双龙会山主王金宝，且劝以处州应之，偕衢州之师以共出江西。金宝本卤莽武夫，不能谨慎其事，遂及于难，事见金宝本传。毓祥已先期归处州。事平后，兰、成章共由金华入永康，兰由桃花岭入丽水，取道以还云和。成章由永康转东阳，至巍山，寓赵永景家，复由巍山趋玉山尖，至夏家庵，寓于大开和尚处，至尚湖陈，寓于陈魁鳌家，遂入天台，至平头潭平镇，寓于陈显元家，再由天台入黄严，至海门，寓于大观楼。卧病数日，遂乘轮赴上海，以入于嘉兴，寓于敖嘉熊家，于是金、衢、严、处、温、台六府秘密党会之情形，尽为成章等所探知矣。原夫成章、魏兰等所办之概要，则先是调查也，调查之概要凡五：一曰秘密之调查，二曰兵营之调查，三曰贫富户之调查，四曰地理之调查，五曰钱粮之调查。一切皆有记录。其次则党会之联合也，又其次则开导党员也。其开导之方法,则多运革命书籍,传布内地,文言与白话并进。文言体则有《革命军》、《新湖南》、《新广东》、《浙江潮》、《江苏》等,而以《革命军》、《新湖南》为最多;白话体则有《猛回头》、《黑龙江》、《新山歌》敖嘉熊所编。《警世钟》、《孔夫子之心肝》魏兰所编。等,而以《猛回头》为最多。其在多数人聚会之所,则又代为出资购送各报,而以《国民报》、《国民日日新闻》及《警钟日报》为最多,由是浙东之革命书籍,遂以遍地,而革命之思想,亦遂普及于中下二社会矣。先是,浙东屡闹教案,自此而后,遂乃绝无而仅有,清吏因得高枕安卧,而梦想乎太平,而实不知易其排外之心尽化而为排满也。至丙午以后,清吏乃始警觉,于是忧排满之心比排外为更剧矣。

第二节　温台处会馆之建设

　　敖嘉熊常于癸卯春至上海入爱国学社。及苏报案起,爱国学社以被解散,嘉熊归嘉兴,寻赴温州,历台州、宁波以归。谋握地方上财、兵二权,以次组成独立之军,且以交通浙东西之各秘密党会,遂有温台处会馆之建设。寻由陶成章介绍魏兰及兰侄毓祥于嘉熊,嘉熊因举兰任温台处会馆总理之职,复由兰与毓祥介绍吕逢樵、丁镈、赵卓、魏毓蕃、魏仲麟等来,冯豹、陈乃新已先由嘉熊招至,在此机关办事,人材极一时之盛。由是温台处会馆,遂为革命党及会党交通之中枢。嘉熊出资助诸人川费,分往各府县考察一切事宜。以上事,皆癸卯、甲辰年间事也。翌年乙巳四月后,嘉熊叠遭家难,商业亦复亏折,温台处会馆亦因是不能维持,诸办事人遂相将散去。成章入绍兴,徐锡麟为大通学校之创设,于是局面一变,而丁未皖浙一案之案本成矣。温台处会馆举措事宜,详嘉熊本传。

第三节 大通学校之成立

皖案发现之主动人曰徐锡麟,锡麟,革命根本事业,即在大通学校。锡麟常以癸卯春,因观协览会一至日本,与陶成章相识。归国后,复与嵊县平阳党党魁竺绍康相结,寻复入光复会为会员。锡麟所居里曰东浦。先是,东浦乡人倡办一小学校,名曰热诚,于一班之普通学科,均不甚研究,特注重于兵式体操。锡麟偕其友陈志军亲自督率以训练之。又从南京兵轮上雇一军乐家来,名□□□。教学生以军乐,东浦乡人因之叠生谣诼。锡麟父鸣凤闻而恶之,然本学校系绅士公立,无术可以解散,且又以学生年纪尚小,故亦暂置之。乙巳三月,蔡元康自上海旋绍兴,告同志以劫钱庄助军需之法,同志均以为然。锡麟果敢人也,闻而识之心中,即向同志许仲卿借银五千版,至上海购买后堂九响枪五十杆、子弹二万粒,声言枪二百杆,子弹二十万粒。其购此枪也,请于知府熊起蟠,言明系各学校体操所用,领公文而往,明目张胆,雇挑夫十馀名直过杭城,警吏皆不顾问。既渡钱塘江,到西兴雇船,运送至绍兴城内,寄存于府学校。乃又亲至嵊县,至绍康家,令其邀兄弟中之强有力者二十人来绍兴城,每人给费二十元。遂回东浦,与志军等商议欲立一学校,以为此十人容身之所,且为藏赃之地。就商于东浦附近大通桥旁大通寺方丈,借其屋宇数间,以为开办学校之用。事为锡麟父所闻,即言于该寺方丈,不准借屋宇以与其子。正徘徊间,而陶成章、龚味苏自嘉兴来,乃共同商议,至府城谒豫仓董事徐贻孙,商借豫仓空屋数间为开办学校之用。贻孙之锡麟父闻而莫之如何,遂将存寄于府学校枪杆尽数移至豫仓。绍康偕其徒二十人如约而至,择日开办学校,资由许仲卿出,仍其旧名,名曰大通学校。是时温台处会馆因经费支绌,不能多寓同志,成章乃招吕熊祥、赵卓等先后入绍兴，襄理大通学校事，于八月二十五日开学。会稽平水人陈伯平新自福建还，闻大通学校名，亦来入学。锡麟开办大通学校之本意，原为劫钱庄匿伏藏获之所，嗣以同志中无能通驾驶术者，遂罢其事。锡麟又欲于开学日集绍兴城大小清吏尽杀之，因以起义，请成章以告各府党人，咸为同时响应。成章以浙江非衝要地，欲在浙江起事，非先上通安徽，并以暗杀扰乱南京不可，因力劝之而止。成章主议改成师范学校，设体操专修科，不论其为何府何县人，皆可入学。因亲至杭州学务处递禀，请其转达三司，声东西洋各国尽征民兵，号曰国民军，然皆系中学校及高等小学校卒业者，兵式体操习之有素，故一行号召，即能成军。照我国目前情形，不能不行征兵之制，然市民村农妄识步伐，据生等意以谓欲行征兵，须先倡办团练以为基础。今特设立大通师范学校，内设体操专修科，凡有志者均可入学。六月毕业，即行各归本乡，倡办乡团，以为征兵预备"。清吏信为然，可其请。成章遂偕味荪、熊祥由山阴出诸暨，道东阳，欲至巉山。闻赵永景兵起，乃由安文镇改道入永康，至缙云之壶镇，寓于熊祥家，遍招各处会党头目，入绍兴大通学校练习兵操，授与名片，以为纪号，给与川费，以资其行。其返也，则由壶镇至永康，由永康至金华，寓于徐顺达家。于是熊祥亦遂与顺达相识。成章欲邀顺达至大通，因正在新婚不果。再从金华至兰溪，由七里泷水道趣富阳，循诸暨而返绍兴府城。然其返时，因为有捐官习陆军事在，心急欲还绍兴，故不往访衢、严之各党会，以故衢、严各党会首领无至大通者。其温、台二府，亦未暇往招之，故其党友亦不来。所至者仅有金、处二府与绍兴之人。职是之故，丁未浙案之发，亦由金、处、绍三府而起，其他诸府，不过因金、处、绍三府党会之牵动，稍受影响而已。金、处、绍三府党会既相偕共集于大通，成章乃又为厘定规约数条；凡本学堂卒业者，即受本学校办事人之节制，本学校学生咸为光复会会友，于是大通学校遂为草泽英雄聚会之渊薮矣。同乡士绅，虽有窃窃私议者，然终不敢直语也。凡党人来者，仅习兵式体操专修科，均以六月毕业，文凭由绍兴给发，面上盖有绍府及山、会两县印，又盖大通学样图章于末，背面则记以秘密暗号，其开校及卒业时，悉请本城清吏及各有名士绅到校，行开学及卒业式，设燕飨之礼。官绅学生同照一相，送府县署及各学校留为纪念，凡所以挟制官场士绅学界之法，无不详细周到，故其后虽有各种之风潮，能屹不为动者，亦即因之故也。至皖案发后，学校被破坏，而旧日入学之学生，亦卒归于无恙云。

第四节　捐官之计划

当大通学校成立先后，成章见绍兴同志中颇有资本家，于是又偶议捐官学习陆军，谋握军权，出清政府不意，行中央革命及袭取重镇二法，以为捣穴覆巢之计。锡麟伟其说，相约五人捐官学陆军，五人者何？即徐锡麟、陶成章、陈志军、陈德毅、龚宝铨即味荪。也。以年齿高下，锡麟为长，成章次之，志军又次之，德毅又次之，味荪居末。由锡麟运动许仲卿出资，遂往湖北，往见其姻原任湖南巡抚余廉三。是时廉三正欲得浙江铁路总理之职，又素以顽固为人所唾弃，思欲一雪其耻。锡麟知其隐衷，即以此两端餂之。廉三中其说，因代为纳粟捐官，复致函介绍于署浙抚满将军寿山。锡麟既归浙江，遂造抚院谒寿山，觇知其愚而贪，乘其言词吞吐之际，即纳贿三千金。寿山嘱幕友批准五人学习陆军之禀，复为致一函于驻日使臣杨枢。新浙抚张曾敭从湖北起辕时，廉三复再三重托之，谓锡麟系其表侄，馀人则均为其好友。锡麟等遂先后至日本。锡麟同行者，除其妻振汉外，有陈伯平、马宗汉等十三人。既到日本，以私费不能进去，旋复由廉三电浙抚，浙抚电驻日使臣，谓诸人已改作官费,请其即速保送。会有拘者于进校时体格不合见拒,乃又改谋入陆军经理学校,复不得。锡麟拟以警察权代,并谋陆军学校及军正司令等差使。成章意以非直接统军不可,否则行团体暗杀,以扰乱北京,亦是一计。议久不洽。先是,锡麟、成章离绍兴时,锡麟以校内经理事宜托之曹钦熙,成章以金、处学生照料事宜托之吕熊祥,原约六月毕业后体操班即行停止,届期诸生咸如约归里,或办体育会,或开团练局。成章欲乘时闭歇,以免日后之破露,与锡麟等意见又不洽,而绍康、熊祥、卓等咸欲藉此以广招徕,均不愿闭歇此校,于是再由绍康、熊祥、卓各自转招其徒党来大通学校,再开体操班,一仍前日之旧,是为丙午三四月间事。未几,成章脚疾作,入浅草区乐山堂病院就医,居院一月,偕昧苏返国养疾于西湖之白云庵。熊祥自绍兴渡江来见成章,与言欲兴革命军,非可以学校为大本营者,学校不过为造就人材计,今人材已足用,不若归乡倡办团练。熊祥诺之而去,然终不能践其言也。成章自熊祥去后,偕昧苏入嘉兴,与嘉熊同赴芜湖。当其至芜湖时,病尚未愈,以故遂久不游历内地。锡麟当成章在病院时,先回上海,至湖北见廉三,又归浙江见寿山,寿山为之介绍于其岳庆亲王奕劻﹝劻﹞,廉三又为锡麟言之于张之洞,之洞亦为介绍于袁世凯。复至东京,与妻振汉归里,遂至北京引见,欲以计杀铁良不得,又往袁世凯,世凯疑之,拒不见。本欲需次湖北,因安徽巡抚恩铭在山西为知府时,颇得廉三青目,廉三旧任山西巡抚。相结为师生,又系奕劻﹝劻﹞之婿,与寿山为连襟,故遂改省分发安徽引见。后特至满洲,见马匪魁首冯麟阁,寻归浙江,谒张曾敭,曾敭亦已疑之,不之见。乃往安徽候补,借廉三力荐力,因得武备学校副总办差,是时已为丙午之冬间矣。

　　浙案发现之主人翁,是曰秋瑾。瑾于甲辰之岁,留学东京。是岁十二月,成章亦以事至东京,瑾因与相识。瑾归,成章为介绍于锡麟，瑾与锡麟，并非亲戚。锡麟邀之以入光复会。寻又至东京，入青山实践女学校，因取缔规则事归国，屡往来于沪、杭、嘉、湖之间。萍乡事起，瑾遂归绍兴，入居于大通学校，遂为促进破坏之动机，而皖浙之党案遂成。

第四章　破坏纪事

党人进取之事实既述如前，今复记其破坏之原因及其事实。

第一节　破坏先兆

凡事之破坏，非全无理由，且当将破坏之际，亦必先萌其朕兆。丁未皖浙一案，亦准此理也。故特将其破坏原因之所在，以及夫将破坏之预兆，先节录其梗概以述之焉。

（一）大通学校之风潮　大通学校初建时，徐锡麟、陶成章等料理内外一切事情，规则极为整肃，绅学两界均无间言。及诸人赴日本后，锡麟以校事托之曹钦熙。钦熙一老书生，不识党会情形，未能处理之，然诸人之遗规犹存，故延至第一班学生毕业时，尚不至起十分风潮。第一班学生毕业后，复由竺绍康、吕熊祥、赵卓诸人另招各府生徒来入学，绍康、熊祥本非郡城人士，因与本地学界不甚和洽，其校内学生亦渐生主客之嫌。钦熙辞职，余静夫为总理。静夫局外人，校中党人以为不便而攻去之。旋由绍康介绍其友姚定生来代静夫为总理。定生于会党情形亦不熟悉，由是学校内大起风潮，学生分两派：一派祖定生，一派攻定生，其始仅口舌相争，争之不已，竟至执刀械斗，即枪上之刀。继乃持刀出校，横行街市，各自寻仇斗殴。官绅学界咸莫敢过问，寻由个中为之和解。定生辞去总理，其事始平。职是之故，外人咸目之曰强盗学堂。是为丙午九月间事也。丁未正月，诸办事人请秋瑾主持校事，瑾乃设体育会，

欲令女学生皆习兵式体操，已为督率，编成女国民军，绅学两界皆
反对之，女学生亦无至者。瑾不得已，乃多招金、处、绍三府党会头
目数十人来体育会学习兵操，学生群至野外练习开枪，于是二万之
子粒骤减至六七千粒。瑾亦自着男子体操洋服，乘马出入城中，士
绅咸不悦瑾所为，群起而与之为难。瑾有众学生后援，与诸士绅力
争，士绅虽不能敌，而其恨益滋矣。

　　（二）杭州之察拿党人　陶成章于丙午五月出病院返国，因足
疾未痊，偕龚味荪寓居于西湖上白云庵。吕熊祥自绍兴渡江来谒，
翌晨别去。六月初，味荪因有急事，偕敖嘉熊往芜湖。九月初旬，
成章、味荪偕其友苏曼殊广东人。由皖旋浙，旅居于杭州城内白话报
馆。时杭城忽来谣言，谓成章，味荪已召上八府义士三千，将于十
二日袭取省城。潘司宝芬，满人也，以浙江党人遍地，屡欲藉事以
兴大狱，既闻此事，即下密札于杭府三多亦满人。及警察总办候补
道某，忘其名。某接此札，不敢自专，乃谒抚院，请命于张曾敭，复以
潘司原札示曾敭。曾敭以有前因，未便深究，见札蹙额曰："现今新
旧交争时代，人言未可尽信"。既而曰："如果系革命党，乃是叛逆
之徒，应当拿问，但拿到后者无凭证，叫兄弟如何发放，岂不动人公
愤乎？"言毕入内，某道逡巡而退。是晚，即由幕中人传言出，嘱成
章等暂避。成章以有友人约，不即去。越二日始行。成章等离杭
后，杭城门晚开早闭，严察出入者凡十餘日。自是而后，党人机谋
渐露，不可复掩矣。十月初旬，徐锡麟亦来杭谒抚院，曾敭疑之，拒
不见，锡麟遂返安庆，候补恩铭则不疑之也。

　　（三）萍乡革命军之影响　丙午冬，江西萍乡间起革命军，党
人之在沪上及海外者，皆从而鼓吹之。沿江沿海各省咸为震动。台
州志士王军即王文庆。及其友四人，就商于成章，欲谋响应。成章与
之以介绍函，分投各地。王军至沪，遇见秋瑾。是时各省光复会志

士相与会议于沪上，瑾亦与焉。因即以浙事自任，遂偕王军赴兰溪，见蒋乐山。寻还绍兴。湘人来约云："十二月晦日，在长沙起事。"瑾复皇皇然奔走各地，预谋接应。凡金、处、绍三府各会党首领，于大晦日均坐以待旦。久之，竟无音信，瑾乃大愤，于是始谋独力举事矣。当王军入金华时，成章亦返国，应南京军人之招，共谋袭取南京，于是再返杭城，欲由严州历湖州取道广德，率勇士数十人暗入南京，掩其不备，破坏军政所各机关，以便兵营之暴动。不期南京内应志士行不密，未及期而难作。黄兴复大放谣言于长江上下，致令清吏豫为戒备，成章等计因不得行，王军等在衢、处亦几及于祸，于是革命之风潮，乃又加紧一度矣。

（四）大通学校之盘察　革命风潮既逐渐高张，清吏遂疑及大通学校。丁未三月，杭城大吏假盘察仓谷之名，至大通学校密访。办事诸人闻信，即将一切机密文件收藏，枪械亦移至他处，及清吏盘察者至，已一无所有矣。盘察清吏，徒手以归。

（五）缙云武义永康之风潮　大通学校第一班毕业生归里，咸在本乡倡办团练。缙云县壶镇以倡办团练故，与县官生冲突，县官范传衣不问情由，直入某学校，捉一无辜学生，杖之数百，学界大愤。事闻，杭城大吏恐生急变，即撤去县令任，一云因控案去任。乡学生围县署，必欲杀令而甘心。令大惧，披蓑戴笠，扮作农夫，逾墙夜逸，失足堕渊，躄其左足，匿于农家，乘夜逃走府城而去。会处府命催课吏下乡骚扰乡里，龙华会分部首领吕嘉益大怒，督其徒围课吏，执而杖之，毁其文书，逐而去之。课吏愬之处府，萧某恐激民变，为撤去课吏差，谢缙云民。新令某至，恐惧甚，乃使其子结交于吕熊祥，而与之连和。熊祥等复欲试杭城清兵之强弱，召台州应师杰义师入伐缙云，及永康道杀解饷清吏，并守汛地兵数十名。杭城清吏派兵至，与师杰军战，互有杀伤。清吏犹不知系革命党人之所

为,以为地方官不善抚驭所至,为撤去永康县赵某任,应师杰亦受
熊祥命,退入仙居,解散徒属,仍归于农,以待时机。其后赵卓复至
武义一带运动,以符节召周华昌至,与之商议,举本城绅士刘耀勋
督办党军事宜,而以武举某为副。耀勋不能谨慎其事,遂至讹言繁
兴。既而复有杭城征兵官青田徐则恂来,瑾托其带信数封,一交沈
荣卿,一交张恭,一交周华昌,一交耀勋,盖嘱诸人以预备一切也。
周华昌既接瑾函,即与徐某游行街市,某军衣佩剑而行,华昌亦执
刀随其后,沿路演说革命之事,由是武义之风潮大起,然犹不至遽
行破坏也。是为丁未三月下旬及四月上旬事也。

第二节　破坏事实

　　皖浙案情,先由浙牵连及于皖,继复由皖牵连及于浙。浙之案
情,发自绍兴,先由绍兴牵连及于金、处,继复由金、处牵连及于绍
兴。皖案之发,主之者徐锡麟;浙案之发,主之者秋瑾。然为皖浙
二省之串联线者,陈伯平其人也;为绍、金、处三府之串联线者,则
吕熊祥其人也。凡欲明此案之始末者,断不可不深悉此中之关
键云。

　　(一)秋瑾之发号施令　秋瑾以丙午十二月十九日偕王军到
金华兰溪,见蒋乐山,是为运动秘密党会之始。翌年丁未,瑾复为大
通学校办事人,然居总理之名者,为孙德清。会稽人。德清本不识内
中前后情形,故其一切,皆由瑾操纵之。正月下旬,瑾再施秘密党
会运动,由诸暨道义乌至金华府城,见徐买儿,买儿远之,即徐顺达小
字。寓于四世一品。即金阿狗家。欲往见张恭,不果而去。三月初
旬,复出诸暨,道东阳过永康以入缙云,寻归绍城,以函召金、处各
会党首领入绍兴计事,并令在体育会学习兵操,前后相继至者凡百
馀人。瑾所最信任者,为义乌吴琳谦及金华徐买儿、武义周华昌、

卒得三人之力，因之呼吸灵便。瑾欲于四月间便起兵，寻改五月初，再改五月二十六日。瑾又亲至杭城运动军学两界，使为内应预备，乃改约束颁号令。未几，复又改绍兴师期为六月初十日，而金华、处州仍为五月二十六日之期，寻又另订战事军队之制，未及颁布而难已作矣。事详瑾本传。

（二）嵊县之首难　初，嵊县西乡有沈乐年者，王金发之友也。乙未冬，偕徐锡麟同赴日本，进大森体育会，毕业归里，与王金发同办团练，甚有成效。其同乡许振鹏别名道亨，号云祥，现已作侦探。与竺绍康等同办事，意见不合，去之宁波，由王金发介绍，因得入大岚山，连结绿林豪士。更有宁波镇守兵官陆某子某与振鹏共事，一称陆路总办，一称水路总办，大张厥词，一事未就，而谣言已大起，竟至悬赏购拿，因之牵动绍康、金发所办局面。然清吏究以未得绍康等之证据，不敢即行追究，不过为之预防而已。是为丙午冬月间事。翌年丁未三月，绍康与裘文高相结，文高不待绍康命令，遽召台州义勇由东阳至嵊县，扎营于西乡廿八都村，树革命军旗帜，因与清兵战，杀死清军哨官李逢春等数名、兵士数十名。杭城清吏派精兵数百来防守嵊县，文高率众退入东阳而去。于是清吏始悬重赏以购绍康、金发，而绍康、金发游行自如，清吏无奈之何，大通学校亦尚不至牵及。是为五月中旬事。

（三）武义之难　武义自三月间即谣言大兴。五月二十六约期既出，谣风益甚，武义居民，咸将家内什物质之当铺，以易现钱，因之当店倒闭。每家又预备干粮、购食盐，一日而盐尽。清武义令钱宝镕闻信，急打电杭城，请兵杭城，清吏命已革参将沈棋山统兵赴之，党军督办员刘耀勋一无预备，遂及于难。是为五月二十二日事，详耀勋本传。棋山乃纵兵下乡，大搜遗党，杀逃难者数十人，奸淫掳掠，无所不至。兵归时，遇城中有卖小菜者二人，棋山问曰：

"土匪何在？"二人答曰："此地并无土匪，汝等行为如此，恐土匪不久至矣。"棋山闻言大怒，即执二人而杀之，武义绅民咸为不平。宝镕惧，乃出己资以抚恤遭难者之遗族。是时金华乡间，又有人持大通学校军行信符号召义军，曰："武义革命军已起，诸兄弟祈速往赴援。"顷刻之间，聚者八九十人。及到武义，天已昏黑，遍觅革命军大营，迄不之见。既闻耀勋已死，乃皆逾垣而走。逮棋山闻信搜察，已无一人。棋山乃遍搜客舍，见旅客身边带有刀棍者，_{浙东之人平日皆带刀棍。}即指为匪徒而戮之，无因受累死者三十餘人。未几，棋山领兵赴东阳，宝镕见棋山杀戮太过，兵去后，恐人民寻仇，乃亦告病解印绶而去。

（四）金华之难　徐买儿既受秋瑾之命令，为其各处运动。未几，因与人争田产事入狱。五月二十六日出师令下，买儿友倪金以告买儿，且欲劫牢以出之，不戒于言，为清吏所闻，被执，戮死。于是金华之义师遂破。是为五月二十三日及二十四日事，事详徐顺达本传。

（五）兰溪之难　有蒋纪者，号继云，自幼不容于乡里，为家庭所逐，游荡江湖，善为欺诈之言，不知以何因缘而得识吕熊祥。熊祥本老于世故之人，不知蒋纪又以何法愚熊祥，而使其信任。熊祥遂为特〔持〕函荐于秋瑾，协理大通学校事宜。旋奉瑾命，分驻兰溪，寓于某学校。该学校职员、教员、学生皆信之不疑，一切事情咸以咨之。寻返绍兴。未几，复至兰溪，即以信符召龙华会诸管事，命曰："余自绍兴奉秋协领令，运到新式快枪二百杆，寄贮于附郭之某半日学校，速集兄弟二百人前往去取，就便破兰溪城，以接应金华义师。"诸管事见有信符，信之不疑，即时号召得百数十人。因闻有枪可取，故此百数十人均不携尺寸之武器，赤手空拳以往。比及中途，管事人诘纪曰："果有枪否？"纪怒曰："系余亲手运至，汝何得如此多疑？”将近学校，纪忽不见，众疑其先进学校矣。时天已黄昏，此百数十人排户而进，学校内职员、教员、学生皆出不意，大警走避，以为强盗来劫学校，取财物，遽往告县令。是时安庆事已发，金华各处已布戒严令，兰溪亦有清兵驻扎，县令以告守城兵官，分门镇守，喧扰达旦。义军既进学校，寻纪不见，复将各户遍搜，并无一杆枪及一粒子，知为纪所欺。欲入袭县署，则又赤手空拳，一无所持，不能战争，乃皆散走。兰溪令及城守兵官兢兢守城达旦，并无事故，乃遣使四出侦探，始悉其事。杭城亦派沈棋山来援。于是分头搜乡，凡家有担石之贮者，莫不指为党人，而抄其家，并涉及各寺院。汤溪、浦江之各县，亦莫不因之以累及也。是为五月二十七、八日事及六月初一、二、三日之事也。

（六）安庆之难　徐锡麟既需次安庆，得武备学校差使，然每月所入，不过数十金，不敷所用，乃遣归其妻王氏，并非有他谋也。又以未娴官场陋仪，屡为其同室所窃笑，欲联结兵营，则又口操绍兴土音，事多隔膜，郁不自得，屡思归浙，同乡僚属劝留之。锡麟亦以与浙抚张曾敭交涉已稍有破裂，恐归杭城，亦复难收效果。正在徘徊观望间，俞廉三又以函嘱恩铭，称锡麟有才，务加重用。恩铭答廉三以“门生正欲重用之，毋劳老师悬念”等语，遂即改徐为警察会办，俸金所入较多，锡麟因得稍行布置。寻恩铭又加授锡麟以陆军学校监督之职，因其行为奇特，为收支委员顾松所疑，谗之恩铭。恩铭不信，召锡麟戏之曰：“人言汝革命党，汝其好自为之。”锡麟答曰：“大帅明鉴。”是时陈伯平亦数数往来于皖赣之间，其运动秘密会亦已稍有成效。伯平禀性果敢，其行事也，常鼓一往直前之气而不虑其他，正与秋瑾志同道合，遽欲起事。五月初旬，招马宗汉同至安庆，寓于锡麟公馆，日夜谋欲起革命军，尚未有成议。十二日，伯平偕宗汉返沪，瑾自绍兴来告伯平，以危机已露，并订二十六

日师期。伯平即以函告锡麟。未几,遂与宗汉乘轮返安庆。锡麟
先接伯平信,知事已露,不能中止,然欲后浙江师期二日举事,因恩
铭欲赴其幕友张次山母八旬寿诞,而张母生日适为五月二十八日,
锡麟不得已,乃改为二十六。锡麟之不能稍忍须臾以待事机者,
非瑾为浙江师期之约故也。先是,沪上侦探捕获党人叶仰高,仰
高,景宁人,吕熊祥之同乡也,因与熊祥有交,得略识光复会秘密内
情。既为侦探所获,递解至南京,端方派员讯问,仰高将所知者姓
名供出,且言已入官场。然仰高之所供,又非其人之真名,乃系会
友函件往来及外人交涉所假定之别号,是为店名,并非人名,然又
取其与人名相近似者。端方不知其故,即将此等名姓电告恩铭,嘱
其严拿。恩铭以锡麟为警察会办,召与商议,即以端方之电文示锡
麟,而不知其间之一人,即系锡麟之别号。乃佯为不知,即辞恩铭
归堂,召巡警数名,授以恩铭所授一纸人名,使其细为察访。于是
面覆恩铭云:"职道已派人察拿去矣。"恩铭信之不疑。锡麟知事
机已迫,稍一退步,前功尽弃,屡欲乘机起事,既闻浙江之约,乃遂
决计杀恩铭以求一逞。五月二十六日晨,锡麟早起,偕伯平、宗汉
到巡警学校,召集学生演说,谓:"我此次来安庆,专为救国,并非为
功名富贵到此。诸位也总要不忘'救国'二字。行止坐卧,咸不可
忘,如忘'救国'二字,便不成人格。"反复数千言,慷慨激昂,闻者
悚然。然众学生均不察其命意之所在。既而又曰:"余自到校以
来,为日未久,与诸君相处,感情可谓和洽。余于'救国'二字,不敢
自处于安全之地位,故有特别意见,再有特别办法,拟从今日发见,
诸君当谅余心,务祈有以佐余而量力行之,是余之所仰望于诸君子
也。"语毕而退。是日,钟八下时,恩铭即到校,为时特早。未几,
藩司以下各员皆莅至。钟九下时,考试警生体操。恩铭至临礼堂,开
册点名,官兵两班,学生站队阶廊下,锡麟率教习等鹄立阶前,伯

平、宗汉立堂侧。先由官生行鞠躬礼，恩铭甫回答毕，兵生正拟行礼，锡麟遽向前行举手礼，随呈学生名册于案上，即云："回大帅，今日有革命党起事。"盖与伯平、宗汉二人预约之暗号也。恩铭方愕然，询曰："徐会办从何得此信？"语未毕，伯平上前，猛向恩铭掷一炸弹，不爆发。恩铭惊起。锡麟曰：大帅勿忧，这个革命党，职道终当为大帅拿到。"恩铭曰："何人？"即俯首向靴统内拔出手枪两枝，握左右手，向恩铭施放，曰："即职道也。"恩铭惊骇，问曰："会办持枪何用？岂要呈验乎？"语未毕而子弹已至，文武两巡捕摇手阻止之，而弹亦至。锡麟之本意，欲以一枪击死恩铭，当即转向左以击潘司，复向右以击臬司，而令伯平、宗汉分杀两旁侍坐之各道府州县官，不料其眼近视，不能识其命中与否，遂向恩铭乱放。伯平、宗汉亦随之而乱放。恩铭身中七伤，一中唇，二穿左手掌心，三中右腰际，馀中左右腿，皆未受致命伤也。文巡捕陆永颐、武巡捕车德文拥卫恩铭不去。锡麟用枪击恩铭时，永颐以身翼之，身受五弹，均中要害。弹尽，锡麟归室内装弹，恩铭左右背负恩铭将逸出，伯平自后追放一枪，由尾间上穿心际。潘司冯煦命戈什背负恩铭入轿中，两足拖于轿外，狼狈逃回抚署。恩铭犹能大呼"务将锡麟拿获收禁司监。"文武官吏咸乘机溃走，或由后院拆墙而出，或由前门逸去。锡麟先命门者关门，门者不从命，致诸官得以逃走。锡麟怒，击杀门者。顾松已逃至门外，由马宗汉捉回，叱令跪，松叩头乞命，锡麟詈为奸细，连劈数刀不死，由宗汉用枪击毙之。诸书言为伯平击死者，误。前此《光华报》所载亦误，今为改正。恩铭既回署，命家人往延教会同仁医院英医生戴璜，命取出子弹。戴璜答以非割腹不能出之。恩铭许之。遂用铜器撑开肚皮，遍觅子弹不见，因复用线缝合，又割腿验视，亦不见，盖弹为铅子，已被融化去，而恩铭乃不得复活矣。清吏既鸟兽散，锡麟即拔刀出临礼堂，拍案大呼曰："抚台

已被刺，我们去捉奸细，快从我革命。"诸生惊愕，不知所为。锡麟
率伯平、宗汉二人，左执刀，右持枪，横目视学生，大呼立正，向左
转，开步走。各学生从锡麟出校，欲先至抚署，闻已有备，乃折回，
至军械所，锡麟领前，宗汉居中，伯平殿后。其在锡麟后之学生，均
弃枪逸去，从入军械所者三十馀人，守军械官候补道周家煜望见遁
去。锡麟至军械所，命伯平守前门，宗汉守后门，将护勇人尽行杀
死，令学生开库取枪杆，子弹均未配合，不适于用，乃将巨炮五门运
出，装子弹，缺去机铁一块，遍觅无着。时藩臬各司购捕锡麟，悬赏
至三千金。顷之，又加至七千金。锡麟因虚有枪炮，无所用之，正
躁急间，清兵已至，围之数重。锡麟命伯平杀出重围，往城外平日
相结各练军处乞援。城已闭，不得出，回报锡麟。锡麟督学生与清
军战，自十二点钟起直至四点钟止，伯平死，宗汉谓锡麟曰："事已
无成，不若焚去此军械局，与清兵同烬。"锡麟曰："我辈所欲杀者
满人，若焚去军械局，则是不辨黑白，全城俱烬矣。"遂不许。未几，
清兵破墙而入，缉捕营勇死者三名、伤者数十人，学生死者一名、伤
者数人。军械所库房坚固，未及打开，时清兵多不敢上前。藩司冯
煦派道员黄润九、邑令劳之琦前往督催，依然不进。冯煦出示，获
锡麟者赏万金，于是各告奋勇，将军械所打开，竟无一人在内，但见
锡麟军帽戎衣而已，知已易装走脱。寻得之于军械第三重室内，宗
汉亦被获。抚幕张次山、藩司冯煦、臬司毓朗同讯。毓令锡麟跪，
锡麟曰："尔还在洋洋得意，若慢走一刻，即被余杀。"张次山、冯煦
复讯数语，锡麟抗对不屈，清吏无奈之何。锡麟忽指毓朗曰："便宜
尔，被尔逃脱。"毓朗大震几踣，既而复曰："杀尔亦无济。"令之供
同党，缄口不言，饬写口供，挥笔直书。端方电冯煦命杀锡麟，恩铭
家中请剖心以祭恩铭，冯煦心不欲，然不能阻止之。三司幕友均绍
兴人，为锡麟同乡，闻有剖心之说，先将锡麟之阴囊击碎，故割头剖

心之时，锡麟已宾天久矣。监斩者宋芳宾、劳之琦也。是役也，清吏死者则有恩铭、顾松、陆永颐诸人，受伤者有巢凤仪、龚镇湘诸人，学生死者数人，清兵死者百馀人，革命党之死者仅有三人，即徐锡麟、陈伯平、马宗汉是也。锡麟既就义，清吏至锡麟公馆验视，见有炸弹数枚，革命军大元帅印一及光复会军政府告示一。又从锡麟箱书检出书信数件，而以沈钧业字馥生，山阴人。及其弟伟函件为最多。钧业本锡麟学生，师生交情甚密，锡麟常与之谋事者。伟，锡麟母弟，与其兄不和，嗣因见乃兄为道员，且又得法，乃屡与其兄通信，然信内所言，实非革命事宜，不过含语暧昧，不曾明晓，遂为清吏所疑及之耳。未几，清吏获一卢宗嶽，字迪仙，诸暨人。宗嶽亦锡麟之门徒，其来皖城，实由锡麟召之，然召之者，欲使办警务，非办革命也，不期适逢其会，遂遭拿问。宗嶽与伟同来，伟实欲见余〔俞〕廉三于湖北，求为介绍于端方，欲谋出身之路，舟至大通，闻锡麟闯事，过安庆，不上岸而去，被获于九江。后宗嶽以无罪省释，伟深以此事恨其兄，乃更迁怒其嫂，供称其嫂王氏与秋瑾同主张革命，后清吏释徐王氏不问。伟既系锡麟弟，虽未与实谋，而其兄之行状，彼亦常得察出，因又供出锡麟同事人陶成章、龚味苏伟不知其名，故供及其别号。陈志军、陈德毅及秋瑾，又另供出与锡麟有交之绅学界数十人，清吏命寄伟于监，以待诸人之对质，以故至今尚系于安庆狱中。

（七）绍兴之难　秋瑾既自沪旋绍，不知以何因缘改五月二十六日师期为六月初十日。先是，绍兴士绅既有恨于瑾，又因师期屡改，密谋尽露，于是绅士胡道南等密禀知府贵福，贵福亦已早有所闻，因未知其确，不能发难。至是，遂上省请兵，比到杭城，先见巨绅汤□□，□□素恨瑾，力怂恿贵福去之。贵福遂面禀浙抚张曾敭，曾敭使其幕友张让山询之□□，□□答曰："是等人不杀何待？"让山以覆曾敭，已复从中下石，曾敭之意乃决，遂徇贵福之请，使贵福先归，预为措置，瑾不之觉。六月初一日，上海各种日报既到绍兴，瑾始悉安庆事，执报纸坐泣于内室，不食亦不语，又不发一令。有劝之走者，不问其为谁何，皆大诟之。是时金华府之义军已尽破坏，而处州府之消息未来，嵊县义师则又别成一旅，然瑾苟于此时召集体育会之学生，犹足以杀贵福而占领绍城，虽无大有为之处，犹愈于束手待毙。乃瑾必欲待嵊县之兵来然后举事，反分遣体育会学生入杭城，以谋为日后之应援，于是藩篱遂尽撤去，而其势益孤。六月初二日，杭城派第一标兵渡江来，绍兴当兵起身时，将各兵身上及随身各物件皆察搜无遗，恐其有通绍兴党军也。以故兵营中极为骚扰。事为武备学校学生所闻，遣使报告于瑾，瑾于初三日得是信，乃率诸学生将枪械藏过。即前徐锡麟所购者，至时枪仅留三十二杆，子弹亦仅留六千数百粒而已。初四日上午，王金发自嵊县来，与瑾议事，午膳而去。金发去后，即有人来告杭城兵到。会蒋纪适从兰溪来，学生闻兵至，又欲散去，纪牵瑾裙，向之索川费，瑾无以给之。正纷扰间，杭兵已来，围堵大通学校前门，不敢即进。又有学生劝瑾向后门乘船渡河走者，瑾不应，仅令诸学生及办事人先走，于是有出前门冲敌而去者，有自后门渡河而逸者。清兵攻入前门，学生死者二人，一为永康人沈荣卿之会友也，一为嵊县人王金发之党徒也。清兵获瑾于内室，贵福使山阴令李宗嶽提讯瑾，瑾不作一语。"秋雨秋风愁煞人"七字，不知系何人造作，登之报上，口供则由贵福使幕友为之。遂于翌晨四时就义于轩亭口下。盖贵福畏之甚，不敢稍留片时也。贵福遂又用严刑提讯偕秋瑾同时被获之程毅，毅不屈，定监禁五年。蒋纪认愿作奸细，贵福欲释之，曾敩不可，乃解回原籍，定监禁一年。其余诸人，或定监禁二年，或定监禁三年，或即省释，然绍兴城中扰攘者凡三月之久，然后始稍稍归于宁静云。

　　（八）皖浙及绍金处党祸之连环　皖之与浙，其事先由浙起，其后乃由皖及浙与绍兴之于金、处，其党祸皆成一连环之形。今录清吏往来电文如下，以略示其一班：

浙抚致贵福电　准江督电，大通学堂徐匪死党必多，祈速即掩捕。徐伟已在九江拿获。电到即行拿匪查堂，搜起证据。

又电　该堂主持竺姓及王金发，校长秋姓，均应查拿。

又电　准安庆电，据徐伟供，锡麟同党陶焕卿、陈志军、陈德毂、龚味荪、沈钧业、徐振汉，与秋瑾同主革命，均应查拿。

又电　据金华嵩守电称：武义获匪聂李唐等，供出党羽甚众，内有赵宏甫，缙云人，在大通学堂司帐，勾通大通学堂党羽，希图接应起事，请饬查拿。此电在安庆事未发前。

金华府电处州府　武邑匪扰，获犯供出周金海即周华昌。赵宏甫即赵卓，均贵属缙云人，赵在绍郡体育会司帐，勾通起事，请饬县密拿。此电亦在安庆事前。

绍府贵福电浙抚张　抚藩臬宪钧鉴：越密。前据胡道南等面称，"大通体育会女教员革命党秋瑾，及吕凤樵、竺绍康等，谋于六月初十日起事。竺号酌仙，平阳党首领，羽党万人，近已往嵊县纠约来郡，请预防"等语。

又电　卑府星夜请兵，蒙派到郡。今日申刻，往大通学堂及嵊县公所起军火，该匪等开枪拒捕，兵队还击，毙两匪，并获秋瑾及馀匪六人，起出后膛枪二十五杆、子弹数百枚，夺获秋瑾六门手枪一枝，探得该匪等因。徐匪刺皖抚后，谋俟竺匪纠党到开会追悼，即行起事。知其事者，惊惶万状，现讯秋瑾供，坚不吐实。查看该匪亲笔讲义，斥本朝为异族，证据确。馀党程毅等亦供秋瑾为首，惟尚无起事准期。若竺匪一到，恐有他变，恳请将秋瑾先行正法，馀匪讯有实据，再行电禀。又供大通学生全体赴杭，请戒备。福征。

浙抚电处州府　徐锡麟在绍郡所办大通体育学堂，学生衢、处为多，平日四出勾结为乱，现在查办，势必散走衢、处，应密告镇守，即饬查拿首要无忽。

　　处州府复浙抚电　电敬悉。遵即密告镇县查拿。卑府四月杪奉臬宪密札，即募警兵三十名在绍郡一带侦获。惟卑属地广，无一防勇，拟恳拨勇一队备调，以资震慑。即赐电复。

　　金华府再致电处州府　金属匪徒滋事，获犯供出举人张恭即伯谦，散票结党，现闻在逃，匿贵属宣平、绍兴、嵊县等处，请饬县密拿。

　　绍兴府致处州府电　敝郡女匪秋瑾勾结绍兴嵊匪竺酌仙即绍康、王金发，及缙云人吕凤樵，谋在郡起事，已获秋瑾正法，竺、王、吕尚未获，请饬县严缉各匪，务获究办，至祷。

　　处州府复绍兴府电　夜电敬悉。已饬宗令密拿务获解究。嗣后如有指拿缙云匪徒，祈径饬宗令免泄密，机事重要，特此密布。

　　处州府禀浙抚电　初十投递请兵，计邀鉴核。匪党踪迹无定，蒙谕调温勇，顷李管带在青田拨三棚，一棚留郡，馀往缙云。自是无勇敷调，卑府拟募五百，求发后膛枪百杆，并予月饷，乞电示遵，俾专并飞领以安人心。

　　浙抚再致处州府电　据绍守禀匪首竺绍康又戕毙哨官，革匪裘文高、张岳云改扮学生，逃匿处府。大通武备学堂分设，系吕逢樵所办，速即饬查的确，掩捕各匪，并察访有无藏匿军火。仍委妥员赴缙云严密查拿。又前电赵宏甫一名，已否拿获，均覆。顷又电温州王管带拨队赴处矣。

　　处州府复浙抚电　号电敬悉。查卑府并无大通学堂，缙云壶镇体育会半日学堂，一系吕习常，一系吕熊祥即逢樵，于四月开办。卑郡自月杪奉臬道密札，府县认真查访，凡有形迹可疑者，无不细加盘诘，所有府城体育会及私立之警察学堂、缙邑之体育二处，及吕逢樵所设之半日学堂，均于五月二十日勒令停止外人寄宿。李管带率勇到郡，丽水由黄令、缙云由宗令会同严密查拿，惟各匪及赵宏甫均先远飏。至裘、张二革匪，亦经四处线缉获，即销解卑府，决不敢养痈贻患。壶镇素称匪薮，防队拟请永驻，合并附陈。

（九）党人之被祸者　案情既发，清廷大震，各疆吏乃始为之注意，于是缇骑为之四出，党人之前后就义，最著者则有徐锡麟、陈伯平、马宗汉、以上三人，因皖案而遭难者。秋瑾、刘耀勋、徐顺达、张篆飞、裘文高、大开、聂李唐、倪金、高达、高逵、吕观兴、邵荣、王汝槐、裘小高、张岳云、余孟亭、夏竹林、张蓬莱等百余人，前后战死者几达千人，而被累死者不计焉。各处购拿者，在北京则有蔡元培、陈盛、陶成章、龚味荪、童亦韩等八人。童以下非党人，因书信牵连，故略其名。在长江上下诸省，则有徐振汉、即徐王氏，锡麟之妻。沈钧业、方世钧、世钧，嘉兴人，似由陈伯平介绍入光复会，在中国公学作教员，乃系无行之人，素未闻其有革命运动，后闻被获于松江而死，未知确否。陶焕卿、即成章。陈志军、即子英。陈缭、即德毅。龚味荪共七人。以上均因皖案。绍兴查拿者四十馀人，后不追究，故不录。浙东各府查拿者，则有张恭、字伯谦，金华人。沈荣古、即荣卿，山阴人，寄居永康。周金海、即缙云海，缙云人，寄住武义。倪国圻、金华人，武生。宋阿根、施炳奎、李买儿、金阿秋、徐顺年、陈锡铨、徐大买儿、金华横桥头人。阿牛、金华长山人。吕阿荣、章钰昌、小木癞子、徽州人。方汝林、徽州人。赵宏甫、即赵卓。邹克宽以上共十八名。金华、处州三府特别购拿者三人，竺绍康、王金发、吕逢樵，又外加裘文高、张岳云、赵宏甫三名，共六名。处州府特严拿者三人陶焕卿、吕逢樵、赵宏甫以上皆因浙案。南京特电，上海严拿者三人，陶焕卿、龚味荪。因余孟亭起事案。南京特电，山东查拿者一人，陶成章。因刘光汉告发。满洲移文各省查拿者，陶成章。因别案牵及。戊申十二月，南京特电各省查拿者四人，张共绕、即张恭。王金发、竺绍康、陶成章等。

（十）清吏之被祸者　清吏遭祸，比之革命党为多，因案遇难死者，则有恩铭、安徽巡抚。陆永颐、巡抚标下文巡捕。顾松、候补知县。陈某、忘其名，候补道，因拿竺绍康自尽。李宗嶽、山阴知县，为杀秋瑾，自缢死。萧某、忘其名，金华镇台、记名提督，为龙华会事，用刀自杀。刘庆林副总兵，为义军所诛。等，其他守备、千把总以下，为义军所诛者数百人，虏兵之前后战死者不下三千人。因案罢官去者，则有张曾敭、浙江巡抚。贵福、绍兴知府。钱宝鏐、武义知县。范传衣、缙云知县，为人逐去。赵某、忘其名，永康知县。何志循、乐清知县等，其他因案去职者尚多，已不能悉忆之矣。

第三节　党案余波

（一）各地义师之奋起　当安庆、绍兴之难未发前，诸办事人咸不经意，遂遭大厄，及发难后，各处残馀诸党人，大为愤激，乃皆不约而同，共起义军，以与清廷为难。计自丁未六月中旬起，直至戊申三月，乃始稍稍归于宁静。试述其概要于下：

（1）绍兴之义师　自大通学校遭难后，有义士某发难于山阴县属与萧山县属之交界处，地名曰前清，杀镇守清兵数名，及守地汛官数名。越日，杭城兵至而义军解。嵊县竺绍康、王金发本约秋瑾以六月初十日统军入绍兴，未及期而案破，乃避往台州，其友裘文高等屡假其名，以为号召，清兵屡为所败。十月十六日，文高率台州义勇数百人大败清将刘庆林之师于白竹村，获刘庆林，斩之以徇，事详文高本传。

（2）处州之义师　自绍兴大通学校遭难后，处州府属缙云诸志士，特为起义军以谋复仇。清之驻防军不能敌，私与革命党分部首领吕熊祥约和，馈之粮食，熊祥亦以各处信息不通，恐不能大有为，乃许之平。未几，遂以其徒属退居于仙居，以从事未耜也。

（3）金华之义师　金华义师因误于期约，于大通学校未遭祸前，已大遭失散，志士死者数十人，餘均散走各地。及七月以后，诸志士复稍稍团集，乃共谋复仇之法，于是义军先起于东阳县属之南，马义士、蒋篆飞独走马陵山，与寨主高氏兄弟共起逐满之师，尽皆先后败灭，篆飞及高氏兄弟死焉。事详篆飞本传。

（4）清兵之南下与枭党之暴发　当各路义军愤起事，凡严、衢、处、温、台、宁、绍之各府，即浙东之地，所谓上八府也，尽皆震动。其响应遂及于浙西之杭、嘉、湖三府。于是嘉、湖间之盐枭杰魁均求附于革命党人。其党人之由浙东破坏后流入浙西者，所在皆有，于是浙西、江南、皖南皆有急而思逞之意。未几，浙路借款风潮又起，清政府大加震悚，乃急派北洋劲队一镇，一镇凡计练兵一万人。命大将姜桂题率之南下，又隐遣南京精锐陆续入浙西及皖南，分防各要地，以卫南京、浙西一带之枭党，恐房兵之先发制人也。遂大起暴动之举，连蹂躏浙西、江南之诸府，声势震撼。南京清督端方惧，尽调南京劲队，合力攻之，党魁余孟庭等被获，不屈死。其遗众流入于太湖，或散至宁国、广德，以入于浙东，事详余孟庭本传。

（二）刘光汉之内叛　刘光汉仪征人。本名师培，字申叔，少慧，曾应科试，中癸卯举人。革命风潮起，绝意仕进，置身革命党中，党人咸尊礼之。寻由蔡元培介绍，为光复会会员，任《警钟日报》之主笔。因辱詈德人，德领事遂邀集各国领事封禁报馆，且欲逮治光汉，光汉因避居于敖嘉熊家。嘉熊亦善视之，与商理温台处会馆事宜。温台处会馆者，当时实为浙西党人之交通机关所，以故光汉遂洞悉浙人所办事宜。光汉寓嘉熊处半年，因安徽友人之招，前往芜湖，办理安徽公学，兼任皖江中学校教员。丁未正月，偕其妻何震及其姻弟汪公权到日本，又入同盟会，因见孙文受外贿，心轻之。寻又以与会中办事争权，大恨党人。徐锡麟事起，铁良、端方惧，铁良遣安徽人程家柽来东京，求和于党人，愿出万金以买其命，先由总庶务刘揆一独据之，寻为众会友所闻，群起相事，而同盟会破坏之形遂肇矣。然其实凡锡麟之同事人，咸不与闻此事也。端方则日伺党人之隙，欲以离间之，广出财帛，以买侦探，而侦探之势始炽。汪公权、何震亦从此入于侦探一流。光汉之性务名，遂与张继等提倡无政府主义，乃应之者寡，光汉郁郁不得意。先是，徐锡麟弟伟供称，锡麟与陶成章等为莫逆交，端方遂大行搜索不获。寻又以侦探之报告，以锡麟捐官事谋出成章，是时成章已往山东，端方特电山东巡抚拿解，又不获。光汉平日欲运动成章，使为己用，以高其名。成章鄙其行为，不之礼，光汉恨之。会其妻何震及汪公权日夜怂恿光汉入官场，光汉外恨党人，内惧艳妻，渐动其心。适又以事与章炳麟有冲突不胜，名誉大损。光汉乃归上海，始真为侦探矣。清帝后死，光汉意成章归国，日与两江督标中军官米占元往各船坞查成章行踪，久之不得，无以复端方之命，而以张恭报告于端方，张恭遂被拿问。王金发怒，挟枪见光汉，将杀之，光汉惧，许以必为保全张恭，恭因得不死，光汉由是亦不敢再至上海。汪公权以为无虑，仍至上海，侦探党人举动，遂卒为王金发所枪毙焉。

（三）党案风潮之再起　戊申冬，清帝后死，浙人欲乘机举事，虽因绌于经费，不克奏功，然清吏已咸为之戒惧。翌年春，云和张伟文字蔚生。因魏兰之介绍，与陶成章联络，偕成章赴青岛谋事，不成返浙，寓居杭城，与阚麟书字玉琪，丽水人。等同谋举事。未几，□□至乐清，召集黄飞龙，在永嘉之南溪，为温防统领梅占魁所捕，送之省城，下狱。阚麟书亦因书信牵涉，置之仁和监中。时当道视处州人尽革命党，凡寓杭城旅馆之处州人，无一不被拿捕云。阚麟书以无确证，宣统二年保释。张伟文因待黄飞龙面质，直至光复时始行出狱。

列传之部　凡例

一　事功虽大，生者不传。

二　能任方面之事者，为特传，其次为附传。

三　以死事之先后为次序，若死事日期相差无几者，则又以局面之大小为次序。

四　以事相比，以类相从，为合传。

五　凡关系诸人，为清吏所不知，或知而不甚著意者，又或虽本人已著名，清吏已著意，而尚留寓内地者，本书中均仅录其姓，而名用□空之，以为隐晦，余则咸录其真名也。

中卷　列传

列传一

刘家福　程铁龙　罗有楷　祝耀南　濮振声　王金宝

刘家福，浙江江山人。常投入清营，充当营勇，以酿事被斥，避地福建浦城，因入终南会，历职新副。庚子夏，义和拳起于北方，家福以机有可乘，遂于六月十九日起兵于二十八都，攻枫岭营，取之，复败清兵于仙霞岭峡口，进至清湖镇，<small>清湖镇，离江山县城十五里。</small>遇清游击陆嗣恺兵，奋击大破之，嗣恺仅以身免，遂取江山。部将程铁龙谓家福曰："江山破，衢城清吏消息未闻，连夜疾趋，且即达，衢城守御未固，可即得也。若得衢城，则声势较大，响应必多。然后整军以出江西，庶几事有可为矣。"家福犹豫未决。部将罗有楷曰：
"铁龙言是，大兄宜速从之。"军师祝耀南曰："不可，古之王天下者，
必先正位号，定名分，以一民志，然后命将四出略地。今得江山，乃
握掌山河之预兆，必须再至龙游，以协飞龙之吉祥，方可上应天命。
若衢城，系掌中物，何以汲汲取之？"家福以为然，遂建号罗平国王，
设朝仪，命百官置酒高会。铁龙复进言曰："弟前游历严、金二府，
颇结纳其秘密会中首领，今欲往游说之，使其起兵接应，藉以断清
杭城来兵，何如？"家福许之。铁龙遂去。家福留江山数日，迂道至
龙游，攻破之，始返军以攻衢城。是时衢州府首邑西安令吴德潇，
为康有为友，尝于其母寿辰张有为题名对联。及有为事败，始匿其
情，然衢已无不知吴令为有为友矣。家福兵既至城下，城内忽来谣
言，谓有为已入九龙山，且将引外国兵来造反，家福为九龙山命将，
吴令将为内应。是时内地风气尚形闭塞，衢州尤甚，于是兵民尽皆
信谣，执吴令并其家属杀之。复又大索城内传教西士，不论男女老
幼，尽皆杀之。清政府及外国人均不知细情，以为杀吴令、西士系家福党为内应在
城内者所为，遂以家福起事为闹教也，其实大谬不然。然后登城守御，家福环攻
不拔，属下兵士稍稍亡去。清以江、皖、浙师合攻之，家福迎战，败
绩，溃围遁去。家福所遣江山、常山、龙游等处守吏，亦均闻风逸。
清兵获一假刘家福，斩之以徇。家福走死江西，或曰死于福建。

　　程铁龙，浙江江山人。入终南会，历职红旗，与罗有楷为家福
心腹。家福始起义时，铁龙常为画策。及祝耀南进，家福信任耀南
逾于铁龙，铁龙因以游说严、金二府事辞家福去。家福败后，铁龙
数来往严、金、台、绍四府间，潜为运动。壬寅春，为清吏所侦，得获
于义乌。清吏讯之，抗对不屈，谳成。铁龙谓清吏曰："余死不恨，
然余素自命为英雄，欲兴古英雄事业，今既不成，当为余一服古衣

冠"。清吏许之，更为照一相，留以示后。先是，义乌就刑者，当跪受刃。铁龙有力，行刑者不能屈之，乃命之坐而施刑焉。临刑之际，神色不变。义乌跪刑之制由是废。前《光华报》上一时失于记忆，将程铁龙事误为罗有楷事，今为改正之云。

罗有楷，浙江江山人。善拳勇，入终南会。历职红旗。刘家福兵起，有楷常为前拒，当者辄破，俘斩清兵甚众。家福败，有楷遁入台州，寻入马陵山，游说寨主高氏兄弟，使与龙华、白布、伏虎诸会联络。浙东绿林豪客之与洪门杰士相连合也。实自有楷始。未几，有楷死。

祝耀南，衢州乡间训蒙师，习奇门遁甲术，自命为王佐才。刘家福兵起，耀南从之游，为陈符命，家福大悦，许为孔明复生、伯温再世。家福败后，耀南避地金华，为清吏所踪迹，获于兰溪，死焉。

濮振声，字景潮，浙江桐庐人。岁贡生，以训导衔候选在家，为建德、分水、桐庐、富阳、新城、临安六县客民总董事。家资殷实，疏财仗义，为六县所仰望。善医卜星相之术，而于医道尤精，凡所施治，无不应手而愈。先是，太平天国兵兴之际，严属之分水、桐庐，湖属之安吉、孝丰，杭属之临安、富阳、新城、於潜、昌化，与安徽之宁国、广德等处，皆为浙江通江苏及南京要道，为军事上所必争，故事平后户口因以稀少。该地居民，遂分为三种状态：其第一种曰主籍，系军兴前之旧居，俗称曰老百姓；其第二种曰客籍，系军兴后新迁入者；其第三种曰系各地无籍游民来此作工以谋食者，近者来自温、处、台、衢之各府，远者来自福建之浦城、江西之玉山、安徽之巢湖、湖南湘勇、本地绿营遣散后无家可归者，亦麕聚于是间。既无室家之好，亦无生人之乐，好勇斗狠，在地方最为不靖，然亦均各有其党类，而又各受其党魁之约束。其间党派凡分十支，即以甲乙丙丁戊己庚辛壬癸十干名。其党派之区别，振声与其友周鉴，字固山，富阳人。娄□□、□□人。胡奏平，桐庐人。王□□□人。施□□□人。钱□□□□人。等，均以善驭客游见称乡里；客游亦均仰望而崇拜之，于振声尤甚，咸称之曰濮先生。振声即丙派，为白布会首领。白布会发源温州，由温州客民传布其会于严州，振声受之，欲藉是以组织独立军，遂为改订其会章。其军制与洪门各会党有异。以五人为伍，有伍长；五伍为偏，有偏帅；二偏为队，有队正；二队为哨，有哨官，是曰百夫长；五哨为营，有营官，号曰千夫长。实则千百人皆授有札委，振声自为总帅，以总其成。用云和刘某为军师，谬称为刘基后，党人尊之曰刘师爷。至其千夫长以下，外面彼此之称呼，亦与洪门各会党异。千夫长曰老三，百夫长曰老五，队正曰大老七，偏帅曰小老七，伍长曰大老九，普通会员曰小老九。清吏莫之过问，亦莫之或闻也。庚子、辛丑之际，以保护乡里为名，藉会众以创办团练，名曰宁清团，又曰宁清会，言欲以绥靖清室，盖为掩饰耳目计，其实意则反清。壬寅夏、秋间，因天主教教民专横，官不能制，振声乃借此以起义，其对于清吏曰："余为众人所推，不得已也。"未起事前，密遣心腹告谕教士，使之逸。既起兵后，禁部下军士，不得轻毁教堂，以罪不在教士而在官吏也。即教民亦不得无故杀害，仅取其家中粮食充军需，以示薄惩，其餘一切侵掠，悉皆禁止，犯者重则斩首号令，轻则杖枷示禁，故军行所至，咸皆欢迎。某日夜，袭清滇横村守备营破之，清桐庐守将吴宗选闻信，率兵来援，振声迎击，败之。宗选招温、台游民以足死亡之额，复与振声战，大败遁去。振声整军入桐庐及分水县署，责清吏治民无状，清吏惶恐谢罪，振声赦之，复命视事。遂进兵向严州府城，以图上出安徽，于是衢、处各属县及江西玉山、福建浦城等处党人，皆有响应之势，警报达于杭城。清封疆守吏闻信大惧，命统带黄书霖率武备小队星夜驰往援严，蹑振声军后，振声还军，战于横村埠，器械不如清军，鏖战竟日，死者约百人。复战于百岁坊，振声兵又败，死者约千人。振声率其余走匿山中，因素为士民所爱戴，故清兵不能迹其所在。会清副将费某又自新城率兵来援，值振声已败，费某与黄书霖议出重赏，多购密线，四出侦探，遂得悉振声所在，率兵团〔围〕之。处、衢等党人久不见振声军旗，未识成败，不敢遽应。振声被围多日，知事无成理，又见清兵四处虏掠，恐被害者多，乃与费某约，以罪在己一人，不得妄杀无辜，因而出降。严州六邑绅董皆为联名具公禀于浙抚，代振声剖白。浙抚以振声素得士民心，杀之恐激民变，乃归罪于振声子而杀之，禁振声于仁和县署前西侧，另为建室以舍之，待之颇善。其党屡谋劫狱，振声常谕止之。癸卯冬，陶成章、魏兰自日本归杭城，偕孙翼中往见之。振声为成章出介绍函数通、名片数十纸，以助成联络秘密会之基础。丁未三月某日，卒于禁中，年六十有四。比再阅月，而绍兴之难作矣。振声秉心慈惠，与人言必尽其诚，身格短小，目光锐利，口音清朗，左足微躄，一望之下，即可见其为精明强干之士云。

王金宝，浙江青田人。父玉明，以善拳勇闻，寓松阳富户黄某家为卫士。复游闽、赣诸省，以拳术传教于所至地。金宝年十三，即随父游行四方，以故诸省之秘密会中豪士，莫不与之联交。甲午后，父以老病废，侨居松阳，营商业，所获颇不赀。金宝取所盈利，厚结友朋，复代父寓黄某家为卫士。金宝拳虽不及乃父，魄力则过之。黄某因受人欺凌，特出资劝金宝倡建一会以图报复，适松阳县西乡有双龙滩，俗有水神会，每届秋祭例日，聚农民数千人，各出钱数百文大会宴，时作野战状以比武。金宝因借名结党，定名曰双龙会，然此仅为普通对外之名词，实则金宝已先受终南会之委札，倡一万云会矣。是时处州知府赵亮熙四川人。性贪鄙，黄某执贽投为门下，于是放票者肆行无禁，年馀之间，会员骤增达二万人，处属十县咸有分部。金宝摘录成语为七绝诗一首，以编字号次第，每县或一字，或二三字不等。甲辰十月，浙江革命党人魏兰、陶成章等有金、衢、严三府并举谋。龙华会会主沈荣卿以其谋告诸金宝，使为协约共起。金宝遽令部将管马德约各处党徒预备群伏，将如约期以起义。又传檄遂昌管事周某，使率其属先取遂昌，预备出江西以为各路义军之前导。周某又出示晓谕清遂昌守吏，令其欢迎酒席。清吏大惊，警报杭城，下戒严令。值党人义举中止，荣卿又以告金宝，金宝解散其属，亲身入永康，见荣卿，与计事，遂赴兰溪。清吏悬赏二千购金宝。程象明者，青田人，金宝之莫逆交也，见赏格，甘为眼线，获诸桐庐，解送处州。金宝属下军士谋于中道劫取不克。甲辰十月某日，虏杀青田王金宝于处州府城，城内外无人不为金宝痛惜，哭奠者络绎于道，骂程象明者不绝于口。金宝死时，年二十六。金宝虽一卤莽武夫，然品貌清俊，状若贵公子，有恂恂儒雅气象，性情慷慨，远近闻金宝名，咸来归附。其仇满心出自天性，非由外铄也。先是，处府民心良懦，视县官犹帝天，故虽受清吏百方鱼肉，无敢反抗者。自金宝起，风气为之一变。金宝好驰马，常超乘于松阳城内，人或谓金宝曰："汝能于县官来时跨马直冲，真好汉矣。"盖是时清吏已有逮捕金宝信，故人以此难之。答曰："此亦何难。"他日，县官乘舆出巡，仪仗巍然，金宝乃扬鞭跃马而过之。金宝既死，党徒想念不绝。越三载，皖、浙案发，龙华会副会主张恭避地宣平，匿于金宝旧部中，部中诸会友保护甚为周至。恭次由温州取海道至沪，诸会友咸竭力挽留，谓曰："昔王山主因离其根本重地，无人保卫，以及于难。余等至今痛心，先生既为王山主友，余等何敢不竭力保卫，聊尽区区微忱，以慰王山主灵于九京。如有清兵前来，余等固惟力是视。"言已，诸会友咸为嘅吁流涕不已。由此观之，金宝之义侠，其感人士心者，可谓深且厚矣。

赞曰：刘家福，一庸竖子，本无足称述，因其为首难人，故传之。濮振声才大心细，王金宝志果气劲，皆人杰也。而二人之遗爱在人，久远勿替，尤为难得，成败又何足论也。程铁龙、罗有楷谋深虑远，可谓有为之士，乃皆未竟厥绪，赍志以殁焉。悲乎！若祝耀南者，是亦妄人也而已矣，然要不可为非有心之士也。古语有之曰："宁为鸡口，毋为牛后。"读史者与其取乎张宾、王猛者流，无宁取乎祝耀南。

列传二

徐锡麟 曹钦熙 陈伯平 马宗汉

徐锡麟，字伯荪，浙江山阴人。幼挢虔，器过手辄毁，父憎之。年十二，挺走钱塘，为沙门，家人踪迹得之以归。读书慧，善算术，尤明天官，中夜常骑危视列宿，所图天象甚众。又自为浑天仪，径三尺，及所造学校地势图，然未尝从师受也。稍长，习田农事。闻昆山多圹土，欲往开治不果。庚子夏，义和拳起于北方，锡麟在乡，锡麟所居村名东浦，离绍兴府城十五里。谋办团练，为人所尼中止。辛丑九月，锡麟见举为绍兴府学校算学讲师，知府熊起蟠敬重锡麟学问，招为门下，任之甚专，锡麟由是得发抒其才。寻转副监督，在校四年，弟子益亲如家人。顷之，以观博览会赴日本大坂，乘便游东京，寓本乡龙冈町某旅馆。是时正值俄约问题兴起，众学生自编义勇

队,受日政府干涉,改名军国民教育会。浙江学生因章炳麟言革命
入狱事,开会于牛込区赤城元町清风亭,锡麟出资赞助其事。会所
中遇陶成章、龚味荪,相谈颇洽。散会后,即偕其徒张某访陶成章
于驹込追分町浪花馆。成章导之以见松江纽永建,字铁生,前为义勇队
代表人。相谈宇内之大势,锡麟大悦,颠复清政府之念由此益专,遂
购图书刀剑以归。归益尽力公事,与同志数人建蒙学于东浦,名曰
热诚。又规建越郡公学,复设一书局,遍置各种书籍,号曰特别书
局,欲以其所出书强售各学校,为人所挤退副监督任。锡麟常置一
短铳,行动与俱。俄人既逼辽东,锡麟闻之恸哭,画俄人为的,自注
丸射之,一日辄试铳数十次,遭弹丸反射直径汰肩上,颜色不变,试
之愈勤。其后持铳有不发,发即因指而倒。锡麟始慕勾践、项梁,
欲保聚绍兴,且以观变。甲辰冬,以事过上海,寓于五马路周昌记,
因至虹口爱国女学校访蔡元培,成章亦在焉。时元培与皖、宁诸志
士组织一秘密会,名曰光复,邀锡麟入会,从之。成章因尽以己所
经营者告之锡麟。锡麟归,绍兴始以兵法部勒其子弟矣。明年正
月,与弟子数人游行诸暨、嵊县、义乌、东阳四县,自东阳至缙云,昼
行百里,夜止丛社,几及二月,多交其地奇才力士。归语人曰:"游
历数县,得俊民数十,知中国可为也。初,绍兴城中有大善寺,天主
教会欲得之,阴搆诸无赖胁沙门,署质剂,为赁于教会者。绍兴名
族士大夫皆怒弗敢言。锡麟方病瘧,裹絮被,直走登坛,宣说抵拒
状,众欢踊,卒毁券,教会谋益衰。锡麟念士气屡弱,倡体育会,月
聚诸校弟子数百人习手臂注射,遂与成章、味荪等建立大通师范学
校,招诸府材士以实之。设体操专修科,朝夕讲武,每训练必以身
先之,素短小,习一岁,筋力自信能日行二百里。从成章计,欲以术
倾清政府,富人许仲卿捐金前后五万版以与之。入资得道员,遂与
余姚马宗汉等十三人诣日本,因通商局长石井菊次郎求入联队,不

许，欲入振武学校，以短视不及格。居数月归国。是时，炳麟系上
海狱三岁，罚作限且尽，或言虏欲行贿狱卒毒杀之，上海大哗。锡
麟为之奔走调护，设百计以谋出之不得，复东抵日本，与成章及弟
子陈伯平等图入陆军经理学校，又不成。嘱其友某学造纸币，曰：
"军兴饷匮，势将钞略，钞略则病民，亦自败，洪秀全事可鉴也。今
计莫如散军用票，事成以次收之。然军用票易作伪，宜习其彫文织
镂，令难作易辨，子勉学之。"议既成，以伯平、宗汉归。乡人复请任
巡徼事，许之。旋与曹钦熙赴宛平，出山海关，遍走辽东、吉林诸
部，至辄览其山川形势，见大□冯麟阁，与语甚说。是岁，淮安徐海
大祲，锡麟以道员赴安徽试用。锡麟初得道员时，欲藉权倾虏廷，
诸达官无所不游说，自袁世凯、张之洞及浙江巡抚张曾敭、故湖南
巡抚俞廉三，皆中其说，为通关节书。镇浙将军满人寿山亦受锡麟
倭刀，为其用，到安徽。岁暮，即主陆军小学。逾年，移主巡警学
校。日中戎服自督课，暮即置酒请诸军将士，又卖衣服给弹丸，诸
生益严重锡麟，虽军士亦多欲附者矣。安徽巡抚恩铭谓锡麟能奏
请加二品衔，然闻人言，日本学生多隐谋，稍忌之，锡麟内不自安。
会浙东义师将起，势将牵及大通学校，秋瑾命伯平赴安庆告锡麟，
锡麟知事已露，势难复掩，急与诸练军结，欲仓卒取安徽大吏，令军
心乱，乃举事。初图五月二十八日巡警生卒业，集大吏临视，尽掩
杀之。恩铭欲速召其校执事，乃谕令易期，以二十六日临视。时锡
麟援结未固，顾己不可奈何，乃密与伯平、宗汉为备。及期，鼓吹
作，诸大吏皆诣校凝立巡抚前即位，三司诸吏以次侍，锡麟持短铳
遽击恩铭数发，皆中要害。左右舁之走，锡麟令门者闭门，门者仓
遽不及闭，故恩铭舁及三司皆得夺门走，即闭城门，拒外兵，诸军至
不得入，乃发兵捕锡麟。锡麟知事败，怒门者，击杀之，因传呼巡警
生百馀人，率之以破军械局，据之发铳，弹丸尽，发炮，机关绝，伯平

死,锡麟即登屋走,追者至,被擒。恩铭已死,三司问锡麟状曰:"受孙文教令耶?"锡麟曰:"我自为汉种问罪满洲,孙文何等麤生,能令我哉!"五月二十七日,虏杀山阴徐锡麟于安庆市,刳其心以祭恩铭,而浙江虏官亦捕杀秋瑾。大通学校遂破坏,锡麟之死,年三十有五。锡麟性情精悍,凡所行事,咸操极端主义,故动与人忤,然性慈爱人。居郡城时,尝步至龙山,见一老妪,方自缢,遽抱持救之,问其故曰:"负人债。"即为代偿,得不死。又常与成章赴武陵,日暮宿郭门外,闲步滩上,见一童投水,急拯之。问其故,知系某店学徒,道行遗失店主银钞,即护送至店,为代付银钞,如所失,嘱店主勿加虐其徒,不告姓名而去。锡麟尝应科举,中癸卯乡试副贡。

曹钦熙,字荔泉,锡麟同村人。常任热诚学校总理,为许仲卿师,甚得仲卿信用。仲卿所以多出资佐锡麟者,钦熙力焉。大通学校初成立,钦熙见推为总理,寻偕锡麟入北京,赴满洲,多所赞画,皖、浙案发,清吏欲逮治钦熙,不果。未几,钦熙竟以忧愤成疾死。

陈伯平,浙江会稽人,名渊,以字行,又别字墨峰。少长福州,归乡里,入大通师范学校,勤于学问,沈默寡言笑,甚为徐锡麟所敬重。与游日本,欲学陆军不得,习警察,旋弃归,专习剑击事。在上海与同志数人踞小阁,日陈爆药试验,秋瑾与焉。一日迸发,声铃铃动数十步,瑾伤手,伯平伤目,兼伤及身,甲错如鱼鳞,幸同志多为之异诣病院治疗。复渡日本,从药师,卒受业,道既通,归谋急试,欲北上以杀铁良,锡麟止之。常语人曰:"革命之事万端,能以一人任者,独有作刺客。"刻印称"实行委员"以自厉,梦寐辄呼铁良、端方,其用心专一如此。善方言,喜作诗,诗多亡矣。死时年二十六。

马宗汉,字子畦,浙江余姚人。祖道传,素任侠,贫民皆倚为重。宗汉少慧,闻人诵岳鄂王词,欣欣若有得,曰:"长大亦当如是。"及长,读史传,益感慨以破虏自誓,潜结少年有志者数人。又习英吉利语,入浙江高等学校,罢归,与同志设立之山蒙学校,自督教之,诏之亡国之痛,异族之祸,弟子皆泣下,莫能仰视。常购近人言光复书,散之内地。浙江所以多义旅者,宗汉与有力焉。顷之,从徐锡麟赴日本,欲阴求豪杰,所过多大言自矜,宗汉大失望。归,欲赴德意志学习陆军,诸少年留宗汉,欲有所规画。会遭祖丧,遂不行。是时虏廷下诏立宪,宗汉作书辨其妄,然士人多幸爱虏。宗汉发愤疾作。锡麟在安庆,伯平召宗汉与偕往,宗汉与诸学生书曰:"吾此行不能灭虏,终不返矣。"既至安庆,乃与伯平日夜部署军事,及期,锡麟已诛恩铭,宗汉谓顾松败谋,与伯平拘之入,即断其颈,督巡警生破军械局。援绝,伯平死,宗汉欲焚军械局,曰:"虽死,安庆城中必半烬,接应者可从中起,他人继我辈,后事犹可为也。"锡麟止之,且曰:"徒死无益,亟去,犹可为后图。"宗汉去,半道为虏所得,系狱五十日,穷问党与,考掠楚毒,宗汉佯为逊言抵拦,卒不得一人名。七月十六日,虏杀余姚马宗汉于安庆狱前。年二十四。

赞曰:余与徐锡麟缔交者四年,共事者二载,遂得洞悉其性情。锡麟勇悍仁强之德,洽于项王,其行事亦颇类之,功业不遂,非战之罪,时为之也。陈伯平、马宗汉行顾其言,言顾其行,亦可谓不负生平之志者。若曹钦熙,力虽不足,心则有馀,后之读此案者,咸当哀其遇而矜其志焉可。

列传三

秋瑾 程毅

秋瑾,字璿卿,别号竞雄,又称鉴湖女侠,浙江会稽人,家居绍兴府城南门,属会稽县界。隶籍山阴。幼随其父宦于闽,旋复随父入湘。年十八,嫁湘人王廷钧,廷钧入资为部郎,需次京师,瑾与之俱。生有子女,旋与廷钧定约分家产,瑾得万金,即以之经商,所托非人,尽耗其资。又与廷钧不睦,同乡戚属陶大均,会稽人。陈静斋山阴人。等为之和解不得,乃尽以其所有首饰,托大均妾荻意为变卖,集资东渡日本留学。值宁河王照以戊戌案自首,系刑部狱。瑾闻之,出所集得留学费送入狱,以济其急,并嘱使者勿以其名告之。逮照出狱,始悉其事。瑾之天性义侠常如此。

瑾东渡之时,为甲辰三月。既到东京,即入中国留学生会馆日语讲习会学习日语,因与某某等十人相结为秘密会,以反抗清廷,恢复中原为宗旨。瑾既与陈静斋有戚谊,故到东京后,即与其子相识。是时,敖嘉熊、魏兰、陶成章、龚味荪等在浙东西秘密运动有年。甲辰冬,成章以事东渡,成章与陈氏子为同学,瑾因之以识成章。日语讲习会终,瑾将还里省亲,因叩成章所运动事,成章尽以其所历告之。瑾乃索为介绍,成章以其为女子,不便,然亦难竟拒之,遂为介绍同人机关二处,一函致上海光复会会长蔡元培,一函致绍兴徐锡麟。瑾既返沪,即谒元培于爱国女学校,旋往南京,欲运动资本家辛某之子汉无效,乃复归沪,由沪旋绍,见锡麟于热诚小学校,锡麟即绍介瑾入光复会,是为乙巳六月间事。

瑾之归也,本为筹学费计,既抵家,求给于母,母固深爱其女,然家徒拥虚名,实不中赀,为勉筹数百金付之。瑾既得金,又至沪,会成章亦归上海,遂偕瑾见处州办事丁镳、吕熊祥等,瑾出绍兴同志公函,促成章归。已复东渡,罹疾数月,愈后入青山实践女学校。会锡麟、成章等在绍兴运动有得,皆先后来日本,锡麟携其妻王氏即名振汉者同来,瑾为之招拂一切。是时,取缔规则风潮起于学界,学生咸倡归国之议,瑾亦主张之,因结敢死队,瑾又为其指挥,纷扰者匝月。湖南陈天华蹈海死,瑾亦从此逝矣。

瑾之再归也,成章复为绍介于敖嘉熊,得转荐为浔溪女学校教员,与女学生感情不洽,辞去。屡至上海。上海有中国公学者,本系取缔规则归国学生所倡设,瑾于此校助力甚多,由是瑾之信义,著于遐迩。会稽陈伯平本为大通学校学生,尝偕锡麟游日本,因与瑾识,志愿暗杀,瑾因荐为中国公学教员,居中联络。会锡麟需次安庆,赖其姻俞廉三力,甚得巡抚恩铭信任,为陆军学校会办,实与伯平、瑾遥为应援。初,平阳陈华偕其兄蔚留学东京,因识味荪。乙巳之岁,董鸿袆字恂士,杭州人。自爪哇函请秀水王嘉榘、仁和汤调鼎前往爪哇理学务,调鼎却不往,味荪因荐华,华得与嘉榘同赴爪哇。丙午夏,嘉榘、华先后返国,瑾之识华也亦由味荪绍介之。华劝瑾赴爪哇兴女学,瑾许之,以告成章、味荪,成章、味荪力止之勿行,乃止。瑾又倡一女报于上海,既又与伯平等租屋虹口祥庆里,制炸药,忽爆发,伯平伤目,瑾伤手,是为丙午八月间事。是岁冬,萍乡革命军起,光复会会员集议上海,欲起兵为援,瑾与议焉。瑾以浙事自任,乃还绍兴,入居大通学校。大通学校为金、处、绍三府诸会党人荟萃之所。瑾既入居大通,与诸党人约,俟湘人举事后,即出为应援。谋既定,乃亲走内地,由诸暨道义乌至金华。至金华府城之日,为十二月十九日,寓于金阿狗家。未几,归绍兴。上海同议党人杨卓林湖南人。等殉义于南京,胡□等被系于湖北,宁□□

等见拘于湖南，接应之举，顿成瓦解。瑾闻益愤，乃始谋独力举事矣。

丁未正月，大通学校因办事乏人，公举瑾为督办，开学之日，郡守及山、会两邑令皆莅堂致颂词，郡守贵福并赠瑾对联一，联曰"竞争世界，雄冠地球"。瑾于是益得畅所欲为。正、二月间，瑾屡往来杭、沪，运动军、学两界，其方法不外藉会党之声气以鼓舞军、学界，复以军、学界之名义歃动会党，而以大通学校为其中枢。三月间，瑾又亲历金、处诸邑两次，既归大通，乃改约束，颁号令，分光复会职员为十六级，以七绝诗一首为表记。诗曰："黄祸源溯浙江潮，为我中原汉族豪。不使满胡留片甲，轩辕依旧是天骄。"凡从黄字起，讫于使字，皆有表记。例如：黄字为首领，首领五人，即以推锡麟等。祸字为协领，无定员，瑾自居协领。源字为分统，以洪门首领任之。溯字为参谋，以洪门红旗等任之。浙字以下为部长、副部长等职，各职员均以金指环为记，指环中文字即以己职衔之代名词箝入之，或以ＡＢＣ等英文字母代之，其势力所及，上达处州之缙云，亘金华全府，而下及于绍兴之嵊县，金华府之金华、兰溪、武义、永康、浦江五县，实为其中心。是月之末，风潮起于缙云、武义、永康之间，大通学校职员缙云赵卓复至武义一带运动，即公举本城绅士刘耀勋督办党军。

四月初，瑾复编制各洪门部下为八军，用"光复汉族，大振国权"八字为八军记号，因与诸同事定议，先由金华起义，处州应之，俟杭城清兵出攻金、处，即以绍兴义军渡江以袭杭城，军、学界为内应。若攻杭城不拔，则返军绍兴，入金华，道处州，出江西，以通安庆。既谋而行，定期以五月二十六日，未几易为六月初十日，金华诸处仍为二十六日之期。五月初，绍兴党人裘文高遽召台州义军由东阳至嵊县，札营西乡，树革命军旗帜。二十一日武义党案发。

二十三、四日金华党案又发。当风潮急时，瑾使伯平赴安庆告锡麟，锡麟知事急，乃于五月二十六日乘机杀恩铭，清廷震骇，大索党人，于是大通学校遂陷于四面楚歌之中。郡守贵福于二十七日进省面禀巡抚张曾敭，曾敭以问巨绅汤□□〈寿潜〉，□□〈寿潜〉素恶瑾，力怂恿之，曾敭之意始决，乃遣贵福先返绍兴。五月晦，瑾始知安庆事，坐泣于室。六月朔，诸学生相议早日举事，先杀贵福，占领绍城，而后再图其余。瑾必欲待六月十日，遣学生二十余人往杭城分头埋伏，以为内应。六月三日晨，杭城武备学校学生以密书至，言清兵已发，速为定谋抵制。众学生又集议于堂，卒无成议，因之散去者复有数十人。初四日午前九时，王金发自嵊县来，与瑾商酌十日举事之约，午膳毕，从容而去，未几即有党军侦探队归报瑾，言清兵已来，瑾使再探，回报往东浦，瑾信为然。已而清兵进城，众学生又集议，咸劝瑾出奔，瑾不答，学生散去者又数人。清兵既至学堂前，不敢遽进。是时学生之留者尚有十餘人，于是有出后门而游泳以逸者，亦有出前门持军械以拒敌者，出清兵不意，为学生击死者数人，伤者数人，学生死者二人。瑾居内舍，为清兵所执，同时被执者六人：曰程毅，曰徐颂扬，曰钱应仁，曰吕植松，曰王植槐，曰蒋继云。贵福使山阴令李宗嶽讯瑾，瑾无一语，翌晨殉义于绍兴轩亭口。友人收其遗骸，葬之西湖，清吏恶之，将平之数，恐激民变，乃阴嘱其兄桐出名，迁柩以还绍兴。己酉冬，其子自湖南来，迁瑾柩归湖南，盖将与其夫廷钧合葬也。瑾死时年三十一。

程毅字翘仙，河南修武人。文生为河南高等学校学生，寻至上海入中国公学，秋瑾聘为大通学校教员，任之甚专，每事必与商榷，然一切情形未悉，不能有所布展。既见执，清吏刑讯，备极惨酷，毅性强毅，坚不供实，清吏无奈之何。己酉夏，卒于狱，尸出，鳞伤遍体,见者酸鼻,多有泪下至不能含云。

　　赞曰:秋瑾席诸党人已成之业,发挥其手腕,改弦而更张之,未及三月,而难作,竟以身殉。《记》曰:"谋人之邦国,败则死之。"秋瑾有焉。程毅以羁旅之身,倏遭厄难,受严刑之讯,体无完肤,词不连人,卒毙狱中,其志可壮,其情亦可悯矣。《诗》曰:"我心匪石,不可转也;我心匪席,不可卷也。"程毅有焉。

列传四

刘耀勋　聂李唐　徐顺达　倪金等
吕阿荣　蒋蓁飞　高达、高逵

　　刘耀勋,字佐斋,浙江武义人。廪贡生,有才名,热心公益,有声誉于武义,然素沈湎鸦片。及革命风潮传播内地,耀勋闻而悦之。适赵卓自绍兴来,耀勋深与相结,得识秋瑾,入光复会,授职参谋,因奋自责厉,戒绝鸦片。周华昌于武义县署前开一酒店,以为内地志士往来休息所,耀勋与其亲友亦常饮晏其中,酒酣耳热,辄痛詈满人勿止。即有县署中幕客来饮酒者在座,亦不暇计及也。又凡草泽英雄过道武义,耀勋亦必邀之入座,务令尽欢而去,由是人言藉藉,咸目为梁山酒馆。秋瑾五月二十六日出师之令既下,耀勋使其中军官周华昌往绍兴,见秋瑾共议军事,自赴宣平,见龙华会副会主张恭,约以共起,且言武义谣风大起现状。恭曰:"若此,清吏必上省请兵,安能待二十六日之期;不若先下手为强,且袭杀武义县官,使清兵有所顾忌,不敢即进,而后再议他计。"耀勋曰:"二十六日,乃系军期,安可违。"遂别去,是为五月十九日事。比及中途,闻清参将沈棋山已统兵驻武义,且悬赏购己,乃与亲信二人避居山中。寻为贪赏者出首清营,清兵因得迹耀勋所在而围之,耀勋与战,不敌,遂为清兵所执,解归武义清武义令钱宝镕讯之,抗对不屈,见杀。亲信二人从死,是为五月二十二日事。

聂李唐,江西人,侨寓武义,为箍桶工,入龙华会,历职巡风,属于周华昌。华昌荐之赵卓,卓命以所部听耀勋指挥。秋瑾出师命下,耀勋以告李唐,使为戒备,李唐不戒于言,事为邻右所闻。不数日,传遍武义全境。是时武义人复盛传有快枪二千自绍兴运来,藏于李唐家中。清武又令钱宝镕与参将沈棋山亲率干弁夜往李唐家察搜军械,掘地殆遍,并无一杆,仅搜有党人名簿数册。宝镕遂用严刑审讯李唐,知由缙云赵卓介绍,勾通绍兴大通学校,本城绅士刘耀勋实为党军督办,豪士周华昌实为中军官,既尽得实,遂斩李唐于市。悬赏购耀勋、华昌,以往绍兴得免。

徐顺达,字猛伍,以字行,浙江金华人。善拳勇,以信义推重于乡里。从张恭游,为永庆戏班司帐,甚见亲信,因荐入龙华会,历职红旗,得专制金华、兰溪、浦江、汤溪四县军事,对于会友,感情深挚。凡会中兄弟,一闻猛伍哥命市者,无不即弃筐筥,耕者无不即弃耒耜,竭蹶踊跃以从事。乙巳秋,大通学校初成立,陶成章亲往招之,将赴而未果。丙午冬,秋瑾赴金华,见顺达,知其能,授职参谋,使其专制金华党军。丁未三月间,因与豪家争田产事,被系狱中。顺达同事兄弟,以直在顺达,竟被屈抑,甚为愤怒,屡欲劫牢以出之。秋瑾五月二十六日出师之令既下,金华党人大喜,咸磨砺以濡以待时。倪金不戒于言,事为清知府嵩连所闻,大惊,遂取顺达于狱而杀之。

倪金，浙江金华人。武生，善拳勇，与徐顺达为莫逆友，顺达介绍之以入光复会，秋瑾因授金为交通部部长，命以所属子弟听顺达指挥。顺达既入狱，金百计谋出之不得。秋瑾出师令下，金至狱中告顺达，因携银数百版往布店市黑布，店主以黑布非常用物，怪而问之，金以将作党军号衣告，并言缀"汉"字于肩上，以为标式。店主骇为疯癫，金愤与争，事为衙役所见，以闻诸清知府嵩连。嵩连命警察官祝连元往拘之。连元，宣平人，为金传拳门徒，既受命，迟迟其行，先嘱心腹士告金，使逸，金遂不及号召党徒而走。嵩连遣使追之，即为所获，遂与顺达同斩于市，是为五月二十四日事。顺达遗党王汝槐，吕观兴、吕荣等二十馀人，皆前后被执，不屈死，于是金华义军之势熸。

吕阿荣，以小字行，浙江永康人。投入清营充哨弁，寻弃去，从沈荣卿游。荣卿介绍之以入龙华会，历职红旗。癸卯春，奉荣卿命率会友九百人至缙云壶镇，解龙华会分部首领吕嘉益与土豪某械斗厄，名由此显。甲辰冬，陶成章自金华入永康，将取道东阳玉山尖以入台州，荣卿命阿荣送之行，遂遍历各乡镇，至玉山尖山口，乃始别去。乙巳秋，大通学校初成立，成章亲往招之。值巍山玉山尖兵起，阿荣卫荣卿赴兰溪。丁未春，随荣卿一至大通学校，遂入光复会。秋瑾命阿荣专任永康党军事宜。五月十九日，武义党案发。二十三、四日，金华党案又发。荣卿避地台州，阿荣为保卫其家属不去，且欲号召诸会友以谋接应处州、绍兴义军。会清军掩至，势孤不敌被执，不屈死，于是永康义军之势亦熸。

蒋篆飞，浙江青田人。入大通学校为体操专修科毕业生，由校中公推任浙东一带秘密运动事。及大通祸作，各处连及，不得一举义旗，心中大愤，与义士郑某于丁未七月间起义于东阳县之南马，复通约各地，刻期响应，四处联合者四千餘人，于是永康、武义、仙居、缙云及东阳五县一体戒严。清将沈棋山击之，大败。杭城清吏震恐，急派第一标二营入东阳，以援棋山。郑某督义军拒之，战于南马，斩清兵数十人、哨弁数名。义军以器械不利之故，死亡之数，倍于清军，郑某知死战无益，乃退军，入仙居而散。蒊飞心不谓然，独走马陵山。马陵山者，浙东绿林豪士所聚之第二渊薮也。山主高达、高逵，皆勇而好义，闻蒊飞来，欢迎之于山寨外，寻以蒊飞知兵，推为寨主。蒊飞督率其部下教以新式兵操，另制军衣，仍缀"汉"字于肩上，以为标式。建立大纛，题"光复军"三字于上，欲由浦江沿兰溪江以袭杭城，因乏器械，不敢径往，遣使结严、衢二府之白布、终南会，约与共起。杭城清吏闻信，大警，急调沈棋山兵自东阳往攻之。蒊飞使达，邀于要隘而击之，尽杀其亲信将校，棋山仅以身免。报达杭城，清吏又派第一标一营精锐助棋山，蒊飞亲身督战，清兵大溃。寻杭城又添军来助战，畏蒊飞，不敢击。守住马陵山隘口，山内并无积贮，不能久支。蒊飞遣心腹小校暗渡清营，求援于白布会，未至饷绝。蒊飞率军溃围走，亲身断后，清兵不敢邀于前，自后掩之，蒊飞中枪阵亡，遗众散入于遂昌、桐庐间。白布会千夫长王某来援不及，猝与清军遇于山口，相与攻击，互有杀伤。逮夜，王某出不意收兵，由他道逸去，棋山追之，不能迹其所向，乃还。马陵山之起事，在九月中旬；其失败，在十二月下旬。当是时，从衢州府城起，沿严州府城以达于杭州府属之富阳，清吏皆布戒严令云。

　　高达，浙江仙居人。与弟逵以垦荒田来金华，为吏胥所迫，铤而走险，遂聚众于马陵山，其势日盛。清吏畏之，不敢过问。刘家福遗党罗有楷曾入其山寨以游说之，使与龙华、终南、白布、伏虎诸会相结纳。既而复由吴□、徐顺达之介绍，与大通学校相交往。菉飞既至，与达、逵兄弟刭血相盟，誓为汉族复仇，因立光复军旗帜于山寨，与清兵战，斩获甚众。师溃之时，菉飞断后，不得出，达、逵救之，相将战死焉。

赞曰：刘耀勋以一介书生，置身革命党中，不胜其任而死。虽曰办事愦愦，然其重然诺、轻死生之气概，有足多者。徐顺达，龙华会之虎将，有勇力，有胆力，有魄力，有毅力，世所仅见之杰士，竟以束手死。吕阿荣，猛鸷次顺达，临难毋苟免，良士也。蒋菉飞与高氏兄弟，皆材士也，均不能大有所为，惜哉！至聂李唐、倪金等，皆为发现案情之关键人，故并志之焉。

列传五

敖嘉熊　徐象麟

敖嘉熊，字梦姜，一字咸愚，浙江平湖人。幼豪迈，髫稚通经义，弱冠入庠，屡试优等。旋承父命，习钱谷术于秀水县署，以非其素志，不逾年弃去。戊戌政变后，刻意研究经世致用之学，与诸同志讨论时事，昕夕不倦，寻与王嘉榘、蒋百里等十馀人倡一时事研究会，名曰浙会。庚子夏，拳民起排外之举于北方南方诸省，势亦岌岌待变。嘉熊自平湖徙嘉兴乡间，以改良农业、提倡教育为己任，遂与唐成乡、祝心梅等诸人合办学稼公社，既又合设竹林小学校。寻又倡办团练，以卫乡里，因世业醃腊，为同业子弟求学计，建一小学校于嘉兴府城北门外坛衖后，又迁柴场湾，为厘订规约数十条。嘉兴府城之有学校也，自嘉熊始焉。壬寅，遂迁居于府城北门外，始渐着手于革命之运动。癸卯正月，至上海，入爱国学社，见推为职员，寻又入中国教育会，复见推为职员。苏报案情起，爱国学社亦被解散。嘉熊归嘉兴，倡建演说、教育二会，会嘉兴税关洋员巴布强购民地，希图殖民，嘉兴士绅咸为震怒，然无术以阻之。嘉熊以计怂恿美教士，使构巴布于上海美领事而去其位，乡里赖以安。清地方吏以嘉熊所设演说、教育二会暗藏革命宗旨，下令解散，且欲逮治。嘉熊亲友咸为嘉熊危，劝之避地，嘉熊不为动。清吏亦以嘉熊能得士心，卒亦不果逮治。是年十二月，嘉熊赴温州城，寻至乐清，结其俊士冯豹、陈梦熊等。甲辰正月，复返温州城，清道府等员闻嘉熊至，如临大敌，日遣侦卒伺嘉熊于逆旅，嘉熊谈笑自如，故为徐徐其行期，卒亦无他。遂由温州趋台州，复由台州入宁波，遍谒其士绅俊士以归，遂有温台处会馆之倡建。

先是，太平天国兵兴之际，江苏属之苏州、松江、常州、太仓等处，浙江属之湖州、嘉兴、杭州、严州等处，安徽属之宁国、广德、太平等处，咸以逼近南京，为兵争孔道，故事平后户口因以稀少。浙东温、台、处等诸府脊土之民，视为乐国，迁入者接踵。其迁入年稍久者，多有积资，置田产以养长子孙。清吏欺其非土著，常于纳税之顷，加额征收，或粮已纳而粮票不给，追课至三四次。其始迁入者，类皆无业游民，聚徒结队，白昼强劫，清吏则又莫或顾问。嘉熊以诸府田地客民殆居半数，而温、台之人又素以强悍著名，欲因是以倡办团练，设计握地方上兵权，统其事于温台处会馆，复可由温台处会馆出面，为客民代输租税，客民畏清吏侵陵，必咸喜归赋税于会馆，使为代纳，则又可因是以渐握地方上财权，一旦有事，即用所办团练以卫乡里，而以所收入赋税充兵饷，是不烦一甲，不费一文，安坐而致独立之形势也。设谋既定，遂以宁辑主客乡民之词游说清吏及本土绅董，清吏绅董咸以为然，复以安置客民，使无失所之词，游说温、台、处绅董，温台、处绅董亦咸以为然。嘉熊因使温、台、处绅董连名具禀清吏，为温台处会馆立案，已为先出资以助成之。方集议时，陶成章自上海来谒龚味荪，味荪偕之以见嘉熊，嘉熊因与商议浙江独立军事，意见相同。咸以浙江非可自守地，欲在浙江举义，非先注意南京不可，而安徽又居南京上游，上接两湖，下通江浙，又不可不先有以布置之。于是嘉熊又欲于嘉兴温台处会馆成立后，再设分会馆三处：一建于松江，而以苏州、松江、常州、太仓之秘密党会附入焉；一建于湖州，而以宁国、广德、严州、衢州之秘密党会附入焉；一建于杭州，而以其属於潜、昌化、新城、临安之秘密党会附入焉。复拟以另策，招致镇江枭党，以窥南京右翼，集广德、宁国洪军，以窥南京左翼，更用衢、处之秘密军队，预备出江西以上隔两湖。届时义旗一指，四省咸应，则南京势成孤注矣。又用暗杀以扰乱之，是可不战而降焉。温台处会馆发议为甲辰六月，其成立则在是年九、十月间。寻由成章介绍魏兰及兰侄毓祥来，推兰为总理，复由魏兰、魏毓祥介绍丁镤、吕熊祥、赵卓等来，皆为执事员。冯豹、陈梦熊则由嘉熊亲聘之来，亦任为执事员。于是又由嘉熊出资遣各人分入湖、严、杭、温、处、台、苏、松等各属，查探一切事宜，皆有所得而归。嘉熊思欲团结人心，莫若宗教，乃立一祖宗教，作福书祷词及各种秘密暗号，为瑞安人沈梧斋所持，既危矣，赖兰出为调停，冯豹以剑劫梧斋，而取其凭据，事乃已。其后梧斋自往湖州放票，为清吏所掩执，供词连嘉熊，清吏不敢深究，仅收禁梧斋友于狱而罢。

　　乙巳四月后，嘉熊叠遭家难，财政困乏，温台处会馆因之不能维持，嘉熊尽出其妻簪珥等物以佐之，复无济，于是办事诸人逐渐散走。豹、梦熊归乡，兰赴爪哇，成章、味荪入绍兴，与徐锡麟为大通学校之建设，遂招吕熊祥等以往。温台处会馆之事业遂空。丙午二月，陈梦熊案发，事连嘉熊。会著绅陶葆廉为嘉熊力解于浙抚张曾敭，得泯其事。六月，偕成章，味荪赴芜湖，九月归。十月，至淮安，步尽归。丁未五月二十六日，皖案发。六月初四日，浙案又发。清吏咸注目嘉熊，因无凭证，得不连及。浙路借款风潮起，嘉熊力为调停理处。寻又以声望见推为商会理案董事。是年十二月，枭党暴发，由嘉善将次进掠嘉兴府城，士民震恐，嘉熊遣其卫士徐象龘谕之，枭军总督余孟庭闻嘉熊命，遽收军去，其威信之能及人如此。嘉熊既累年办理革命事业，不能与清吏无忤，又以优直，不徇于一二小人私意，故常相为合力倾陷之，终不能，乃改用暗杀之计。戊申二月初九日，嘉熊以事晚出不归。十六日，其尸见于嘉兴府城北乌桥港。嘉熊死而浙西、江南一带革命之事业坠矣。嘉熊身禀质虽弱，然状貌则壮实，动作咸有威仪可象，有口才善辩，所操论说，人不能难。其宅心慈惠，凡恤厘育孤养老赈穷等诸慈善事业，无不首为之倡，又常提倡教育，多建学校，故所造就人才极众，其影响之波及于社会人心者亦甚大。自兴立温台处会馆后，浙东士民敬仰之若神明，迄今称道不衰。嘉熊死时，年三十五。

徐象龘，字小波，浙江瑞安人。父步蟾，字波臣，精技击术，因以术传诸其子。甲辰春，由费公直、刘三等招之来上海，使居丽泽学校，以技击术传授诸弟子，寻又由公直等荐诸敖嘉熊为卫士。嘉熊游历各地，常以象龘随也。当嘉熊失踪时，象龘为嘉熊家代觅嘉熊，向人言曰："若觅敖先生不得，余亦不复归矣。"寻见嘉熊尸于水，象龘亦仰药自尽于嘉熊家。步蟾自瑞安来，领子枢还家。嘉熊弟以二百金给之，步蟾曰："余以余子受敖先生优待，不能尽其保卫之职，致敖先生虽死，死有余辜，余又何敢受此厚贶乎？"嘉熊弟强予再三,卒不受而去。步鳌贫士无立锥地,临财毋苟得如此,可以谓难矣。

　　赞曰:敖嘉熊以休休有容之度,兼能善为大计,岂仅方面之才,直可含盖万有。昔孔子赞仲弓曰:"雍也可使南面。"余于嘉熊,亦云昊天不吊,哲人先萎,光复之绪,其果斩乎↓《诗》曰:"彼苍者天,歼我良人,如何赎兮,人百其身。"可为嘉熊咏也矣。徐象黼以身殉友,为知己死,其即古聂政、豫让之流亚也与↓

列传六

余孟庭　夏竹林　张蓬莱等

　　余孟庭,一名孟亭,安徽庐江人。幼性孝友,喜技击术,有大志,不屑从事农商。年十九,至杭州,入清李得胜湘营,充当营勇。寻考入吴福海团营,为旗牌官。营散,孟庭漂泊于苏、松、嘉、湖之间者有年,以开博局事,被清吏收禁秀水狱中。寻越狱走,潜行至震泽,遇枭魁管大,邀至樊泾,见枭魁李能掌、夏小辫、许三诸人。能掌等有坐船七只,快枪三十六杆、党徒百馀人,孟庭率之以攻枭魁降清者沈小妹军,破之,尽获其军械以归。众以孟庭有才智,推为领帮。徐锡麟既诛恩铭于安庆,长江上下游诸省咸为震动,浙东义师相继起。清廷惧,命大将姜桂题统精兵万人南下保卫南京,众枭党疑其图已,有暴动意。孟庭素与革命党交通,怀反清志,因军费无出,为之径遁者久之。至时乃率其徒属连劫局卡及为富不仁者数处,清吏遣兵击之,屡为所败,孟庭之军势益振。旋与太湖枭魁夏竹林合,竹林领主帮,有船二十馀只,快枪一百馀杆、徒属二百餘人，孟庭领客帮有船二十餘只、快枪二百六十餘杆、徒属三百餘人，遂蹂躏嘉兴、嘉善、海盐、海宁、石门、平湖之诸州县，焚局卡，逐清吏，兼出清吏及富家积粟以赈饥民，军声既大，孟庭恐其徒属为暴，乃立营规三条：一，不许扰乱乡民；二，不准妄杀无辜；三，不许强奸妇女。犯者轻则责以籐鞭，重则责以军棍，若强奸强劫则用矢贯耳刑。尝有一日，其徒献一民妇，孟庭立饬送还。又一日，其徒以敝衣入质店强质，孟庭见，立传强质者至质店前鞭之数十，追取原值，以还店主。军行所至，咸以劫富济贫为辞，由是乡里穷民望孟庭军旗，俨犹大旱之望云霓。孟庭之名震于沿江上下游诸省。清两江总督端方闻之大惧，令江、浙诸营合师环攻之。孟庭等不为屈，与清军转战于苏、松、嘉、湖、宁、杭间，大小四十餘次，孟庭亲自督阵者二十餘次，战无不克。前后计斩清兵及团勇二千餘人，将校百餘名。孟庭畅晓军情，自言有三不战，地势不合不战，敌军精锐不战，无退步不战。腊月尽，孟庭议于改岁大举，遣使约浙东义军，统领竺绍康、王金发为东西同时并举之策，并托友人潘谋先介绍，谋纳交于陶成章、龚味荪。为清吏觇察者所遮，绝不得达。端方闻愈惧，乃尽出南京锐师佐江、浙诸营入苏、松以击之，孟庭偕竹林等悉众以逆，与清军统带官凌得胜、何嘉禄于戊申正月十四日及十五日鏖战两日，胜负未决。会弹药告罄，竹林探知清营军械由枫泾运过，欲劫取之。孟庭以枫泾为潮水之河，进退不便，止之。竹林不听。正月十九日，率船四十餘只直突枫泾清营，潮水适涨，清兵乘潮麕至，竹林奋身力战，岸上清兵复自三面兜击之，竹林与其麾下锐士悉皆战死。孟庭在后督兵，望见欲收军退，清兵已至，遂大溃。是役也，党军精锐尽殁，死者几三百人。孟庭乘夜逸去，欲由浙江取道回家，纠集幼时同习技击者共来江南，收合餘烬，再兴义师，与清军角一胜负。中道为清吏觇者所探得，获诸清浦弥陀港土地庙

中,解送苏州。清吏欲降之,授以武职,使还捕其党类。孟庭笑曰:
"以他人之性命,换无谓之头衔,决不为此不义之事也。"清吏百端
谕之,终不为屈。遂于戊申三月二十四日就义于王废基校场,死时
年三十六。

　　夏竹林,原名作霖,安徽巢湖人。自幼不事生业,稍长,嗜博,
屡酿事端,因改今名。入清盐埔中营吴忠标下充当营勇,欲借以自
匿不得,惧而辞去,避地宁波。因贩私案中有名,清吏籍没其祖产
以入官。竹林怒,遂入太湖,啸聚亡命,誓与清吏为难。既闻余孟
庭军起,大喜,遣使迎孟庭至,与之合军。竹林骁勇善战,所当辄
破,清兵见者皆为胆落,然所过残暴,民咸怨焉。枫泾之役,以不听
孟庭言,率其部属直驰清军,死焉。

　　张蓬莱,外号江北阿四,骁勇善战,与夏竹林齐名。枫泾败后,
匿于嘉善县丁家栅,为清吏所觇获,与李能掌、朱弟等先孟庭二
日死。

　　计众枭党前后战死及被执不屈死者,尚有江小舟、王得标、沈
阿全、林阿四、丁克庆、赵良甫、杜开贵、姜祥贞、蔡阿马、王春山、任
小山、吴尚田、尹日新、田兴发、蔡桂士、李桂亭、卫定香等数十名,
皆劲果善战之士云。

　　赞曰:余孟庭军行所过,除残去暴,固一仁义之师也。天时人
事不与,其亡也忽焉。惜哉! 至夏竹林、张蓬莱等诸人,设遇其时,
亦廖永安、俞廷玉之流亚也。世之英雄,固有幸有不幸者。

列传七

裘文高　小高、张岳云　大开

裘文高，浙江嵊县人。常入清营，充当营勇，升为哨弁，以酿事被斥归乡，结党千人，雄踞西乡山间，清吏莫敢过问。竺绍康、王金发等因与相结，共誓为汉族复仇，起义兵以逐满人。丁未三月初旬，文高不待竺绍康等期约，遽树义帜于西乡山间，因与清兵战，斩其哨弁数名、兵士数十人。会清杭城援军至，文高势不敌，收军由东阳取道以入天台仙居而去。十月十六日，文高率台州义勇数百，由仙居取道东阳，入攻嵊县，清镇将刘庆林率兵拒之于白竺村。文高纵横驰击，斩清兵数十人。寻复于夜间袭取清营军械，即以所得军械还击清营，覆之。庆林溃围走，文高率军追而获之，斩以徇，军声大震，杭城戒严。清浙抚张曾敭急派一标三营管带张某督新军赴援绍兴，复电饬严州知府熊某将防守严州一标二营马志勖督军赴绍兴，合击文高于嵊县。文高拒战不利，复由嵊县退军至东阳，入仙居而散。文高不戢其士，军行所经多为暴掠，乡里之民以是怨之。己酉春，文高由仙居潜行返乡，欲招集旧部，以图再举，怨者导清军至，出文高不意，掩执而去，死之。

文高弟小高，小字阿标，慓悍善斗，先文高见获死。

张岳云，浙江嵊县人。常偕文高投入清营，充当哨弁，亦以酿事被斥归乡，聚众结党，与文高相依为左右手，寻亦见获于清军，不屈见杀。

大开,沙门也,不知其姓,浙江仙居人。善拳勇,壮年时当〔尝〕以肱挥十围枯树,中断如斩。历游江西、福建、安徽、江苏等处,所至设立演武场,与著名勇士校武,竟无与为敌者。逮老,卜居于东阳县玉山尖之夏家篢,乡民从之,习拳者以数百计。复散票结党,应者甚众,与尚湖陈魁鳌相依为左右手,雄距一方。寻与魁鳌皆投入龙华会,为分部,隶属于沈荣卿名下。甲辰十月,陶成章由巍山趣玉山尖,过夏家篢,访大开。大开特为出己舍以舍之。乙巳九月,大开与魁鳌起义于玉山尖,建号为神乐王,改元曰兴洪,巍山赵永景亦聚众应之。杭城清吏急遣兵入东阳以攻之,不敢即进。东阳令某使人诱永景,饵以什长职,永景受饵入城,见杀。巍山党军溃,清兵进攻玉山尖,大开,魁鳌拒战,颇有斩获,因乏军械,不能久支,退军入天台而散。清兵大掠村落,杀乡民数十,焚夏家篢,奏凯而去。丁未三月,竺绍康邀大开来绍兴,寓大通学校数日去。裘文高白竺村之战,大开率其徒助之,庆林之获,与有功焉。大开年老,不能约束其下,故军行所经,暴掠一如文高军。然大开素性慷慨,能得士心,以故清吏虽悬赏购拿,卒不能获者,皆由其属下士心固结,善为保卫故也。戊甲三、四月后,清吏禁令稍懈,大开属下军士以为无虑,皆散赴各地谋生。大开年老,不能自检,为清吏所侦获,不屈死焉。死时年五十有六。

　　赞曰:传有之曰:“夫兵,犹火也,不戢将自焚焉。”其唯裘文高、大开之谓乎? 虽然,其杀敌致果之气概,有足多者,余故为之立传,以纪其战功焉。

下卷　附录

第一集　革党文告

（一）　光复军告示　　徐锡麟

为晓谕大众,翦灭满夷,除暴安民事:维我大汉民族,立国千年,文明首出,维古旧邦。乃自满夷入关,中原涂炭,衣冠扫地,文宪无遗。二百余年,偷生姑息,虐政之下,种种难堪,数不可罄。近则名为立宪,实乃集权中央,玩我股掌,禁止自由,杀戮志士,苛虐无道,暴政横生,天下扰扰,民无所依,强邻日逼,不可终日。推厥种种罪由,何莫非满政府愚黔首、虐汉族所致。以是予等怀抱公愤,共起义师,与我同胞共复旧业,誓扫妖氛,重建新国,图共和之幸福,报往日之深仇。义兵所临,秋毫无犯,各安旧业。我汉族诸父兄子弟各安生业,无庸惊疑。如本军军士有来侵犯者,可首告军前,本□□当治以应得之罪,勿稍宽纵。至若有不肖匪徒,妄讥义师,结众抗衡,是甘为化外,自取罪戾,当表示天下,与吾汉族诸父兄子弟共诛之。此谕。

　　　　　　　　共和二千七百五十二年　　月　　日给。

一,满人从不降者杀。

一,反抗本军者杀。

一,乘机打掠者杀。

一,造谣生事妨害治安者杀。

一,仍为汉奸者杀。

（二）　光复军军制颁谕文　　　　　　秋　瑾

　　芸芸众生，孰不爱生，爱生之极，进而爱群。盖种族之不保，则个人随亡，此固大义暸然，毋庸多赘者也。然试叩我同胞以今为何时，则莫不曰种族存亡之枢纽也。再请而叩以何以可以免此存亡之问题，则又瞠然莫对，否即以政治改革为极端之造化矣。嗟夫！欧风美雨，咄咄逼人，推原祸始，是谁之咎？虽灭满奴之种亦不足以蔽其辜矣。

　　夫汉族沉沦二百有馀年矣，婢膝奴颜，胁肩他人之宇下，有土地而自不知守，有财赋而自不知用，戴丑夷以为主，而自奴之。彼固倘来之物，初何爱于我辈？所难堪者，我父老子弟耳，生于斯，居于斯，聚族而安处，一旦瓜分实见，彼即退处于藩服之列，固犹胜始起游牧之族，奈何我父老子弟乃听之而不问也。年来防家贼之计算，著著进步，美其词曰立宪，而杀戮之报，不绝于书，大其题曰集权，而汉人失势，满族枭张。呜呼！人非本石，孰不爱生而爱群，逼于不获己，则只能守一族之利益矣。彼既弃我种族置之不问之列，则返报之道，亦所当为，奈何我父老子弟见之不早也。

　　某等菲薄，不敢自居先知，然而当仁不让，固亦尝以此自励。今时势阽危，确见其有不容己者，于是大举报复，先以雪我二百馀年满族奴隶之耻，后以启我二兆方里天府之新帝国。宗旨务光明而不涉于暧昧，行军务单简而不蹈于琐细。幸叨黄帝祖宗之灵，得以光复旧族，与众更始，是我汉族自当共表同情也。

北路总元帅统辖各部

　　北路第一师团司令长　　第一第二第三

中路总元帅统辖各部

　　中路第四师团司令长　　第五第六第七

南路总元帅统辖各部

南路第八师团司令长　　第九师团司令长

军职等级分八军，用"光复汉族大振国权"八字以编制之。

统带光字军大将、统带光字副将、行军参谋、行军副参谋、光字中军、光字左军、光字右军、光字中佐、光字左佐、光字右佐、光字中尉、光字左尉、光字右尉。

复：同上。汉：同上。族：同上。大：同上。振：同上。国：同上。权：同上。

肩章：白月中书左右字样，并书号码。自大将以至佐尉等，皆用胸带，如西洋悬挂宝星之斜胸带，以颜色分别等差，黄色为首，白次之，红又次之，浅蓝又次之。

旗：用白色，中大书黑色"汉"字。

顺旗：小三角形，内书"复汉"二字，黄地黑字，并盖图印。

铃记：长方形，暂作木。

令：用竹牌计八支，面写光复等八字之合同，两支合写一支，由统带执守一支，由本营执守以证传令者之真伪。

文书：用暗码，紧要事用电码加五十号，以防洩漏。

（三）　普告同胞檄　　　　　　秋　瑾

嗟夫！我父老子弟，其亦知今日之时势，为如何之时势乎？其亦知今日之时势，有不容不革命者乎？欧风美雨，澎湃齐来，满贼汉奸，纲罗交至，我同胞处于四面楚歌声里，犹不自知，此某等为大义之故，不得不剀切劝谕者也。夫鱼游釜底，燕处焚巢，日夕偷生，不自知其濒于危殆，我同胞其何以异是耶？财政则婪索无厌，虽负尽纳税义务，而不与人以参政之权；民生则道路流离，而彼方升平歌舞。侈言立宪，而专制乃得实行；名为集权，则汉人尽遭剥削。南北兵权，统操于满奴之手；天下财赋，又欲集之一隅。练兵也，加赋也，种种剥夺，括以一言，制我汉族之死命而已。夫闭关之世，犹不容有一族偏枯之势，况四邻逼处，彼乃举其防家贼、媚异族之手段，送我大好河山。嗟夫！我父老子弟，盖〔盍〕亦一念祖宗基业之艰难、子孙立足之无所，而深思于满奴之政策耶？某等眷怀祖国之前程，默察天下之大势，知有不容己于革命，用是张我旗鼓，歼彼丑奴，为天下创。义旗指处，是我汉族应表同情也。

第二集　清吏案牍

（一）　徐锡麟供

　　我本革命党大首领，捐道员到安庆，专为排满而来，做官本是假的，使人人可无防备。满人虐我汉族，将近三百载矣。观其表面立宪，不过牢笼天下人心，实主中央集权，可以澎涨专制力量。满人妄想立宪便不能革命，殊不知中国人之程度，不够立宪。以我理想，立宪是万万做不到的，革命是人人做得到的。若以中央集权为立宪，越立宪的快，越革命的快，我只拿定宗旨，一旦乘时而起，杀尽满人，自然汉人强盛，再图立宪未迟。我蓄志排满，有十馀年，今日始达目的。本拟再杀铁良、端方、良弼，为汉人复仇，乃竟于杀恩铭后即被拿，实难满意。我今日之意，仅欲杀恩铭与毓钟山耳。恩铭想已击死，可惜便宜了毓钟山，此外各员，均系误伤；惟顾松系汉奸，他说会办谋反，所以将他杀死。赵廷玺也要拿我，故我亦欲击之，惜被走脱。尔等言抚台是好官，待我甚厚，但我既以排满为宗旨，即不能问其人之好坏。至于抚台厚我，系属个人私恩；我杀抚台，乃是排满公理。此举本拟缓图，因抚台近日稽查革命党甚严，他又当面叫我捉革命党首领,恐遭其害,故先为同党报仇。只要打死了他,此外文武不怕不降顺了。我直下南京,可以势如破竹, 此实我最得意之事实。尔等再三言我密友二人,现一并拿获,均不肯供出姓名,但此二人,皆有学问,日本均皆知名。以我所闻,在军械所击死者,为光复子陈伯平,此实我之好友;被获者,或系我友宗汉子,向以别号传,并无真姓名。若尔等所说之黄福,虽系浙人,我不认识。众学生程度太低,均无一可用之者,均不知情,你们杀我好了,将我心剖了,两手两足断了,全身碎了,不要冤杀学生,是我逼偪他去的。革命党本多在安庆,实我一人,为排满事,欲创革命军,助我者,仅光复子、宗汉子两人,不可拖累无辜。我与孙文宗旨不同,他亦不配使我行刺。我自知即死,可拿笔墨来,将我宗旨大要亲书数语,使天下后世皆知大义,不胜欣幸。谨供。

（二）　马宗汉供

马宗汉,即子畦,年二十四岁,浙江余姚县人。胞伯祖马斌,系两榜进士,补广东德庆州署鹤山县殉难。祖名道传,祖母徐氏。父名云骧,曾入学。母陆氏。祖父已故,父母俱存。娶妻岑氏。兄弟二人,兄名宗周。我二十一岁,蒙陈学宪考取入学,我是三十一年岁底出洋到东京,进早稻田大学预备科,去岁三月,因接家书,祖父病重,即乘轮回浙,与同里的陈伯平结伴,同坐三等舱。陈伯平又名渊,字墨峰,现改名陈澄,字伯平。适徐锡麟亦坐该船头等舱,徐锡麟向与陈伯平相好,我由陈伯平介绍,始认识徐锡麟,彼此交谈。他主革命,为汉复仇,劝我亦持此宗旨,我面允而心未许。至上海,寓周昌记栈。次日,我先由甬回家,他们说欲回绍,以后未曾会面。至上年岁底,徐锡麟来一函云,会办陆军小学堂,叫我即来皖。我未答。今岁四月初七日,我至上海,应浙江铁路公司股东会,又遇陈伯平,他说徐锡麟现在会办警察,有函叫他去,以襄警务,约我同去。我说未习警务,去有何用。他说徐锡麟在皖声名颇著,恩抚亦重之,即非警察,亦有别事可就。我遂同陈伯平于五月初三日到皖,寓于徐锡麟公馆内,徐锡麟与陈伯平密语,不过说革命是这样好,那样好,不得不革命而已。十二日,徐锡麟叫陈伯平往上海购物,我因在此无事,即与陈伯平同往,仍寓周昌记栈。有一天,陈伯平叫我同去买印字机器。至念一夜间,我回栈,见陈伯平适藏手枪,我问何用,他说卫身必须,遂收藏衣箱内。念五日午前到皖,径至徐公馆,陈伯平着人至学堂请徐锡麟回,密语多时。徐锡麟后到我房,陈伯平亦同来,徐锡麟说明天恩抚台至学堂看操,可开枪打死他,就起革命军。我说怕不能,他说都布派好了,你不要怕,你到此地,不由你不答应。并说打死抚台后,他就是抚台,逼他们投顺,他们亦不得不服从。他又说打恩抚台后,可占军械所、电报局、制造局、督练公所,他们无兵符,无军械,无说可通。及南京得知,我已早到南京矣。所惧者,打死恩抚台后,学生逃散矣。我只要将门口断住,不许他们走散,就可成事。排满告示是陈伯平做的,杀律是徐锡麟拟的,告示先印一张,嫌字小,错字亦多,又由陈伯平改作的。每件印刊四五十张,我亦帮同印的。陈伯平与徐锡麟拿出五枝小枪,约六七寸长,每枪装子五粒,陈伯平拿一枝枪,将子安放好,递给我藏在身上,又将枪子一盒,其余四枝枪是徐锡麟、陈伯平分带身上。徐锡麟夜半回学堂宿,陈伯平与我在徐锡麟公馆宿。念六日九点钟时,陈伯平约我同到学堂,先到潘教习房,潘因天热,叫我们脱大衫,我们恐露出裤袋内手枪,说要见会办,不肯脱。复到石教习房,石也叫我脱衣,我们也不脱。坐谈一会,并吃点心。那时恩抚台就到了。徐锡麟叫我同陈伯平到东边房内,恩抚台到堂上来,我合陈伯平站在房门外,闻有枪声,知是徐锡麟开放,陈伯平遂

拖我衣，令我跟他一同出来。陈伯平也把枪开放，我害怕不敢开
放，此时恩抚台已被打倒，只见跌跌倒倒，纷纷乱跑。徐锡麟向大众
说不要怕。他即将那戴金顶的又罚跪，说他是奸细，并拿出几封信
说是害谋恩抚的凭据。旋由陈伯平收纳怀中。学生们问此人是这
样？徐锡麟说他是刺客，打恩抚台的，遂拿出洋刀，将此人砍伤，陈
伯平又打一枪，登时死了。徐锡麟就唤学生们跟他来，听他号令。
到大堂拿出枪来，每学生给枪子一把，先唤他们归队。学生们不愿
去，复使陈伯平手拿双枪，把学生们赶来，才有四五十人，也有拿
枪没领子的，也有几人没持枪的。徐锡麟言我们警察有保护治安
责任，唤学生跟他去，不能私逃，逃者即杀。徐锡麟手持洋枪，在前
督队，我在中间与学生们同走，陈伯平在后押队，同到军械所，除延
〔沿〕途私逃，约剩学生二三十人。锡麟言守住军械所，事即可成，
即派几个学生拿枪守住大门，不准人出入。陈伯平在前门，因我胆
小，令与无子弹学生守后门，复闻开枪声，我出视，外面兵到，知不
能敌，见学生们皆有怨言，旋皆逾墙而走。我也害怕，亦逾墙跑去，
被兵役拿获，约在一点多钟时候。以后徐锡麟、陈伯平，我均不知。
念八日，大帅命我至军械所认尸，始知陈伯平已经被兵丁打死了，
又知徐锡麟已正法了。我被执时，改名黄福者，自知罪大，恐累及
家族耳。及认尸时，先言马子畦者，希望不再追究马子畦耳。至于
徐锡麟革命同党、光复会名目，我均不知情。现获之徐伟、卢宗嶽，
我皆在日本会过的。徐伟是徐锡麟胞弟，卢宗嶽是锡麟作绍郡学
堂教习门生，于五月初十日间锡麟发电唤来，为谋警察差事，我亦
知道的。今蒙严讯，所供是实。

（三）　徐伟供

徐伟，年三十二岁，浙江山阴县人。住东浦，祖父已故，祖母易

氏,年八十五岁。父亲凤鸣,字梅生,别号双呆主人,年五十二岁。母亲严氏,年五十三岁。兄弟七人,长兄锡麟,号伯荪,癸卯本省乡试副榜生员。行二号仲荪,已亥年蒙文学宪考取入学, 娶妻陈氏,生有一子,年尚幼稚。三弟锡麒,号叔荪,娶妻汤氏。四弟锡骥,号季荪,娶妻潘氏。五弟号培生,六弟号蒙生,七弟名叫念一,均年幼。有四妹,仅二妹出嫁于张姓。大嫂是同县柯桥王倍卿之女,曾往出洋,改名振汉。生员家有田地一百亩,每亩值钱七八十千文,又在绍兴开设天生绸庄,资本约六七千银子,是生员家独开的。锡麟用钱过多,父亲把他分出,餘产未分。锡麟于癸卯年同绍兴府学堂东文教习日本人名平贺深造到日本大阪,赴博览会,才认识陶焕卿、龚味荪。回国后,即放言无忌。父亲屡次教训他不听,所以把他分出。因锡麟曾出继于已故伯父为嗣也。乙巳年,锡麟先办体育会,合绍兴学堂每月会操一次。锡麟又办大通师范学堂,陶焕卿、龚味荪同住大通学堂。沈钧业即馥生任教科,有会稽人陈子英出资开办,陈淑南亦从中襄助。生员见其时时演习兵式体操,心窃危之。锡麟常开演说会,主张民权。那年夏间,生员因科举已停,游学日本,进法政大学。锡麟与陶焕卿、陈子英、龚味荪、陈淑南、陈墨峰即陈渊到日本,初想进联队,不得进去,后想进振武,因体格不合,又未得进去,才倡革命排满等邪说。陶焕卿曾习日本催眠术,作有《中国民族消长史》,在各书坊销售,与龚味荪、陈子英、陈淑南、陈墨峰并锡麟散布邪说,尽人皆知。生员因宗旨不合,屡劝锡麟不听。锡麟自日本回国后,曾到东三省一次,至其商谋何事,至光复会情形,生员实在不知。陶焕卿、龚味荪、陈子英、陈淑南四人,谅无不知。此四人与锡麟交甚密,以革命为口头禅,按照革命拿办,明正典刑,决不冤枉。现在锡麟已诛,将未拿获陶焕卿等,若供有生员同谋入会事情,愿甘伏法无怨。大嫂徐王氏到日本后,改名振汉,与女学生秋瑾为友。秋瑾屡次演说，以革命排满为宗旨，振汉遂为所愚，亦主革命。上年三月间，大嫂同锡麟回国，锡麟才以道员分发安徽，屡次致书生员，皆有中国腐败，急须整顿等语。生员屡次劝他切勿卤莽疏略，实因在此。在日本时，与沈馥生即沈钧业会过，他谈起接锡麟信，言锡麟在东三省亲见满汉不平，可以运动马贼应援等事。所以生员致锡麟信内，劝其与馥生通信，尤要留意等语。总以为空发狂论，竟不料作此乱臣贼子之事，牵累父母，万死不足蔽辜。生员委实无同谋知情等事。锡麟又有信云，"安徽军界、学界无可整顿，想回浙江办学堂，可以自由"。生员信内所称"浙、皖办事，兄自酌定，生员不敢操末议"数语，即指军界、学界而言，实未预知谋为叛乱等事。生员于今年五月十九日到神户，坐神户神奈川丸船。二十三日到上海，与卢钟嶽会遇，说接锡麟电，即来皖，他想来安省图一警察差事。生员本想往武昌，见表伯俞廉三，托其于毕业后谋一效力地步，带有水晶图章等物致送表伯。因便道安庆看望锡麟，才邀卢钟嶽到周昌记栈房同住，以便结伴到皖。因卢钟嶽无钱，生员帮他同写船票。二十七，坐新丰二号官舱上船时，即见新闻报内载安抚于二十六日看操被枪击伤，生员以为学生放枪误伤。船到大通停泊，听闻抚台被人谋害，凶手系道员姓徐，并说凶手已被拿获正法。生员知道必是锡麟闹事，恐被连累，遂不敢到安庆，问卢钟嶽可上岸否？他说既到此，只可上岸，往看友人。生员知道他无钱，遂借洋五十元，备作回浙盘川。生员遂改买汉口船票上行，路过九江，经警局查拿，解到安徽的。听说生员父母，因锡麟事受累，如果蒙网开一面，生员愿以父母之罪，加于生员之身，虽死不辞。至现获之马子畦，在日本见过几次，他到安庆，先不知道，是到案后见面才晓得的。锡麟信内提及陈墨峰要到安徽，生员墨峰素有多学名誉，故在锡麟信内提及的。墨峰本名渊。及生员到安徽，始知改名澄,字伯平。女学生秋瑾,绍兴人,前在绍兴府演说,主张民权,不愿立宪,并与陶焕卿等时相来往,是晓得的。若现在绍兴起事,实不知情。今蒙严审生员,历次亲书供单,均照此供。实不知锡麟光复会名目,并没预闻谋为叛逆及知情不发情事。家中们父母也不晓得锡麟所做事情,求恩典。再陶焕卿、龚味苏、陈子英、陈淑南、沈钧业、陈墨峰等,是锡麟革命同党,生员是知道的,将来拿获,可以对质。此外同学同乡,是不是革命党,不敢妄指,所供是实。

(四)　绍兴府暨山、会两县会禀各宪文

为会营拿获大通学堂附设体育会程毅等供词,开摺拟议,请示遵办事:

敬禀者:案照卑府奉饬督同卑山、会两县会营查拿卑郡大通学堂附设体育会女教员革命党匪秋瑾讯明惩办一案。曾将办理情形开摺补禀宪鉴,并声明程毅等俟讯明禀办在案。旋因卑前山阴县李令钟嶽奉饬卸事,未及随同讯办,卑职允贞抵任,即经卑府督同卑职允贞、瑞年等饬提程毅等六人到府,当饬卑山阴邑作作验明,应钱仁合面不致命,右后肘有枪弹伤一处,由骨缝进子穿透不致命,左肘骨缝弹子已出,有药敷,盖未便揭念填单饬医,余均提验面臂周身,均无拷痕刺迹。随提犯悉心隔别研讯。程毅即翘轩,徐颂扬、蒋继云即子雨、应钱仁、吕植松,分隶河南修武并嵊县、金华、缙云县等,五品军功王植槐系警察毕业,现充杭州正警捕兼管拘留所差,因请假来绍探友,致被误拿。程毅于光绪二十八年科试,蒙河南学宪林考取入学,旋因科举停止,在河南省城高等学堂肄业。三十一年九月后到上海,投考中国公学,取入普通科肄业。蒋继云于光绪十年在广东省捐纳监生,至于何案内报捐,记不清楚。旋经由粤游幕后,遂转回原籍,在于杭州省城闲住,与缙云人吕凤樵认识。

妇人秋瑾,即王秋氏,先经游学日本国,遂在东洋纠合同志,创立革命党,回华后在上海开设女报馆,邀陈伯平即陈墨峰为主笔。陈墨峰能制炸药。程毅、蒋继云各在杭沪与秋瑾先后相识。三十二年间,秋瑾又在上海借中国公学之名,创设学会借以勾煽同志,结为党援,因无经费,拟赴湖南省劝捐。适吕凤樵于五月间为蒋继云函荐秋瑾处襄理,先给盘川十元。蒋继云随赴上海祥昇公客栈秋瑾寓所,投递荐函。秋瑾接见后,交出中国公学捐簿一本,嘱其同往湖南等省劝捐,必须用强硬手段向绅商捐足银数万两,方足敷办学之用。蒋继云因见秋瑾行为叵测,且同寓均系西装留学生,时露破坏主义,遂即措辞回杭,在本省铁路公司内充当弹压江干工人员,旋因患病告退。后闻秋瑾系邀嵊县人竺绍康即酌仙,又名牛大王同去办捐,得钱不少。且又闻秋瑾已纠合同党五六千人,内多有钱之人。秋瑾有一种手段,最为凶狠。每于无意之中,将人拉作朋友,稍一莫逆,伊将其党中革命悖逆论说诗词等件,托人抄写,秋瑾即得了凭据,人均不敢不依。其党内各省均派有大头目,陈伯平系党内大头目,最热心而不怕死。浙省头目即系秋瑾。金华举人张恭伯谦亦系内地头目。各头目均有金印戒一个,上鏨英文为暗记,秋瑾之金印戒曾为蒋继云见过,惟英文何字不能认识。又有湖南张兆卿,本领最高,能制炸弹,并深知孙汶踪迹细底。北洋车站炸弹案,秋瑾亦系同谋。其同党以东洋留学生为多。杭州均寓荣华客栈,别处亦有分寓。上年秋瑾在诸暨册局,设立体育会,兼充教习,延杭州人张乾即刚忱为体操教员。缙云人赵洪富即赵卓为司帐,兼充学监科目,专尚体操,会同学生共六十人,以嵊县及金、处一带之人为多,均由吕凤樵、竺绍康、王金发等运动而来,操衣裤均用黑色。遂有徐颂扬、应钱仁、吕植松等先后到绍,入会肄业。程毅于五月初一日上海公学放暑假后,即行动身,至初三日到绍,诣大通学堂探访总办孙秉彝即德卿,即被挽留,暂寓该堂。二十日,秋瑾将体育会移入大通学堂附设。秋瑾因其党内羽翼已众,本拟五月起事,因须等东洋留学生暑假回华,方能定局,是以改于七月间在杭州起事,并将各府党人同时扰乱。经赵洪富屡以前言向程毅运动,并劝其入党,程毅因素持改良社会主义,宗旨不同,即向覆绝。嗣因赵洪富于二十四日回家,托程毅暂代学监,程毅情不可却,勉强应承,张乾亦即回杭。竺绍康、王金发时常来堂,秋瑾悖逆诗稿等件,曾为程毅所经见。又因秋瑾有暴动情形,经程毅再三向劝改正,秋瑾不但不听,反斥程毅不知公理。至五月底,程毅见报载有安徽徐锡麟暴动之事,因知大通为徐某所办,恐被牵连,决意返沪,经秋瑾再三挽留,以时植暑假无事,又因盘川无著。无奈逗留时,有嵊县学生徐兴凤并不知姓之光朝,闻知秋瑾有七月起事之说,即约逃走。秋瑾查知,即嘱大通司帐之黄介卿函知竺绍康,将徐兴凤等寻获处死,并告知堂内各人,此后如再有逃走及泄漏秘密言语,定将此人治死除患。以故学生闻言害怕,相约缄口。六月初三日,王金发到堂探望,遂即他往。初四日,秋瑾闻省兵到绍,令嵊县仙严人鄞发先将堂内洋枪子弹全行藏匿,学生亦纷纷各散。其时适有蒋继云、王植槐先后由杭宁分路到绍访友未遇,遂同至该堂探望。秋瑾即留吃午饭,其时尚有学生三桌,由学生来堂,通知营兵前来搜查军火。秋瑾得信,即携去六门手枪放入衣袋,备好皮包,正拟逃去,为蒋继云向其商借盘川缠住。经卑府等先行访闻,禀请拟兵来郡督饬卑职等会同徐管带率队诣堂搜查。讵堂内不知何人开枪拒捕,标兵不得不开枪还击,当场击毙一名、受伤数名,拿获女匪秋瑾一名,夺获秋瑾六门手枪一杆,及搜出手折并悖逆字据,暨获程毅等六名,餘由后门逃逸。又在堂内夹弄屋顶等处,先后搜出洋枪子弹皮马匹,一并由徐管带同犯押解到府,当经卑府督同卑前山阴县李令暨卑职瑞年提讯。秋瑾供认蓄意革命不讳，即经电禀请示，奉饬先行正法，经转饬李令钟嶽遵办，并将办理情形禀报宪鉴。兹卑职允贞抵任，经卑府督同允贞、瑞年等复提程毅等六名隔别研讯，得悉前情，再三究诘该犯等，合称或因暑假游历到绍访友，以致逗留，或因谋事未成，觅友借钱而来，不期而遇，委实先不知情，亦无入党同谋助势情事。连日熟审，反复开导，坚供如前。证以到绍日期，及质之徐路扬等，供亦相符，似尚可信。

伏查生员程毅虽讯止到绍访友被留，暂寓大通学堂，且到堂未及一月，秋瑾之谋为不轨，先不知情，亦无同谋助势情事。迨赵洪富向其运动入党，是秋瑾逆谋已露。既谓宗旨不同，不允入党，自应即行离堂，乃竟不知远嫌，为赵洪富暂代学监，因循逗留，显系甘心与匪为伍，实属罪无可辞。本应从重惩办，惟既奉宪台札饬，凡误入会党，自行投首，缴出枪枝证据者，概予从宽。即首要各犯，能自首愿充眼线，另拿渠魁者，亦得宽免等因。自应将该犯稍从宽典，应请将生员程毅衣衿转请抚宪咨请湖南抚宪转饬提学司查明通详褫革，饬发山阴县监禁五年，期满察看能否改悔，再行核办。徐颂扬虽讯不知情，第与匪人王金发等往来有素，又被招入该会肄习体操，其非安分之徒，甘入匪薮，已可概见。蒋继云深知秋瑾等谋为内容，其与该女匪往来，已非一日，不问可知。惟该监生甫经到堂，即被拿获，先不知秋瑾有起事逆谋，其供无同谋助势情事，似尚可信。且一经提讯，即将秋瑾隐情据实供明，究非始终隐匿，情尚可原，自应量从宽减，应请将蒋继云监生先行斥革，与徐颂扬各发回原县，监禁三年，限满察看核办。惟念蒋继云甫于是日到绍，访友未遇，转至该堂借钱，致被拿获，且秋瑾信息灵通，若非该监生借钱缠住，早经免脱，难以弋获。又据供出该党中首要姓名住址暗记，得以按指查拿，而该监生又自愿充作眼线，指拿余党赎罪，其情不无可原。可否将该监生免予治罪，取具的实妥保，充作眼线，随同指拿首要，以赎前愆之处，出自宪裁。应钱仁乡愚被诱，受伤颇重。吕植松年幼无知，其来会演习体操，无非为学业起见，并无他意。秋瑾等如何谋为，均审不知情，自应从宽免其治罪，由县赶将应钱仁伤痕医痊，分别递回原籍取保释放。五品军功正警捕王植槐，审系由杭请假，甫于是日到绍访友未遇，致误拿。缴验文凭委札，均属相符。应请将王植槐先由卑府开释，以省拖累。所有在大通学堂及体育会搜出洋枪子弹，并孙秉彝呈缴洋枪子弹，卑府现拟筹募巡勇，应请暂行留郡配用，俟将来巡勇裁撤，再行呈缴。

抑卑府更有请者，前次拿办秋瑾，供证确实，毫无疑义，只以谣言不一，各报馆据以登载，致起浮议。经卑府将秋瑾罪状剀切晓谕，搜获证据，刊刻传单，明白宣布，谣言渐息。现今审办程毅等虽已供证确凿，然拟罪之允当与否，不得不慎益加慎，以免枉纵，而昭核实。可否仰乞宪台批饬该犯等解省，听候提勘复核。抑或派委大员来绍提犯复鞫明确，再行定议，以昭详慎之处，听候宪裁。除将当场击毙一名，由卑职允贞赶将相验缘由填格通详，并将受伤之石宝煦饬保医治伤症，审明保释，一面仍会营悬赏购线，严密缉拿逸匪竺绍康等，务获究报外，合将督审拟议缘由，开摺录供，暨搜获枪弹清摺，肃录禀呈，仰祈察核俯赐批示祗遵，实为公便云云。

（五）　藩司冯煦致政府电

北京外务部军机处钧鉴：安抚恩铭，今晨被巡察学堂会办徐锡麟率外来死党袭击数伤，延至未刻出缺。徐锡麟拒捕，刻已就获。据供系革命党首，蓄志十馀年，先杀恩铭，后杀端方，铁良、良弼，并无别语。徐锡麟未便久稽显戮，立即在辕门前正法，援张汶祥刺马新赇办法，剖心致祭恩铭。口授遗摺，另摺代呈。除将印信封存外,所有安徽巡抚因伤出缺,应请速赐简放。请代奏。安徽布政司冯煦。宥。

（六）　藩司冯煦第二次致政府电

北京外务部军机处钧鉴:昨以抚臣为徐匪枪伤出缺,当将徐逆拿获正法,电请代奏在案。查昨日在场被击殒命者,有文巡捕陆永颐、巡察收支委员顾松二人;被伤者有候补道巢凤仪、安庆府龚镇湘、武巡捕车德文三人;各官随从人役,亦多有受伤者。巡兵为徐匪胁往军械所者,不过三四十人,省城人心汹汹。徐匪正法后,随即安帖现张告示,专办罪首,不牵旁人,学界、军界,均尚安静,似可保安。请代奏。安徽布政司冯煦叩。沁。

（七）　江督皖抚会奏电

北京军机处钧鉴:辰密。承准钧电开奉上谕,安徽匪党滋事,著端方等督率派往各员,妥为布置散胁擒渠,所擒馀党,迅即讯明奏办等因,钦此。查徐匪系浙江山阴人,去岁报捐道员到省。本年二月,委巡警处会办。五月二十六日,学生毕业,恩抚莅堂大考,徐匪徧请司道府等至堂宴会,拟先宴会,后行毕业礼。饮酒时闭门,为一网打尽之计。恩抚不准,自疑谋败,即放炸弹不燃。旋与其党陈伯平各持枪向恩抚猛击,恩抚身被数伤。同时救护恩抚者,文巡捕陆永颐受伤身毙,武巡捕车德文受伤,候补道巢凤仪、安庆府龚镇湘各受伤而不甚重。煦与司道等护恩抚回院,尚大声饬令逮捕徐锡麟,因受伤甚重,即于是日未刻出缺。徐匪旋又击毙巡警处收支委员顾松,指为奸细,迫胁学生往军械所。煦与司道所派之缉捕巡防各队,将军械所围住,拿获徐匪。自供蓄志排满等情不讳,立即正法。旋在该匪寓搜出伪示及誓单,语尤悖逆。匪党陈伯平在

军械所击毙，马子畦当场缉获，除当场格杀外，先后拿获学生及夫
役二十一名提讯，内有学生四名、夫役三名误拿，已开释，餘犯分
别禁押候讯。二十八日，于下水轮船码头搜得火药六十七斤，匪未
获。各局所均派营队守护，地方安静如常。除添派安徽候补道许
鼎霖会同皖省司道及朱道恩绶提犯审办，务得确实供据电奏外，所
有续办情形，谨请代奏。端方、冯煦。冬印。

（八）　恩铭遗折

　　奏为奴才受创甚重，难冀生痊，伏枕哀鸣，谨口授遗折，仰祈圣
鉴事：窃奴才以庸愚之资，叠荷圣恩，擢膺疆寄，自上年三月抵任
后，深维时艰孔亟，非奋发不足图强，故将兴学、练兵、巡警、实业诸
要政，同时并举，业经迭次奏陈。适值皖北大灾，筹赈筹捐，辛苦经
营，十阅月甫能告竣。本年沿江一带，枭会各匪遍地充斥，加以孙
党勾结，时虞蠢动。奴才迭派员弁，四出侦缉。五月望后，探得孙
党密运火药，经由浙江、皖南等处，当经电知督臣端方，一体严拿。
奴才特派专员按照所由道途，密为搜捕，并面谕文武各员，力加防
范。谆告会办巡警处试用道徐锡麟，令其缉拿革命党首。讵本月
二十六日，巡警学堂甲班学生毕业之期，奴才于辰刻率同司道亲往
考验，方整齐行列之际，突见徐锡麟率领外来死党数人，皆手持双
枪，向奴才连环轰击，相距不及五尺，声称今日起革命军。奴才受
伤甚重，随同之文武员弁死伤各数人。奴才当即回署，仍示以镇
静，以安民心。一面谕饬各营队分途严防。讵徐锡麟遁入军械所，
又复添队围击，业将大概情形电奏。奴才受伤虽重，而神志颇清，
语音亦朗，犹冀不至于死。乃经西医启视，除左手、右腿、腹部三伤
外，左右胯首及下部复有枪伤四五处，皆已前后洞穿，而腹部一伤，
枪子未出。奴才自觉子往上行，将攻心际。西医云非开部不能取

出。奴才今年六十有二矣，奏刀之际，生死尚不可知。特令奴才之子咸麟至前，口授此折。奴才死不足惜，顾念当此世变，多方人心不靖之时，不得竭尽心力以报国恩，奴才实不瞑目。徐锡麟系曾经出洋分发道员，思其系前任湖南抚臣俞廉三之表侄，奴才坦然用之而不疑，任此差甫两月，勤奋异常，而不谓包藏祸心，身为党首，欲图革命，故意捐官，非第奴才之不防，抑亦人人所不料。可见仕途庞杂，治弊滋多。出洋之学生，良莠不齐，奴才伏愿我皇上进用之时慎选之也。奴才身当其祸，或足以起发圣明。至于奴才在安徽所议各事宜，法政师范各学堂次第毕举，所练混成一协步队，编成骑炮工辎各营队，亦赳期可以就绪，军械马匹尚须添购。奴才又订购兵轮一艘，正在估价绘图，垦牧树艺及丈量沙地两事，大利所在，已有端倪。继奴才任者，当能匡所不逮，无俟奴才赘言。奴才自在山西行在获觐两宫，仰承圣训，而后迭蒙迁擢，均未召令来见，犬马念主，从此更无重见天日之期，望阙长辞，此恨何极，伏枕哀鸣，不胜梗咽悽怆之至，伏乞皇太后皇上圣鉴。谨奏。

（九） 浙抚致军机处电

军机处王大臣钧鉴：辰密。金华府武义县土匪头目获到，供出系大通学堂学生勾结起事等语，当由该府嵩守禀请札查。旋据绍兴府贵守禀称，大通学堂系逆匪徐锡麟所办。查阅江督、皖抚电钞徐匪供词，情节略同，当饬贵守星夜来杭面商一切，并札派常备军两队，赴绍兴会同贵守查办。又据绍郡绅士密禀，大通体育会女教员匪党秋瑾、吕鸿懋、竺绍康等谋于六月初十日左右起事，竺系党首，闻已纠约嵊县万馀人来郡，乘机起事等语。贵守当于初四傍晚率领军队前往大通学堂及嵊县公局搜查，该匪党胆敢开枪拒捕，兵队即开枪还击，毙匪数名，并获秋瑾等馀匪十馀人，起出后膛枪三十支，子弹数千粒。讯据秋瑾，供认不讳，并查有亲笔悖逆字据。匪党程毅亦供出秋瑾为首，馀系胁从等语。由该守电禀，当即复电饬将秋瑾正法，仍搜捕未获馀党。其嵊县、金华等处军队到后，亦格毙匪首多名，捕拿匪党二十馀名，馀匪星散。杭州省城，近已解严，目下尚称安谧，请代奏。敔庚。奉旨，张曾敭电奏悉，著严拿首要，解散胁从，以销隐患而靖地方。钦此。

（十）　浙抚奏报绍案情形

　　奏为逆匪勾结谋乱，迭获首要，讯明惩办，恭折具陈，仰祈圣鉴事：窃查浙省会匪，向有九龙、双龙等项名目，迭经拿获，迄未绝根株。其党散布各处，而以金华府之武义、永康、东阳等县，台州府属之仙居，绍兴府属之嵊县，处州府属之缙云、青田、松阳、宣平等县为最多。近来风气日坏，竟有士流败类与学界中之倡言革命者，联合教乱，由是匪势益盛。臣密饬所属查拿，迭据金华府县禀报，查得该匪党羽甚众，其号名头目，如徐买儿、聂李唐、王汝槐、吕观兴、张岳云等，均极犷悍。并有学界中人，如竺绍康、吕凤樵、赵宏富、沈荣古、许道亨等，及举人张恭、廪贡生刘耀勋、生员王金发、武生倪经等，皆以士流而为党目。是股匪徒，皆穿学堂体操黑衣，肩章缀有汉字。又据署武义县钱宝鎔、衢防统领已革广东补用副将尽先参将沈棋山会同亲督弁勇，拿获匪聂李唐、刘耀勋等，讯认与绍兴大通学堂体育会勾结谋叛，搜获旗帜票布号衣军械革命告条等件。查大通学堂系逆匪徐锡麟所办，体育会附设该堂之内，即经电饬绍兴府确查。随据该守贵福来省面禀，据绅士查报，大通体育会女教员秋瑾及竺绍康、吕凤樵等约期起事，竺绍康回嵊县纠党来郡等情。复据安徽抚臣冯煦来电，缉获徐锡麟之弟徐伟，据供锡麟妻王氏游学东洋，改名徐振汉，与秋瑾同主革命等语。查究皖省犯供、与本省获犯所供、绅士所报，均属相符。适先时所派军队到绍兴府查拿，旋据该府督同山阳、会稽二县带队前往大通学堂及嵊县公所搜查，该匪胆敢开枪拒捕，兵勇还击，毙数人，拿获秋瑾及程毅等六人。当场搜捕悖逆字据，起出洋枪药弹多件。查阅秋瑾各项字据，有革命论说、小说诗稿、伪檄文、伪军制，所编八军，以"光复汉族，大振国权"为号。该府县亲提秋瑾研讯，诘以匪党共有几人，坚不吐实。惟称论说稿是我所做，日记笺折亦是我办，革命党之事不必多问等语。讯之程毅，亦供系秋瑾为首。当场将秋瑾正法。其金华各属匪徒，并据沈棋山等续获要匪二十馀人，金华、永康等县，亦擒获匪目倪经、徐买儿、王汝槐、吕观兴等多人，讯明禀请就地正法，馀匪解散，由臣先行摘要电奏在案。嵊县匪徒拒敌官兵，致戕哨长把总李逢春，兵勇亦有伤亡。经该县拿获匪首张岳云等多名，讯认与革命党勾结不讳，当由臣电饬正法。臣惟浙东地势深阻，伏莽向多，皆意在劫抢，非有逆谋。即革命邪说，各处流衍，然亦但有空言，未敢显然谋逆。此次秋瑾等乃以学界女子，于国家预备立宪时代，提倡革命，借体育会聚众谋乱，私蓄军火马匹，勾结土匪，同时滋事。金华、武义、永康等属，绍兴之嵊县各处响应，拒捕戕弁。又分遣竺绍康、王金发等赴嵊县，纠匪谋劫郡城，其意固不专在掳掠，犹幸武义获匪，供出实情。秋匪现诛，馀党畔散，得以迅速蒇事，不致燎原。在事之员办理尚属得手。现在地方安谧，人心亦靖，仍督率各府县严缉逸匪究办，不得稍涉疏懈，亦不得妄事株连。其被胁被诱，并非甘心从逆者，如能呈缴匪票，咸予自新。如能指出首要各犯及其军火所在，拿获起出，仍行给赏。一面谕饬官绅速办团防，清查内匪，以杜窝匪，而资保卫。此次该匪等倡言革命，约期起事，非寻常盗贼可比，经沈棋山督队剿捕，排长蓝领拔补千总黄福星、武义讯把总陈桂林首先拿获匪目聂李唐、刘耀勋，究出大通体育会勾结情形,逆谋尽露,排长拔补把总刘寿崐随同剿匪,擒斩最多,均不无微劳足录。黄福星拟请免补千总,以守备尽先补用;陈桂林拟请在任以千总尽先补用;刘寿崐拟请免补把总,以千总补用,以示鼓励。此外出力稍次员弁,由臣酌给外奖,阵亡弁勇,应请饬部照例议恤。程毅、徐颂扬、蒋继云讯非同谋,惟交结匪类,素不安分。程毅饬县监禁三年,徐颂扬、蒋继云各监禁一年,限满交保约束。应钱仁讯系被诱,受伤未愈,吕植松年轻无知,王植槐系属误拿,饬县分别递回省绎。至臣前次电奏兵队击毙数匪,现据绍兴府会委,查明系格伤数人,其一因捕被格,受伤甚重,不能取供,旋即身死,由山阴县验明报殓,至今尚无尸属出认;其一系石宝照,取保调医,业已平复;一即应钱仁,应请更正。除抄录电咨禀供各件,及女犯秋瑾悖逆字据,分咨军机处法部查照外,谨将本案办理缘由,理合会同闽浙总督臣松寿恭折具奏,伏乞皇太后皇上圣鉴。谨奏。光绪三十三年八月十七日,奉硃批:著照所请该部知道。钦此。

(十一)　江督苏抚会奏平枭电

窃照剿办枭匪迭次获胜情形,前经电奏在案。查苏、浙枭匪,向分土、客两帮,群推夏竹林、余孟庭为渠魁。正月十九日枫泾之战,幸将夏竹林击毙,并生擒悍目散匪多名,而余孟庭逃越未获。该枭党羽极众,素得人心,深恐复又勾结滋扰,当经方等督率瑞澂严饬分批搜捕。据上海巡警局员汪瑞闿拿获匪党蔡桂士、李桂亭、卫定香三名,起出赃物甚多,解交瑞澂提讯,均供认夥劫小轮不讳,立饬就地惩办。又据太仓州知州吴琪会营拿获匪首李能掌,起有赃物多件,提验身有枪伤。据供该匪首下有船十一只,徒党百馀人,同劫大东轮船。又迭次抢劫拒捕。枫泾之战,被官兵枪伤逃逸，现经拿获，由瑞澂派员前往复审无异，当即就地正法。又据都司夏鸣皋在上海缉获郑老窝子一名，搜出洋枪等件。汪瑞闿饬派侦探弁勇查至镇江，会同营县访缉任小山、吴尚田两匪，及私贩之尹日新等五名。并据游击米占元所获田兴发、王麻子两匪党，一并解交瑞澂审明惩办。现据瑞澂电称，探得匪首余孟庭窜匿吴江县属一带，饬派炮目刘善臣等前往，于十六日将余拿获。讯据供称，该匪先在浙江各营当勇，旋充旗牌，后在上海各处开赌，经管老窝子，李能掌推为帮首，连抢苏、浙盐船、布船、丝行、米行、典当数家，得赃甚巨。与夏竹林先不认识，上年冬间，始与联合。夏为土帮，余为客帮，相约有事互相接应，仍各抢各分。枫泾之战，两帮共四十馀船，夏匪当经击毙，该匪逃窜上岸，因寻觅各船不遇，拟从於潜等处回皖，致被拿获等供。据此次查该枭余孟庭与夏竹林为土、客两帮匪首，夏竹林凶悍狡险，专事抢杀，余孟庭颇有贼智，以劫富济贫为词，作笼络人心之计，聚党甚众，犯案亦多。若非枫泾击败，失群窜逸，瑞澂布置周密，赏罚严明，殊属不易擒获。李能掌以及江北阿四，俱为枭中魁首，骁勇善战，兹经擒获，就地正法，足昭炯戒。余党胆寒窜散。方等仍当严饬分批搜捕，信赏必罚，并由瑞澂将水师新军加紧操练，一方将清乡事宜实力举办，以期尽绝根株，仰副朝廷绥靖地方之至意。除将详细情形另摺奏陈，并出力员弁择优请奖外，所有擒获匪首情形，谨请代奏施行。

外纪　教会源流考

　　本篇系陶成章在南洋荷属佛里洞岛演说稿本，今因有关系于会党源流派别，与党军职官制度，特附录之，以助读浙案者之参考焉。

叙　论

陶子曰：中国有反对政府之二大秘密团体，具有左右全国之势力者，是何也？一曰白莲教，即红巾也；一曰天地会，即洪门也。凡所谓闻香教、八卦教、神拳教、在礼教等，以及种种之诸教，要皆为白莲之分系；凡所谓三合会、三点会、哥老会等，以及种种之诸会，亦无一非天地之支派。虽然，中国，大国也，幅员既广，则各地之民情风俗，亦因之而有异。最著者，莫如长江流域之居民与黄河流域之居民。凡属长江以南，俱属南部，称曰南方；凡属黄河以北，俱属北部，称曰北方。南方之人智而巧，稍迷信而多政治思想；北方之人直而愚，尚武力而多神权迷信。何以知之？曰：凡山东、山西、河南一带，无不尊信封神之传；凡江、浙、闽、广一带，无不崇拜《水浒》之书。故白莲之教盛于北，而洪门之会遍于南。其间惟江北之地，接近黄河流域，遂兼有南北风气，教与会因并著。今夫白莲之教，非无南下者，然终不能比肩于洪门；洪门之会，亦非无北上者。然终不能并提于白莲。盖民情风俗之不同使然也。夫此两秘密团体，既具有左右全国之势力，则有志救世者，不可不探悉其内容也明矣。予前在缅甸时，已作《洪门历史篇》以与洪门志士，（后曾见载于仰光《光华日报》，而庚戌正月间，《中兴日报》另改一名，而又转载焉，其具名曰"志革"，亦为余在仰光时之别名。）今嫌其偏于一端，故今复作《教会源流考》以供有志救世者之观览焉。

教会兴起之原因

我中国人之先祖，本由西方迁入，角立于蛮夷戎狄之间，自树一帜，故保种自卫之思想，最固结于人心。凡我中国人所崇拜之古英雄，其在君主，如三皇五帝、三王五霸等，将相如应龙、祝融、皋陶、周公、管仲等，要皆为驱除异种人之魁杰而已。东汉之末，西晋之初，太平日久，忘其先世严防夷夏之训戒，遽迁投降之异种人于域内，遂生五胡之乱。然五胡本为降民，杂处内地，盗窃中国文明，乘隙为变，以故一切习尚，均同于我。且又自惭其种类卑贱，皆冒窃中国之姓名，以求掩其丑。不久即消灭无踪，不过扰乱于一时，与内寇兴发，无甚大异，未能为吾族之害。及赵宋不德，不防外患，专防内变，边疆无兵，又盛讲专制之术，偃武修文，以柔民气，中国之国势因之大衰。由契丹而女真，而蒙古，遂蹈亡国复族之惨。明祖兴起于一时，不及三百年而满洲之祸又兴，再蹈亡国复族之惨。夫以数千年文明之种族，忽然受制于犬羊，其反抗不服之心，要必在在皆是。虽然，欲行反抗，必非一手一足之所能为，而于是秘密团体之组织于以兴也。在宋之亡，而白莲之教起，汉末有张角（即黄巾）张鲁（即白米党）等，借宗教以聚众反抗政府，其手段与白莲教同。然白莲教之与黄巾、白米，其源流全然不同，无关系也。白莲教假借释氏，实因蒙古君臣深信佛教，凡佛教之徒，无论有何奸犯之事，均不之深究，故志士乃借以组织团体，而蒙古君臣不之觉也。不及数十年，教势大盛，于是韩山童、刘福通、徐寿辉、芝麻李、郭子兴等兵起，张士诚、（内唯张士诚系盐枭，馀皆为白莲教徒。）陈友谅、明玉珍、朱元璋等继之，所谓红巾军是也。凡红巾军皆白莲教之教徒，其后卒由朱元璋之手，奏恢复之功，是为明太祖。明太祖本红巾军之一小头目，未起义之前，为皇觉寺一丐僧。其后又不幸而明室内乱，满洲乘之，再蹈亡国之惨，志士仁人，不忍中原之涂炭，又结秘密团体，以求光复祖国，而洪门之会设也。

　　何谓洪门？因明太祖年号洪武，故取以为名，指天为父，指地为母，故又名天地会。始倡者为郑成功，继述而修整之者，则陈近南也。凡同盟者，均曰洪门；门，家门也，故又号曰洪家。既为一家，即系同胞，故入会者无论职位高下，入会先后，均称曰兄弟。满洲之祸甚于蒙古，故当时中国人复仇之心，比之宋末为尤切，是以凡新兄弟入会之始，必披其发，因此辫非我中国固有之物，歃血盟时，我祖宗实式临之，不当以满洲形式见我祖宗也。故茳会执事人员，其成例当取中国古衣冠服之，亦即此意。又用草束象人形，或用图画象人形者一，以为满洲皇帝新入会者对之，射三矢，誓杀满洲皇帝，以示不敢忘仇也。大清者，满洲人之国号，与我中国人无涉。大清之皇帝，仇人之首也，故不当承认其为我中国之皇帝。以故洪门中之兄弟，写清字必作洴，是谓清无主。虽然，为我仇者，不仅清帝一人，凡满洲人皆我仇也。势无两立，必尽杀之，故洪门中兄弟，凡写满字，尽作溏，称之曰满无头，若是乎我祖宗仇满之心，固深且切，而无以复加者矣。为子孙者，奈何其忘之乎﹗

教会之发源地及蔓延之区域

宋之衰也，大河之南北及淮北、皖北之地，先亡于女真，继入于蒙古，受涂毒最深。荆襄为长江门户，宋人南迁之后，防守颇严，而蒙古之攻亦烈。彼此交争者数十年，卒入于蒙古，其受祸之深，亦不下于大河南北及江北。夫其受祸最深，则其反抗之心必加甚。（凡初受异种侵厄，涂毒愈深，则复仇之心愈烈，若五六次或六七次以后，则凡刚强有耻者，必淘汰尽，所存留者仅狡猾巽懦之夫而已。）此固理所当然，而又势所必至者也。

白莲教者，盖先起于荆襄，渐次伸长其势力于河南，而为教门聚会之中心点，由是而皖北、淮北，而山东，而直隶，而山西，何以知其然也？曰：蒙古朝末叶之首倡义举者，为邹普胜、徐寿辉（二人皆教主），皆湖北人，然刘福通（亦传教人）为河南人，韩山童（亦为教主)为直隶人,其起义之地,多在河南,则又知河南实为当时白莲教之根本重地。踪韩、徐、邹、刘四人而起者,为郭子兴、芝麻李等,皆皖北、山东人也。而皖北之起义者,复又多于山东。明太祖者,郭子兴之部将,实红巾之小头目,乘时而奏恢复之功,既为帝皇,遂隐其前次之事迹,然为其所自出,不深究其党类,故其源流不绝。而有明末叶,复有徐鸿儒之乱,为患不巨,其原因实由于应之者寡。刘福通之乱,应之者众;而徐鸿儒之乱,应之者寡。其故何也?曰:由于种族之故。盖白莲教初立之本意,本在驱逐蒙古,虽借宗教为惑人之具,而其间实含有民族主义也。刘福通反抗异族政府,徐鸿儒反抗同族政府,其根本思想既异,故其结果亦因之而有异。所以自满洲进关以后,白莲之势,比于明为炽者,亦即因此之故。例如七省教案之事,及王伦、林清之事,虽义举不成,而起事以后之应之者,要皆数倍于明末之徐鸿儒。若论现今白莲教蔓延之区域,最盛者为河南、皖北,其次为湖北、直隶、山东,再其次为山西、陕西、四川。夫河南、皖北、湖北、山东诸地,本白莲教原始之发动地,山西、陕西、四川,则肇自刘之协之徒。浙江亦有白莲教之教徒,其主教姓徐,乃徐鸿儒之后,由鸿儒失败之后而迁入。凡入其教者,皆其姻亲,甚保秘密,其详不得而知也。虽然,白莲教者,原始之名称也,其后递演而递变,于是有闻香教、八卦教、神拳教、在礼教等种种名称,闻香之教现今已绝,八卦教为白莲教之分系,神拳教一名义和拳,又为八卦教之分系,在礼教直接改良白莲之教而起。然以上各教,皆拾余唾于释氏而成者,诸教既盛,老氏之徒闻之,乃亦仿效其所为,窃在礼教之余绪,而倡为斋教,又演而为安庆道友。(《新广东》讹作安清,以为保护清廷而起,大误之至。)然此二者,势力均不甚著。由于国民心理使然,何以言之?盖中国匍伏朝山于释氏之士女众,而志心朝礼于三清之党徒少故也。今将现今各教分布之

区域,详述如下:

（一）白莲教　尚盛于湖北、皖北、河南等省,山东、直隶为其次,山西、陕西、四川又次之,浙江、江西、江苏之势力甚微。

（二）八卦教　尚盛于河南,其次山东、直隶,又其次湖北、四川,余者甚微。

（三）神拳教　一名义和拳,庚子以前大盛于山东、直隶之间,现于二处之势稍衰,反大盛于四川,其次陕西、河南、其次山西、满洲两处,浙江、江西、安徽、湖南、江苏诸省亦间有之。

（四）在礼教　山东、满洲最盛,皖北、淮北次之,直隶又次之,河南、山西之势力甚微,本教在诸教中最守公德。

（五）斋教　山东、皖北为多,江北次之,江南、浙江、江西诸处亦间有之。

（六）安庆道友　山东皖北有之,其次为江北本教,在诸教中势力最为微弱。

以上所说,皆教门也,均发源自白莲,其势力之分布,由东而西,复自北而南者也。明之亡也,其情形与宋异,大河南北先受诸流寇之杀戮,人迹萧条。满洲入关之后,以故无人再与抵抗,而起义逐满者,要皆为江南之人;其战争之最剧者,又莫如浙、闽、两粤,然两粤之地,吾君在也。且率以拒敌者,皆李、张二贼之馀烬,非尽人民恢复之义师。浙、闽则不然,凡抗清者皆属本地义军,且两粤之地,已亡于伪帝顺治十一二年之时。浙江义师,潜于伪帝康熙三年,福建终于台湾,台湾之亡乃在伪帝康熙二十二年。当时浙闽义师,相依为唇齿,闽之战争,又剧于浙,故满政府设总督于其地,以控制之,浙为闽援,故满政府又令闽督兼统浙地。福建既反抗满洲最烈,其受杀戮最深,故其仇满之心亦因之而最切。于是洪门之秘密团体组织兴,而天地会出于其间也。明末之世,浙闽义师相联合,故洪门之传布,由闽而先入于浙,浙人广为传布,以达于江苏,遂及于江西。伪帝康熙中叶,有张念一者,别称一念和尚,以浙东之大岚山为根据地,联结浙西天目山及太湖之党徒,与鄱阳之戈陈,不幸而中道失败,不克意〔竟〕其志。既遭挫败,伪帝康熙乃大施淫威,于是天地会之党徒遂绝迹于浙江、江苏、江西。其在福建者,满政府反不及知。于是福建之洪门,乃改其方向流入于粤,隐其天地会之名称,以避满人之忌,取洪字边旁"氵"字之义,号曰三点,或又嫌其偏而不全,非吉祥之瑞,乃又取"共"之义,而连称之,又改号曰三合。于是由粤而赣而桂,三点、三合之势大著也。

朱九涛者,三合会之首领,传其天地会之绪于洪秀全,秀全复窃取天主教之义以附会之。(其称天为父,及国号天国,官以天名,上下一体,皆以兄弟相称,非尽本于耶苏,而实有根于洪门之旧规而然也。)起义于金田,其一时将帅,无一非洪门之兄弟,如林凤翔、石达开、杨秀清、冯云山等是。既得南京,湖南之人不识其故,以为妖异,于是曾国藩、左宗棠等遂练湘勇以反抗之。天国之命运日促,李秀成、李世贤等知大仇未复,而大势已去,甚为痛心疾首,逆知湘勇嗣后必见重于满政府,日后能有左右中国之势力者,必为湘勇无疑。于是乃隐遣福建、江西之洪门兄弟,投降于湘军,以引导之。复又避去三点、三合之名称,因会党首领有老大哥之别号,故遂易其名曰哥老会,于是湘营中哥老会之势大盛,且凡湘军所到之处,无不有哥老会之传布也。迄今遂以哥老会为满政府之一大巨患。是故三点会也,三合会也,哥老会也,无非出自天地会。故皆号洪门,又曰洪家,别称洪帮(俗讹为红帮)。哥老会既出现已后,乃又有潘庆者,窃其余绪,以组织潘门,或曰潘家,又曰庆帮(俗讹为青帮),其分立之原因,盖由潘庆为贩卖私盐之魁,哥老会之徒皆湘勇,则又为捕贩卖私盐者也。势成反对,故别立旗帜。然湘勇之捕盐枭也其名,而暗通也其实,故虽有反对之名,而无其实。且其源流本出洪门,尚未尽忘其木本水源之意,故凡潘门兄弟,遇见洪门兄弟,其开口语必曰潘洪原是一家。介于洪、潘二家之间,别有一团体也,名曰江湖团。其人多江湖卖技者流,而附之以流丐,其首倡之人已不可考,卖技者糊口四方,既不得不缔交于洪门,复不能不附和于潘家,始可来往无碍,故介于其间也。其所以别成一队者,则为其招呼同业者而发,非有他也。今将其现时分布之势力,述之于下:

（一）天地会　名称已变,其不改名称之本支,惟福建有之。

（二）三点会　广东最盛,福建、江西次之,广西又次之。

（三）三合会　广东最盛,广西次之,福建、江西又次之,湖南之邻近广江者亦间有之。

（四）哥老会　湖北、湖南最盛,四川、浙江、多在浙东云南次之,安徽、江苏、河南、山西又次之,江西附近长江处又次之,陕西、甘肃、新疆又次之,山东、直隶亦间有之。

（五）庆帮　多在长江下游,江苏之苏州、松江、常州、太仓及镇江、安徽之巢湖、芜湖、宁国、广德及徽州,浙江之杭州、嘉兴、湖州及严州、衢州,江西之九江、南昌及广信。

（六）江湖团　多传食于长江上下,安徽之庐州、凤阳,江苏之淮安、扬州,浙江之衢州、处州,各有一大团体,然乞丐为多,狗盗之徒亦不少。

以上所列,均洪门也。肇自天地会,馀皆为其支流,其势力之传布,由闽而浙,中道挫跌,于是遂由闽而广、而赣、而湘,中国遂遍,要之皆由南而北也。

教会虽南北皆有,然其间大有分别。盖教盛于北而不盛于南,会盛于南而不盛于北,此实由南北人思想不同而然,非可强合也。

因思想之不同，而教会之结果乃各异。其趋教门之弊，结联团体，大者流而为马贼，小者流而为打闷，要之皆豪客而已。会党之弊，结联团体，大者流而为铁算，小者流而为鼠窃，或且流丐，要之皆狗盗而已。

教会之联合及其分裂

　　当明之世，有少林寺者①，聚徒传拳术，名闻海内，称曰外家，（又在浙江有王征南一派，号曰内家。）常于明末，一抗李闯，再抗清廷，而歼其徒，然传流者尚不绝。至清康熙中叶，其徒复兴，语其名为传拳，按其实皆传布白莲教也。南方志士，从台湾覆后，多逃而为僧，既避辫发之辱，复可传食四方，以隐为联合同志之计，于是遂有以红门之海底（即章程）带入北方者，闻少林寺名，遂以海底示之，于是白莲之教与洪门之会合而为一，而五祖出也。五祖者，皆山东人，居于河南之少林寺，为其禅师，精于拳术，聚徒授拳传教，隐谋恢复之举。既得洪门海底，复益喜事之有为，定盟南北合力之约，然是时虏朝势力正盛，南方洪门方遭张念一之失败，一时难以举义。适虏朝伪帝雍正用兵西藏，五祖窃念欲复虏廷，莫如操其兵柄，借其力而一举灭之。然欲得其兵柄，非先为之立功不可。西藏非我族类，不妨助虏以灭之。乃率徒从征青海，建立大功，奏凯旋京。五祖即欲在京起义，机事不密，为虏所知，执五祖并其徒寸磔之。遂毁少林寺，其徒散之四方，痛师父遭祸之惨，遂立为祖师，以广传白莲教，而白莲教之势力日益扩张。洪门兄弟，亦以五祖有功洪门，亦为立祀，从此白莲、洪门皆奉五祖也。（洪门本只奉祀天

---

　　① 原刊上有眉注："按福建亦有少林寺，以传拳称。清乾隆时，见毁于峨嵋山僧，然与河南之少林寺不同。河南之寺，毁于雍正时，或云五祖系山，山西五台寺僧非少林寺僧，待考。"

地。)然白莲、洪门虽连合于一时，究因南北人民心理不同，于是遂由合而复分，从此白莲自为白莲，洪门自为洪门，分流扩张于南北方，有志者乃复兼取二派之精义，别立一团体，号曰大刀会。(诸会皆起自南，大刀独兴于北。)大刀会遂兼有二者之性质，由大刀会再演而为小刀会，于社会上亦占有一方面之势力也。今将二会现在分布之区域，述如下：

(一)大刀会　山东之曹州、衮州、青州为最多，河南之开封、归德，直隶之大名、保定次之，安徽之泗州、邳州，江苏之徐州、海州又次之，山西、满州亦间有之。

(二)小刀会　安徽之凤阳、庐州、寿州为最多，江苏之徐州、海州、淮安诸府次之，浙江之金华、严州、台州、衢州、温州又次之。浙江之派由凤阳传入，至于福建之小刀会，即三点、三合会之慕小刀会名而改称之者也。其源流不同。

五祖既遭戕害，其徒遍历北方各省，白莲教大兴，然甚无才能，不足有为。故虽因清势之衰，倡立义军，蔓延者至七省，扰攘者十一年，卒为清廷所剪灭。当是时也，有才智者乃改良其制度，而倡为八卦教。教主八人，最著者曰林清，是为坎卦主教；曰李文成，是为离卦主教；曰牛亮臣，是为乾卦主教兼大刀会之首领，遂于虏伪帝嘉庆十八年闰八月十五夜(即九月)，林清首犯大内，羽林之军皆逃散，几复清廷，不幸因李文成之案先破，于八月初六援师不至，林清遭擒，李文成由其徒劫出，后亦破灭。曹州牛亮臣断南北漕运之计，亦归失败，于是八卦教之势熸，而义和拳以盛。义和拳鄙陋少文，不识大计，不明时势，遂成庚子之变。八卦教既熸，有志者复改良白莲教之组织，而在礼教之教兴也，现惟此教最为完全。白莲诸教既遍于北，洪门诸会亦遍于南，于是继北方林清而起，首难清廷者，有天地会之洪秀全。秀全之师既复，三点、三合之势衰，而哥老之势转盛。当北方义和拳扰乱之时，而南方亦有唐才常哥老会汉口之举也，自此以后，起义者遂年年不绝。

教会之制度及其弊窦

白莲借宗教以聚众，故以烧香施符为招徒之不贰法门，其次则传拳也。入教者或入粟，或纳钱，掌教者给与凭单，闻亦有放票以聚众者，然不多觏也。教徒之宗旨，全重信仰，以用术愚人为第一要义。政体尚专制，大主教为最尊，主教次之，主教（即分教者）或分五方以为治，或分四面，或分八卦，或分天地，因地制宜，不一其类。主香司箓又次之。凡教徒不得与闻司箓之事，司箓不得与闻主教之事，主教不得与闻大主教之事，传授衣钵，极为严谨，故势力之扩张也缓而难，职员升迁亦甚不易。凡升位至主教，率多老耄之夫，英气已销磨，而惟货利之是问，故起义不易，然其有势一也。凡教门大权皆统一，虽相隔数千里，可以遥制之，故主教能首倡起义，则其徒之响应也必多。盖俨犹以身使臂，臂使指之功用也。惟用迷信则教徒之信仰由内固，故多能保守秘密，而少反叛之夫。然惟多迷信，故思想多不发达，常酿无意识之主动，至死不悟也。上下普通相称曰祖师公（大主教），曰大师父，曰二师父（皆主教），曰大师兄，曰二师兄（主香司箓），下焉者皆徒也而已。

洪门借刘、关、张以结义，故曰桃园义气；欲借山寨以聚众，故又曰梁山泊巢穴；欲豫期圣天子之出世而辅之，以奏扩清之功，故又曰瓦岗寨威风。盖组织此会者，缘迎合中国之下等社会之人心，取《三国演义》、《水浒传》、《说唐》三书而贯通之也。其专收下等社会者，盖奏恢复之功，当用多数之人。且下等社会，离官场远，上下隔绝，不易漏泄也。聚党之法，以放票为第一秘诀，凡入会者，纳钱给票。会员之宗旨，专崇义气，取法刘、关、张，既崇义气，力求平等主义,故彼此皆称兄弟,政体主共和。同盟者,一体看待,多得与闻秘密之事,故党势最易扩张。其职员之升迁亦易,故分会之成立亦易。职是之故,起义者常连络不绝,然各山堂分峙,虽有交通,不相节制,故接应之者常寡。(因始倡立者欲速奏功,故组织如此也。)会员既尚义气,既属同门,游行千里,可以皆有招待,然无迷信义侠之虚名,仅由外铄,故不能保守秘密。间有因利害关系而起内溃者。且各山堂分峙,不相统一,故常又有械斗之举。职员之组织法,全系军国民制度,为白莲教之所不能望其肩背,其法制固甚美也。天地、三点、三合,体制虽仍其旧,而名称则大变矣。哥老尚存旧制名称,凡会员共分九级,各会之体制皆同,其间咸缺四、七二位。又三点、三合会中,或有于大、二、三、四以下,分设左右两行协理,比乃全无意识者之改乱古制也。其意盖以大、二、三、四之正位,为宋江、卢俊义、吴用、公孙胜,左右分列协理二行,以当林冲诸人也。哥老会之制,第一为督理,而副以总理,即明末时之经略、总制,文官名。大招讨、副招讨也,武职名是为元帅。明制爵仅三等,曰公、侯、伯,故原始洪门,无五堂之说。五堂起自五祖,其后因之,复分之为公、侯、伯、子、男,既又变本加厉,用彪麟彪麟彪麟及彪麟彪麟彪麟各取一字以为封号,复以五堂之自开山堂者,(山取山寨之义,堂取同堂之义。)称曰正副龙头。盖以督理、总理为君主,而以五堂为将帅矣。(本九级之制,从此成十级。)广东人之所谓红棍者,即龙头。(或以为红棍即红旗。)是为老大哥,五堂为大哥;第二为圣贤,即参军也,开堂之时主香,又有香主之称,广东人称曰白扇,是为老二;第三曰新副,即巡抚都御史,是为老三;第四本有掌钱谷,当布政司之职,相传以犯规约被诛,后遂不设钱谷之事,以新副兼之;第五曰红旗,即按察使及副使兵备道也。(广东人或称地头。)掌军正事,因废第四,故于第五分设副红旗也。第六蓝旗,即按察、金事、分巡道也,稽察会员一切内外事宜,是为老六;第七亦以罪诛,因废不设,特于第六添设蓝旗副管事;第八巡风,(广东人名曰草鞋。)侦探一切事宜,是为老八,第九即大九,小九也,为普通会员。然明祖之兴也,降蒙古朝人有功受爵禄者,没其妻孥为官妓,称曰乐户,或称为教坊。又恨陈友谅贮其不降者(即戈陈等),皆不得与齐民齿。组织洪门者,欲废此制,则碍于祖制。然罪人不孥,古有明训,又况登庸人材之际,有归附者,不便拒之,故于老九之下,复设大麽(麽俗讹作满)、小麽、大么、小么、七牌、八牌等之名目以处之,有功者升总么,可以平步入五堂。既入五堂,亦即可以自开山堂矣。普通称呼龙头曰老大哥,五堂香主新副曰大哥红旗,蓝旗巡风曰二哥,余称三弟。规约十条,所谓十条十款也。犯者死罪,新副以上犯此十条规约者,当自杀,如不自杀,由众逼之,所谓"上三把兄弟犯了教,自己挖坑自己跳"是也。自四至六犯规约者,由老大逼令自杀,所谓"中三把兄弟犯了教,自己拿刀自己杀"是也。自七至九犯规约者,则命红旗行刑,所谓"下三把兄弟犯了教,三刀五斧莫轻饶"是也。由此观之,其立法固甚美也。

结　　论

以上各教门、各洪门皆有派别,有始倡者,有继述者,其他如祖师教、鲁班教、五谷教、观音教、白布会、千人会、关帝会、岳王会、红旗党、白旗党、黑旗党、乌带党(党与会同),大者聚徒数万,小者结党数千,皆兴起于一时之间而已,非有积厚流光之势力也。然所谓教,要皆取法白莲,所谓会及党,要皆写影洪门,非均能有别出之心裁也。其他麽么团体,多不胜数,若论运动,则开通教门也难,结连党会也易,握权党会也易,伸势教门也难。若论运用,则驾驭教门也易,而驾驭党会也难,欲得教门之死力也易,欲得党会之死力也难。若论形势，教门之徒，迫近京师，然教通海口也难，洪门之党易通海口，然其隔京师也颇远。现今之革命党，亦交接洪门者多，而交接教徒者少。虽然，教门洪家，再合之期，必不远矣。

武义县殉难烈士姓名籍贯表

姓　名	字	籍　贯
刘耀勋	佐斋	武义人
聂李唐	春山	江西人
汤有达	商卿	武义人
陈连陞	廉臣	武义人
李宪章		武义人
陶汉昌		缙云人
徐性旺		武义人
陈董韶	舜琴	永康人
邹维柄	回寅	武义人
邹维田	沾足	武义人
李良金		武义人
朱连风	振纪	武义人
李嘉炳		武义人
陶士乔		缙云人
何李齐		丽水人
何耀德	修文	武义人
何耀松	苍圃	武义人
李汉洪		武义人
陆春金		武义人

梅金桂	秋浓	武义人
李汉章	勇为	武义人
李维纶	经斋	处州人
朱李旺		武义人
应秀卿		永康人

附　录

陶焕卿先生行述

魏　兰

先生姓陶,讳成章,字焕卿,浙江绍兴县(旧属绍兴府会稽县)人。始祖讳幸五,徙居绍兴,世居会稽陶家堰。曾祖讳圣传,曾祖妣吴氏。祖讳功化,祖妣陈氏。生祖妣章氏。父讳正,母陈氏。先生自幼聪颖,六岁入义学,读书过目成诵,博通经史。年十五,为塾师。庚子义和团之乱,先生即欲刺杀西太后,亲赴奉天,并游历蒙古东西盟,察看地势,以为进行之计。辛丑,又至北京,不得要领而回。道经徐州,旅费缺乏,步行七昼夜,几至饿毙。

壬寅,赴日本,入清华学校,继入成城学校。时留学生监督汪大燮,知先生系革命实行家,畏先生学陆军,多方阻难之。适清吏陶大钧、那桐、载振等往大阪,观博览会,游历东京。大燮与陶大钧密商,诈称予以兵柄,先生急于进取,遂拟归国。与大燮约曰:"章之归也,系向学校请假,并非退学。"汪唯唯。及抵北京,大钧界以他事,先生不就,拂袖而出。至天津,遇某君,假十馀金,始得南下。迨至东京,而汪大燮早已使成城学校除其学籍矣。先生大愤,屡至大燮处理论,大燮畏避之。后以无可如何而返。

其时在日诸志士组织义勇队,推汤尔和、钮铁生为代表,谒袁世凯,欲以拒俄为名,假其兵力,图谋革命。事不成,疑先生从中破坏,命龚宝铨(原名国元,字薇生)与先生同居,侦察先生之所为。及闻先生议论,始知先生之苦衷,于是陶、龚称为莫逆。先生得龚君之介绍,遂联络嘉属诸志士。是年,柳州事起,先生拟往扶助之。未几,事旋败,先生乃止其行。癸卯冬十二月,魏兰拟归浙江运动,陈蔚介绍先生同往。遂与魏兰由东京而至上海,与蔡元培熟商进取之法。及抵杭州,寓杭州白话报馆,时已腊月二十八矣。兰谓先生曰:"杭、绍相隔一水,先生何不归里一遊?"先生曰:"情字难却,一见父母妻子,即不能出矣。"其热心国事有如此者。次日,得孙翼中之介绍,先生偕魏兰见濮振声于仁和狱中。甲辰正月初四日复往,振声为先生出介绍函数通,名片数十纸,以为联络秘密会之助。由是先生改名陶起东,偕魏兰买舟先至桐庐之招山埠客董魏兰存家。兰由水道经兰溪、龙游而至云和,先生由岸道步行至分水、建德,经松阳而至云和。魏兰创先志学堂,请先生为教习。有张生者,闻先生系历史专家,取九朝纪事本末翻阅数日,特来诘问先生,先生皆对答如流,且引他书以证其事。又有张某者,问日本系何年开国?先生则对以周惠王十七年,由是乃大信服。先生以掌教为名,寄居学校。兰则奔走于括、瓯两郡。兰之堂侄魏毓祥,亦驰往松阳、青田、温州诸处联结会党。

　　夏四月,先生因陈大齐事,驰赴温州,乘海舶而至上海。未几,偕龚宝铨而至杭州,在杭州白话报馆月余,著《中国民族权力消长史》,函托陈蔚向各志士假金而印之。时魏兰又由处州联结丁镰、吴应龙等,复偕丁镰至缙云,联结李造锺,运动吕逢樵、吕嘉益等。至永康,运动沈荣卿。至金华,运动张恭等。如武义之周华昌、台州之王锡彤、处州之王金宝等,本与荣卿相联合,由是各府之党会联为一气矣。秋八月,兰与毓祥由缙云经永康、金华,至嘉兴,与敖嘉熊接洽。先生在上海与蔡元培等密谋,定于十月初十日万寿节,黄兴在湘、鄂两省同时并举,以闽、浙两省为后援。议定,先生遂乘轮而至温州。盖不知兰等之由陆路而出也。及兰等抵上海,见蔡元培，始知彼此相左之。兰以函达，先生乃由温返申，偕魏兰、魏毓祥至嘉兴，与龚宝铨、范拱薇、敖嘉熊接洽，再由嘉兴经杭州，买舟而至金华，并带《猛回头》《新山歌》等数千册，暗中分送。时张恭组织戏班，在义乌、金华间往来演唱。先生与魏兰、魏毓祥遂至班内，与张恭接洽，对外人则诈称堪舆家，为卜吉穴而至。戏班所至之地，咸随往之。既而魏毓祥至处州，魏兰至永康，复偕沈荣卿至张恭班内，事甚秘密。至十月初十日，先生等始与言明湘、鄂之事，于是沈荣卿、张恭等乃命其部下预备一切。过数日，湘、鄂杳无动静。先生遂由义乌经诸暨而至杭城，阅上海各报，始知湖南事败，湖北、福建因按兵不动，先生仍由杭城而至义乌，往返四日，每日步行一百一十里之多，其不辞劳瘁有如此者。自是，魏兰则归处州筹划经费，先生则由义乌至永康，又由永康至东阳之玉山尖，与大开和尚等接洽，复由台州而至上海。昔大禹治水，三过其门而不入，是岁先生盖四至杭州而不归云。

是冬，先生又与皖、宁各志士在上海组织一秘密会，名曰光复，以蔡元培为会长。十二月，先生约兰赴日本，与诸志士筹商。兰因变卖田产，偕毓祥等腊杪始至上海，而先生则先期而行。乙巳正月，始晤于东京，并与黄兴、蒋智由、陈威、陈毅、秋瑾、彭金门各志士商议办法。先生因中国人迷信最深，乃约陈大齐在东京学习催眠术，以为立会联络之信用，并著有《催眠术精义》一书。夏间归国，设讲习所于上海。既而兰亦言旋。时敖嘉熊力图扩张势力，欲借温、台人之团体，以起义师，在嘉兴创设温台处会馆，招冯豹、陈乃新为干事。先生荐兰为总理。兰与毓祥复引丁镣、魏毓蕃、赵卓、吕逢樵、许绍南等为执事员。先生偕龚宝铨、徐锡麟至绍兴创办大通师范学堂。因温州人之冲突，会馆不能成立。先生乃引吕逢樵、赵卓等，先后而至绍兴。后荐兰为东湖学堂总教习，兰以母病电招归去，不果行。先生与锡麟等密商，招集金、处、绍各府会党人，为大通学堂学生，设体操专修科，朝夕训练。时有富人许仲清捐金前后五万版，从先生计，欲以术倾清政府，乃入资为官，锡麟得道员，先生得知府，陈志军、陈得毅、龚宝铨得同知。遂备文与锡麟等诣日本，求入联队，以体格不合见摈。图入振武学校，及陆军经理学校，皆不成。

丙午夏，魏兰赴爪哇，先生联络闽皖各同志，自称五省大都督，分浙东、浙西、江南、江北、江左、江右、皖南、皖北、上闽、下闽为十军。与苏子谷等至杭，被浙抚侦知，几被捕获。又偕敖嘉熊、龚宝铨赴芜湖筹商办法。冬十二月，魏兰介绍张伟文与先生联络。丁未夏，徐锡麟及秋瑾案发，周华昌失败，端方通电饬拿先生等。由是革命党之名大著。

秋，先生与樊光联络印度、安南、缅甸诸志士，在日本东京设立东亚亡国同盟会，以章太炎为会长。冬，在清风亭，偕张继等演说，提倡社会主义。又与浙东金、衢、严、处诸志士密商进取。

戊申春，作函介绍王文庆入浙，至各府联络。并改名何志善，偕张伟文赴青岛，与商起予、臧耀熙、吕建侯、刘冠三等组织震旦公学，仿照大通学堂办法，功课专尚武备。不意为鲁抚侦知，先生与张、商诸人先后返申。嗣赴日本，后偕张恭带炸弹回国。适陈其美、庄新如亦在上海，遂与共商进行方法。张伟文先回浙东，咨会各处会党。秋八月，先生得范拱薇之助，改名唐继高，又名开泰，赴南洋群岛筹划经济。适张云雷赴爪哇望引，船中相遇，相见恨晚。抵新加坡，先生寓于中兴报馆。时《中兴报》与《南洋总汇报》因宗旨不合，互相攻击，先生因痛言中国不得不革命之理由，作为论说数篇，改名巽言，登之《中兴报》，《总汇报》记者亦为心折，叹赏不敢与辩。先生欲游历南洋各岛，与华侨相商经济问题，请孙文作函介绍,孙文不许。时《中兴报》执事员陈威涛不以为然,尽将孙文内容告之先生。先生知孙文难与共事,遂决计独自经营,并将浙江各同志革命始末,作为一编,名曰《浙案纪略》。十月,赴缅甸之仰光,为《光华日报》主笔。与庄银安、傅春帆等相联络,并将《浙案纪略》陆续登之《光华日报》。以故南洋群岛无人不知先生,而孙文妒忌先生之心,亦由是益切。

冬十二月,先生由仰光至槟榔屿,偕陈威涛游历英荷各属。时王致同在望引学堂,教授生徒,专以革命为宗旨,被清吏王广圻、汪凤翔自苹洲探悉,迫令学董辞退。张云雷因介绍致同与先生同游各岛。未几,致同赴日本返温州。先生在英荷各属运动,孙文、胡汉民皆作函阻止之。先生至网甲岛之槟港,孙文诬指先生为保皇党,运动人暗杀先生,幸赖李燮和(改名柱中)力为剖白,始免于难。时李燮和等在网甲为学堂教员,亦屡忿孙文之以诈术待人,遂联络江、浙、湘、楚、闽、广、蜀七省在南洋办事人,罗列孙文罪状十二条、善后办法九条,并将孙文往来信札,交先生手,托其带至日本东京同盟会总会,不欲戴孙文为会长。燮和恐先生遭暗杀,并托人护送至新加坡。孙文随命汪精卫尾随先生而至东京,与同盟会书记黄兴联络,黄兴偏袒孙文,不肯发布,并作书覆李燮和等,为孙文辩护,洋洋千餘言。善后办法中,有言兴复《民报》之举,精卫遂作《民报》续刻之。由是章太炎作《伪民报检举状》,痛斥孙文借革命为新骗术。当其时,陈威涛客爪哇魏兰处,将《孙文罪状》用药水印刷百餘纸,邮寄中外各报馆登之。孙文大怒,命各机关报攻击先生与章太炎、陈威涛不遗餘力。先生因作《布告同志书》一册,直言孙文种种之非,并略述自己生平所经历,此己酉年事也。

时刘光汉、汪公权充满清侦探,张恭被禁于南京,张伟文在温州运动,为统领梅占魁所获。既而阚麟书先后被执下狱。先生遂注意南洋，引志士沈钧业、郦景曾，王文庆、陈陶怡等先后至爪哇。
先生素主中央革命，与女士孙晓云密谋，欲在北京开设妓院，以美
人诱满清贵族，席间下毒，以为一网打尽之计。

庚戌岁，复兴光复会于东京，公举章太炎为正会长，先生为副
会长，李燮和、沈钧业、魏兰为行总部。先生与章太炎等，又在东京
组织《教育今语杂志》，以为通信机关。又将《浙案纪略》分为三卷，
上卷纪事本末，并补述刘光汉内叛诸事，凡四章；中卷列传，凡七
篇；下卷附录，凡二集，一曰党人文告，二曰清吏案牍；外纪《教会源
流考》一篇。统计六万余言。稿既竟，即付印局，将刊行，以公布于
世。嗣因诸同事以本案牵涉未来事迹过多，恐致机密漏泄，于吾党
进取前途，甚有妨碍，因将原稿取回，仅印中卷列传及《教会源流
考》一篇。

陈威涛作书联络管慎修、杨俊明、锺芝溪等，锺芝溪复联络何
剑非等。在新加坡，以何剑非为招待员；在爪哇，以谏地里魏兰、也
班许绍南为机关所。南洋志士，如陈吉宾、何根性、曾赞卿、梁玉
田、邹天彩、何德南、蓝亦凡、蔡公哲、胡子春、刘维东、徐柏如、李弼
公、陈芸生、陈百鹏等，先生皆联为一气。时李燮和、沈钧业、王文
庆等，在网甲组织教育会，举槟港华侨温庆武为会长，沈钧业为视
学员，借此为联络入会之机关。网甲岛华侨，对于李燮和、沈钧业
之信用极深，故其佩服章太炎与先生之心尤切。爪哇岛之华侨开
化最迟，故入同盟会者甚少。杨俊明在泗水联络华侨，创办书报
社，以管慎修为坐办，鼓吹革命，一日千丈。又得张云雷、魏兰、郦
景曾、许绍南、丁镙等之运动，思想日益发达。冬十一月，沈钧业由
黄肃方、田桐、张云雷三人之介绍，来泗水汉文新报主笔政，人心益
动。义侠之士，日夕过从。

辛亥三月，先生重来爪哇泗水，闻者益为之喜。时张云雷、沈

钧业二人均在泗水。先生与二人联络志士蒋开远、蒋以芳、蒋报和及书报社社员王少文等。广州之役，李燮和、王文庆电招先生归香港，事后先生偕燮和、文庆赴沪，晤女士尹锐志、尹维峻姐妹于秘密机关，会商再举。未几，先生赴日养疴。夏六月，锐志姐妹以电招先生。六月杪，先生与锐志、维峻姐妹在上海法租界平济利路良善里组织锐进学社，发刊《锐进学报》，以为内部交通之所，并在杨树浦及法界赖格纳路两处，设有秘密机关。又<闰>六月初一日，在嵩山路沈宅开会，陈其美出手枪欲击先生。过数日，先生又与陶文波等再往南洋，赴各岛组织光复分会。

秋八月，武昌起义，尹锐志、尹维峻、李燮和、王文庆在锐进学社商议响应。以先生为名，派人运动各界，攻制造局，救陈其美，上海因而光复。王文庆、尹维峻往杭运动，并偕屈映光、周文介、周佩璜、张伯岐等赴杭，约朱瑞、吕公望、童保瑄、庄新如等志士数十人，商谋光复浙省。尹锐志等并派人游说程德全，江苏亦即光复。潘谋先、方於笥、郦景曾等，亦在嘉兴运动军界反正。先生恐经费不足，遍电南洋各埠光复会筹集巨款，接济军需。镇江之章梓、申江之李燮和诸人起义之费，多系爪哇、泗水光复会筹寄之款。其取上海、杭州、松江等处诸死士，上海嵩山路炸弹炸死之杨哲商、炸伤之王常素、平智础，及与试枪毙命之沈克刚，均与先生生平最信任之友。非先生十数年来奔走东南，苦心经营，安能至此哉！至南洋筹集诸款，汇至申江，接济徐固卿、陈其美、李燮和三君者不赀。去年东南各省义旗一举，四方响应，两三月即有半壁河山，此时先生虽非建有赫赫之伟业，推其原因，皆先生前数年运动筹划影响所及也。

追先生等抵沪时，杭城已经光复，督浙者暂推汤寿潜。及先生抵杭，即由革命党人举先生为总参谋。先生以张勋负固，金陵未下，不敢稍安，又奔走各处，联络同志，助浙军攻取南京，设筹饷局于上海，竭精尽虑，寝食未安，而旧病加剧。及江南恢复，革命党中之败类，皆有争功夸能、帝制自为之心，先生恐北虏未破，不能自安，强病而起，与朱瑞、吕公望、屈映光诸友人谋北伐之举，以尽吾浙人之义务。时孙文勾通《民立报》，谓孙文携有美金巨款及兵舰若干艘回华。孙党并有兵舰之照相，在南洋群岛发卖，骗取总统，在南京组织临时政府。先生因南洋筹款事，致书孙文，旋得其覆书，略谓先生与彼反对，当筹如何对待。当其时，上海谣传已有陈其美欲刺先生之说，先生不以为真。王文庆在南京致书先生，谓得确实消息，先生在沪大不利，先生始避之于客利旅馆。因应接甚繁，不能不出，乃又移之国民联合会。同人以人来太杂，乃又移之江西路光复会机关所。次日，又移之汇中旅馆。适同盟会会员在该处公谯孙文，先生在饭厅遇王金发、褚辅成。先生病本未愈，次日，因移入法租界金神父路广慈医院。当其时，汤寿潜调交通总长，浙人将举先生督浙，先生力辞未就。十一月二十四日，沪军标统蒋介石，晤张伟文、曹锡爵。言与先生本无意见，欲来与其言明，庶免误会。伟文约以下午四时来光复会机关所一谈。及晤，介石与先生言论融洽异常。谈毕，介石询先生住址，先生随书一条实告之。是夜八时许，蔡先谌与张不华谈，不华辞去，先谌欲偕往，不华不可。十时许，有人持书至广慈医院与先生，询以信之所由来，则言杭州快信，由蒋介石转交。信内系临时协会具名。次日下午，张伟文至，先生示以信，伟文疑之。盖浙江仅有临时议会，并无临时协会之名故也。二十五日夜间二时许，有刺客二人，撬门而入，守门者觉，询以何为？则云来看陶先生。旋登楼，入先生卧室，呼曰："陶先生！"出手枪击之，子弹从左颊入，斜穿脑部，而先生遂不明不白而死矣。

先生生于丁丑年十二月二十二日酉时（即伪光绪三年），卒于辛亥年十一月二十六日丑时（即中华民国元年正月十四号），年仅三十有五。殁之日，同志莫不痛哭，闻者皆为不平。盖因先生奔走国事十有二年，自壬寅迄辛亥，十年之中，弃父母妻子于不顾，仅于乙巳岁，在绍兴办大通学堂时，回家省亲一次，居不终日，即返校中。而且生平无丝毫嗜好，往来运动，均系步行。待人则信义交孚，处己则破衣敝屣。道德如是之高，爱国如是之诚，当此民国成立，竟被二三小人主谋暗害，夫岂中华民国之福哉！先生灵柩暂停绍兴会馆，既而浙都督蒋尊簋派专车迎先生枢，归葬西湖凤林寺前。民政司褚辅成以先生功不可没，取先生事略呈都督，交省议会，议决设立专祠，抚恤家属。上海杭州各省悯先生之死，皆开会追悼。先生之名，诚千古矣。

中华民国元年八月二十六号，云和魏兰拭泪谨述。

是篇祇述陶先生大略，遗漏尚多。然据事直书，无一字不真，无一事不实，文字之优劣不计，一切忌讳，均无所避。明知此言一出，小人之攻我，手枪之击我，炸弹之掷我，在所不免。然我既为陶公之友，知之最详，知而不言，恐天下后世无人知革命党之真相，是非淆乱矣。故信笔而书，宁为董狐之直，牺牲性命，亦所不辞。知我罪我，听诸当世。至于南洋群岛同志之姓名事略，以及沪杭光复之志士，实因限于篇幅，未能尽书，阅者谅之。魏兰又识。

【说明】油印原件，陶珍先生藏。

光复继起之领袖陶焕卿君事略

会稽陶焕卿，讳成章，光复会中最重要之一会员。光复会之起，在癸卯年，先于同盟会，以蔡元培为会长。其后同盟兴，光复会渐散，陶君亦兼入同盟会，而徐锡麟、熊成基亦皆光复会员，始终未入他会者。丁未以后，同盟会渐有涣散之象。戊申冬，陶君前往新加坡，与孙文相见，观其行事，多不能中历物之意，陶君郁不快，尝赴缅甸、爪哇等处演说革命方法，亦颇以是招孙文之忌，甚有人谋暗杀陶君者，赖李燮和保持之。其后同盟会河口之败，党人多退入新加坡，或向孙文索资斧，孙不与，竟向英国华民政务司告密，捕囚党人，陶君尤不平，遂于次年发书宣布孙文罪状（按此宣布书，本社现已访得），自此孙党之势渐散，孙终不安于南洋。嗣是胡汉民等亦惟能往来香港、新加坡间，不敢再越一步，益无所获，而爪哇一带华侨，倾服陶君，附者甚众，陶君因再兴光复会，以李燮和为会中重要之员。至辛亥三月，黄兴发难于广东，推赵声为主，赵君本亦光复会人也。尝以机密泄漏，侦得其踪，欲杀胡汉民之弟胡衍鸾不果。广州败后，一日，胡汉民邀赵君会食，食后赵君腹遽痛，赴医院剖割两次，俱不能愈，竟以毕命，外间颇有烦言指责，李燮和亦去南洋而来上海，潜进而冥冥中，上海光复与制造局之克，皆李燮和为之也。燮和既拔上海，陶君亦自南洋归，时苏、杭皆已次第反正，而李燮和所抚黎天才军，与浙军合攻南京最为出力。浙军中之主将参谋，亦多光复会员。南京既破，黄兴遽被举为大元帅，浙军不平，反对甚烈，卒以黎元洪为大元帅、黄兴为副元帅，外人颇有疑陶君嗾动军队为此者。沪都督陈其美尝与浙军参谋吕公望言，谓致意焕卿勿再多事，多事即以陶骏保为例，公望闻之笑曰："南京之事，岂沪军所能干涉，敬劝君幸勿滥用威权也。"未几，孙文归，被举为临时大总统，就任后，即与陶君书，诘问从前宣布罪状之理由，谓予非以大总统资地与汝交涉，乃以个人资地与汝交涉。书到之日，阴历十一月二十三日也。其后三日，陶即于广慈医院被人刺死。

【说明】本文录自《神州日报》，一九一二年十月十日第三版，标题下云："太炎口授。寂照笔述。时为陶君被匪徒戕害之次日。"

辛亥革命光复会领袖陶成章传

樊 光

陶成章，绍兴会稽人，博学多谋，强毅果敢，勇于任事，劳怨艰苦，均所不辞。少时颖悟，迥异常人。六岁读书，过目成诵。以其在乡久熏陶于黄梨洲、张苍水诸先哲之大义微言，并喜悦新书西哲革命名著，早富革命思想。又尝见满清驻防旗人在各地方不时凌虐人民，非常愤慨，遂坚持革命宗旨，因著有《中国民族权力消长史》一书，署称为会稽先生。

庚子年，义和团起，拟潜入北京，乘机刺杀满清西太后那拉氏，以起事不成，因又只身赴天津，历游蒙古东西盟各地，观望山川形势，以规光复。辛丑，复至北京，不得机而返。壬寅，再赴日本东京，拟入成城学校学陆军，能回国柄权，实行革命。时清廷驻日公使留学生监督汪大燮刺知成章有异志，畏其学陆军，以计调其赴北京而除其学籍，乃复折回国中，潜入浙江东西各属，从联络会党组织实力,以为躬亲从事革命基础。又在沪专设机关,一即锐进学社,由尹锐志、尹维峻、李燮和等主持,暗中输入革命书报甚多,以资启发,后来上海光复,即由该社为起义本营。在浙联络会党潜力巨子,如嘉兴敖孟姜,绍兴竺绍康、王金发,兰溪蒋禄山,金华张恭,永康吕载之,台州王文庆,云和魏兰、张伟文,丽水阙玉祺,缙云周华昌、吕东升等皆其显著者,嗣后皆在辛亥革命役中卓立事功。

成章先生与余等设计,以浙东各属万山丛杂,会党甚盛,容易资以起事,曾徒步三次潜入金,衢、严、处各属,组织起义,屡被侦缉破坏,不获成功。但先生愈失败愈不畏劳苦,草鞵篛笠,胼手胝足,了无所苦。事急时,望门投止,人皆争欢迎之,其得人心爱戴如此。历在浙江图谋起义,四过杭州,与其家绍兴相隔一江,从不回家。有一次将近除夕,人有劝其一返家乡度岁者,毅然回,幸老父犹健,家计无忧,一至故乡,恐被人情牵累,不复能出矣。既以身为国奔走,岂尚能以家系念耶?其坚毅报国有如此。

丙午岁,潜结闽皖各同志,被任为五省大都督,分浙东、浙西、江南、江北、皖北、皖南、上闽、下闽为十军,计划在杭垣起义,作大规模行动。不幸为浙抚侦知,机关器械和一切军备全被破获,与重要同志数人仅以身免,乃复东渡至日本东京。

初,余到东京留学,即往见中山先生,畅谈革命,极承奖励,加入同盟。嗣即与成章先生相识,介绍见章太炎先生,一见如故,称许备至,嗣后到老见面时,犹称我当时樊翀之名。……而成章先生则果敢英断,遇事勇为,切实力行,不辞艰险。每遇有大事,由章先生论决,成章先生即为推行尽利,因而相得益彰,而当时革命成效乃大著。东京方面,气势极盛,中国留学生将近七万人,革命雄潮,传播甚广。而东亚各国所来留学生亦不少,有志者并未亲炙。成章先生乃与余于丁未夏组织一东亚亡国同盟会,潜结安南、缅甸、印度、暹罗诸被帝国主义压迫国家之留学生侨民思想前进者均在内，相互支援，共同革命，推章太炎先生为会长。此会虽经日本当局严密侦察，未能公开大有发展，但各人均皆爱戴团结，颇多作用。闻有多人回国争求其民族独立建成伟大事功者，实皆由兹发轫。而光复会则内部组织宏大，坚实健全，内联留学生和国内学生志士会党，外联南洋群岛和欧、美、澳、亚、非各地华侨，传布革命宗旨甚广。初时成章先生游历南洋英荷各属地运动华侨，并募捐款接济国内起义，乃为同道者所忌，多方尼之。成章先生知难与共事，决计独任艰巨，忌者益切，散布谣言，诬为保皇党，遣人暗杀，幸得李燮和等力为辨解，得免于难。因将其所著浙事，即记载浙江各同志革命事迹始末者，编《浙案纪略》一书，以一部分登之当地《光华日报》。自是而南洋各地无人不知陶成章久已声名卓著之人，遂先后在各地遍设光复分会，大加发展，是亦为光复会与同盟会分歧之一端。

光复会每年向华侨捐募来款甚巨，但均以用于革命事业，个人毫无染指，各人刻苦自励，生活极简单朴素。章先生居处极俭约，一身布吴服（即日本装），数年不换。成章先生尤俭约，耐劳苦，尝严冬来寓过访，适遇雨，日本旅馆均席地而居，须在门口脱靴方能进内，陶在门外脱靴时，水已漏渗其袜，脚跟暴露在后，日下女谓其穷小子，谓如何与此下等人交往。余笑语之曰：“勿瞎说，彼实为最富之人，每年经其手进出者数百或至千万，彼特节约，不肯浪费，且逐日为国奔忙，无暇为添补衣服耳。……”时东京革命志士多出入章先生之门，而先生亦诚心接纳，相与晤谈座谈，终日在客座，乃无倦容。谈到革命事业，即意绪分飞，热情发越，滔滔若决江河，使闻者鼓励奋起，如将临阵。成章、宝铨每日必至，传达内外事务，除余等常到外，其余留学界名流志士，来者甚多，日人朝野名流亦常到，惟陈独秀虽常来，先生似无意接纳，谓其人语言摇动不定，见理不清，恐将为终身之累。

争取缔规则成功，留学生反受严处，嗣是而革命势焰益炽，章、陶等和革命党人，计划进取之力益大。章、陶等在东京更为清政府所忌嫉，既已收买刘光汉在武汉端方幕中作耳目，复派多人假充考察政治教育，或留学生渗入学界内部伺察，欲为根本消除革命之计，有大肆摧残举动。而袁世凯在北洋大臣任上，尤注意成章先生，谓此人将来必为我大敌，急欲罗致之，密遣人来，甘言利诱。而成章先生绝不为动，一笑置之。但清廷对章、陶等阴谋益急，恶势益张，或劝须有戒备或暂避地者，二人了不为意，谓从事革命，早置生命于度外，何能效儿女子畏首畏尾而成大事哉」

革命潮流既澎湃于中国，革命党在内地起义者，如黄花冈等役，轰轰烈烈，声震寰宇，光复会即由章、陶诸先生严密组织志士英才回内地谋职或捐官，渗入国内清政府机关握权，乘机从内地起事，熊成基在安庆起义，失败后又潜赴哈尔滨谋刺清贝勒载洵，成章先生又计使徐锡麟回国捐纳清室道员，在皖省恩铭处得权，办巡察学校。锡麟先是又与秋瑾等在绍兴开设大通师范学校，专事收揽浙中会党头目和革命志士，人材众盛。锡麟等在皖垣刺杀皖抚恩铭，一声霹雳，清室震悼，东南半壁全体动摇。大通原约同期举事，因皖垣事有失缜密，锡麟恐全盘泄漏，大功败于垂成，乃先期举发，一击成功，惜皖垣各方接应未能得手，而锡麟等三杰遂以牺牲。清廷一面则来绍兴查抄大通学校，秋瑾被执，党中诸人，各地逃散，仍传播革命种子，遍于浙东。秋瑾被刑就义，绝口不言，临刑只吟"秋雨秋风愁杀人"一句，绝对不屈，闻者壮之。后人特墓于西湖，定时吊祭，并立风雨亭以纪念于不朽。知府旗人贵福，所谓贵翰香者，不久被秋瑾学生尹锐志、尹维贞姊妹乘机亲手杀死，为师报仇，是案实以褫清廷之魄，厥后中国革命成功，以皖绍之举为最大转捩关键云。

自皖省及东南各处时有起义之后，满清南方各省都已震恐动摇，我东京革命同人以机会已届，章、陶诸位与余等计议，应即设法归国内活动，乃令我等党同志分途回国，从事宣传，组织策进，实行举事。戊申岁，余等归国，分别渗入军队、政界、工、商、学及地方自治各方面工作。以清廷宣布假立宪，筹备地方自治，此方最易发动基层民众，联合地方势力。余乃入处州参加筹办自治，仍不时与成章联系出外从事各方工作。时各地方会党及革命势力日益伸张，浙江各地更因陶成章先生平日活动联络，益有蓬勃奋起之势。成章先生乃复潜行回浙，到金、衢、严、处、杭、嘉、湖、台、宁等处，结合各属，催促发动，分配多人普遍出动部署，是时与陶时同聚议计划，虽屡有起义，未能成功，而其擘划经营，联络团结，发挥潜力，使都能实践，其成效则甚大。

武昌起义后，既由陶先生所设立之锐进学社为本营，以李燮和、尹锐志、尹维峻为首，会同陈其美等攻取上海制造局，光复上海。又由尹维峻、王文庆等赴浙发动朱瑞、吕公望等光复杭州，方於笋等在嘉兴反正。我与周昌华、吕东升等在处州起义，而浙江各旧府属均同时起义，各设军政分府，类皆为成章先生平日所布置策动之人。嗣又由朱瑞率领浙军敢死队北伐，以马郡等处进兵，百战攻克天堡城，驱使张勋宵遁，光复南京，得以召集各省代表组织临时参议会，选出孙中山先生为大总统，推翻满清，改定国体为中华民国，宣布五族共和，颁布临时约法，以开民主共和基础，而结束二千数百年封建专制之局。

成章先生于辛亥夏曾又赴南洋各地，发动华侨捐款，资援国内革命，又成立多处光复分会，陆续筹募巨额捐款，汇归国内供革命起义饷款，如第九镇统制徐固卿、上海陈其美、李燮和等，即得其接济以举事,其他如杭州并江浙各重要地方起事者,亦皆得其支援之力为多。是时在上海、松江、杭州首义之敢死志士,亦类皆成章先生平时推心置腹所联络之志士。

武昌起义,一声响发,四方响应,不久而东南数省全体解放。成章先生数十年来在东南各处,深入基层,发动群众,殚心疲体,力征经营之功为不少,其成效著矣。

武昌起义时,成章先生方在南洋募带巨款而来,浙中光复各同志公举为北伐总参谋长,乃在沪维昌洋行设办事处,因奔走各处,联络同志,援助浙军北伐,进攻南京,竭力焦劳,几乎寝食俱废,因而旧病复发。本在卧病,以南京光复,国体初定,而北方未靖,朱瑞等督率浙军,仍在策划进军北伐,强起视事,与朱瑞等计议进兵方略。时陈其美在沪督任上,声名恶劣,当然是大不满意,间有讥评,而陈其美又欲向陶分用其带回饷款,陶正面拒绝,以此为北伐饷需,当不敷支援甚巨,决不能移作别用,陈既衔之次骨。适是时浙江都督汤寿潜辞职,先是,陈在沪督任上,中外攻击甚烈,早不安于位,意图调继浙督,曾遣蒋介石等到浙运动,浙人置之不理,迭次派人来迎成章先生继任,代表络绎于道,乃更触陈之仇忌,视陶为重要敌手,使蒋行刺。当时即有陈其美欲刺杀陶成章之风传,王文庆在南京已闻及,特来沪急劝成章先生避地。乃陶以北伐筹饷等事重要,未能摆脱,因累次迁居至法租界广慈医院养病,初甚隐密,而蒋介石到处寻访,遇到张伟文,谓有关北伐机密要件,须与成章先生面商,伟文以其本革命党人,想系实情,竟引至广慈医院和成章先生会晤,相谈款洽,不期当夜即遭其凶手也①。

辛亥五月间,余得上海陶成章先生来讯,往参会议,与陈其美会聚,知成章先生已赴南洋活动募款,嘱余即回赴处州活动,到处

----

① 以下谈陈其美枪杀陶骏保事,略。

州府城联系，由第一中学开绅商工学各界大会欢迎。余讲演时，竟涉及全国革命将不时爆发之旨，为清知府肖文诏所闻，拟来逮捕，急跳而免。后在缙云假名筹办城乡自治，密结同志，组织团队，乘机起义，所有当地绅商工学及良农营警各方，均已勾通，待时而发。武昌起义一声炮响，余等即在缙云城乡起义，所属城乡满清官军均服降，地方秋毫无恙，全民欢庆。惟与吕东升等意见不同，彼等欲在处州组织都督府，余与周昌华等则以处州已有同志解决不成问题，东南各省县未底定，北方久为满洲根据地，满清又向主"宁送外人，不给家奴"之旨，必当力图盘据，而北洋军阀把持尤力，非共联合各省会力铲除不可，决即率师赴杭沪参加北伐，时知成章已回沪，密使报之，当即分道扬镳。群众举余为参谋长，主持一切，余乃推周昌华为总司令，率军出发，以一日程，傍晚抵永康城，满城绅商工学界都来欢迎，驻地旧满清防营，初亦来投诚，但未缴械，后不知被何项挑拨，或自猜疑，竟乘夜率军来袭，围攻屠杀，同志死难者马□□、应梧生等十九人，余等仅以身免，惨痛万状。间道至杭州，时已光复，得昭雪死者，诛杀防营。时陶成章先生已由沪来信邀余等，舍弟崧甫已在杭参加光复。翌日，余等同到沪已傍晚，由张伟文来引导，余与弟崧甫往晤成章先生于广慈医院，见面即殷勤慰劳，谓太辛苦，幸能脱险，后来事业甚大，不必以小挫折撄心。且慷慨言曰："现时对异族革命，虽渐成功，但政治革命当甚艰巨，北方未定，北伐尤急，满清残喘，原不足平，但北洋军阀势盛，尤以袁氏司马昭之心路人皆知，不可不有严重策略对付，当须国人加信团结，一致铲除，免得再勾结帝国主义祸国加甚。言次，并欲请我等回浙代为布置，并约明早在维昌洋行办事处会晤，酌议一切。时见其已改易中装，穿长袍，体态从容，惟形貌颇憔悴，知其疲劳于国事过甚也。谈久已深夜，余等乃辞出返寓。翌早，余方起床，忽听街上卖《字林西报》号外声，余买一份阅看，突见大字登载，"广慈医院发生暗杀大案，陶成章被刺身死"等字，真如晴天霹雳，头昏几乎晕厥。急至维昌洋行探视，则张伟文、龚宝铨等都已先在，泣不成声，闻龚且晕去过，现正哭得瘫痪，几不能起坐，始知陶死已确实。并闻太炎先生震惊失措，几乎晕厥，自此如失左右手，终身骂蒋介石为杀人犯不置。当时只好大家节哀商量善后，措办丧礼，惟众人均皆愤不欲生，誓必侦查凶犯，执法雪仇。

陶成章先生为中国革命伟大领袖，大名传海内外，而凶案又发生租界热闹之区广慈医院内，此事一出，哄传世界，沪英法租界当局亦十分郑重其事，严急缉凶。侦知凶犯在沪军都督府内，为蒋介石，原为府内中校，刺陶后，即已升为上校，众始详悉其行刺之因由，主从之要犯，只以碍于沪督特殊势力，工部局未便径行拿办。然因迫于多方舆论，并以被害者为如此著名大人物，外国有力权要名流，均力督促，故已出手措施，待机发动，并已叠成案卷，拟即出票拿犯，陈、蒋闻风，乃急令蒋匿名躲入日本，避过多时，使缉凶期远，案已冷去，乃被潜回。

陶成章先生才力过人，坚苦卓绝，革命数十年，以身报国，置家不顾，敝衣恶食，绝不厌倦，对人则谦和诚实，信义相孚，其肩负巨任，胆识过人，当时革命党中人才，实无出其右者。其学识亦独特先进，革命时，在国内所组织之龙华会，号召力甚广大，定有章程会规十条。其第一条内云，赶走了满清挞子皇家，收回了大明江山，并且要将田地收归大家所有，财产亦不准富豪霸占，使我四万万同胞，并四万万同胞子孙，不生出贫富阶级，大家安安顿顿有饭吃。其檄文内引孔子《礼运篇》云："大同之世，天下为公，选贤与能，使人不独亲其亲，子其子，使老有所安，幼有所长，壮有所归等……"是何等胸怀，何等卓识，余辈所能记述其言行，实挂一漏万，不能道及其当年行动之什一。倘不遭戕害,其前途成就岂止什百于当时。

　　【说明】本文原题《辛亥革命光复会领袖章炳麟陶成章合传》,打字稿,上海社会科学院历史研究所藏。今将其中陶成章传部分辑出。

中国民族权力消长史序

蒋智由

　　今之昌时论者,曰爱国,又曰民族主义,二者其言皆是也。欲拯中国,舍是道其奚由也?或者谓国家之义,与夫民族不同。民族者,一种族之称;而国家或兼含数民族而成。若是,则言爱国,与夫言民族主义,二者得毋有相冲突者乎?余曰:夫国家之于民族,固不同物,虽然,此二主义实可并施于中国而无碍。何则?中国之所谓国家者,数千年历史以来,即我民族所创建之一物也。故就中国而言,非民族则无所谓国家。何则?假令为英人之所并,为俄人之所并,为德、法、美、日本之所并,夫岂无国?然此之所谓国,必非我之所谓国。我之所谓国者,我民族所创建之一国是也。然则今日尚得谓之有国乎?曰:乌乎!其尚得谓之有国已矣,其谁不知我早为亡国之民矣。然则既无国,易言爱国?曰:我所谓爱国者,爱吾祖宗之故国,惟爱之,故欲新造之。如是,故言民族主义即为爱国主义,其根本固相通也。会稽先生抱民族爱国主义,其热如火,著是书也,盖欲伸其志也。抑夫我种族之所始来,迄今尚无定论,余尝著《中国人种考》,网摭各说,然非能下确实之断案也,惟必推本于黄帝。儒家之首尧、舜而删黄帝,此对于我国之历史为一大罪,余之所尝痛论者也。因是书而略及之。要之,言我民族必推本于

黄帝，而民族主义与夫爱国主义，于我国实相一贯而不可离，庶乎
其读是书也，益有得矣。

　　甲辰（西历千九百四年）冬十一月，观云蒋智由识于东京。

【说明】本文录自《中国民族权力消长史》卷首。

浙案纪略原序

魏　兰

　　当此二十世纪亚东大陆轰轰烈烈、惊天动地，唤醒无老无少、
无男无女，其事传布于五洲万国者，非吾浙徐君锡龄之枪杀恩铭
乎？徐君以道员而充警察会办，由会办而枪杀恩铭，固可谓富贵不
淫者矣。当其临事之时，从容不迫，颜色不变，尤非庸常之辈所能
及，即比之荆轲、聂政，又何让焉。然而徐之能成如此之事功者，非
徐之一人能自成之，以有无数之英雄豪杰有以致之也。使无陶、
龚、敖、魏诸人，而各府之党会，亦是无自而联。使陶与龚不入绍
兴，即大通学校之人才，亦是无由而聚。当其时，陶君若无学习陆
军之计画，而徐之道员亦是无从而得。他如沈君之筹商，马、陈之协
力，以成安庆之役，更可不必论矣。吾故曰：徐之能成如此之事功
者，非徐之一人能自成之，以有无数之英雄豪杰有以致之也。此事
嚆矢于浙，发现于皖，牵连及于鄂赣诸省，而其案情之归结，仍在于
浙，其间实有深拗不可思议之一理由，固非他人所可得而知之也。
案中人恐其事之湮没不彰，反致以讹传讹，遂将其大略情形，著为
一编，名曰《浙案纪略》，登之仰光之《光华日报》。庚戌夏，又将其
书分为三卷：上卷纪事本末，并补述刘光汉内叛诸事，凡四章，一曰

文字狱,二曰党会原始,三曰进取记事,四曰破坏纪事;中卷列传,计七篇;下卷附录,凡二集,一曰党人文告,二曰清吏案牍;外纪《教会源流考》一篇,统计六万馀言。书成,因述其缘起于此。

共和纪元二千七百五十一年,岁次庚戌五月五日,浙东魏兰序。

【说明】本文录自《浙案纪略》,一九一六年七月魏兰校补本。

浙案纪略序

魏 兰

《浙案纪略》,会稽陶焕卿先生所著也。先生南游至缅甸,曾载于仰光之《光华日报》。所有革命党人之姓名,皆用甲乙丙丁等字以代之,盖恐清吏之注目也。庚戌岁,先生又将其书分为三卷:上卷纪事本末,凡四章,曰文字狱,曰党会原始,曰进取纪事,曰破坏纪事,并增补刘光汉内叛诸事;中卷列传,凡七篇;下卷附录,凡二集,曰革命文告,曰清吏案牍;又外纪一篇,曰《教会源流考》。凡关系诸人,为清吏所不知或知,而不甚注意者;又或本人已著名,清吏已注意而尚留寓内地者:本书中均仅录其姓,而名用□空之,以为隐晦,馀则录其真姓名也。

稿既成,即拟付印,同人皆谓序述过详,事机毕露,反为进取之害,因将中卷列传及《教会源流考》先刻于日本,余稿悉藏于东京。民国成立,兰欲付之于梓,函托陈逊生君携归。时朱介人、屈文六两先生欲编《浙江光复史》,延罗秀南、於少秋两君主笔政,张□□又将是编交于屈君,以为参考之用,但其中人名未经直书,阅者茫然,乃询之王文庆君。王君以兰与陶公同事最久,谅必深悉,嘱兰一一填之。秋九月，兰又出宰永康，其稿仍存于罗秀南先生处。二年春，尹维峻女士欲编《光复史》，函索是稿，兰又作书致秀南，请其转交维峻，由是其稿又为尹女士所藏。无何，尹君北上，兰由永康调任武康，地址未详，音书遂绝。四年冬，兰以负试知事，入京觐见，晤尹君于章太炎先生处，因将原稿索回，误者正之，缺者补之，馀则悉仍其旧，不敢窜改，盖恐反失其真云。

中华民国五年六月三号，云和魏兰谨序

【说明】本文录自《浙案纪略》，一九一六年七月魏兰校补本。

本社出书广告

——《浙案纪略》

本案为近年间一大党案，然海内外记斯案诸书，强半违离事实，致使同胞莫由悉其始末。兹由斯案关系诸人将前后事实详加审谛，编成三卷。上卷纪事本末。中卷列传，计七篇：一、刘家福、濮振声、王金宝列传；二、徐锡麟、陈伯平、马宗汉列传；三、秋瑾列传；四、刘耀勋、徐顺达、蒋篆飞列传；五、敖□□列传；六、余孟庭列传；七、裘文高、大开列传。总计六万馀言，言皆有物，洵足供有志者之研究云。定四月出版。

【说明】本文录自《教育今语杂志》第一册，共和纪元二千七百五十一年岁次庚戌正月二十九日出版。

刊行《教育今语杂志》之缘起

　　环球诸邦,兴灭无常,其能屹立数千载而永存者,必有特异之学术,足以发扬其种性,拥护其民德者在焉。中夏立国,自风姜以来,沿及周世,教育大兴,庠序遍国中,礼教唱明,文艺发达,盖臻极轨。秦汉迄唐,虽学术未泯,而教育已不能普及全国。宋元以降,古学云亡,八比诗赋及诸应试之学,流毒士人,几及千祀。十稔以还,外祸日亟,八比告替。兼欧学东渐,济济多士,悉舍国故而新是趋,一时风尚所及,至欲斥弃国文,芟夷国史,恨轩辕厉山为黄人,令己不得变于夷。语有之,国将亡,本必先颠,其诸今日之谓欤?同人有忧之。爰设一报,颜曰《教育今语杂志》,明正道,辟邪辞,凡诸撰述,悉演以语言,期农夫野人皆可了解。所陈诸义,均由浅入深,盖登高必自卑,升堂乃入室,躐等之敝,所不敢蹈。真爱祖国而愿学者,盖有乐乎此也。

《教育今语杂志》章程

第一章　宗旨

本杂志以保存国故,振兴学艺,提倡平民普及教育为宗旨。

第二章　定名

本杂志依上列宗旨,演以浅显之语言,故名《教育今语杂志》。

第三章　门类

本类志之门类,大别为八:

一、社说　悉本上列宗旨以立论,对于夸夫莠言,尤必详加辨驳,俾国人不致终沦于台隶焉。

二、中国文字学　我国文字发生最早,组织最优,效用亦最完备,确足以冠他国而无愧色。惟自唐、宋以降,故训日湮,俗义日滋,致三古典籍,罕能句读,鄙倍辞气,亦登简牍,习流忘原,不学者遂视为艰深无用,欲拨弃之以为快。夫文字者,国民之表旗,此而拨弃,是自亡其国也。故本杂志于此门演述,特为详尽。凡制字原流,六书正则,字形,字音、字义诸端,悉详加诠释,务期学子得门而入,循序渐进,不苦其难,以获通国人人识字之效。

三、群经学　经皆古史,古之道术,悉在于是。后世子史诗赋,各自名家,其原无不出于经,故本杂志于群经原流派别及传授系统一一详言,以为读经之门径。

四、诸子学　九流百家,说各不同,悉有博大精深之理在。后人就其一家,研钻毕世,有不能尽者。本杂志于其原流分合及各家宗旨之所在,胥明其故,俾国人得因以寻其涂辙也。

五、中国历史学　典章制度,礼仪风俗,以及社会变迁之迹,学术盛衰之故,悉载于史。我国史乘,各体具备,欧洲诸国所万不能及。近世夸夫拾日人之馀唾,以家谱相斫书诋旧史,诚不直一嘘者。本杂志于史法史例,悉为演述,并编为通俗史,于学术进退,种族分合,政治沿革,一一明言,期邦人诸友发思古之幽情,勉为炎黄之肖子焉。

六、中国地理学　禹域疆土,广大无垠,其间河道变迁,山峦障隔,悉与民俗有关。本杂志演述本部形势,凡五土异宜,刚柔殊性,语言风俗习惯之不同,咸为明其故焉。

七、中国教育学　三代教育制度之见于载记者,彬彬可观。秦汉以降,教育之事,虽日见废弛,然大儒讲学,往往而有,如胡安定设学湖州,颜习斋施教漳南,观其学制,咸可师法,其他关于教育之粹语精言,尤更仆难数。本杂志当详加搜讨,演述于篇,以为有志教育者师法焉。

八、附录　约分四类:

甲、算学　算学应用之处最多,大而证明学术,小而料量米盐,无不取资,故本杂志附设此门,以应国人之需求。

乙、英文　英文施用甚广,国人习之者众,本杂志亦译述诸文,以供参考。

丙、答问　凡有投书下问者,本社同人当各学所知以答。

丁、记事　凡学务盛衰损益之有关系于国人者列焉。

第四章　办法

一、本杂志以庚戌年正月出版,嗣后月出一册,务不愆期,每期暂定七十页。

二、本杂志演述各种学术,均由最浅近、最易晓者入手,以次渐进,期有系统。

三、本杂志于各种学术,务求解释明了,不事苟难,庶便学子自修,兼为无师者指导门径。

四、本杂志担任撰述、编辑、发行诸人,皆尽义务。

五、大雅君子,凡惠稿件,使不悖于本杂志宗旨及文体者,皆择尤登录,惟无论登与不登,原稿概不检还。

第五章　经费

一、开办费及房屋器具诸杂费，均由本社同人担任。

二、本杂志印刷费，以所得之报资充之，其有不足，仍由本社同人担任筹补。

凡投书本杂志者，请寄日本东京小石川区大塚町五十番地教育今语杂志社通信所。

【说明】本文录自《教育今语杂志》第一册，共和纪元二千七百五十一年岁次庚戌正月二十九日出版。

陶成章信札题识

赵必振

右浙江陶成章先烈手札□□件。

成章浙人，字□□，光复会中之健者。当清末辛亥之前，革命思潮遍于全国，凡有志之士，各组党会，其目的仅以先复满清为主，本极简单之民族主义。故当时革命排满之声浪，盈于耳鼓，不止兴中会一会而已。成章与章炳麟、徐锡麟、秋瑾、王金发同为光复会之实行人物，然当革命之初、虽宗旨相同，而互相疑忌，无可讳言。如刘铭博诸人之死，当时外间均啧有烦言，成章既为光复会之实行人物，其为他党所疑忌，亦无可讳言。成章于革命事业奔走尤力，辛亥各处义军蜂起，成章在浙江号召自立，遂为浙江都督，同时淞沪一隅有三都督并起，此成章被狙之原因。当时成章之奔走革命也，与安化李燮和先烈尤为同气，其与燮和先烈往来函件尤多，即致各同志函件,亦由燮和先烈所转递。函札中所称柱中者,即燮和先烈人字也。成章既被狙后,当时无人敢发其复。燮和先烈之子,有心人也,于其片纸只字,什袭藏之。今则时移势易,风止雨霁,燮和先烈之子某某君,始出其手札交余。然藏之即久,虫蚀鼠啮,零落散乱,不能成篇。余穷日夜之力,大加整理,始可复读。然尚有首尾不全者,姑阙疑可也。但原系手札,非加以装订整理之后,仍易散乱。且俟来日再为装璜,以存先烈之遗。今志其始末于此,俾世之读革命文献者,知燮和①先烈之手泽尚存有人间,必有发扬光大之一日也。

【说明】本文录自《陶成章信札》,湖南社会科学院藏,湖南人民出版社一九八〇年一月版。

附: 呈稿残件

（前缺）

……泣鬼神,我等景仰万分。蓄意集新安两邑热血青年组织大刀队,共赴国难,矢以必死之决心,求最后之胜利,庶后死之责任可完,而国家之永存可保。惟因人数有数百,整齐步伐,稍需时日。而给养全无着落,甚感困难,用特函恳贵区、部代转,可否予以相当维持？代转层峰,请求指示办法,以便祗遵,毋任盼祷。谨呈。

九、十八

【说明】此稿录自《陶成章信札》,系呈稿,落款为九月十八日,前缺年份不详,不是陶成章亲笔,但赵必振辑存一起,故附于后。

---

① "燮和"疑为"成章"之误。

亚洲和亲会约章

公元一九〇七年四月,成立于日本之东京

章太炎

　　亚洲诸国,印度有释加商羯罗之教;支那有孔、墨、老、庄、杨子之学;延及波剌斯国,犹有尊事光明,如闇逻斯托逻者:种族自尊,无或陵犯。南方诸岛,悉被梵风;东海苍生,虑餐华教。侵略之事既少,惟被服仁义者尊焉。

　　百餘年顷,欧人东渐,亚洲之势日微,非独政权兵力,浸见缩朒,其人种亦稍稍自卑。学术既衰,惟功利是务。印度先亡;支那遂沦于满洲;马来群族,荐为白人所有;越南、缅甸,继遭蚕食;菲律宾始制于西班牙,中虽独立,亦为美人并兼;独有暹罗、波剌斯财得支柱,亦陵夷衰微甚矣。悲夫!

　　曩者天山三十六国,自遭突厥、回鹘之乱,种类殄亡,异日支那、印度、越南、缅甸、菲律宾辈,宁知不为三十六国继也。仆等鉴是,则建"亚洲和亲会"以反对帝国主义而自保其邦族。他日攘斥异种,森然自举,东南群辅,势若束芦,集庶姓之宗盟,修阔绝之旧好。用振我婆罗门、乔答摩、孔、老诸教,务为慈悲恻怛,以排摈西方旃陀罗之伪道德。令阿黎耶之称,不夺于皙种,无分别之学,不屈于有形。凡我肺腑,族类繁多,既未尽集,先以印度、支那二国组织成会,亦谓东土旧邦,二国为大,幸得独立,则足以为亚洲屏蔽。十数邻封,因是得无受陵暴,故建立莫先焉。一切亚洲民族,有抱独立主义者,愿步玉趾,共结誓盟,则馨香祷祝以迎之也。

定　　名

一、本会名"亚洲和亲会"。

宗　　旨

一、本会宗旨，在反抗帝国主义，期使亚洲已失主权之民族，各得独立。

会　　员

一、凡亚洲人，除主张侵略主义者，无论"民族主义"、"共和主义"、"社会主义"、"无政府主义"，皆得入会。

义　　务

一、亚洲诸国，或为外人侵食之鱼肉，或为异族支配之佣奴，其陵夷悲惨已甚。故本会义务，当以互相扶持，使各得独立自由为旨。

二、亚洲诸国，若一国有革命事，餘国同会者应互相协助，不论直接间接，总以功能所及为限。

三、凡会员均须捐弃前嫌，不时通信，互相爱睦，期于感情益厚，相知益深，各尽其心，共襄会务。且各当视为一己义务，以引导能助本会及表同情者使之入会；并以能力所及，建立分会于世界各国。

组　　织

一、凡会员，须每月聚会一次。

二、各会员须存一全体会员名簿住址簿；

开会时记入新会员于名簿，并介绍之于各会友；

发表会务报告书；

宣读在各国会员所致之报告函件等，并报告于各处分会；集收会费若干，以充临时费用，但其额则以能支纸笔邮费为限。

三、会中无会长、干事之职，各会员皆有平均利权，故各宜以亲睦平权之精神，尽相等之能力，以应本会宗旨；

无论来自何国之会员，均以平权亲睦为主；

现设总部于东京、支那、孟买、朝鲜、菲律宾、安南、美国等处，俾收发函件皆得定处，既便交通，且使散处之各会员，均得易悉会中事务。

【说明】《亚洲和亲会约章》，章太炎撰，有中文本、英文本和日文本，本件系陶冶公先生旧藏抄稿，末后还有陶先生所拟《跋语》：

"此会成立于一九〇七年（光绪三十三年）丁未之春，首由中、印两国志士发起于日本之东京。《亚洲和亲会约章》为章太炎先生之手笔，译成英文。开章明义即反对帝国主义。……以余记忆所及，中国方面入会者有：章太炎（炳麟）、张溥泉（继）、刘申叔（师培）、何殷振（震）、苏子谷（元瑛、法名曼殊）、陈仲甫（独秀）、吕剑秋（复）、罗黑子（象陶）及余等数十人。……陶冶公附志，一九五四年四月"。在"入会者"中，无陶成章名，但根据魏兰：《陶焕卿先生行述》、樊光：《辛亥革命光复会领袖章炳麟陶成章合传》，陶成章曾参加此会。

陶先生死不瞑目（一）

会稽陶焕卿先生成章尽瘁革命事业，历有年所。此次浙省光复，功绩在人耳目。最近浙汤督改任交通总长，浙人颇有举公者，而公推让不遑，其谦德尤可钦佩。讵料昨晚二时许，公在广慈医院医室静宿,忽有二人言有要事相访。侍者引入室,公面向内卧。二人呼陶先生,公窹而外视,二人即出手枪击中公太阳部,复以手枪威胁侍者,禁勿声张,从容而去,而公竟自此千古矣。凶手未获,故案情颇不明了,惟近日盛传满洲暗杀党南下,谋刺民国要人,公或其一也。闻军政府刻已严密查究,法捕房亦严饬探捕缉获云。

【说明】本文录自《民立报》一九一二年一月十五日

陶先生死不瞑目(二)

——被刺情形

陶焕卿先生在法新租界金神父路广慈医院医疾,被不知姓名之人用手枪击伤脑部身死。法捕房得信后,立饬各探捕严行查拿外,禀请会审副领事顾宝君,由顾君咨照聂谳员,会同至该医院,先察看该匪等入门形迹,复至二层楼头等病房,检视陶君之尸,系用手枪轰击,枪珠从左颈喉管傍边深入脑部,惟枪珠并未穿出头顶,故不能取出。检毕,由陶君亲友备棺成殓,须严缉凶手到案究办。并闻凶手留有手印在房门上,已由捕房摄影,以便侦缉云。

【说明】本文录自《民立报》一九一二年一月十七日。

总统唁电

南京孙大总统闻陶君遇难,非常痛悼,昨有急电致陈都督云:"万急。沪军陈都督鉴:阅报载光复军司令陶成章君,于元月十四号上午两点钟，在上海法租界广慈医院被人暗刺，枪中颈腹部，凶手逃去，陶君遂于是日身死，不胜骇异！陶君抱革命宗旨十有馀年，奔走运动，不遗馀力。光复之际，陶君实有巨功，猝遭惨祸，可为我民国前途痛悼。法界咫尺在沪，岂容不轨横行，贼我良士？即由沪督严速究缉，务令凶徒就获，明正其罪，以慰陶君之灵，泄天下之愤。切切。总统孙文。”

【说明】此电录自《民立报》一九一二年一月十七日，末附按语：“此案发生，已由沪军都督派遣全部暗探严密查拿外，并饬交涉司转饬会审公廨委员及函请租界捕房一体协缉矣”。

又，黄兴亦于一月十七日由南京电请陈其美严缉凶手，载《民立报》一月二十日，电云：

“上海陈都督鉴：闻陶君焕卿被刺，据报云是满探。请照会法领事根缉严究，以慰死友，并设法保护章太炎君为幸。黄兴叩。霰”

永锡堂追悼大会

　　会场情况　昨午三时，沪都督暨绍兴旅沪同乡会，在永锡堂开徐伯荪、陈墨峰、马子畦三烈士及陶焕卿先生追悼大会。先由临时主席许黙斋宣告开会，述明同乡会与陈都督合设追悼会之缘由。次由孙德卿君报告徐、陈、马、陶四君生平事迹，备述徐、陶两君组织光复会之历史。次由陈烈士之妹陈挽澜女士报告其兄历史。次由卢君锺岳宣布赴皖迁柩情形，并补述马烈士之遗骨先由其家属置诸果品篮中运出各节。次学生军唱追悼歌。次全体会员来宾行三鞠躬追悼礼。次陈都督代表及民政总长李平书君、商团代表盛绍昌君、女界协赞会代表边女士等宣读祭文。次陈都督演说，略谓此时北廷未覆,光复未奏全功,同胞当努力继绍诸烈士之志,以慰烈士之心。次由同乡会员陈汉翘君、沈剑侯君相继演说,词意激烈悲壮,闻者鼓掌。沈君言陶公之死,非死于汉奴,非死于私仇,必死于怀挟意见之纤竖,吾同胞当必代为雪仇。次由来宾金雪塍、沙宝琛、殷人庵、刘养如、龚菊人、徐东甫、黄膺白、梅竹庐诸君及女子协赞会杨季威女士等演说。最后孙铁舟君演说,词旨沈痛,言陶君之死,必死于争竞权利之徒,如嗣后有挟私害公者,当以手枪杀之,言次即掷手枪于案,颇为激烈。最后诸烈士家属答词。至五时半散会。到会人数约四千人。沪上同乡及军、学、商界送挽联、花圈者甚多。闻徐、陈、马、陶四公灵柩,于今日晨十时,由永锡堂发引,经行英、法各租界,至苏路车站,特开花车运杭,安葬西湖云。

会场布置 会馆门首扎有花牌楼一座,大门内外五色布篷,剧台后安置徐、陈、马、陶四公灵柩,二门外有都督府所送之四公姓氏纪念花塔一座,剧台上陈设徐、陶二公遗像及三烈士就义时摄影,并徐烈士手击恩铭之小保宁手枪一支(光复后由皖库中检出者)。开会时有沪军军乐队、振华乐队、贫儿院乐队先后奏乐(义务)并摄影。

【说明】本文录自《民立报》一九一二年一月二十二日

上海光复会同人公启

谨启者:去月陶公成章自金陵归,养疴于法界金神父路之广慈医院。不料廿五夜之二时许,突有二人身穿西服,逾垣而入,至楼下,见门扃不得入,力将玻璃窗撼下,侍者觉,欲呼贼,二人急出手枪威胁之,于是侍者不敢发一声,任其上楼入公寝室。时公已安睡,二人呼陶先生。公寤,一人遂出手枪,击中公脑部。呜呼! 公竟自此与世界长别矣。二人行刺后,虚扬手枪以吓侍者,扬长而去。去后,医院电告捕房,同人等至次日始由捕房来报,藉得颠末。嗣由领事咨请谳员往该院勘验一切情形,察得枪弹从左颈项深入脑部,因弹未穿出,以致不能施救。即由同人等备棺盛殓,灵柩始则暂厝于绍兴会馆,于初三日,绍兴同乡会举开追悼会后,即于次日浙都督派专车运杭。惟缉凶一事,刻下虽蒙浙都督、沪都督已悬重赏,严饬缉拿,尚未弋获。公之被刺情形如此,而致刺原因,尚难拟议。溯自公奔走革命,十馀年如一日,此次光复江、浙,功绩卓著,浙人电举督浙,犹力辞不遑。公本以无名英雄自居,谦让如此,其不欲与功名相争逐者可知。蠢尔奸奴,何嫉之深。悠悠苍天,曷其有极。

　　辛亥十二月　日

　　　　　　　　　　　上海光复会同人公启

　　【说明】本件为陶成章逝世不久,由上海光复会同人分发的"讣告",铅字排印一张,原件陶珍先生藏。

征集光复会史料

　　敬启者:光复会之组织,始于上海,而推暨于南洋。庚子中国议会以后,同盟会未兴以前,薄海革命之唯一机关,实为此光复会,此吾同志所共认也。若徐锡麟、熊成基、赵声、温生才诸烈士,以及毁家起义于黄冈之许雪秋君等,亦莫非光复会中人。去岁江、浙规定,光复会之伟功,尤冠于时。惟以南北会员皆尚实践,而不事标榜,耻于希图权利,而又未设言论机关,以故会中行动,常尚隐秘,而不为世所知。今幸共和告成,前此光复会员率皆投入共和党中。昨在沪上集议,拟即搜采事实,编为光复会史,用留纪念。光复会史,约分五门,依类搜集资料:(甲)光复会之创立时期;(乙)光复会之停顿时期;(丙)光复会之继兴时期;(丁)光复会历年之事业;(戊)光复会之会员。凡此五者之史材,如有稔知之人,无论光复会员与非光复会员,敬希依类详叙,寄交上海神州日报馆编辑部转交光复会史编辑员为荷。

【说明】本件录自《神州日报》一九一二年十二月四日"广告栏",曾在报端连登多日。

本社征集陶焕卿君事迹

敬启者:会稽陶焕卿烈士成章,为光复会继起之伟人,功绩彪炳,勋业未终,而为仇党戕害,识者引为心疚。本社前登广告,征求陶君事迹,颇蒙同志远道惠示,无任感铭。惟以陶君功业尤彰著于南洋诸岛,征求详尽无遗,须求南洋光复会员详析开示,以便著为专传。特再广告,敬希天南诸君从速开示,不胜翘跂之至。本社谨启。

【说明】本件录自《神州日报》一九一二年十二月四日"广告栏",曾在报端连登多天。

陶 社 简 章

一、名称　　绍兴陶社。

二、宗旨　　景仰先烈、保守祠宇为宗旨。

三、地址　　绍兴东湖。

四、社务　　每年春秋二季祭祀各一次。

五、社员　　凡景仰陶公者，由社员二人之介绍，均得入社为社员。

六、职员　　社长一人，评议员八人，干事员四人，会计员一人，均由社员公举之，以一年为任期，连举者得连任。

七、常费　　入社者须缴墨银壹元，每年缴常费壹元，在春祭时缴纳。

八、附章　　社章有须修改者，应由社员五人以上提出公决之。

附: 绍兴陶社社员一览表(以入社先后为序)

姓　名	字	通 讯 处
孙秉彝	德卿	孙端上亭公园
王文灏	铎中	越铎日报社
杨无我	一放	绍兴徐社
汤建中	立民	县自治办公处
王家襄	幼山	北京石驸马大街小麻线胡同
张铖铭	心斋	越铎日报社

陶在宽	七彪	陶　堰
陈　均	坤生	县自治办公处
陈　玉	樾乔	本城大路
屠长赓	柏心	上灶欧分校
王述曾	叔梅	绍兴进步党
孙　骏	千里	孙端文台门
赵　良	连城	越铎日报社
周　鹏	百川	浙东戏剧改良社
陈　骚	瘦厓	越铎日报社
张钟湘	天汉	绍城八字桥
倪传志	逊斋	亭　后
周庆龙	鹿五	笑报社
陈鉴民	春生	绍兴佛教会
王　宴	一寒	越中书画社
马斯臧	鹤卿	越铎日报社
张锺浚	哲甫	绍城八字桥
杨祖同	厥贻	绍城观巷
傅邦彦	秋尘	越铎日报社
陶　冶	庆臣	南洋爪哇
祝宏猷	庆安	北京高等师范校
赵建潘	汉卿	福建汀漳道署
张锺瀚	海山	绍城八字桥
高祯祥	光端	绍城大路
陶熙祥	辑民	绍兴东湖
朱念慈	鞠堂	马　安
董　濂	莲溪	西郭门外

沈维翰	觉庵	越铎日报社
车　驰	湘舟	越安轮船公司
张钟浩	莽吾	绍兴八字桥
张汉黎	月楼	绍兴县校
蔡元坚	镜清	绍兴笔飞弄
祝宏修	凤六	绍兴草貌桥
袁天庚	梦白	绍兴韩衙前
沈元麟	墨臣	绍兴新河弄
王　懋	华圃	绍兴广宁桥
傅国安	大寅	丁　巷
张国征	苍霖	越铎印刷所
沈泽霖	崧生	绍城福盆桥
平声雷	智铎	绍城华宜弄
孙嘉杰	寅初	绍城中国银行
徐烈哉	烈哉	越中书画社
张钟沅	琴荪	县自治办公处
陈　麒	少云	本城下大路

【说明】本文录自杨无我：《陶社丛刊附件》，绍兴越铎印刷所印，一九一五年五月出版

陶成章年谱（初稿）

汤志钧

　　陶成章，字焕卿，曾用名和笔名有起东、志革、汉思、巽言、何志善、唐继高、开泰、周守礼、匋耳山人、会稽先生、会稽山人等。浙江

绍兴(旧属绍兴府会稽县)陶堰人,始祖幸五,徙居绍兴,曾祖圣传,祖父功化。父正,又名品三,漆工,兼营砖灰业,据同治四年七月陶功化《分书户管》:功化三子,分给三子正的产业是楼房上下一间,平屋半间,田地约三亩许,又加公田五亩二分,另属于公产仅可私用的肥池一个。

成章元配王氏,生二子,守和、守咸;继娶孙晓云,生子陶珍,又名本生,谱名守铨。

今将陶圣传以下世系列表如下①:

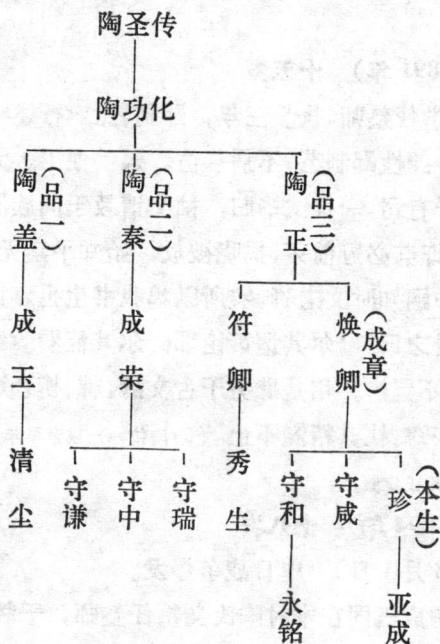

```
                    陶圣传
                      │
                    陶功化
        ┌─────────────┼─────────────┐
      陶(品              陶(品           陶(品
      盖 一)            荣 二)           正 三)
        │               │        ┌──────┴──────┐
      成玉             成荣      符卿         焕卿(成章)
        │               │         │      ┌────┬────┐
      清尘    守谦 守中 守瑞    秀生    守和 守咸 珍(本生)
                                          │        │
                                        永铭      亚成
```

光绪三年丁丑(1877年) 一岁

十二月二十二日(1878年1月24日),生于绍兴府会稽县陶

① 本表由陶珍先生提供,陶功化裔孙名单,并非全录,仅择有关者列出,如陶成玉八子,今只列长子清尘,即随成章去南洋者。功化曾孙辈十五人,现只有陶珍一人。

堰西上圹村。陶堰为宁绍往来孔道。成章家境贫寒，"小时岳岳，
不得温饱累其身"。（陶社同人：《祭章》，《陶社丛刊》1915年）

光绪八年壬午（1882年）　六岁

入本村陶氏义学，"读书过目成诵，博通经史"。（魏兰：《陶焕卿先
生行述》，下简称《行述》，见本书附录。）"平居呐呐不出口，偶与群儿戏，辄树
各国旗为盟主，于扶弱抑强为目的，天性然也。"（章乃毅、鞠僧甫：《民国
浙军参谋陶公焕卿传》，抄本，浙江图书馆藏，下简称《陶传》。）

光绪十年甲申（1884年）　八岁

中法战争开始。

光绪十七年辛卯（1891年）　十五岁

在本村陶氏义学任塾师，执教三年，鄙制艺。《行述》："年十
五，为塾师。"《陶传》："性鄙制艺，不屑摹仿，入手便工。太翁严于
课子，不得已以文干有司，一日试毕归，袖文请教于同族清孝廉吉
生先生，一见器之，许其必冠前茅，揭晓被放，始知平素无意学诗，
为捉刀人所误。……嗣知时文之毒，实所以鸩我书生也。请试他题
于塾师，师乃怒而目之曰：'尔其谓策论耶？尔其能看《纲鉴易知
录》耶？'公笑颔之，不置辨。用是肆力于古文辞，韩、柳、欧、苏诸大
家罔弗读，不洞其窾窍，抉其精髓不止。"（《陶传》：）成章早岁艺文，今存
《君子周而不比》等五篇，陶氏家藏。

光绪二十年甲午（1894年）　十八岁

七月初一日（8月1日）　中日战争爆发。

本年，与堂兄陶成玉同在本村陶氏义塾任塾师，于教学之馀，
习作艺文，揣摩八股，由陶成玉修润。今存"艺文手稿"一册，藏绍
兴文物保管委员会，红格竹纸，每页八行，行二十字，正反两面，收
《雍之言然》至《今交》四十七篇，另《赋得春草碧色》五言八韵诗一
首，均工整小楷，封面有"成玉氏是正"数字，陶成玉曾教过成章，后

又同在义学任教,《今夫犉麦》批语:"文颇顺适,惜太犯实,兄他日有暇,当另作一篇示之"。"兄",即成玉自道。又陶成章幼子陶珍先生处,亦藏"艺文"残稿,略有蠹蚀,纸张色泽、墨迹、批语,和绍兴文管会所藏尽同,应为同时所作,知"艺文"不止一册,惜已残损。

《艺文手稿》第一篇《雍之言然》标题之下,有"此以下十八岁作"楷书小字,知"艺文"为1894年任塾师时所作,陶成章这时学习制艺,揣摩八股,尚未摆脱封建思想的束缚,但也有不守绳墨、不满现实之词。如《仕则慕君》,对"一身入仕途",即"模稜粉饰","诈伪献功","借此思加爵之隆"之流的"摹君"加以讥刺。《驱虎》,欲"尽涤猛虎之苛政"。从"艺文"中,也可看到他沉浸史籍,对先秦史事尤为熟谙。又,成章的习制艺,系父母所迫。其父因社会地位低,渴望成章进入仕途,《蟹》的批语:"大致清楚, 惟须再求典雅工夫,开广思路,庶可日起有功,角胜艺林,不负高堂培植一片苦心也。""艺文"中不少篇几为成玉重写,知成章并不精心结撰,醉心于此。据称:"斯时科举不废, 欧学未萌,而公已有种族革命思想流露行间,见者虽咋舌而无不叹服之。"(《陶传》。)

本年,拟从事军事,自称:"愚从事军事之心,起自甲午,以迄今日。"(《致陶汉超书》,见本书上编卷二。)

光绪二十一年乙未（1895 年） 十九岁

三月二十八日（4 月 22 日） 康有为、梁启超等鼓动广东、湖南两省举人联名上书,要求拒签对日和约。

四月初八日（5 月 2 日） 康有为联合各省应试举人一千三百余人联名上书,请求拒和、迁都、练兵、变法,即《公车上书》。

本年,至绍兴县东湖通艺义学教书。

光绪二十四年戊戌（1898 年） 二十二岁

四月二十三日（6 月 11 日） 光绪皇帝下"定国是诏",决定变法，百日维新开始。

八月初六日（9 月 21 日）　慈禧下令再出"训政"，幽光绪皇帝于瀛台，政变发生。

本年，在绍兴县东湖通艺义学教书。

光绪二十五年己亥（1899 年）　二十三岁

义和团反帝运动爆发。

光绪二十六年庚子（1900 年）　二十四岁

曾北游。《行述》："庚子义和团之乱，先生即欲刺杀西太后，亲赴奉天，并游历蒙古东西盟，察看地势，以为进行之计。"《浙案纪略》："庚子，入满洲"。（第三章第一节《六府之联合》。）

八月十三日（9 月 6 日）　长子守和生。

光绪二十七年辛丑（1901 年）　二十五岁

又至北京，欲手刃慈禧，南返时旅费缺乏，徒步而行。《行述》："辛丑，又至北京，不得要领而回，道经徐州，旅费缺乏，步行七昼夜，几至饿毙。"《陶传》："岁辛丑，作燕游计，家故贫，摒揽成行。之京谒族人前廉访杏南君，君雅敦族谊好士，重其为人，遂居焉。日与任侠仗义者游，亲见夫清西太后窃国，光绪帝幽囚，痛陷于无政府虚君位之国家，愿效骆宾王讨武曌故事，手刃那拉氏自誓，大庭广众，倡言不讳。杏南君惧祸，讽示公。公以不可以郁郁久居，策蹇出都门，渡孟津。越太行，之徐之铜山，令铜山者即公族某也。某非杏南君比，又见公佗傺落拓，不为礼，即辞去。某赆公墨西哥银数十，却不受，实则行囊早罄，乃跣足徒步而行。"

光绪二十八年壬寅（1902 年）　二十六岁

居北京。《浙案纪略》："壬寅，居北京。审察大势，知非由陆军着手不可，因之屡谋入陆军学校，以图进身之路，乃竟不获如愿。"（第三章第一节《六府之联合》。）

赴日本，入清华学校，继入成城学校。时留日学生组义勇队，始识龚宝铨（味荪、未生）。《行述》："壬寅，赴日本，入清华学校，继入成城学校。时留学生监督汪大燮，知先生系革命实行家，畏先生学陆军，多方阻难之。适清吏陶大钧、那桐、载振等往大阪，观博览会，游历东京。大燮与陶大钧密商，诈称予以兵柄，先生急于进取，遂拟归国，与大燮约曰：'章之归也，系向学校请假，并非退学。'汪唯唯。及抵北京，大钧畀以他事，先生不就，拂袖而出。至天津，遇某君，假十余金，始得南下。"迨至东京，而汪大燮早已使成城学校除其学籍矣。先生大愤，屡至大燮处理论，大燮畏避之。后以无可如何而返。其时在日诸志士组织义勇队，推汤尔和、钮铁生为代表，谒袁世凯，欲以拒俄为名，假其兵力，图谋革命，事不成，疑先生从中破坏，命龚宝铨与先生同居，侦察先生之所为，及闻先生议论，始知先生之苦衷，于是陶、龚称为莫逆。先生得龚君之介绍，遂联络嘉属诸志士。是年，柳州事起，先生拟往扶助之，未几，事旋败，先生乃止其行。"又据《陶传》：陶成章赴日，蔡元培资助经费。云："至沪，谒今教育总长蔡元培先生，一见倾盖如平生欢，蔡君赠以银，遂附某日丸东行。轮舶有四等舱者为贮藏石炭所，黑暗如地狱，无人居。公贪廉价，栖息恬然。渐与司汽炉者稔，代充火头军之役，日人喜其诚悫，一路善遇之。得安抵东京，入某学校，旋肆业成城校。"

夏，在东京学习催眠术。自称："壬寅夏季，东渡日本，旅居东京，偶于书肆中见有所谓《催眠术自在》者，奇其名称，购归读之。读竟，益奇其说，复多购他种，自习研究，稍有领悟。"（《催眠学讲义·弁言》，见本书下编卷四。）

十一月（12月）次子守咸生。

光绪二十三年癸卯（1903年） 二十七岁

正月十三日（2月10日）《致陶汉超书》，劝勉学问，以为"中

学以史为主,西学以英文、算学为主。盖英文、算学乃最要紧之科
学,愚以英文不通之故,吃亏不少。"认为上海新设爱国学社,"功课
甚为严密, 若能设法进去好极, 否则或杭或绍, 检一学堂亦好。"认
为"我国病非一朝, 其救之亦岂可期且夕之功, 否则瓜分之祸立见,
为波兰、菲律宾,朝晚间耳。"(见本书上编卷二。)

　　二月十二日(3月10日)　《致陶汉超书》,告以日本留学,经
费不易,官费决难久留,况来人愈多,流品愈杂,留学生之前途,将
来恐不堪设想。"并告清华学校章程。(同上)

　　五月(6月)　徐锡麟至日本。(《再规平实》,见本书上编卷二)与陶
成章相识。(《浙案纪略》第三章第三节《大通学校之成立》。)

　　闰五月初六日(6月30日)　清政府与帝国主义勾结,制造
"苏报案",章太炎被捕入狱。次日,邹容自投入狱。

　　冬十二月(1904年1月)　"与魏兰由东京而至上海,与蔡元
培熟商进取之法"。旋至杭州,寓杭州白话报馆,"兰谓先生曰:'杭、
绍相隔一水,先生何不归里一游?'先生曰:"情字难却,一见父母妻
子,即不能出矣。"其热心国是有如是者。次日,又得孙翼中介绍,
偕魏兰见白布会首领"濮振声于仁和狱中。"(《行述》。)《浙案纪
略》:"冬十二月,云和魏兰(字石生)归国为秘密运动,平阳陈蔚(字
仲林)介绍陶成章来,遂偕成章返国,抵上海,与蔡元培联络。至杭
州,寓于下城头巷白话报馆。是时,孙翼中亦已先归自日本,为《白
话报》主笔,与监在仁和署白布会首领濮振声有交谊。成章、兰既
至,翼中即为介绍于振声,相谈颇洽,将别,振声为成章出介绍函数
通,名片数十纸,谓之曰:'凡持余名片,若往新城、临安、富阳、
於潜、昌化、分水、桐庐等处,沿途均可有照料,不至有日暮途
穷之感矣。是为癸卯十二月二十九日事也。"(第三章第一节《六府之联
合》。)

光绪三十年甲辰(1904年)　二十八岁

正月初二日(2月17日)　至桐庐。《浙案纪略》:"成章、兰共由富阳赴桐庐,招山埠寓于兰族侄魏兰存家,历探各种秘密会之内状。"(同上。)

二月(3月)　至云和,任云和先志学堂教习。《浙案纪略》:"寻兰由桐庐水道历兰溪、龙游以还云和,成章由岸道历游桐庐、分水各村落,遍谒白布会诸党员,由分水县署前过潘家,由设峰岭历歌舞岭以入建德,由建德历寿昌、汤溪、龙游、遂昌、松阳以至于云和,寓于兰家。兰在云和倡办先志学校,处州府之有学校自此始也。学校既立,处(府名)属各县之人咸莅至,成章为任教事职,兰则奔走于瓯、括两郡,处府由是多革命党。"(同上)《行述》亦谓"以掌教为名",寄居学校,秘密联络会党。

四月(5月)　赴温州。《浙案纪略》:"成章居云和凡两月,遂与兰之堂侄毓祥(字子文)及其友阙石原由丽水、青田至温州府城"(同上)。旋乘海舶而至上海。未几,偕龚宝铨至杭州,在杭州白话报馆月馀,著《中国民族权力消长史》,函托陈蔚向各志士"假金而印之。"(《行述》。)据称:成章"抱民族爱国主义,其热如火,著是书也,盖欲伸其志也。"(蒋智由:《中国民族权力消长史序》。)

秋,在上海与蔡元培等商议响应黄兴"湘鄂两省同时并举事"。"遂偕兰、毓祥经嘉兴,晤龚味荪、范拱薇,入杭州,旋复由杭州趋兰溪入金华,布置一切。拟后长沙期约三日起事,先以计袭取金、衢、严三府,然后由严出皖,以扼南京,由衢出赣,以应长沙,而用金华之师,以堵塞杭城之来兵,且分道以扰绍兴、宁波、湖州之诸府,而震撼苏、杭,及探官场警信于衙役。设谋既定,而长沙乃消息无闻。成章大疑,乃疾趋杭城以探应,闻悉长沙事已于九月二十六日破案,乃急返金华,以按秘其事。"不久,成章由永康转东阳,至巍山,

寓赵永景家,复由巍山趋玉山尖,至夏家庵,寓于大开和尚处,至尚
湖陈寓于陈魁鳌家,遂入天台,至平头潭平镇,寓于陈显元家,再由
天台入黄严,至海门,寓于大观楼。卧病数日,遂乘轮赴上海,以于
嘉兴,寓于敖嘉熊家,曾将《革命军》、《新湖南》、《新广东》、
《浙江潮》、《江苏》、《猛回头》、《新山歌》、《警世钟》、《孔夫子
之心肝》等暗中分送,"由是浙东之革命书籍,遂以遍地,而革命之
思想,亦遂普及于中下二社会矣。"(《浙案纪略》第三章第一节《六府之联
合》。)

　　冬,光复会成立,推蔡元培为会长,其誓词为"光复汉族,还我
山河,以身许国,功成而退。"章太炎:《光复军志序》:"光复会初立,
实余与蔡元培为之尸,陶成章、李燮和继之。总之,不离吕、全、王、
曾之旧域也。"其实,这时章氏在狱中,积极策划光复会成立的,实
为陶成章。魏兰:《行述》:"是冬,先生又与皖、宁各志士在上海组
织一秘密会,名曰光复,以蔡元培为会长。"《浙案纪略》:当时"组织
有暗杀团,规则极为严密,为上海中国教育会会长蔡元培所觇知,
求入其会,于是改名为光复会,又曰复古会。"沈瓞民回忆:"(癸卯
十一月),又在王嘉祎寓所举行第二次密商,陶成章等均参加。为
了取得革命武装根据地,决定陶成章、魏兰分往浙江、安徽二地,龚
宝铨往上海,张雄夫和我往湖南长沙,与华兴会首领黄兴联系,因
黄兴已在长沙暗策革命,武装起义,庶可首尾相应也。……陶成章、
魏兰归国后,奔走浙江各地,联络会党,策划革命。……一九〇四年
八月,陶成章联络各地会党参加革命的工作,略有头绪,就到上海
和黄兴、蔡元培等密谋,决定十月十四日'万寿节'实行武装革命。
……一九〇四年(甲辰),龚宝铨也在上海组织暗杀团,与陶成章、
敖嘉熊、黄兴暗中配合。暗杀团成立后,人数极少,力量单薄。龚
宝铨想扩大组织,是时陶成章来上海,龚、陶在东京时,已成刎颈之

交,两人密商后,根据东京浙学会的原议，组织一革命团体。因章炳麟在狱中,惟蔡元培系清朝翰林院编修,声望素高,欲推为首领,以资号召。陶素知蔡书生气重,恐不能相容,反使工作造成不利,于是由龚宝铨先与蔡元培商讨,决定扩大暗杀团组织,并由蔡元培自动提出邀陶成章参加,于是光复会遂在上海正式成立。(《记光复会二三事》,《辛亥革命回忆录》第四集第一三一——一四二页,中华书局1963年1月版。)由上可知,光复会成立于本年冬,是在上海成立的,光复会奔走最力的是陶成章、龚宝铨,而蔡元培则是"求入其会","推"出来的。

又据陶成章自称: "徐锡麟第一次到东京在癸卯五月,是时正义勇队改名为军国民教育会之时,其入内地者,又名复古会，亦曰光复。"(《再规平实》。)是光复会之名,或早有酝酿,而于本年冬成立。《浙案纪略》则谓: "元培之组织光复会,亦为暗杀计,然亦招罗暴动者,知成章于内地各秘密党中颇有结纳,故劝之入会，成章不能却其意,遂入其会。据沈飏民《记光复会二三事》,认为陶成章所以这样说,是"雅不愿自居首功而已。"

十二月初一日（1905年1月6日）　《中国民族权力消长史》出版,东京并木印刷所印刷。据《总目》,应有卷上三章,卷中一章,卷下三章,以及卷下续一章,共八章。但原书只有卷上,即"邃古时代"和"太古时代"两章,写到夏朝以前。它强调"中国为世界文明之一大祖国",宣扬中国文化之悠久,幅员之广大,以及历史上出现不少政治家、科学家、军事家,以及热心爱国的人物,从而揭橥中国民族之可爱,有反帝爱国意义。但书中受"中国文化外来说"影响,也杂有不少大汉族主义观点。

十二月（1月）　约魏兰赴日本,"与诸志士筹商,兰因变卖田产,偕毓祥(魏毓祥)等腊杪始至上海,而先生则先期而行。"(《行述》。)在日本与秋瑾相识,自称: "瑾于甲辰之岁留学东京,是岁十二月,成章亦以事至东京，瑾因与相识。"(《浙案纪略》第三章第四节《捐官之计划》。)

光绪三十一年乙巳（1905 年）　二十九岁

正月（2月）　在东京与魏兰晤，又与黄兴、蒋智由、陈威、陈毅、秋瑾、彭金门等商议办法，成章"因中国人迷信最深，因约陈大齐在东京学习催眠术，以为立会联络之信用。"(《行述》。)

夏归国，"设讲习所于上海，讲催眠术"，并撰《催眠术讲义》。查《讲义》弁言写于六月（7月）。自称: 光绪二十八年夏，在日本开始学催眠术。(见前)"去岁，复因事游东京，与彼国精斯道者日夕讨论，且从之学，观其实验，益有心得。归国以来，旅居海上，诸友均知予之习斯道也，咸来咨问，通学所诸执事，且邀余居讲席。余因各国研究斯道，日有进步，且于教育、医道，均有莫大之利益，遂不辞而主讲。讲毕，即以讲义付印，以公同好，更欲使世之起怀疑者，俾得了然于人心作用之原理云尔。"(《催眠学讲义弁言》)《讲义》凡十一章，第一章《诠言》第一节《命名》谓: "催眠学者，一灵妙不可思议之学科也，居心理学中之一部，其组织研究之方法，与各科学同。其源流肇自太古，宗教家所借以成立者也。其原理至近世大明，学者研究日众，其效用亦愈著，遂呈今日之盛况，组成一专门之学科。"

鲁迅说: "想起来已经有二十多年了，以革命为事的陶焕卿，穷得不堪，在上海自称会稽先生，教人催眠术以糊口。有一次他问我:'可有什么药令人一嗅便睡去的呢？'我明知道他怕施术不灵，求助于药物了。其实呢，在人众中试验催眠本来不容易成功的，我又不知道他寻求的妙药，爱莫能助，两三月后，报章上就有投书出现，说会稽先生不懂催眠术，以此欺人，清政府却比这于乌人灵敏得多，所以通缉他的时候有一联对句道:'著《中国权力史》，学日本催眠术。'"(《华盖集续编》)

七月二十日（8月20日）　中国同盟会在东京召开成立大会，通过章程三十条，正式确认"驱逐鞑虏，恢复中华，创立民国，平均地权"十六字纲领。

八月二十五日（9月23日）　大通师范学堂于是日在绍兴创办，设体育专修科，成章参与筹划，又以"浙江非要冲地"，应"上通安徽"，"扰乱南京"。还亲至杭州学务处递禀。并为厘定规约数条：凡本学堂卒业者，即受本学校办事人之节制，本学校学生咸为光复会会友，于是大通学校遂为草泽英雄聚会之渊薮矣。"（《浙案纪略》第三章第三节《大通学校之成立》）《行述》："先生偕龚宝铨、徐锡麟至绍兴创办大通师范学堂。因温州人之冲突，会馆不能成立。先生乃引吕逢樵、赵卓等，先后而至绍兴。"

十月三十日（11月26日）　中国同盟会机关报《民报》在东京正式出版。

十二月　与徐锡麟等再至东京，求入联队学军事，皆不成。初，大通学校成立先后，成章提"中央革命及袭取重镇二法"，又相约捐官学陆军。自称："徐锡麟之第二次到东京，在乙巳十二月。"（《再规平实》）《浙案纪略》："当大通学校成立先后，成章见绍兴同志中颇多资本家，于是又偶议捐官习陆军，谋握军权，出清政府不意，行中央革命及袭取重镇二法，以为捣穴复巢之计。锡麟伟其说，相约五人捐官学陆军，五人者何？即徐锡麟、陶成章、陈志军、陈德谷、龚宝铨（即味苏）也。以年齿高下，锡麟为长，成章次之，志军又次之，德谷又次之，味苏居末。由锡麟运动许仲卿出资，遂往湖北，往见其姻原任湖南巡抚俞廉三。"（第三章第四节《捐官之计划》）《行述》亦称："时有富人许仲清，捐金前后五万版，从先生计，欲以术倾清政府，乃入资为官。锡麟得道员，先生得知府，陈志军、陈德毅、龚宝铨得同知。遂备文与锡麟等诣日本，求入联队。以体格不合见摒，图入振武学校及陆军经理学校,皆不成。"

光绪三十二年丙午(1906 年)　三十岁

三、四月(4、5 月)　拟闭歇大通学校,结果仍开办,设体操班。《浙案纪略》:"先是,锡麟、成章离绍兴时,锡麟以校内经理事宜托之曹钦熙,成章以金、处学生照料事宜托之吕熊祥,原约六月毕业后体操班即行停止,届期诸生咸如约归里,或办体育会,或开团练局。成章欲乘时闭歇,以免日后之破露,与锡麟等意见又不洽,而绍康、熊祥、卓等咸欲借此以广招徕,均不愿闭歇此校,于是再由绍康、熊祥、卓各自转招其徒党来大通学校,再开体操班,一仍前日之旧,是为丙午三、四月间事也。"(第三章第四节《捐官之计划》)

五月(6 月)　返国,寓杭州。《浙案纪略》:"陶成章于丙午五月出病院返国,因足疾未瘥,偕龚味荪寓居于西湖上白云菴。"(第四章第一节《破坏纪事》)又曰:"脚疾作,入浅草区东山堂病院就医,居院一月,偕味荪返国养疾于西湖之白云菴。"(同上《捐官之计划》)

夏,联络闽皖各同志,"自称五省大都督,分浙东、浙西、江南、江北、江左、江右、皖南、皖北、上闽、下闽为十等,与苏子谷等至杭,被浙抚侦知,几被捕获。"(《行述》)

五月初八日(6 月 29 日)　章太炎刑满出狱,孙中山派代表迎章赴东京,旋加入同盟会,并任《民报》主编。

七月初七日(8 月 26 日)　偕敖嘉熊、龚宝铨至芜湖。(《致韩静涵书》,见本书卷二。)自称:返国后,在杭州,"熊祥自绍兴渡江来见成章,与言欲兴革命军,非可以学校为大本营者,学校不过为造就人材计,今人材已足用,不若归乡倡办团练。熊祥诺之而去,然终不能践其言也。成章自熊祥去后,偕味荪入嘉兴,与嘉熊同赴芜湖。当其至芜湖时,病尚未愈,以故遂久不游历内地。(第三章第四节《捐官之计划》)《行述》称:"又偕敖嘉熊、龚宝铨筹商办法。"

七月十三日（9月1日）　清政府颁预备仿行立宪诏，即"预备立宪"，用以抵制革命。

九月（10月）　由皖返浙，住杭州白话报馆，谣传陶成章等拟"袭取省城"，因暂避。自称："九月初旬，成章、味苏偕其友苏曼殊由皖旋浙，旅居于杭州城内白话报馆，时杭城忽来谣言，谓成章、味苏已召上八府义士三千，将于十二日袭取省城。"藩司宝芬密札查问，请命于浙抚张曾敭。"是晚，即由幕中人传言出，嘱成章等暂避，成章以有友人约，不即去，越二日，始行。"（第四章第一节《破坏先兆》）又去日本。

九月十三日（10月30日）　在《复报》第七号发表《云间俞君小传》，慨叹："神洲陆沉二百余载，人才消乏，廉耻道衰"，对"闻立宪之伪诏，则感激涕零，奔走愿效死力，甘为驯奴，恬不知耻者"力加驳斥。

十月十九日（12月4日）　同盟会员刘道一、蔡绍南等策动的萍浏醴起义爆发。"党人之在沪上及海外者，皆从而鼓吹之。沿江沿海各省咸为震动。台州志士王军（即王文庆）及其友四人，就商于成章，欲谋响应。成章与之以介绍函分投各地。王军至沪，遇见秋瑾，是时各省光复会志士相与会议于沪上，瑾亦与焉。因即以浙事自任，遂偕王军赴兰溪，见蒋东山。"（《浙案纪略》第四章第一节《破坏先兆》）

十一月二十日（1907年1月4日）　加入同盟会，任留日会员中浙江分会长。

十二月（1月）　返国，谋袭南京，计不得行。自称："成章亦返国，应南京军人之招，共谋袭取南京，于是再返杭城，欲由严州历湖州取道广德，率勇士数十人暗入南京，掩其不备，破坏军政所各机关，以便兵营之暴动。不期南京内应志士行不密，未及期而难作。黄兴复大放谣言于长江上下，致令清吏预为戒备，成章等计因不得行。"(同上)再去日本。

光绪三十三年丁未(1907年)　三十一岁

　　三月　与章太炎、张继、刘师培、苏曼殊、陶冶公等在日本发起"亚洲和亲会"。查《行述》称:"先生与樊光联络印度、安南、缅甸诸志士,在日本东京设立东亚亡国同盟会,以章太炎为会长。"樊光回忆:"中国留学生将近七万人,革命雄潮,传播甚广,而东亚各国所来留学生亦不少,有志者并未亲炙。成章先生乃与余于丁未夏组织一东亚亡国同盟会,潜结安南、缅甸、印度、暹罗诸被帝国主义压迫国家之留学生侨民思想前进者均在内,相互支援,共同革命,推章太炎先生为会长,此会虽经日本当局严密侦察,未能公开大有发展,但各人均皆爱戴团结,颇多作用,闻有多人回国争求其民族独立,建立伟大事功者,实皆由兹发轫。"(《辛亥革命前光复会领袖章炳麟陶成章合传》,打字稿,见本书《附录》)东亚亡国同盟会,应即亚洲和亲会。

　　亚洲和亲会《约章》,出自章太炎手笔,宗旨"在反对帝国主义,期使亚洲已失主权之民族,各得独立。"会员为"一,凡亚洲人,除主张侵略主义者,无论民族主义、共和主义、社会主义、无政府主义,皆得入会。""义务"为"无论来自何国之会员,均以平权亲睦为主。"(《约章》中文本抄稿,陶冶公旧藏。)

　　四月十一日(5月22日)　革命党人在广东发动潮州、黄冈起义,于十六日(27日)失败。

　　四月二十二日(6月2日)　同盟会员邓子瑜响应黄冈起义,率领会党在广东惠州府归善县七女湖起义,旋败。

　　四月三十日(6月10日)　《天义报》在东京创刊,何震主编,"以破坏固有之社会,实行人类之平等"为宗旨。

　　五月(6月)　章太炎、张继、陶成章借潮惠起义失败和《民报》经费,攻击孙中山,"欲开大会"改选黄兴为总理,催逼代总理刘揆一开会,遭刘拒绝。(刘揆一:《黄兴传记》,铅字排印本第二九——三〇页。)

五月二十六日(7月6日) 徐锡麟率巡警学生数十人在安庆举义,击杀安徽巡抚恩铭,占领军械局,旋失败。

六月初五日(7月14日) 秋瑾谋响应安庆起义,为清吏侦悉,在大通学堂被捕,次日牺牲。案发后,浙江巡抚准安庆电,谓陶成章"与秋瑾同主革命,均应查拿,"电绍兴知府贵福查拿。旋又移文各省"查拿"。

九月十一日(10月17日) 蒋智由、梁启超等在东京设立政闻社,拥护君主立宪,陶成章与张继等率众反对。章太炎《政闻社员大会破坏状》:"政闻社员大会于锦辉馆,谋立宪也;""革命党员张继、金刚、陶成章亦往视之。"(《民报》第十七号)

冬,"在清风亭,偕张继等演说,提倡社会主义。"(《行述》)

十二月二十九日(1908年2月1日) 在《河南》第二期发表《春秋列国国际法与近世国际法异同论》,署名"起东",旋在光绪三十四年二月三日(3月5日)续载。

光绪三十四年戊申(1908年) 三十二岁

正月二十四日(2月25日) 《民报》第十九号出版,《本社特别广告一》:"本报编辑人张继君以要事已离东京。自二十期起,改请陶成章君当编辑之任。" 陶成章自《民报》二十号起至二十二号,接办三期。他"改定篇次,专以历史事实为根据,以发挥民族主义,期于激动感情,不入空漠"。并注意"宋季、明季杂史遗集",(《本社特别广告》二,《民报》十九号。) 陶成章于《民报》第十八号起,即刊录《桑瀚遗征》,至二十三号,共辑《钱谦益致瞿文忠公蜡丸书》、《陈鉴哭卧子陈公文》、《刘均杨娥传》(以上第十八号);《陈卧子报夏文忠公书》(第十九号);《陈卧子徐文靖公殉节书卷序》、《陈卧子袁烈妇传》、《陈卧子玄丝传》(第二十号);《陈卧子皇明殉节光禄大夫太子太保吏部尚书虞求徐公行状》(第二十一号);《夏存古大哀赋》并序(第二十三号)。自称:"前拟网罗遗佚为《桑瀌遗征》之辑,卧子文章可供采取者尚有数四,余若左萝石、侯忠烈、黄陶菴、夏存古、瞿文忠、路子贞、王晓阁、徐竢斋诸集,亦当茸其新华,以次写奉。自愧袜线微长,不敢高谈撰述,聊自厕于钞胥之列而已。"(《来书》,《民报》第二十号。)

　　春,返国,赴青岛,旋返申赴日。《行述》:"春,作函介绍王文庆入浙,至各府联络,并改名何志善,偕张伟文赴青岛,与商起予、臧耀熙、吕建侯、刘冠三等组织震旦公学,仿照大通学堂办法,功课专尚武备。不意为鲁抚侦知,先生与张、商诸人先后返申,嗣赴日本。"

　　春、夏间,偕张恭回国,拟设"革命协会"。《浙案纪略》:"戊申春、夏间,浙江革命党人另订一新章,将合江、浙、皖、赣、闽五省各秘密党会熔铸而一之,定其名曰'革命协会',未及就绪,复遭破坏。"(第二章第二节《诸会党原始》。)《行述》:"后偕张恭带炸弹回国。适陈其美、庄新如亦在上海,遂与共商进行方法。张伟文先回浙东,咨会各处会党。"查陶成章曾拟重新组织龙华会,将"各教各会"联合起来,这时想将五省会党联合,名为革命协会,保存会党色彩,宣称要收回"大明江山"。《章程》谓:"况且立宪实在是有弊病,无论什么君主立宪、共和立宪,总不免少数人的私意,平民依旧吃苦。"设想革命之后,"暂时设一总统,由大家公举,或五年一任,或八年一任","或者竟定为无政府,不设总统"。在经济上,要求"土地公有","把田地改作大家公有财产,也不准富豪霸占,使得我们四万万同胞,并四万万同胞的子孙,不生出贫富的阶级。"(平山周:《支那革命党及秘密结社》第六七—七〇页,明治四十四年十一月版。)

　　八月(9月)　赴南洋群岛筹划经费,改名唐继高,携带章太炎所印《民报》股票数百张前往。抵新加坡后,住中兴日报馆,参加与

保皇会所办《南洋总汇新报》的论战。《行述》："秋八月，先生得范拱
薇之助，改名唐继高，又名开泰，赴南洋群岛筹划经济。适张云雷
赴爪哇望引，船中相遇，相见恨晚。抵新加坡，先生寓于中兴报馆。时
《中兴报》与《南洋总汇报》因宗旨不合，互相攻击，先生因痛言中国
不得不革命之理由，作为论说数篇，改名'巽言'，登之《中兴报》。"

八月十四日（9月9日）　对《南洋总汇新报》记者平实"屡诬
革命志士为非大圣人、大英雄，又谓革命事业非大圣人、大英雄不
能成功"，为"心术不正"予以批驳。本日，《中兴日报》刊出《规保皇
党之欲为圣人英雄者》，指出革命"乃因不平等、不自由而起，发于
国民心理之自然"，革命是"尽国民之天职"。指出康有为"比拟孔
子，俨以圣人自居"，梁启超以意大利马志尼自仿而政闻社的内讧，
说明"保皇党皆因欲以圣人、英雄自居，乃有互相倾轧，而有此内溃
不堪之举"。对平实"土地人民未尽亡"的为清政府效劳之语加以诘
责；对平实所谓"中国之真正排满者，仅有徐锡麟"，也指出这是保皇
党"日舔满清政府以立宪"；对保皇党诋毁镇南关、河口之役失败为
"革命党势力薄弱之证据"，也予批判。认为革命党"以尽国民之天
职自居，非敢以圣人、英雄自命，无自赞之理。"

八月十七日（9月12日）　八月十六日（9月11日），平实又
在《南洋总汇新报》宣扬立宪。陶成章在本日《中兴日报》又刊发
《规平实》。平实以为汤、武、华盛顿"岂尝日日以革命自期"；陶成
章指出汤、武"深以救世济民为己天职"。平实以为革命只是"以逞
时势，以逞野心，以国家为私利"；陶成章指出："汤、武之革命为贵
族革命；近代革命，平民革命也。""汤、武时代之革命，由寡人政体
而进于独裁政体之动机也；近时代之革命，由独裁政体而进于共和
政体之动机也。"平实谓"暴动革命反足以亡国"；陶成章指出"临难
不惧，百折不挠之志士多矣"，热情宣扬革命。

　　八月十九日（9 月 14 日）　对平实的诬蔑徐锡麟，再为辩解，在本日《中兴日报》刊发《再规平实》，说："学习陆军者，因其明目张胆，可以召募死士；捐官者，因使官场不疑，召集死士。""为欲仿团体暗杀于京师，计一举而复满洲之巢穴也"。从徐锡麟刺杀恩铭到大通学堂，说明"革命党中之大有人在"，"且亦可知人心之所趋向，咸思革命之一大公理"，不能"厚诬志士"。指出革命由"愤激而起，所谓物不得其平则鸣者是也"。麻木不仁之人，是 "不可与之言爱国"的。革命不是"野心"，而是"尽国民之天职自任"，是孔子所谓"当仁不让于师"。

　　陶成章在文中又指出："满人讲立宪，不过以骗汉人，欲开国会，亦将为敛财计"；"袁世凯之讲立宪，又不过以之抵制康、梁"；"满洲讲立宪，不过以之愚汉人"；康、梁讲立宪，"乞怜虏廷，以求为赐环计，外则之以眩惑华侨，内亦思以假借为利用，而又兼以欺骗为利用者也"。斥责平实是"妄谈立宪，诋毁志士"，是"入主出奴"。

　　八月二十、二十一日（9 月 15、16 日）　平实在《南洋总汇新报》又发表《今日时势止可立宪，救国万无可革命之理》、《革命不可强为主张》，陶成章在本日《中兴日报》上刊发 《规正平实之所谓时势观》，认为平实"盖未尝学问，以故屡言时势，实不知所谓时势，屡证引历史上之故事，比类近今，实又不知历史上所谓时势观察之方法，遂至论说中所称引者，无一不荒谬达于极点，其思想既愈越愈下，其议论亦愈说愈差，竟有如俗语所谓钻入牛角之势。"并自拟史目，"以诏"平实，史目第九节为《满洲侵入之祸害及国民思想之所由复活》，第十节为 《革命思想之普及及君主立宪决不能成立于今日之理由》。又谓"无政府主义，虽不能通于我国，然目为邪说，则固不可。"惜正文仅见第一节。

　　十月（11 月）　至缅甸仰光，在《光华日报》发表记述秋瑾、徐锡麟起义的《浙案纪略》。又以江、浙、皖、赣、闽五省革命军布置决行团为名筹饷,发票正面加盖"浙江同盟分会"印,背面陶成章声明"光复会由来已久",内地"更改为难"。(徐市隐:《缅甸中国同盟会开国革命史》第三节。)为重组光复会准备舆论,《行述》:"十月,赴缅甸之仰光,为《光华日报》主笔,与庄银安、傅春帆等相联络,并将《浙案纪略》陆续登之《光华日报》。"

十一月二十四日(12月17日)　张恭被捕,浙江起义计划流产,原拟组织之革命协会亦因之未能成立。

宣统元年辛酉(1909年)　三十三岁

正月初二日(1月23日)　自槟榔屿到埂罗,所筹捐款甚少,对孙中山发生怀疑,三月九日《致李燮和书》:"该埠特为弟事开一会议,中山私人汤伯令出场演说,言《中兴报》事紧要,而不及弟事。旋由他会员提议。汤宣言曰:陶君来此,不过来游历而已,并非筹款而来。于是会友疑且信,本可筹至千金,于是遂仅三百数十元。而弟乃不得不再往,多用川费,多滞时日,多费口舌,始由诸同志允再为开会提议。弟本不说中山坏事,盖犹为团体起见,不得不稍留余地,至是逼弟至无可奈何,不得不略陈一二已,诸如此类,不一而足,真正苦恼万分,现今所筹者不足三千千元,且多未寄出,暗杀、暴动,两无可办。内地同志,均坐而待毙,牵连者竟及八府之多,肝脑涂地,徒死无益。"(《陶成章信札》,见本书卷三。)

正月初三日(1月24日)　拟赴爪哇。(《致李燮和等书》,同上。)

正月十五日(2月5日)　抵泗水。(《致李燮和书》,同上。)泗水,即苏腊巴亚,今印尼东爪哇省省会。

正月二十一日(2月11日)　《致李燮和书》,认为"我辈近日空空无一凭借,号召非常困难。新加坡之报馆,终不可不办,且报

馆于商业大有关系,欲经营商业,此事亦不可缓也。"(同上)

三月二十九日(5 月 18 日)　抵吧城,拟于次日赴谏义里,(《致李燮和书》,同上第十一页。)(吧城,巴达维亚,即雅加达,印尼首都。)夏,返日本。

六月初二日(7 月 18 日)　在日本,致友人书谓:"近日专门注重暗杀(若办必先声明与孙文无涉,免至为人所借用)。而暗杀一道,浙人大有可为,可恨者经费无着耳。"(《致某某书》,同上。)"拟邀旧日同事之人而尚未归国者,另组织一报,以为机关。"(同上)并另拟章程云。

七——八月(8——9 月)　陶成章因在南洋筹款收效不大,和孙中山及同盟会南洋支部矛盾日深。抵日后,为《民报》事,与黄兴商议,而《民报》已决由汪精卫接办,陶对此益为不满,自称:"到东京后,即将公函交付克公,迄今并不发布,专为中山调停。精卫亦来,与克公同寓。精卫知反对者已多,乃又欲收《民报》以为己有矣。现在弟已声明不承认之。"(《致王若愚书》9 月 24 日同上。)"公函,"即陶成章由南洋带来东京的《孙文罪状》,是南洋光复会致同盟会总会的文件。又云:"公函已交克强兄。惟彼一力袒护孙文,真不可解。精卫来东京已十余日。与克强同住。石屏在安南信孙文大言,亦为所迷。精卫此次之来,一为辩护中山,二则南洋反对日多,欲再来东京窃此总会及《民报》之名,以牢笼南洋,盖东京总会无人过问,故彼欲图此以济其私。弟现已明白宣言,不由众议而自窃取者,无论何人,弟等决不承认。"(《致王若愚等书》,同上。)

又称:"东京总会名存实亡,号召不尽,全由一二小人诞妄无耻,每事失信,以此如此耳。弟初到之时,即与克强公商议,不料已先入精卫之言(先已有信云),而精卫亦即随之而至,以术饵克强,遂不由公议,而以《民报》授之,以精卫为编辑人,由秀光社秘密出版,托名巴黎发行，东京同人概未与闻。为易本羲兄所知，告之章太炎先生，太炎大怒，于是有传单之发。克强既不肯发布公启，弟往向之索回，不肯归回。"（《致李燮和等书》，同上。）"传单"，指章太炎所发《伪民报检举状》。）陶认为"精卫为人狡黠异常，挟制克公，使其不发表此公函。章太炎已刊报告，不久当分布南洋各埠也。"（《致王若愚等书》，同上。）又曰："公函交与克公而后，并不发布与各分会看，均留克公处。克公欲复一公函，此复函即由克公等数人拟之而发，其中即以克公及精卫二人之所知者而为之辩难。克公之说，弟不敢以为非，而亦未敢竟断其为是。精卫之欺诈，弟固亲受之，则兄亦何尝不亲受之乎？其言之无价值，已可想见一班。然彼亦一是非，此亦一是非，克公既欲复函，弟亦何能强止不发耶？克公欲弟附一函，弟亦允之。克公以为南洋之事，久远非所宜，意欲速就为是，皆与弟及兄等之意大相反。且以为不开除孙文，无妨于事。不知各埠感情已大坏，势已分崩瓦解，必然至于莫可收拾而后止。弟亦不愿与其列，已函致相知诸友，早为设法防维之矣。而弟之所赞成者，方度兄之独立营办实业耳。"（致某某书，9月22日，同上。）

八月十二日（9月25日）　得黄兴函，认为"克公已受精卫之愚"。初，黄兴曾访陶成章，陶亦走访，自称："昨日克强、石屏、霖生三君来弟处，适弟外出，今日特走访之，与克公辩论中山之事多时。据克公意，先复一函于南方诸君，且俟诸君之复函再议。其复函即辩论公函之事，系克公及精卫所知者申言之。克公之言，弟未敢妄议其是非，唯精卫之欺妄，弟已亲受之矣，近日克公恐又在术中而不悟耳。"（《致亦逵等书》，同上。）又谓"中山指弟为保皇党及侦探事，克公不信。"（同上）至是，"得克强来信"，说是"中多无理取闹之言，可恨之极。彼之如此，不过欲俟《民报》出版，以为其掩饰耳。苟复函中有一项异议，彼即全体翻案矣。克公自以为能，竟不料其自坏长城矣。"（《致某某书》，9月25日，同上。）又谓"克公已受精卫之愚，以弟观之，已有谮兄之言于克公，弟已窥其隐矣。""克公疑兄有欲独揽其权之意。精卫既如此说，则必又构兄于天麟也久矣，不可不预筹防备之。盖精卫之人，外诚内诈，专用离间之法云云。"（同上）天麟，李天麟，旅居吧城，同盟会会员。

九月初六日（10月19日）《致李燮和书》，谓：为《民报》事，太炎大恨孙文，因彼等欲窃取《民报》事，已发了传单，分送南洋各埠。弟另保险寄上二百张，请兄再为分送各埠。（同上）

九月二十五日（11月7日）黄兴《为陶成章诬谤事致孙中山事》和《为陶成章等诬谤孙中山事致巴黎新世纪社书》二件，对陶成章在南洋和同盟会矛盾以及章太炎《伪民报检举状》加以披露。谓章之发布《检举状》"乃受陶成章运动"，谓"陶因在南洋欲个人筹款不成，遂迁怒中山，运动在南洋之为教员者，连词攻击之。陶归东京后，极力排击，欲自为同盟会总理，故谓《民报》续出，则中山之信用不减，而章太炎又失其总编辑权，无以施其攻击个人之故智，遂为陶所动。"（《黄兴集》第九——一〇页、一二页，中华书局1981年5月版。）

九月三十日（11月12日）孙中山自美国纽约致书吴敬恒，建议"由《新世纪》用同人字样"致函美洲各华侨报纸，澄清陶成章的毁谤。（《致吴稚晖书》，见《孙中山全集》第一卷四二五页，中华书局一九八一年八月版。）

十月初一日（11月13日）吴敬恒在巴黎主编《新世纪》第一一五号出版，发表《劝劝劝》，"劝革命党二"云："近见有东京同盟会布告孙文君罪状书，所言不惟无足为孙文君之罪状，且适显其为沾染保皇党气息。"

十月十日（11月22日）《致李燮和书》，谓近来东京人心大坏，南洋更不可不注意。"（同上）

十月十七日（11月29日）　"孙文罪状"在《南洋总汇新报》刊完（刊于11月11日、27日、29日，共三次）据《行述》，系陈威涛所为，称："当其时，陈威涛客爪哇魏兰处，将孙文罪状，用药水印刷百馀纸，邮寄中外各报馆登之。孙文大怒，命各机关报攻击先生与章太炎、陈威涛不遗馀力，先生因作《布告同志书》一册，直言孙文种种之非，并略述自己生平所经历。""罪状"诬谤孙中山在"同盟会初成立之际，彼固无一分功庸"，只是"听其大言"，并列"残害同志"、"蒙蔽同志"、"破坏全体名誉"等"罪状"，提出"开除孙文总理之名，发布罪状"，"遍告海内外"等，造成不良影响。

十一月初六日（12月18日）　《新世纪》第一一六号出版，首登"本报广告"，说是"《民报》第二十五号已竟告成，由汪君精卫一手所编辑"。

宣统三年庚戌（1910年）　三十四岁

正月（2月）　光复会于东京成立总部，以章太炎为正会长，陶成章为副会长。南洋英、荷各埠亦设分会。初，光复会加入同盟会后，光复会中徐锡麟"志在光复，而鄙逸仙为人"，陶成章"亦不熹逸仙"，李燮和"亡命瓜哇"，陶、李"深结"，"遂与逸仙分势矣。"（《太炎先生自定年谱》）裂痕日深，终致重组光复会，和同盟会在南洋争夺权力。《太炎先生自定年谱》：宣统元年，四十二岁记："焕卿自南洋归，余方讲学，焕卿亦言：'逸仙难与图事，吾辈主张光复，本在江上，事亦在同盟会先，曷分设光复会。'余诺之，同盟会人亦有附者，"然组成则在本年。《行述》："庚戌岁，复兴光复会于东京，公举章太炎为正会长，先生为副会长，李燮和、沈钧业、魏兰为行总部。……陈威涛作书联络管慎修、杨俊明、锺芝溪等，锺芝溪复联络何剑非等。在新加坡，以何剑非为招待员；在爪哇，以谏地里魏兰、也班许绍南为机关所，南洋志士，如陈吉宾、何根性、曾赞卿、梁玉田、邹天彩、何德南、兰亦凡、蔡公哲、胡子春、刘维东、徐柏如、李弼公、陈芸生、陈百鹏等，先生皆联为一气。时李燮和、沈钧业、王文庆等，在网甲组织教育会，举横滨华侨温庆武为会长，沈钧业为视学员，借此为联络入会之机关。网甲岛华侨对于李燮和、沈钧业之信用极深，故其佩服章太炎与先生之心尤切。爪哇岛之华侨开化最迟，故入同盟会者甚少。杨俊明在泗水联络华侨，创办书报社，以管慎修为坐办，鼓吹革命，一日千丈。又得张云雷、魏兰、郦景曾、许绍南、丁镱等之运动，思想日益发达。”

《陶成章信札》（见本书卷三）中，也言重组光复会事。早在宣统元年秋，即函李燮和等，谈拟定会章，分评议、执行二部事，函云：“弟乃邀集旧时同志最可靠者商酌数次，已议定草章，寄奉三张，乞兄等与各同志酌量之，再细加商榷，冀臻于完全，是所至盼。

“此次设立会长，均以不置总会长为是。盖总会长一举一动，系于会事前途甚大。当其职者若有才能而无道德，则借权营私，弊将百出，第二孙文将复见于他日。若有道德而才不足以副之，则难免不受人愚弄，倒行逆施，会之破坏亦可预卜。当其时再谋补救，晚矣。章君太炎，其人并非无才之人，不过仅能画策，不能实行，其立心久远，志愿远大，目前之虚名，彼亦所不愿也。大约日后使彼来南洋讲学，广招学徒，分布四方各埠，其效果当非浅鲜。若以会长处之，用违其才，反碍前进之路矣。其情节彼已于辩书中声明之。故现今会章，但分评议、执行二部，分立权限，各行其事，既无不能统一之虞，又有互相监察之效。兄等皆可居于评议、执行之列，犹明制之督抚，由京职而抚治地方者也。且东京既不能实行革命，又不能代为筹款，仅设一通信所已足矣。南洋分会之权，使之加重，未识兄意以为何如？”又言“明年欲再南下一次，提倡教育，劝人多设学堂，为后人开门径，且欲以助兄等公司之组织。至于革命一节,弟意非扰乱北京不可。"本年,《致管慎修书》曰:"光复会之成立,想柱中兄已告之吾兄矣,不赘述。现章程、图章、盟书均已印就,寄在柱中兄处矣。弟及诸友商酌,拟于南洋设立一行总部,代东京总部行事,以便就近处置一切事宜,并推兄为行总部办事人员。"

又,陶成章在致南洋同志书中,谈到光复会总部诸事云:"一,行总部办事人员(原注:庶务、会计、书记等)由东京总部给委任状,纸用黄。亦可由行总部执行局代东京总部给委任状。然黄纸已不多,红纸兄等处想尚有之,代用可也。二,分会会长可竟〔径〕由行总部代东京总部给发委任状,纸皆用红。三,分会会长以下职员,弟意可由行总部执行员或分会长给发委任状。……四,凡委任状盟书等件,……必于正副会长名字下,盖以正副会长图章方可。……五,口号、暗号等,可由兄等拟之。六,光复会简章上"设总部于日本东京",因近日日本政府颇有干涉事件,故付印时,空此'日本东京'四字,祈于发出时加补之。"

正月二十九日(3月10日)　《教育今语杂志》在日本创刊,据《行述》,"组织《教育今语杂志》",作为光复会"通讯机关"。封面为章氏手书,署"共和纪元二千七百五十一年正月二十九日发行",封底刊"编辑兼发行者:教育今语杂志社;印刷者,秀光社。"社址在"日本东京大冢町五十番地"。《章程》中《宗旨》为"本杂志以保存国故,振兴学艺,提倡平民普及教育为宗旨"。《门类》分"社说"、"中国文字学"、"群经学"、"诸子学"、"中国历史学"、"中国地理学"、"中国教育学"、"附录"八类。杂志初成立时,陶成章《致李燮和等书》云:"教育会事,各省教员,固为其中坚,弟意学生之有志者,亦宜收入。弟等所办教育杂志,即可为斯会之言论机关。至倡言革命,则在日本定难发行,止可于历史中略道及之。弟以此较倡言为更有益,盖征诸实事,易使人起爱国心也。荷兰属地,即以兄与石生兄为总代派,可借以联络各埠。然既有此杂志,即为吾辈面目所存,不得不竭力为维持,预计能销五百册以上,印刷费即可无虑,望兄为竭力鼓吹,以推广之。"(见本书卷三)第一期出版后,又寄六十册与李燮和,嘱鼓吹,函曰:"《教育今语杂志》已出版,特先奉上六十册,乞兄等为鼓吹之,以广其销路。此杂志久行之后,于学生学问上,必大有进步。教育会不设,能以感情联合有德之士,胜于有会多多矣。"(同上)

4月(5月)　致南洋同志书,谓"历观万事,皆与财政相为因果。然财政之道,非自行筹画无由,此商业之所以不得不速为结营",提出"商业营目"四种:"一、教科书籍、图画、科学仪器、体操音乐器具等";二、"学校用品,若钢笔、铅笔、洋墨水等"; 三、"杂货,若衣衫、牙粉、洋皂等";四、"代印书籍,代刻图章、名片等",以为"开通民智,全恃图书,公司成立,一切图书即可由我意输入,南方各地势将日有发达。"(同上)

4月(5月)　续寄李燮和等《教育今语杂志》第二期六十册、《秋女士遗稿》四十册。(同上)

夏,《致李燮和等书》,谓"小学历史教科书已编至九十课,一周前后,决可寄出,又有简易历史教科书一,尚须稍改,或可同时寄出。此简易教科书,乃为半日学堂及书报社讲习所用者。其他小学地理及高等小学地理,并高等小学历史,皆当为陆续编之寄奉也,大约不出中历十月,决可寄上。(同上)

七月初一日(8月5日)　撰《浙案纪略序》。此书曾在《教育今语杂志》刊"出书广告","致令海内外索阅者纷纷",而"诸同事以牵涉未来事迹过多,恐致机密漏泄,于吾党进取前途甚有妨碍",从而"向印局取回"。继"再三审度",将列传再付局刊行" 云。书出后,曾分寄南洋各埠,并嘱筹款。《致彝宗等书》云:"弟自近月以来,杂志亏折甚巨,又连印秋稿、《浙案》、《教会源流考》等书,负债累累。近又代印光复会章程、盟书及图章等物,更觉困难。"请请"代筹稍稍之款,以资助其困厄。"(同上)

七月(8月)　《致魏兰书》,谓"本欲专主个人运动,以教育为根本"。今既成立光复会"在一举覆清",又言"中央革命"及暗杀事。又建议"联络成后",可将章太炎改为教育会会长,"盖彼之能力在此不在彼,若久用违其长,又难持久矣"。对自己担任副会长,亦感"不能胜任","亦非心之所愿"。(同上)

十月初四日(11月5日)　《致沈福生书》,认为"孙文以后不必攻击"。"即意见不同,宗旨不合者,辨正可也,不辨正亦可也,再不可如前者之《中兴报》,日从事于谩骂,不成日报体裁。即个人私德有缺陷者,亦不可多加攻击,盖羞恶之心,人皆有之,多所取怨,于所办之目的宗旨上,毫无所裨益"。又提出办《光复报》,可鼓吹宗旨,以至"商务之开展,实业之经营,无不可以因此而渐入手。先议论以启导人心,而后乃入手办理实事,则庶乎有路之可寻也。"并欲将《教育今语杂志》改为《光复杂志》(同上)

十月十二日(11月13日)　《致李燮和书》,以为"行总部之事,大约可附设在报馆,则可以不费矣"。(同上)

十月十三日(11月14日)　《致丁镶等书》,谈到"树立同党为第一要义",并"欲兴办中学"。教员等"种种人才","皆已留意在心中"云。(同上)

十月十八日(11月19日)　《致再新等书》,谓"拟于西历正月底动身",偕行人员有陈仲权、张焕伯、徐澄如、李浩然。(同上)

宣统三年辛亥(1911年)　三十五岁

正月　来南洋,"意欲先谋一自食其力之位置,免至多费金钱，但须稍可以自由行动者为佳。……如未有，弟将寄居寺院，多著几部历史、地理教科书，以益后进，而助教育精神之发挥"。"实事求是，以图渐进，不为躐等"。(《致李燮和书》，同上)

三月（4月）　"重来泗水"。"时张云雷、沈钧业二人，均在泗水。先生与二人联络志士蒋开远、蒋以芳、蒋报和及书报社社员王少文等。"(《行述》)

三月二十九日（4月27日）　广州起义爆发，方声洞等死难，史称"黄花冈七十二烈士"。事后返国，"会商再举"。《行述》："广州之役，李燮和、王文庆电招先生归香港，事后先生偕燮和、文庆赴沪，晤女士尹锐志、尹维峻姊妹于秘密机关，会商再举。未几，"赴日养疴"。

四月十五日（5月13日）　幼子陶珍(本生)生，孙晓云出。孙晓云字小云，浙江绍兴上虞人，1902年赴日留学，因长次二姊遇人不淑，故主女权，与秋瑾、尹锐志、陈德馨(陈魏之姊)章嫣(龚宝铨夫人)、刘己立、盖仁志相善，参加光复会，1909年，在日本与陶成章结婚，怀孕后，因成章在南洋，曾请为待产儿题名，成章家书作"珍、本生"，或生女名"珍"，生子则名"本生"，意为生于日本。次年成章即逝，孙晓云未详询取名意义，故"珍"、"本生"同署，至谱名则为"守铨"。(陶珍先生据其母孙晓云口述)

六月底(7月)　回国。"夏六月，锐志姊妹以电招先生。六月杪，先生与锐志、维峻姊妹在上海法租界平济利路良善里，组织锐进学社，发刊《锐进学报》，以为内部交通之所；并在杨树浦及法租界赖格纳路两处，设有秘密机关。"(《行述》)

闰六月初一日(7月26日)　在上海"嵩山路沈宅开会，陈其美出手枪欲击先生。越数日，先生又与陶文波等再往南洋，赴各岛组织光复分会。(《行述》)

八月十九日(10 月 10 日)　武昌起义成功。

八月二十四日(10 月 15 日)　陶成章"因长江事急，欲速返国。"(《陶成章信札》第七二页。)

八月下旬(10 月中旬)　李燮和来沪，和尹锐志等募敢死队，组光复军，并联络军队。《行述》："秋八月，武昌起义，尹锐志、尹维峻、李燮和、王文庆，在锐进学社商议响应，以先生为名，派人运动各界，攻制造局，救陈其美，上海因而光复。"

九月十二日(11 月 2 日)　李燮和、陈其美会于民声报馆，决于 3 日午后四时发动起义。晚，李燮和散发光复军白旗于军警，并传知各军营。

九月十四日(11 月 4 日)　上海光复。

九月十五日(11 月 5 日)　苏州光复。

杭州光复，陶成章旋亦返沪，抵杭后，举为总参谋。

九月十六日(11 月 6 日)　沪军政府成立，陈其美为都督。

九月二十五日(11 月 15 日)　各省军政府代表在上海集会，成立各省都督府代表联合会，筹组临时政府。

十月初七日(11 月 27 日)　在上海《民立报》刊登《广告》，为清浙江巡抚增韫"允浙军政府，筹赠经费二十万"事辟谣。

十月十二日(12 月 2 日)　攻克南京。陶成章返国后，曾参议攻宁之役。南京既下，又谋北伐。《行述》："迨先生等抵沪时，杭城已经光复，督浙者暂推汤寿潜。及先生抵杭，即由革命党人举先生为总参谋。先生以张勋负固，金陵未下，不敢稍安，又奔走各处，联络同志，助浙军攻取南京，设筹饷局于上海，竭精尽虑，寝食未安，而旧病加剧。及江南恢复……强病而起，与朱瑞、吕公望、屈映光诸友人，谋北伐之举。"

十一月十一日(12 月 30 日)　移居广慈医院，曾函家属，已为绝笔(手迹,陶氏家属旧藏。)

　　十一月十三日（1912 年 1 月 1 日）　中华民国宣告成立,孙中山在南京就任中华民国临时大总统职。

　　十一月十九日（1 月 7 日）　《致浙省旧同事》:"东南大局粗定","请将一切事宜,商之各军政分府及杭州军政府,以便事权统一,请勿以仆一人名义号召四方。"（《民立报》,1912 年 1 月 7 日。）

　　十一月二十四日（1 月 12 日）　《致各报馆转浙江各界》,辞谢浙江都督"见推",认为如汤寿潜难留,则"劝驾"蒋尊簋担任,（《民立报》1912 年 1 月 12 日）

　　十一月二十六日（1 月 14 日）　在上海广慈医院为沪督陈其美派人暗杀。

后　记

本书付排后，我到日本东京大学、京都大学讲学和研究，蒙中村义教授告知，东京藏有成城学校批准陶成章归国的原档，旋由大里浩秋先生抄录见赠。根据该件和其他档卷，知陶成章于1903年5月23日（四月二十七日）申请归国，经清政府留日监督汪大燮批转，6月12日（五月十七日），由留学生监理委员长福岛安正准行。这对考核陶成章的离开日本时间很有帮助。原件如下：

陶成章

右本年五月廿三日请假归国处今回退校愿出ニ付右归省许可之日ヲ以テ退校许可候间可然御取计被下度候此段申进候也

明治三十六年六月十二日

福岛安正

清国学生监理委员长之印

冈本成城学校校长鉴

今特录奉，并向中村义教授，大里浩秋教授致感。

汤志钧
1985年5月5日